TEACHING

기업가정신 교수법

TEACHING ENTREPRENEURSHIP

Heidi M. Neck, Patricia G. Greene, Candida G. Brush 지음

이우진 · 이채원 옮김

ENTREPRENEURSHIP

비앤엠북스

역자의 말

이우진

요즘 시대가 변했다는 말을 많이 쓰고 있다. 우리가 사는 시대는 항상 변해왔었지만, 요즘처럼 변화를 모두가 체감하고 있다는 것은 변화의 크기를 말해주는 듯하다. 오히려 익숙해져서 불편하다고 느끼지 못했던 주변의 일상들마저 매우 빠르게 새로운 형태로 바뀌어 이제는 과거가 불편했다고 느껴지는 것 같다. 아마 이제 우리는 불편했다고 생각하는 그때의 과거로 돌아가기는 힘들 것이다. 심지어 자고 일어나면 또 어떤 새로운 제품이나 서비스들이 나왔는지 찾아보기도 한다. 그러나 이렇게 인간의 삶을 점점 편하게 하는 제품과 서비스들이 탄생하는 다른 이면에는, 취업이 되지 않아 걱정하며 경제활동을 갈망하는 우리의 모습이 있다. 그동안 우리에게 일자리를 주던 큰 기업들이 구조적으로 더 이상 일자리를 만들어 제공해줄 수 없다는 사실에 또 시대가 변했음을 느낀다.

앙트러프러너십(Entrepreneurship) 분야의 교육자이자 연구자로서 이런 변화의 시대에 어떠한 교육을 해야 하는지 고민이 되지 않을 수 없다. 이러한 고민을 하고 있을 때 미국의 USASBE 컨퍼런스에서 마주하게 된 책이 《기업가정신 교수법(*Teaching Entrepreneurship*)》이었다. 삶에 신선한 변화를 주는 아이디어와 기회를 만들어 내고 자신의 일자리를 만들어 낼 수 있는 앙트러프러너십을 키우는 시대적 교육에 적합한 책이라는 생각이 들었다. 본서는 앙트러프러너십을 일련의 과정(process)이라는 시각을 넘어서 개인의 감각(sense) 또한 일깨워 줄 수 있는 교육방법을 이론적 근거와 함께 제시하고 있다. 시대가 변화하고 있는 만큼 우리 교육도 변화해야 하기에 이렇게 변화하는 교육방법은 교육콘텐츠를 넘어 모두에게 더욱 중요한 의미를 담고 있다.

이 책의 번역을 시작하는 일은 분명 혼자서는 불가능했을 것이다. 3년 전 국민대학교 글로벌창업벤처대학원에서 창업교육방법론 수업을 함께 해주었던 대학원 분들의 참여가 커다란 쇠구슬을 처음 굴릴 수 있는 동력이었다. 이제는 졸업 후 박사과정에 재학 중인 김가영, 김지원, 김송숙 선생님과 현재 사회적기업을 운영 중인 권석일 선생님의 참여와 응원으로 시작된 이 책은, 다시 다듬고 다듬는 2년의 과정 동안 함께 고민하고 노력해 주신 이채원 교수님의 헌신으로 마무리되었다. 그야말로 주위 분들에게 큰 덕을 입고 본서의 번역을 이렇게 완성하였다.

이 책의 번역을 바탕으로 '한국형 기업가정신 교수법'에 대한 고민도 시작해보려 한다. 앙트러프러너십을 가르치는 많은 교육자분들도 이 책을 바탕으로 더욱 다양한 교육방법론들을 찾고 활용하며 한국형 기업가정신 교육을 만들어 가실 수 있는 기초가 되길 바란다.

이채원

기업가정신(entrepreneurship)이 국가 경쟁력의 핵심동력이 되며, 경제성장, 지속가능경제의 구축, 일자리 창출, 새로운 경제체제로의 전환 및 삶의 질 개선과 같은 사회의 문제를 해결할 수 있는 수단임에 동의하지 않는 국가는 없다고 해도 과언이 아니다. 이에 미국은 2011년 '스타트업아메리카(Startup America Initiative)'를 통해 국가 차원의 기업가정신 교육 실행을 위해 노력하고 있다. 미국은 2016년 기업가정신 교육 기준을 초등학교, 중학교, 고등학교로 나누어 미국의 공통교과기준과 미국차세대과학기준에 맞추어 조정하고, 기업가정신 교육을 위한 국가수준의 기준을 마련하였다. 미국뿐만 아니라 유럽은 2006년 오슬로 어젠다에서 초·중·고등학교 교과과정에 기업가정신 의무교육을 권고한 이후 기업가정신 교육의 중요성이 지속적으로 강조하고 있다. 유럽연합(EU)에서는 기업가정신이 교육을 통해 학습될 수 있다고 보고 기업가정신 교육을 위한 법령 개정을 통해 EU 국가 중 2/3 이상이 실시하고 있으며, EU의 모든 국가들의 모든 고등학교에서 기업가정신 교육을 실시하고 있다. 우리나라도 기업가정신 교육을 초·중·고등학교에서 정규화하여, 2018년을 시작으로 2020년까지 초·중·고등학교 전체 학년으로 확대 시행하게 된다. 또한 올해부터 초·중등학교 학생들의 기업가정신과 창의성, 문제해결력을 갖춘 혁신인재로 성장하도록 '청소년 기업가체험 프로그램(YEPP, Youth Entrepreneurship Experience Program)'을 온라인에서 운영하고 있으며 그 외에도 초·중·고 학생들 누구나 언제, 어디서든 창업체험교육을 받을 수 있는 온·오프라인 플랫폼을 제공하고 있다.

과거 몇 년 전만 하더라도 기업가정신이 무엇인지, 기업가정신 교육이 왜 중요한지를 설명해야 하는 상황이었으나, 이제는 기업가정신이 왜 중요한지를 설명하지 않아도, 그리고 기업가정신 교육의 필요성을 강조하지 않아도 되는 상황에 이르렀다. 예전에는 창업을 위한 지식과 능력 향상을 위한 교육이 기업가정신 교육에 주가 되었다면, 이제는 기업가정신 교육의 범주가 기업가적 마인드 향상, 기업가적 태도 교육 등으로 확대되면서 교육대상도 대학생과 일반인에서 초 · 중 · 고생까지 확대되었다. 기업가정신 교육 분야도 체계를 갖추기 시작하면서 창업(new venture creation), 사내 기업가정신(corporate entrepreneurship), 사회적 기업가정신(social entrepreneurship), 가족기업(family business) 등으로 구분되기 시작하였다.

그러나 기업가정신 교육 분야의 양적 확대에 비해 기업가정신을 교육의 질적 향상, 즉 어떻게 가르칠 것인가 등에 대한 교수법에 대한 연구는 부족한 상황이다. 최근 들어 무엇을 가르칠 것인가에 대한 콘텐츠 개발에 많은 노력을 기울인 결과 기업가정신 교육을 위한 교재들, 《새로운 모색과 창조》, 《벤처 디스커버리 · 창조적 아이디어 사업화과정》, 《사내혁신》 등이 개발되었다. 이제는 개발된 다양한 교육 콘텐츠를 어떻게 가르치는 것이 더 효과적인지를 논의할 시점이 되었다.

《기업가정신 교수법(*Teaching Entrepreneurship*)》은 기업가정신 교육으로 잘 알려진 미국 뱁슨대학(Babson College)의 하이디 넥(Heidi M. Neck), 패트리샤 그린(Patricia G. Greene), 캔디다 브러시(Candida G. Brush) 교수의 저서로 기업가정신 교육을 어떻게 가르칠 것인가에 대한 교수법을 담은 책이다. 본서에서는 기업가정신 분야의 교사 및 교수들이 기업가정신 교육 중에 활용할 수 있는 다양한 교수방법을 제시했을 뿐만 아니라 이에 근거가 되는 이론 및 학술적 근거를 제시함으로써 기업가정신 교육자들의 학술적 탐구 욕구를 충분히 충족시켜 줄 수 있다.

피터 드러커(Peter Drucker)는 기업가정신은 실천이 중요함을 강조하였다(Entrepreneurship is neither science nor art. It is a practice). 기업가정신 교육이 행동 및 실천 기반의 교육이 되어야 함을 강조하고 있는 중요한 근거라 할 수 있다. 본서의 번역을 통해 우리나라 기업가정신 교육자들이 교육현장에서 좀 더 실천적인 교수법으로 효과적인 교육을 진행할 수 있기를 바란다.

본 번역서는 국민대학교 글로벌창업벤처대학원의 지원을 받아 완성되었습니다.
항상 아낌없는 지원과 격려를 해주시는 김도현 원장님께 머리 숙여 감사 인사를 올립니다.

차례

차례

차례

개요

실습을 통한 방법론으로서의 기업가정신 교수법

Teaching Entrepreneurship as a Method that Requires Practice

기업가정신은 과학이나 예술이 아니다. 기업가정신은 실행이다.

(Entrepreneurship is neither science nor art. It is a practice.)

피터 드러커(Peter Drucker)

본 책이 전하고자 하는 핵심은 매우 명료하다. 기업가정신 교육을 하는 데 다양한 활동 즉, 실천기반 교수법(action-based method)을 통해 학생들이 기업가정신 교육을 학습하고 기업가정신을 함양하는 것이다. 여러 국가의 기업가정신 교육자는 기업가정신 교육 내용을 단지 이론으로 전달하는 것이 아니라 다양한 교육방법을 통해서 기업가적 과정(entrepreneurial process)을 가르치고 있음을 알 수 있다. 이러한 기업가적 과정을 순서로 가르치는 것은 기업가정신 교육을 하는 데 비현실적이고 비효율적인 방법이라는 비판을 받고 있다.

기업가정신이 국가의 경제성장에 매우 중요한 역할을 하고 있다는 데는 모든 이들이 공감하고 있으나,[1] 지난 20여 년간 기업가정신 교육에는 큰 변화가 없었다. 기업가정신 교육이 다소 뒤처지고 있지만 그 역할이 과소평가되어서는 안 된다. 제프 티몬스(Jeff Timmons) 교수는 기업가정신을 "새로운 기업, 자본, 일자리에 대한 것이 아니라 혁신(innovation), 창의성(creativity), 세상을 변혁시키는 엄청난 기술(breakthroughs)에 대한 것이다"라고 하였다. 또한 티몬스 교수는 인간의 창의력을 개발하고 인류를 발전시키는 것이라고 말하였다.■

전 세계적으로 기업가정신에 대한 이러한 중요성의 인식에 반해 기업

■ 제프 티몬스(Jeff Timmons, 1941~2008)는 기업가정신 교육의 아버지로 불린다. 1982년부터 뱁슨 대학(Babson College) 석좌교수를 역임하였으며 뱁슨 대학의 기업가정신 교육 분야에서 핵심적인 역할을 하였다. 대학 교육과 기업가정신에 대한 헌신은 인류에 대한 믿음의 표시였다. 선과 업적은 모든 사람에게 내재되어 있다고 생각하였으며, 또한 기업가정신 교육은 목적성 있는 연구와 행동을 재정의하고 상세히 설명해 주는 최적의 도구로서 보다 나은 세상에서 보다 나은 삶을 살아갈 것이라 믿었다.

가정신 교육은 비판의 대상이 되어 왔다.[2] 기업가정신 교육이 비판을 받는 이유는 교육이 상업적으로 가고 있다는 점과 기업가정신 교육 분야에 대한 연구가 부족하다는 점이다.[3] 기업가정신이 중요해지는 만큼 기업가정신 교육의 역할, 교육장, 교육 접근법 등에 대한 점검이 필요하다. 이와 더불어 중요한 것은 교육자의 역할에 관한 것이다. 기업가정신 교육을 위해서는 교육자의 역량, 그리고 기업가정신을 고취시킬 교육방법 및 실습환경 등이 개선되어야 한다. 이와 함께 실습 중심의 새로운 교육방법을 통해 학생들이 기업가적 삶을 살게 하는 것이 필요하다. 하지만 더 큰 문제는 여전히 남아 있다. 기업가정신을 어떻게 학습시킬 것인가 하는 것이다.

기업가정신의 교육적 정당성이 다소 뒤처지면서 학문적 정당성은 계속해서 커졌다.[4] 미국경영학회(Academy of Management)의 기업가정신 부문 회원은 현재 2,400명 이상으로 학회에서 가장 큰 학회 중 하나이다. 뱁슨 대학에서 주관하는 기업가정신 학술대회인 BCERC (Babson College Entrepreneurship Research Conference) 학회에 제출된 초록은 750개를 넘어서고, 기업가정신 관련 학술지는 71개이다. 100개 이상의 대학기반센터가 미국 내에 있으며, 400명 이상의 기업가정신 연구 분야 석좌교수가 존재한다. 또한 많은 사람들이 즐겨 제기하는 질문 중 하나인 "기업가정신은 학습될 수 있는가?"라는 주제에 대해 논의할 기회가 있었다. 경영학의 구루인 피터 드러커(Peter Drucker)[5] 역시 "기업가정신은 마법이 아니다. 신비로운 것도 아니며 유전적인 부분과도 관련이 없다. 이는 하나의 학문이며, 다른 학문과 마찬가지로 학습될 수 있다"라고 말하였다.

1980년대 후반 이후 기업가정신 교육은 전 세계적으로 크게 확산되었다. 국제경영대학발전협의회(AACSB)인증을 받은 모든 대학은 특정 수준의 기업가정신 교육을 실시하고 있다. 미국에서만 2,200개 기업가정신 과정이 1,600개 대학에서 운영되고 있다.[6] 이는 학부과정에서 가장 빠르게 성장하고 있는 과목 중 하나이며,[7] MBA 프로그램 성장의 주요 원천이 되고 있다. 리커창 중국 총리는 기업가정신 교육에 전례 없는 지원을 약속하였다. 말레이시아 정부 또한 대학원생들의 기업가적 사고와 행동을 장려하기 위해 2010년 '기업가정신 고등교육 발전 정책(Higher Education Entrepreneurship Development Policy)'을 실시하였다. 그리고 이를 '중간소득 경제국에서 고소득 경제국으로 발전하기 위한 촉매'로 삼고자 하였다. 칠레은행(Banco de Chile)은 칠레 기업가정신 교육자 육성을 위해 뱁슨 대학(Babson College)의 기업가정신 접근법을 통한 5개년 프로그램을 지원한다. 뱁슨 대학에서 열리는 기업가정신 교육자를 위한 심포지엄(Symposium for Entrepreneurship Educator, SEE)에는 전 세계 교육자들이 참여하는데 매년 7,000명 이상의 교육자가 교육을 받아왔다. 민간 부문의 참여도 증가하고 있다. 예를 들어 골드만 삭스(Goldman Sachs)는 10,000개 소기업 성장 지원 프로그램을 지원하는데 영국과 미국의 지역대학을 통해 기업 대표들을 대상으로 기업가정신 교육을 실시한다. 이와 더불어 골드만 삭스의 여성지원 프로그램은 10,000명의 여성을 지원하는데 이미 지원자 수가 정원을 넘어섰다. 카우프만 재단(Kauffman Foundation), 콜먼 재단(Coleman Foundation)과 같은 대형 재단 역시 다양한 수준의 교육 프로그램을 지원하며, 초중등 대상의 기업가정신 교육기관인 NFTE(Network for Teaching Entrepreneurship)의 교육 프로그램 또한 기업가정신 교육에 큰 영향을 미치고 있다.

기업가정신 교육이 폭발적으로 증가하면서 교육에도 새로운 접근법이 필요해졌다. 이는 기업가정신 교육이 증가하기 때문만이 아니라 기업가정신 교육의 특성 또한 지속적으로 변하고 있기 때문이다. 이러한 이유가 본서를 저술하는 이유이기도 하다. 본 책은 실습 위주로 어떻게 기업가정신 교육을 할 수 있는지에 집중하고자 한다. 이 책에서는 기존의 기업가정신 교육의 특정한 코스나 커리큘럼을 따르기보다는 다양한 실습으로 구성된 방법론으로 기업가정신 교육에 접근하고자 한다. 또한 모든 학생들, 즉 모든 수준의 학생들이 학교에서 혹은 어떤 교육과정에서라도 학습할 수 있도록 하였다. 이 책을 저술하게 된 이유를 이해하기 위해서는 연구 및 교육적인 측면 모두에서 기업가정신의 역사적인 관점을 이해하는 것이 중요하다. 이 두 영역은 복잡하게 얽혀 있으며 하나의 측면을 이해하기 위해서는 다른 측면을 함께 살펴보아야 한다. 그러므로 역사에 대한 논의는 교육 분야의 이론 대 실습 논쟁과 연결되며, 특정 문제에 대해 기업가정신이 갖고 있는 현실성과도 연결된다. 다음 장에서는 방법론으로서의 기업가정신을 소개하고 기업가정신 이론에서 실습이 갖는 역할에 대해 논의하겠다. 그리고 책 전반에 걸쳐 기업가정신 교육에 대한 5가지 실습법을 소개하고자 한다.

기업가정신 교육의 진화 (The Evolution of Entrepreneurship Education) : 기업가의 개인특성 중심의 교육에서 프로세스 중심 교육 방법론으로의 변화

경제 이론에서 기업가의 역할이 강조되고 주목받기 시작한 것은 1940년대이지만, 실제 기업가정신이 과목으로 교육되기 시작된 것은 1970년대부터이다.[8] 1970년대는 미국이 대기업 중심에서 중소기업 중심체제로 변화가 일기 시작한 시기이다. 산업혁명 이후 중소기업의 수는 감소해 왔었다. 하지만 1972년부터 중소기업 수는 증가하기 시작하였다.[9] 이 변화를 놓고 경제학적 그리고 사회학적으로 여러 이유가 제기되었다. 베스퍼와 가트너(K. H. Vesper and W. B. Gartner)[10]는 개인용 컴퓨터와 같은 기술 발전이 새로운 시장을 만들어 내면서 기회가 생겨났다고 주장하였다. 이러한 변화와 낮아진 진입장벽으로 인해 기업가정신이 대두되었고 이는 지금까지 이어지고 있다. 1970년대 초, 이러한 구조적 변화가 일어나며 '기업가(entrepreneur)'라는 용어의 함축적 의미가 변화되었는데 탐욕(greed), 착취(exploitation), 이기심(selfishness), 불신(disloyalty)과 같은 개념이 창의성(creativity), 일자리 창출(job creation), 이윤(profitability), 혁신(innovativeness), 관용(generosity)으로 바뀌었다.[11] 기업가는 경제발전의 원동력일 뿐만 아니라 매우 긍정적이고 헌신적인 사회구성원으로 인식되기 시작하였다. 기업가에 대한 이러한 인식은 오늘날까지 이어지고 있다. 글로벌 기업가정신 연구(Global Entrepreneurship Monitor, GEM)에 의하면 연구 참여국 약 69개국에서 기업가들은 경력의 바람직한 대안이며, 사회에서 높은 지위를 차지하고 있고, 일반 사람들은 기업가가 되는 것을 좋은 경력 선택의 대안으로 인식한다고 답했다.[12]

초기 기업가정신 연구는 기업가의 특성(the traits of entrepreneurs)에 초점을 맞추었다. 비기업가와 기업가 사이에 차이가 있을 것이라 가정하고, 기업가의 특성 및 기업가의 자질을 연구하였다(예: McClelland, 1965; Collins and Moore, 1970; DeCarlo and Lyons, 1979; Brockhaus, 1980; Cooper and Dunkelberg, 1981). 브록하우스와 호르비츠(R. Brockhaus and P. Horwitz)[13]는 기업가의 자질을 연구하는 논문에서 기업가는 비기업가와 구분되는 4개의 중요한 성격적 특성을 가진다고 하였다. 성취욕구(need for achievement), 내적 통제(internal locus of control), 높은 위험감수 성향(high risk-taking propensity), 모호함에 대한 인내(tolerance for ambiguity)가 기업가의 4가지 구분되는 자질이라고 하였다. 그러나 기업가의 4가지 중요한 특성이 타고난 것인지, 학습된 것인지에 대한 과학적 증거는 입증되지 않았다. 이러한 초기 연구의 결과는 대부분의 기업가정신 교과서에서 찾아볼 수 있다. 대부분의 교과서 첫 장에는 '기업가는 누구이며 기업가의 특성은 무엇인가'를 다룬다. 로우와 맥밀런(M. B. Low and I. C. MacMillan)[14]은 기업가의 특성을 밝히려 하는 어떠한 시도도 본질적으로 소용없다고 주장하였다. 그럼에도 불구하고 기업가의 자질 및 특성에 관한 연구는 계속되었다. 마이너(J. B. Miner)[15]는 심리적 특성(psychological personality pattern)을 기반으로 하여 4가지 유형의 기업가로 구분하였다. 조언자(personal advisor), 공감형 영업관리자(empathetic super-salespeople), 능력 있는 관리자(real manager), 아이디어 생성 전문가(expert idea generator)가 그것이다. 또한 최근에 셰인(Scott Shane) 교수는 기업가정신 유전자의 존재와 그 역할을 주장하여[16] 본성 대 양육에 대한 새로운 논쟁에 불을 붙였다. 피셔와 코치(J. L. Fisher and J. V. Koch)[17]는 그들의 저서 《만들어지는 것이 아니라 타고난 것이다(*Born Not Made*)》에서 기업가의 유전적 특성이 존재한다고 주장하였는데, 특히 이 특성은 위험을 감수하려는 성향에 크게 영향받는다고 하였다. 왜 우리는 여전히 모든 기업가는 위험을 감수하는 사람이라고 생각하는 것일까?

가트너(W. B. Gartner)의 1988년도 기업가정신 연구[18]에서는 행동 접근법(behavioral approach)을 주장하였다. 가트너는 기업가정신은 궁극적으로 새로운 조직을 만들어 내는 것(새로운 기업 창업)이며 이 과정에서 많은 요소가 영향을 끼친다고 주장하였다. 기업가는 이러한 과정의 일부이며 기업가의 활동은 새로운 기업 창업이라는 관점에서 평가되어야 한다고 주장하였다. 그렇기 때문에 기업가가 누구인지가 아니라 무엇을 하는지를 집중 연구해야 한다고 하였다. 하지만 일련의 기업가들의 행동을 보면 매우 특이한 점들이 있어서 교육적인 목적으로 연구를 일반화하는 데 어려움이 있다. 이를 증명하기 위해 초기 기업가들의 행동을 다룬 교과서들을 비교한 연구에 따르면 공통되는 부분이 거의 없다.[19] 하지만 기업가정신 교육에 있어 특성에서 행동으로 옮겨 가려는 이러한 움직임이 궁극적으로는 개인의 특성에서 프로세스적 관점으로 옮겨 갔다.■[20] 프로세스 접근법이 기업가정신 교육에서 자리 잡으면서 기업가정신은 선형 활동으로서 기회 포착(identifying an opportunity), 제품 · 서비스 개념 개발(developing the concept), 필요 자원 이해(understanding resource requirement), 자원 획득(acquiring resources), 사업계획 수립(developing a business plan), 계획 실행(implementing the plan), 기업 경영(managing the venture), 투자회수(exit) 등의 활동을 포함하였다.[21] 하지만 이러한 접근법은 경영관리 기법 중의 하나로 볼 수 있으며, 신규기업에 적용된다는 차이만 있는 것으로 보인다. 이러한 프로세스 접근법은 기업가정신 교육에서 주를 이루고 있다. 저자들이 시중에 나와 있는 45권의 기업가정신 교과서를 검토한 결과, 이 중 약 80%는 기업가적 과정(entrepreneurial process)을 강조하고 있었다. 기업가적 과정에는 기회 포착 및 평가, 사업계획, 마케팅계획, 자원 획득, 경영관리 및 투자회수 등으로 구성되어 있다.

■ 프로세스 접근법이 생겨나는 동안 Aldrich(1990)와 Aldrich and Wiedenmeyer(1993)의 연구를 통해 조직 형성 시스템을 배경으로 한 '비율' 접근법이 소개되었다. 시간이 지나면서 '비율' 학자들은 창립의 수에 영향을 주는 변수를 생성하는 환경적 조건에 집중하였다. 비율 접근법은 공공정책에 큰 효과가 있었지만, 기업가정신 교육에서는 큰 성과를 만들어 내지 못했고 창업, 성장, 실패 등의 통계를 나타내는 것 이상의 실질적인 방법을 나타내지 못하였다.

기업가정신의 프로세스 접근법은 전략(strategy) 분야의 전략관리과정(strategic management process)에서 영향을 받았다.[22] 기업가정신 분야에 관한 연구자들은 기업가적 프로세스가 전략관리과정과는 차이가 있음을 밝히는 연구를 시작하였으며, 벤카타라만(S. Venkataraman)[23]은 기업가정신 연구의 차별적인 측면을 밝히기 위한 노력을 하였다. 그는 기업가정신 연구자 및 교육자들에게 "기업가정신은 이전의 경영연구와는 어떤 차이점이 있고, 기업가정신 연구자들은 그 차이를 밝히기 위해 어떤 기여를 하였는가?"라는 질문을 던졌다. 또한 "만약 기업가정신 연구 분야의 학자들이 명확하게 기업가정신 연구의 차별성을 밝히지 못한다면 연구영역의 존재 자체가 흔들린다"고 하였다.[24] 셰인과 벤카타라만(S. Shane and S. Venkataraman)[25]은 그들의 논문을 통해 기업가정신의 차별점을 찾았으며 다음과 같이 정의하였다. '기업가정신은 기회인식, 기회평가, 기회탐색 과정이다(the identification, evaluation and exploitation of opportunities).'[26] 이 정의는 기업가정신 분야에서 가장 많이 인용되고 있다.[27]

이러한 정의가 학계에서 통용되면서 기업가적 프로세스에서 기업가에 대한 연구로 다시 방향이 전환되었다. 과거의 연구들이 기업가의 특성에 관한 연구라면, 최근에는 기업가의 인지적 측면(cognition approach)이 연구의 주를 이루고 있다. 인지적 접근법(entrepreneurial cognition approach)이란 기업가들의 인지 패턴을 분석하는 것이다.[28] 기업가의 특성을 파악하는 기존의 연구에 반해, 기업가의 인지연구는 기업가들이 어떻게 생각하고, 어떻게 가정하고, 어떻게 그 가정에 맞춰 행동을 하게 되는지, 그리고 각 개인의 차이는 어디에서 나오는지에 관한 것이다. 기업가적 인지(entrepreneurial cognition)는 '기회평가, 창업, 성장과 관련한 평가나 결정을 하는 데 사용되

는 지식구조'로 정의된다.[29]

대부분의 인지론 접근법 기반 연구는 개인이 기업가적 활동과 관련된 결정을 내리는 이유에 초점을 맞추고 이러한 결정과 깊은 관련을 가진 지식구조 및 신념을 연관 지었다.[30] 또 다른 인지기반 연구는 기업가정신을 가로막는 장벽을 해결하려 하거나 기업가정신의 어떤 부분이 기업가적 노력을 수행하고자 하는 동기와 관련이 있는지를 찾는다. 이러한 점에서, 대체로 논의에서 빠지는 부분은 '원래 자원이 지닌 강점이 어디서 나타나고, 이 강점이 어떻게 가치생산활동에 기여하거나 결정에 영향을 주는가'이다.[31] 즉, 개인이 기업가가 될 수 있는가는 더 이상 문제가 아니며 대신에 어떻게 개인이 기업가정신을 갖고서 기회를 만들고 실행에 옮기는가에 초점을 맞춘다. 노벨경제학상 수상자 허버트 사이몬(Herbert Simon)의 제자인 사라스 사라스바시(Saras Sarasvathy)는 이펙추에이션(effectuation)과 관련된 새로운 이론을 소개하며 학계에 큰 반향을 일으켰다.[32]

사라스바시는 45명의 전문 기업가들과 함께한 논문 연구에서 소리 내어 생각하기 프로토콜(think aloud protocol)과 언어적 프로토콜(verbal protocol)을 다루었다. 이 실험적 방법론에서 전문가들은 소리 내어 생각하기 방법에 따라 결정을 내리고 사업 시작단계에서 발생하는 10가지 전형적인 문제를 해결하였다.▪[33] 이펙추에이션 이론(effectuation theory)은 결과적으로 인과성과 음(−)의 상관관계를 이루었다.

▪ 사라스바시(S. Sarasvathy)의 연구 방법론이 갖는 정밀함과 효율에 대한 자세한 내용은 Sarasvathy(2008, pp. 19-43) 논문을 참고하기 바란다.

인과모델은 결과가 먼저 주어진다. 그러한 결과를 달성하기 위해 기존 방법을 선택하거나 새로운 방법을 만들어 낸다. 반대로 이펙추에이션 모델(effectuation model)은 방법이 먼저 주어지고, 예상치 못한 전략으로 새로운 목적을 만들어 내게 된다. 이펙추에이션(effectuation)은 목적과 수단 및 예측과 통제의 전통적인 관계를 변경할 뿐만 아니라 생물과 환경, 부분과 전체, 주관과 객관, 개인과 사회 등과 같은 전통적인 관계 역시 재정립한다. 특히 이러한 관계를 '결정(decision)'의 문제가 아닌 '설계(design)'의 문제로 만든다.[34]

기업가의 관점과 학습 방법을 이해하면서 기업가정신의 중요성이 급격히 커졌다. 사라스바시[35]는 유능한 기업가라면 다양한 가능성과 새로운 기회를 찾아내고, 시장을 찾기보다는 스스로 만들어 내며, 실패를 받아들이고, 다양한 이해관계자와 함께 일한다는 것을 경험적으로 알아냈다. 즉 이들은 미래를 예측하려 하기보다는 직접 만들어 나간다.[36]

이러한 기업가적 사고방식에 대한 발견[37]과 함께 뱁슨 대학(Babson College)의 연구[38]는 기업가정신 교육이 새로운 단계로 발전하는 데 기여하였다. 이펙추에이션 이론이 나타난 만큼[39] 더 이상 기업가정신을 프로세스로서 가르쳐서는 안 되며, 하나의 '방법론'으로서 가르쳐야 한다.[40] 방법론으로서의 기업가정신 교육을 위해서는 실습 교육체계가 개발되어야 한다. 이를 통해 학생들은 보다 기업가적인 사고가 가능하게 되고 보다 기업가적으로 행동할 수 있다.

이러한 여러 관점에서 알 수 있듯이 방법론에는 이론이 결여되어 있지 않다. 실제로 기업가정신 교육에서 이론이 차지하는 비중은 그 어느 때보다 커졌다. 인지론적 기업가정신 연구는 기업가정신 교육이 이론에 기반을 둔 방법론으로서 자리를 잡는 데 기여하였다. 본 책에서 논의될 다양한 교육방법론들은 이러한 인지론적 기업가정신 이론에 기반을 둘 뿐만 아니라 확고한 이론적 근거를 가지고 있다.

이론인가 실습인가? (The Theory Versus Practice Conundrum)

교육의 역사를 살펴보면 실습이 나오기 전에 이론이 한 분야를 먼저 지배한다. 사실 실습은 플라톤(Plato)의 이데아론(Theory of Forms)이 나타나면서 억울한 비판의 대상이 되어 왔다. 브록뱅크와 맥길(A. Brockbank and I. McGill)[41]은 초기 플라톤이 펼친 지적이고 미학적인 일에 종사하는 지배층과 육체노동에 종사하는 피지배층 간 이원론적 접근법에 대한 유용한 설명을 제공하였다. 확실히 당시 육체노동자들은 약자였다. 하지만 주로 플라톤과 아리스토텔레스(Aristotle)의 이론에 근거를 둔 이 철학적 관점은 이론과 실천 사이 분쟁의 시초가 되었다. 플라톤과 아리스토텔레스는 모두 '지성이 실천보다 우위에 있다고 주장'하였는데 이는 이후 데카르트(Descartes)에게 영향을 미쳤다. 이는 전통적 대학교육 모델에 여전히 중요한 영향을 미치지만 때로는 그렇게 명확하지 않은 때도 있었다. 한 가지 예로 아리스토텔레스는 선(善)의 학습에 대한 사례를 들면서 실천하는 배움의 중요성을 주장하기도 하였다.[42] 사실 이 접근법은 '범주 오인(category mistake)'[43]으로 불리며 육체 영역보다 정신 영역에 특권을 주게 되지만, 그 실수는 실제로 영혼을 어떻게 생각하는지에 대한 초기 철학적 딜레마의 원인이 된다. 가장 큰 관심사는 '물질과 정신의 양극화와 차별화가 오늘날의 삶에 그대로 남아 있다는 것'이다. 학계에서는 '어떻게 하는지 안다(knowing how)'와 관련된 기술, 실천, 결과 등이 저평가되며 이원성을 유지하는 가운데, '그것을 안다(knowing that)'와 연결되는 인지와 비인간적 소통 방법을 주장하고 있다.[44]

이론의 중요성이 초기 철학가들 사이에서 강력한 지지를 받은 반면, 실습이나 실천에 대한 중요성은 지난 반세기 동안 보다 굳건히 그 영역을 넓혀 갔다. 특히 피에르 부르디외(Pierre Bourdieu)가 주도하였는데 그는 플라톤이 실천 논리를 부정적으로 이야기하면서 막대한 영향을 미쳤다고 주장하였다.[45]

> 하지만 적절한 실천과학(science of practice)을 구축하는 데 있어 가장 굳건한 장벽은 의심의 여지없이 과학자들 스스로를 과학(그리고 이를 정당화하거나 가능하게 하는 사회적 특권)에 결속시키고, 지식의 우수성을 주장하는 그들 간의 연대에 있다. 이는 오랜 노력 끝에 얻게 되는 자신들의 지식에 대한 우수성을 주장하는 근원이 되곤 하며, 심지어 이 우수성이 특권을 정당화해 준다고 생각한다. 또한 실용적인 과학적 지식을 탐구하지 않고는 과학적 지식이 특권에 기반하고 있다는 한계를 인정하지 않는다.

기업가정신 교육에 끊임없이 대두되는 문제가 있다. 기업가정신 교육에 있어 이론과 실습의 역할이 무엇인가 하는 것이다. 이론과 실습이 갖는 힘과 지위에 대한 논란은 학계와 교육자들 사이에서 자주 논의되는 주제이다. 렌(D. A. Wren) 과 그의 동료들[46]은 1977년 연구[47]와 1989년 연구[48]에 이어 다시 한 번 경영 교육자를 대상으로 하여 이론 대 실습을 주제로 한 연구를 실시하였다. 경영학회 회원 525명을 대상으로 한 연구를 통해 1970년대는 이론의 시대였으며 1980년대는 응용의 시기였다고 밝혔다. 그리고 놀랍게도 가장 최근에 있었던 연구(2005)에 따르면 다시 이론 중심

으로 추세가 바뀌었다고 하였다. 그 내용은 다음과 같다.[49]

> 여러 사례를 통해 2005년도 연구결과는, 교육방법에 있어 이론이 심지어 1977년도 연구결과보다도 널리 퍼져 있음을 보여준다. 비록 학부과정에서 이론이 보다 강조되지만, 앞서 언급한 것처럼 이 추세는 대학원 과정에서도 유사하게 나타난다. 이는 경영 교육 전 단계에서 유용성이 떨어지는 실습에 비해 이론이 더 큰 중요성을 가진다는 개념에 신뢰성을 더해 준다. 몇몇 학자가 제안한 것처럼 학계 내 흐름이 교육생들의 사고, 분석, 적용에 대한 기술훈련보다는 이론 및 분석 중심으로 향하는 듯하다.

기업가정신이 모든 비즈니스 분야에서 가장 많이 적용되는 분야 중 하나라는 점을 고려하면 이러한 논의는 놀라운 일이 아니며, 기업가정신을 '배우기(learn entrepreneurship)' 위해서는 사업을 '해보아야(do entrepreneurship)' 한다고 주장했다. 그러나 우리의 관점은 기업가정신에서 이론을 배제하지 않는다는 것이다. 반대로 '효과적으로 사업을 하는(effective doing of entrepreneurship)' 데에는 일련의 실습이 필요하며 이 역시 이론적으로 굳건한 바탕이 있다. 하지만 학생들은 실습 속에 숨겨져 보이지 않는 이 이론을 알지 못한다. 이를 행동기반 이론(actionable theory)이라 부른다.[50]

이와 관련하여 두 가지 분류로 나누어 볼 수 있다. 한쪽은 '진정한' 의미의 사업 경험이 거의 없는 이론 중심의 교수로서 실습(예: 사업계획)을 이끌어 갈 수 있다는 믿음만으로 방법론을 알리고자 애쓰고 있으며, 다른 한쪽은 현실과 거리가 먼 측면을 본능적으로 거부하는 실무자이다. 이 책에서 목표로 하는 바는 종합적 측면이다. **그림 1** 을 통해 오늘날 기업가정신 교육법에서 이론적인 부분이 어느 정도인지를 잘 알 수 있다.

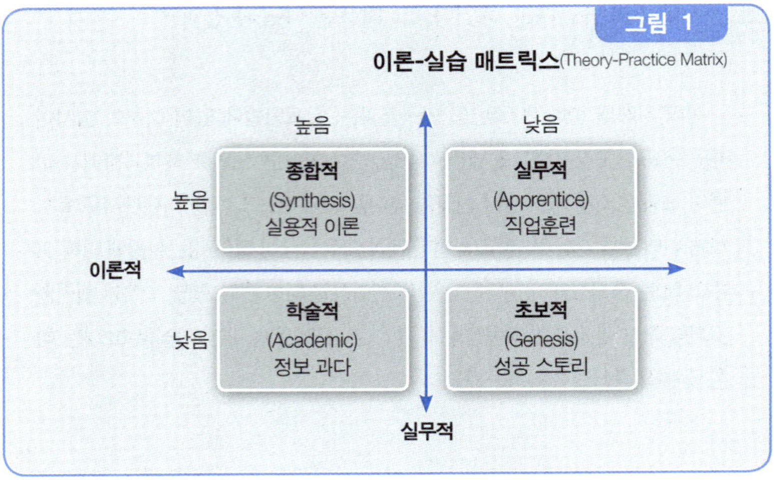

초보적(Genesis) 단계에서 기업가정신 교육은 시작되었다. 아무런 연구도 이론도 없었기 때문에 기업가정신 교육을 위해서는 성공 스토리를 듣는 것 외에 마땅한 방법이 없었다. 이와 관련된 티몬스(Jeff Timmons)의 이야기는 아주 흥미롭다.

> 현실세계의 경험과 관련하여 교수들이 겪은 어려움 중 하나는 경험을 실제교육에서 적용할 것인가, 그리고 적용한다면 어떻게 활용하는가 하는 것이다. 기본적으로 이 주제에 대해 두 학파가 있다. 하나는 '이야기(Tell)'이며, 다른 하나는 '무슨 일을 하든 절대 이야기하지 않기(Whatever you do, do not tell war stories)'이다. 짐작하는 대로 두 집단은 함께 밥을 먹는 일은 거의 없다. 사실 기업가와 사업가들은 종종 일부 교수들에게 성공 스토리를 말하지 말라는 충고를 받는다. 하지만 이러한 충고는 잘 따져 봐야 한다. 큰 성공을 거둔 워싱턴 DC(Washington DC) 출신의 부동산 사업가 도널드 브라운(Donald Brown)은 수년간 하버드 경영대학원(HBS)에서 강의를 하였다. 학생들은 그를 매우 훌륭한 교수라고 평가했다. '성공 스토

리를 이야기를 하지 말라'는 명망 높은 하버드 경영대학원 교수들의 조언에 대한 그의 통찰력은 매우 재미있다. "나는 드디어 알아냈어요. 그들은 이야기할 성공스토리가 없었던 거지요!"■ 그는 이렇게 말하였다.

티몬스 교수는 이를 이해하고 1984년 실무자들을 데려와 학자들과 함께 문제를 해결하고자 하였고 당시 기업가정신 교육에 대한 가장 효과적인 방법을 함께 논의하였다. 기업가정신 교육자들을 위한 프라이스-뱁슨 심포지엄(The Price-Babson Symposium for Entrepreneurship Educators)이 탄생했고 이는 지금까지 이어지고 있다. 하지만 요즘 기업가정신 교수는 사업가적 경험과 학자적 경험을 모두 갖고 있는 것이 일반적이다. 우리는 이를 초보적 단계라고 부르는데 실제로 몇 가지 성공스토리밖에 말할 거리가 없었던 때의 기업가정신 교육을 말한다. 성공스토리를 통해 배울 수 있는 것은 한계가 있고 극히 일부 실습만이 가능하기에 사례연구와 동일하다고 보는 경우가 있다.

실무적(Apprentice) 단계는 매우 구체적인 업무에 대한 교육을 말한다. 이는 기술개발이 비판적 사고보다 우선시되고 이론의 이해와 발전이 중요하지 않은 직업적 관점을 의미한다. 학술적(Academic) 단계는 이론뿐만 아니라 행동비용(expense of action)(예: 사업계획서) 측면을 지지하는 반면에, 종합적(Synthesis) 단계에서는 실용과 이론을 동시에 추구한다. 본 책은 종합적 접근법을 따르지만 실습 위주로 기업가정신 교육을 다루고자 한다. 자세하게 이론을 설명하지 않지만 이론을 기반으로 실습할 활동들을 구상하였다. 이 장은 컬트 르윈(Kurt Lewin)의 "좋은 이론만큼 실용적인 것은 없다

■ 이 인용문은 제프 티몬스 교수(Jeff Timmons)가 Price-Babson의 SEE 프로그램인 "성공스토리: 말할 것인가, 말하지 말 것인가?"에서 인용하였다.

(There is nothing so practical as a good theory)"라는 명언으로 마무리하고자 한다.

방법론으로서의 기업가정신 (Entrepreneurship as a Method)

방법론으로서의 기업가정신을 지지하는 이유는 프로세스기반 기업가정신의 한계 때문이다. 프로세스는 알려진 절차대로 하면 원하는 결과를 얻을 수 있다는 의미이며, '프로세스'라는 말은 하나의 제조 절차처럼 알려진 입력(inputs)과 출력(outputs)이 있다고 가정한다. 프로세스(process)는 자동차 제조 프로세스를 상상해 보면 쉽게 이해가 갈 것이다.[51] 자동차 생산과정의 조립 프로세스를 생각해 보자. 제조공정에 필요한 부분이 어디인지, 어떻게 각각의 부품을 조립해야 하는지, 자동차 외형은 어떠해야 하는지 등이 프로세스를 설계하는 데 필요하다. 또한 수많은 공학적 지식과 연구가 수반되고 이것이 조립라인으로 탄생된다. 이러한 과정은 쉽게 예측이 가능하다. 기업가정신이 자동차 생산 조립라인의 프로세스와 같을 수는 없다. 서두에 언급한 바와 같이 교육자들은 과거에 프로세스적 관점(process perspective)을 받아들였고, 이로써 기회 발굴(identify an opportunity), 제품 · 서비스 개념 구성(develop the concept), 필요 자원 결정(determine resource requirements), 자원 확보(acquire resources), 사업계획 수립(develop a business plan), 계획 실행(implement the plan), 사업 관리(manage the venture), 투자회수(exit)와 같은 선형적이고 단계적인 접근법이 기업가정신에서 지배적인 관점이 되어 왔다.[52]

그러나 최근 기업이 처한 환경은 예측 불가능하고 불확실성과 모호성이 가득하기 때문에 과거의 환경과 대조된다. 방법론으로서의 기업가정신은 학생들이 스스로 기업가정신을 학습하는 데 도움을 준다. 또한 학생들에게 필요한 기술과 능력을 학습하게 해줌으로써 학생들이 스스로 기업가적으로 생각하고 행동하도록 해준다. 따라서 실습을 통해 기업가정신을 학생들에게 가르치는 것은 교과서를 통한 이론 공부만큼이나 중요하다. 앞서 언급했던 것처럼 오늘날 정보는 상품이며, '지식과 상황이 급변하는 환경에 대처하기 위해서는 학생들이 기업가정신 방법론을 학습하는 것이 필요'하다.[53]

방법론으로서의 기업가정신 교육을 한다는 것은 기업가적으로 생각하고(a way of thinking), 기업가적으로 행동하도록(a way of acting) 하여 새로운 것을 창조해 내도록 하는 것이다. 기업가정신 방법론은 학생들로 하여금 이해하게 하고(understanding), 알게 하고(knowing), 이야기하게(talking) 하는 것이다. 이를 위해서는 학생들이 사용해 보고(using), 적용해 보고(applying), 행동해 보는(acting) 것이 필요하다. 방법론은 말 그대로 지속적인 실습 활동인 것이다. 그러므로 본서의 저자들이 강조하는 방법론의 기본 가정은 다음과 같다.[54]

① 처음 접하는 학생이나 전문가 모두에게 적용된다. 즉, 경험수준과 관계없이 교육생이든 실무자든 모두에게 적용된다는 가정이다. 중요한 것은 학생들 각자가 어떻게 비즈니스 세계를 봐야 하는지, 그리고 그곳에서의 자신의 위치는 어디인지를 이해하는 것이다.
② 방법론으로서의 기업가정신 교육은 포괄적이다. 즉, 기업가정신의 범위는 다양한 계층의 모든 조직을 포함한다. 따라서 성공의 정의 역시 상황에 따라 다르고(idiosyncratic) 다차원적(multidimensional)이다.

③ 방법론으로서의 기업가정신 교육에는 지속적인 실무교육이 필요하다. 배운 것을 체험하는 것(learning and then doing)이 아니라 체험을 통한 학습(doing and then learning)에 초점을 맞춘다.

④ 방법론으로서의 기업가정신 교육은 예측 불가능한 환경을 위한 학습법이다.

그림 2

방법론 vs. 프로세스(Method vs. Process)

방법론으로서의 기업가정신	**프로세스 중심의 기업가정신**
일련의 실습(A set of practices)	알려진 입력과 예측된 출력(Known inputs and predicted outputs)
학습의 과정(Phases of learning)	학습의 완료(Steps to complete)
상호적(Iterative)	선형적(Linear)
창의적(Creative)	예측적(Predictive)
실행 중심(Action focus)	계획 중심(Expected return)
학습을 위한 투자(Investment for learning)	기대된 결과(Expected return)
협력적(Collaborative)	경쟁적(Competitive)

출처: Neck and Greene (2011) 수정.

그림 2는 방법론으로서의 기업가정신과 프로세스 중심의 기업가정신을 비교한 것이다. 이 책에서 주장하는 것처럼 방법론적 관점은 교육 및 학습에 있어 다른 접근법을 필요로 한다. 이 관점은 단순한 수업, 교육과정, 커리큘럼에 대한 것이 아니다. 기업가적 사고와 행동양식을 학생들에게 심어주고 이를 통해 모든 학생들이 배경에 상관없이 스스로 미래를 만들어 가는 것을 목표로 한다.

기업가정신 교육을 위한 5가지 실습
(The Five Practices of Entrepreneurship Education)

빌레트(S. Billett)가 편집한 논문집은 실천 이론과 실천을 통해 어떻게 학생들이 학습하는지에 대해서 주로 다루었다. 실습기반 학습(practice-based learning) 역시 현실적이지 않은 것으로 여겨지기도 한다. 빌레트는 실습을 통한 경험을 "적합성과 효율성이 부족하여 전문기관의 교육 프로그램이나 대학에서 체계적으로 습득하는 교육결과물의 부산물 정도로 여겨진다"고 하였다. 실천 이론의 영역에서 실습은 "활동과 상호작용을 통해 직업을 구성하는 과정"이라 정의된다.[55]

실습을 통한 학습을 뒷받침해 주는 아주 전통적인 연구가 있다. 실습에 대한 철학적 관점에서 보면 "우리가 할 수 있기 전에 배워야 하는 일들을, 우리는 하면서 배운다"고 말한 아리스토텔레스의 이야기를 명심해야 한다. 이와 관련하여 빌레트는 실습을 통한 학습에 대해 새로운 것은 없지만, 이것이 대학교육에서 실시되는 전통적 학습 경험과 대치된다는 것은 놀랍다고 밝혔다.[56]

우리는 실습기반 접근법(practice-based approach)을 기업가적 행동을 위한 학습 모델로 발전시키고자 한다. 의료, 법무, 또는 심포니 오케스트라와 같은 전문적 능력을 위한 순수한 실습 모델을 추구하는 것은 아니며, 이는 실무적 접근법(Apprentice)(그림 1)과는 차이가 있다. 이와 달리 본 책에서는 종합적 접근법(Synthesis)을 통해 이론을 기반으로 하지만 실천이 가능한 활동을 직접 실행해 봄으로써 학습하도록 하는 데 초점을 맞추고자 한다. 이 책은 몇 가지 실습만을 통해 학습하는 편협적인 교육이 아니라 직접 실습을 해봄으로써 다양한 지식을 습득할 수 있도록 좀 더 넓은 관점에서 접근하고자 한다.

> 학습효과를 높이기 위해서는 다양한 교육방법이 존재한다. 예를 들면 실무자로부터 몇몇 학습법을 배울 수 있다. 즉 암묵적인 것을 명확히 해주는 지식구조 유형을 만들어 주고 실습에 대해 충분히 이해할 수 있게 해주면서 교육적으로 중요한 양질의 실습이 가능해진다. 하지만 이는 실습을 대신하는 것이 아니라 실습을 통해서 가능하다.[57]

실천 이론가들에 대해 널리 알려진 비판은 그들이 실습의 복잡성과 다양성을 간과하면서 실습이 하나의 뛰어난 방법이라 생각하는 것이다.[58] 이것이 바로 기업가정신을 단순한 실습이라 말하지 않고 여러 실습으로 구성된 하나의 방법론으로서 받아들여야 하는 이유다. 그리고 실습을 '통한' 학습(learning through practice)과 함께 실습에 '대한' 학습(learning about practice)도 필요하다. 이 두 가지가 함께 이루어질 때 보다 우수한 결과물이 나올 것이다.[59]

실천 이론(practice theory)의 복잡성은 아무리 강조해도 지나치지 않은데, 이 책에서 사회과학, 특히 사회학과 인류학 분야의 다양한 이론처럼 정당성을 제시할 수는 없다. 실천 이론 관점을 가지고 연구한 연구자들의 논문(예: Foucault, 1972; Bourdieu, 1977, [1980] 1990; Giddens, 1984; Pickering, 1992; Turner, 1994; Schatzki, 1996; Rouse 2002)을 분석한 로우즈(J. Rouse)[60]는 방법론으로서 기업가정신의 중요한 함의를 제시하였다. 로우즈의 연구결과와 더불어 본 저자들의 의견을 종합하여 실천적 방법론의 특징을 제시하면 다음과 같다.

① 실습은 사회적 규범과 규칙에 따라 행해지는 의미 있는 작업이다. 이 책에서 강조되는 각 실습은 경영학 내외 여러 분야의 이론을 따른다.

② 실습은 문화 형성의 배경이 되고 사회구조 건설의 기반이 된다. 다음 장에서 논의되는 기업가정신 실습은 학생들 사이에서 기업가정신 문화를 만들 수 있다.

③ 실습은 사람들의 사회적 상호작용에 의존한다. 학생들은 지속적 실습을 통해 기존의 지식구조를 확장하고 새로운 방법을 시도하는 습성을 습득한다. 따라서 기업가정신은 실습을 통해 학습된다.

④ 실습은 공유된 추정, 개념적 틀, 어휘 및 언어를 통해 공유 의미를 만들어 낸다. 실습기반 접근법을 통한 기업가정신 교육은 학생 중심의 학습 공동체가 된다.

실습이 무엇인지에 대해 이야기한 것처럼, 실습기반 접근법과 관련하여 무엇이 실습이 아닌지에 대해 이야기하는 것 또한 중요하다. 인지과학에서 차용했지만 경영과 기업가정신 분야에서 나타나는 연구의 한 흥미로운 부분은 전문성을 얻기 위한 '의도된 실습(deliberate practice)'의 개념이다.[61] 의도된 실습이란 기술을 숙달하기 위해 많은 시간을 강도 높은 실습에 할애하는 것이다. 그 예로 체이스와 사이먼(W. G. Chase and H. A. Simon)[62]의 연구를 살펴보면 체스를 숙달하는 데 필요한 연습 시간이 1만에서 5만 시간에 달한다. 하지만 보다 최근의 캠피텔리와 고벳(G. Campitelli and F. Gobet)[63]에 따르면 체스를 숙달하는 데 3천 시간의 의도된 실습만이 필요하다고 하였다. 그리고 태어난 계절, 인지능력, 왼손잡이 등의 변수가 숙달 시간과 관련이 있다고 밝혔다. 의도된 실습으로서의 방법론은 기업가정신 교육에서 그 우수성을 보여주고 있다.

바론과 헨리(R. A. Baron and R. A. Henry)[64]는 의도된 실습을 통해 길러진 전문성이 기업가의 성공에 영향을 미친다고 하였다. 그리고 의도된 실습은 학습자들에게 동기를 부여하고 자기효능과 자기통제력을 높여 인지적 자원을 강화할 수 있다고 주장하였다. 하지만 의도된 실습의 특징은 체스선수, 운동선수, 음악가 등에서 관찰되듯 장기간의 집중적인 연습이 필요하다. 바론과 헨리는 이와 관련해 장기간의 연습이 기업가에게는 해당되지 않으며 어떤 기술을 반복하여 연습해야 하는지도 불명확하다고 하였다.

이와 같은 엄청난 양의 시간이 필요한 딜레마를 해결하기 위해 바론과 헨리는 기업가정신 교육 분야를 철저히 조사하였다. 그리고 경험적 학습(experiential learning)과 간접 학습(vicarious learning)[65]이라는 두 가지 학습 방법을 소개하였다. 한 예로 쿼터백은 미식축구를 직접 하면서 배울 수 있고(경험적 학습) 다른 쿼터백의 시합 장면을 보면서도 배울 수 있다(간접 학습)는 것이다. 바론과 헨리[66]는 다음과 같이 밝혔다.

> 기업가정신 교육에 있어서 간접학습의 일반 원칙들을 적용하면, 간접학습을 통해 얻을 수 있었던 결과들을 기업가정신 교육에서도 얻을 수 있다. 이를 통해 시간적 제약과 기타 환경적 조건 때문에 집중 연습을 할 수 있는 기회가 제한되는 상황에서도 전문성을 만들어 낼 수 있다.

하지만 우리 관점에서 시간적 딜레마에 대한 이 해법은 전혀 해결책이 될 수 없다. 게다가 간접 학습과 관련된 사례와 연구를 이용한 바론과 헨리의 이러한 접근법은 기업가정신 교육에서 전혀 새로운 방법이 아니며 기업가정신 교육의 발전에 기여하지 못한다. 이는 학생들을 그저 구경꾼으로 전락시킬 뿐이다.[67] 이는 우리가 제안하는 실습기반 접근법과 관련하여 중요한 질문을 던진다. 이 실습기반 접근법은 콜브(D. A. Kolb)의 경험적 학습 개념과 어떻게 다른가?

콜브는 경험적 학습을 경험의 변화를 통해 만들어진 지식이라고 정의하였다. 그리고 학습의 결과보다는 학습의 과정을 강조하면서 지식은 경험을 통해 계속해서 생겨난다고 주장하였다. 즉 경험적 학습의 핵심은 경험, 경험에 대한 다른 사람과의 상호작용, 경험에 대한 자기반성이라고 하였다.[68]

실습기반 접근법은 콜브를 비롯한 실험적 학습 이론가들의 주장을 보완해 주며, 주요 관심사는 실습 내에서의 학습과 실습을 통한 학습이다. 따라서 경험을 통한 학습이 실습에서 배우는 유일한 방법이다. 기업가정신 교육의 실습을 통해 혁신, 소통, 이해, 역사 등을 배울 수 있는데 이는 실험적 교육의 핵심 요소이다.[69] 요약해 보면 일련의 실습으로서의 기업가정신 방법론은 경험적 접근법을 통해서만 학습할 수 있다.

방법론으로서의 기업가정신을 선택한 이유를 이해하고 실습과 이론의 결합이 갖는 중요성을 이해한다면 좀 더 핵심적인 내용, 즉 방법론에 포함되는 실습에 대해 살펴볼 수 있다. 실습에 대한 개념은 직접 실습을 해봄으로써 기술, 지식 및 사고방식을 습득하는 것과 관련이 있는데 이를 통해 기업가적 능력을 기르고 결과를 향상시킨다. 기업가정신이 복잡하고 다면적이라는 특성을 감안할 때, 하나의 실습으로는 불가능하다. 그러므로 기업가정신을 기르기 위한 다섯 가지 구체적인 실습(그림 3)을 소개하고자 하며 이는 이론과 실습을 통합한 실천 가능한 이론으로서 앞서 설명한 종합적 측면(Synthesis)에서의 개념(그림 1)을 나타낸다. 다섯 가지 실습에는 놀이 실습(the practice of play), 공감 실습(the practice of empathy), 창의 실습(the practice of creation), 실험 실습(the practice of experimentation), 성찰 실습(the practice of reflection)이 있다.

그림 3

기업가정신 교육 실습법(The Practices of Entrepreneurship Education)

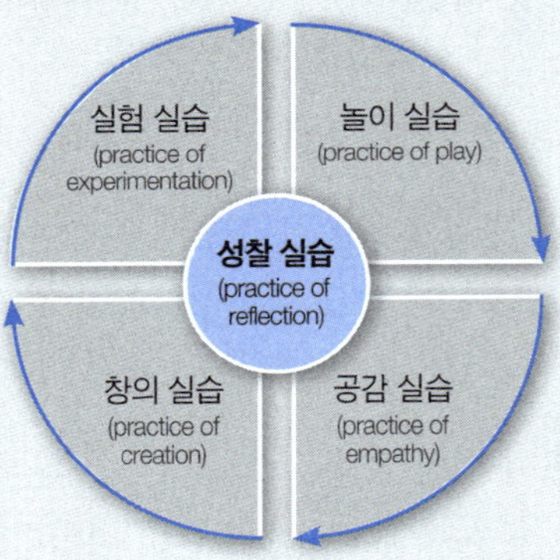

본 책의 구성 (Organization of the Book)

본 책은 크게 두 개의 파트로 나누어진다. 첫 번째 파트는 각 실습에 대한 정의와 이론적 근거를 설명한다. 1장에서는 '놀이 실습(practice of play)'을 소개한다. 이는 자유롭고 상상력 있는 마음과 관련 있는데, 풍부한 가능성, 기회의 세계를 보여주고 기업가정신을 발휘할 수 있는 보다 혁신적인 방법을 제시해 준다.

2장에서는 심리학, 신경과학 및 디자인 씽킹 관련 내용을 많이 차용하면서 '공감 실습(practice of empathy)'을 소개한다. 공감(empathy)은 '우리가 감각적이고 직관적이며 적절한 의사소통과 지원을 할 수 있도록 타인의 감정, 상황, 의도, 생각 및 필요를 느끼고 이해하는 사회적이고 정서적인 기술'로 정의된다.[70] 3장에서는 '창의 실습(practice of creation)'을 소개하는데 이를 통해 기업가정신 교육에서 창의성 역할을 논의하고 예측과 대조되는 창조의 세계에 대해 탐구한다. 4장에서는 의료사회학과 그 외의 이론에서 도출한 '실험 실습(practice of experimentation)'을 다루고자 한다. 실험에서는 무언가를 시도하여 그 결과를 살펴보고 그 결과를 통해 학습하고 다시 시도를 반복한다. 5장에서는 마지막 실습인 '성찰 실습(practice of reflection)'을 다루고자 한다. 성찰을 통해 학생들은 학습 경험을 체계적으로 정리하게 되며, 다음 단계를 실천하는 데 도움이 되도록 하고자 한다. 이는 모든 실습을 통합하는 과정으로 성찰을 통해 더 나은 학습을 하게 함이다.[71]

파트 1에서 실습의 이론적 기초를 강조한다면, 파트 2에서는 실습을 위한 42개의 실험적 활동을 통해 학생들이 학교환경 내에서 기업가적 활동을 발전시킬 수 있도록 한다. 6~10장에는 놀이, 공감, 창의, 실험, 성찰 실습에 대한 연습문제가 실려 있다. 각 연습문제는 문제, 학습 결과, 수업 계획, 주안점, 이론적 근거, 교육법에 대한 팁 등이 담긴 광범위한 강의 노트를 포함하고 있다. 우리는 학교 내 활동에 중점을 둔다. 현재 그 어느 때보다 과목 간 연계수업이 중요함을 알고 있지만, 교실에서 교육자들이 어떤 어려움을 겪는지도 알고 있다. 그러므로 철저한(하지만 보이지 않는) 이론을 바탕으로 실천적인 내용을 다루고자 하는 교육자들의 니즈를 만족시키고자 한다.

마지막 장은 결론 부분이다. 기업가정신 교육이 경영학인증에서 요구되는 조건에 맞지 않기 때문에 발전이 없다는 이야기는 어제, 오늘의 이야기가 아니다. 즉, 교육자들과 대학 관계자들 사이에서는 국제경영대학발전협의회(AACSB)인증 및 기타 인증기관에서 요구하는 표준에 만족시키지 못한다는 우려가 있다. 결론 장에서는 이러한 우려가 그저 기우일 뿐이며, 실습 중심의 접근법 또한 국제경영학인증에서 요구하는 기준을 만족시킬 수 있음을 AACSB의 회장이자 총괄책임자인 존 페르난데스(John Fernandes)의 이야기를 빌어 설명하고자 한다.

PART 1

기업가정신 교육 실습: 이론편

The Practices of Entrepreneurship Education: The Theory

제 1 장 놀이 실습(The Practice of Play)

"노트북을 꺼내 〈*Investhor: Lord of Wall Street*〉을
다운받아 중간고사를 시작하세요."
교수가 이렇게 말하다니 얼마나 놀라운 일인가? (그린)[1]
How incredible would it be for a professor to say "Pull out your laptops, load up 〈*Investhor: Lord of Wall Street*〉, and begin your midterm?"
(Greene, P. G.)

"다시 해봐, 샘!" 영화 애호가들은 험프리 보가트(Humphrey Bogart)가 영화 〈카사블랑카(*Casablanca*)〉에서 실제로 이 대사를 하지 않았다는 것을 안다. 하지만 이 대사는 널리 쓰이고 있으며, 특히 어떤 놀이를 반복적으로 하는 개념은 실습의 개념에 부합하여 이후 방법론으로서의 기업가정신과도 연결된다. 놀이 실습은 자유롭고 상상력이 풍부한 사고를 길러 무한한 가능성과 다양한 기회를 얻고 기업가로서 보다 혁신적인 방법을 찾아가도록 해줄 것이다. 실제로 놀이는 21세기 필수 기술로 선정되었다.[2]

놀이의 개념 (The Concept of Play)

제시 셸(Jesse Schell)의 저서 《아트 오브 게임 디자인(*The Art of Game Design*)》(2010)[3]의 한 챕터에서는 '정의에 대한 불평(A rant about definition)'에 대해 다루면서 사람들은 정의를 정확히 내리는 데 지나치게 많은 노력을 기울인다

고 하였다. 그는 자신만의 정의를 갖고 있으면 토론을 하거나 행동을 취할 때 도움이 된다는 점을 함께 인정하였다. 한 가지 예를 들면 제시 셸은 게임 디자인 분야에서는 경험(experience), 놀이(play), 게임(game)을 강조하면서 '정확하지 않은 용어(murky term)'를 쓰는 경우가 있다고 하였다. 이처럼 기업가정신 교육에서도 놀이(play)와 게임(game)의 차이를 탐색해 볼 수 있지만, 궁극적으로 놀이와 게임은 재미(fun)를 추구한다.

네덜란드의 인류사학자 요한 하위징아(Johan Huizinga)는 오래전부터 놀이의 개념을 중요하게 여긴 학자 중 한 명으로 인간은 '호모 사피엔스(Homo Sapiens)' 대신에 '호모 루덴스(Homo Ludens – 유희의 인간)' 또는 '놀이하는 인간(Man the Player)'이라고 불러야 한다고 주장하기까지 하였다.[4] 하위징아는 '놀이'를 다음과 같이 정의하였다.[5]

> '평범한' 삶 밖에서 의식적으로 이루어지는 자유로운 활동으로 '중요하지 않게' 여겨지지만 동시에 참여자를 아주 강하게 흡수시킨다. 어떠한 물질적 · 금전적 이익과 관계없는 활동이다. 정해진 규칙과 질서정연한 방식에 따라 정해진 시간적 · 공간적 범위 내에서 진행된다.

이론가들 사이에서 반복적으로 논의되곤 하는 하위징아의 '마법의 원(magic circle)'에 대한 개념에서 놀이의 공간은 특히 묘한 개념을 지닌다. 전반적으로 그의 놀이 방식은 개들이 뛰어 노는 것(귀를 무는 규칙 포함)에서부터 대회나 공연에 이르기까지 광범위하고 포괄적이다. 초기 연구에서는 이런 정의를 '생산적인 작업의 반대' 개념으로서 '놀이'의 원형을 만드는 것으로 간주하기도 하였다.[6] 그러나 동시에 이러한 정의는 '고정된 규칙', '질서정연한 방식'과 같은 특성에서 나타나듯이 여전히 구조감각

(sense of structure)을 뚜렷하게 내포하고 있다. 사실 정의에 포함된 이러한 규칙은 '놀이'보다는 '게임'에 가깝게 느껴진다. 하위징아는 놀이에 대해 즐거움을 중요한 결과로 여기면서 규칙이나 장소 차원의 문제를 넘어선 평범한 일 이상의 것으로 생각한다. 그는 놀이를 잉여적이면서 특히 자발적이라고 묘사하며 '지시하는 놀이는 더 이상 놀이가 아니다'라고 말한다. 또한 놀이가 우선적으로 충족시켜야 하는 유일한 것은 즐거움이라고 주장한다.[7]

아동발달 심리학자 장 피아제(Jean Piaget)는 또 다른 측면에서 놀이를 이해하는 데 큰 기여를 하였다. 게임의 개념에서 시작한 그의 연구는 발달 과정에 대한 연구의 일부로 놀이에 대한 고찰을 하였다. 그래서 그의 연구 내용은 주로 어린 시절의 놀이와 관련 있다. 그중 '놀이'를 구성하는 기준에 대한 개념은 매우 흥미롭다. 놀이는 사심 없이 자발적으로 이루어지며(업무와 반대이다) 즐거움을 위한 것이다. 상대적으로 체계적이지 않고 갈등으로부터 자유로우며(외적 갈등보다는 내적 갈등에 더 가깝다) '과도한 동기부여'적 요소가 포함되기도 한다.[8] 피아제는 놀이를 연습 놀이(exercise play), 상징 놀이(symbolic play), 규칙이 있는 놀이(game with rules), 건설 놀이(game of construction), 그리고 상징 놀이와 진지한 활동 또는 적응 간의 전환을 보여주는 유형(representing the transition between symbolic play and non-playful activities or serious adaption)까지 다섯 가지로 분류하였다.[9]

피아제와 비슷한 시기에 글을 쓴 크라우스(R. Kraus)[10]는 심리학자, 사회학자, 교육자가 요약한 작업들을 통해 놀이의 관계를 신체적, 사회적, 정서적, 인지적인 측면과 같은 다양한 측면에서의 인간 발달의 모습으로 간

주했다.[11] 크라우스는 초기 놀이 이론을 활용하여 여가활동에서의 놀이에 대한 연구를 전개하는 기초로 삼고 있다.[12]

- 잉여 에너지 이론(surplus energy theory): 놀이의 동기부여는 넘치는 에너지를 소모시키려는 방법[13]
- 레크리에이션 이론(recreation theory): 에너지를 보존하거나 회복하는 방법(Lazarus)
- 본능설(instinct-practice theory): 삶의 기술을 연습하는 방법[14]
- 카타르시스 이론/정화이론(catharsis theory): 갇혀 있는 감정을 풀어주는 '안전밸브'[15]
- 발생반복설(recapitulation theory): 진화 단계를 연결하고 인류의 역사를 반복[16]
- 휴양설(relaxation theory): 사회질서에 필요한 육체적 · 정서적인 휴식[17]

크라우스는 위와 같은 이론들이 개별적으로 이루어질 수 없다고 주장하며 놀이에 대한 정의를 다음과 같이 제안한다.

> '놀이'는 즐거움과 자기표현을 목적으로 여가시간에 수행되는 활동이다. 놀이는 주로 활동적이며 경쟁심, 탐구심, 상상력이 동반되기도 한다. 놀이는 어른이 참여하기도 하고 상황에 따라 일 속에서도 나타나지만 관습적으로 아이의 활동으로 여겨진다.[18]

약간 다른 측면에서 베이트슨(Gregory Bateson)은 놀이를 의사소통의 진화로 분석한다. 베이트슨에 따르면 "놀이는 '놀이'라는 행동이 '놀이가 아닌' 행동과 관련되거나 이를 나타내는 현상으로 표출된다. 따라서 놀이에서 다른 행동을 의미하는 표시가 나타나기도 한다."[19] 베이트슨은 놀이의 많은 부분이 일상적인 경우(놀이가 아닌)를 나타내지만 여러 분야에서 다양한 예상된 결과로 나타난다고 제안하며 이 접근법을 주장한다. 다음 사항을 생각해 보자.

> 그러나 놀이를 생각하는 문제에서 성인은 이런 종류의 놀이를 통해 어린 시절을 연상하는 경향이 있다. 자유롭게 상상의 나래를 펼치며 몇 분을 몇 시간으로, 뒷마당을 저 멀리 마법의 왕국으로, 거실을 텐트 도시로, 수영장을 보물이 가라앉은 미지의 바다로, 박제동물을 7살짜리 어린이의 차렷 자세로 본다.[20]

이를 살펴보면 일상적인 것들이 다른 것들보다는 좀 더 느슨하게 연결되어 있음을 알 수 있다. 이런 느슨한 관계를 통해 놀이, 창의성, 혁신의 관계에 대한 흥미로운 문제들을 조심스레 제기해 본다. 어떤 면에서 놀이의 유형과 일상적인 삶과의 이러한 관련성을 연속적으로 생각해 볼 수 있고 이를 통해 다양한 유형의 놀이에 대해 생각해 볼 수 있다.

놀이의 맥락으로 보는 게임 (Games as Context for Play)

실제 교육 분야에서 벌어지는 많은 논의는 '놀이'보다 '게임'에 치우쳐 있다. '놀이'와 마찬가지로 '게임'에 대한 다양한 정의가 있다. 그중 보다 명확한 정의는 다음과 같다. "게임은 가변적이고 정량화되는 결과를 가지는 규칙기반 시스템이다. 다양한 값에 따라 다양한 결과가 나오며, 사용자는 결과를 만들어 내려 애쓰고 그 결과를 밀접하게 느끼게 된다. 활동의 결과는 선택적이고 절충 가능하다."[21] 다른 정의는 특히 '규칙기반 놀이'라는 점을 강조한다.[22]

게임과 놀이 사이의 경계가 왜 비어 있는지는 이해할 만하다. 일반적인 게임의 특성을 살펴보면 다음과 같다.

- 게임은 실제 모델의 매우 추상적인 모습으로 구성되어 있다.
- 일반적으로 정량화된다.
- (의식적이고 논리적이기보다는) 무의식 속에 흡수되도록 집중한다.[23]

놀이와 게임에 대한 이러한 비교가 혼란을 야기하면서, 제시 셀[24]은 여러 가지 개념(놀이, 재미, 장난감 및 게임)을 정의하는 데 매우 유용한 방법을 제공한다. 요약하자면 교육과 실습에 적용되는 '놀이'와 '게임'은 규칙, 약속 및 재미라는 특성을 함께 갖고 있다.

게임이 규칙기반이라 정의되지만 놀이에도 규칙이 있다. 하위징아(Huizinga)는 규칙을 통해 놀이와 게임을 명시적으로 연결시킨다. "모든 놀이에는 규칙이 있다 …… 실제로 규칙을 위반하면 놀이 전체가 무너진다. 게임은 끝난다."[25]

규칙 문제는 놀이의 자발적 본성 문제와 관련이 있다. 놀이와 게임이 갖는 한 가지 차이점은 놀이는 자발적이고 과잉적이며 유일하게 필요한 것은 즐거움이라는 것이다.[26] 자발적 본성은 놀이가 어떻게 교육 실습과 연결되는지를 설명해 주며, 실제로 이러한 실습을 진행하는 데 필요한 다양한 유형의 교수법을 잘 알려준다. 규칙은 참여할 수 있는 틀을 제공한다. 게임이 틀 안에서 이루어지면 이해가 쉬워지고 더욱 즐거워질 것이다.

몰입(flow)은 놀이를 즐겁게 해주는 중요한 특성이다.[27] 놀이를 하고 있을 때는 제한적인 '자극 분야(stimulus field)'에만 집중할 수 있는데, 마치 그 순간에만 존재하고 자극 분야 이외에는 신경 쓰지 않는 새로운 환경으로 들어가는 것과 같다. 칙센트미하이(M. Csikszentmihalyi)는 이를 '몰입(flow)'의 상태라고 부르며 놀이를 할 때 주로 경험할 수 있다고 설명했다. 그는 다음과 같이 놀이, 재미 등을 설명하였다.

표 1-1 재미로 정의하기(Defining Towards Fun)

구분	정의
놀이	놀이는 그저 넘치는 에너지를 소비하기 위한 것이다(Friedrich Schiller).
	놀이는 상대적인 즐거움, 흥분, 힘 그리고 자기주도적인 느낌의 상태를 동반하는 활동과 관련이 있다(J. Barnard Gilmore).
	놀이는 보다 고정된 구조 내에서 자유롭게 움직이는 것이다(Katie Salen and Eric Zimmerman).
	놀이는 자발적이고 자체적으로 이루어진다(George Santayana).
재미	재미는 놀라움이 있는 즐거움이다.
장난감	장난감은 가지고 노는 물건이다.
	좋은 장난감은 가지고 놀면 재미있는 물건이다.
게임	게임은 자발적인 통제 시스템의 연습으로, 불균형한 결과를 만들기 위한 규칙 내에서 세력 간 대결을 한다(Elliot Avedon and Brian Sutton-Smith).
	게임은 플레이어가 목표를 향해 싸워야 하는 내재적 의미를 지닌 상호적인 구조이다(Greg Costikyan).
	게임은 구조화된 갈등을 겪고 불평등한 결과를 낳는 폐쇄적이고 공식적인 시스템이다(Tracy Fullerton, Chris Swain, and Steven Hoffman).
종합	
재미는 놀라움이 있는 즐거움이다.	
놀이는 호기심을 만족시키는 조작이다.	
장난감은 가지고 노는 물건이다.	
좋은 장난감은 가지고 놀기 재미있는 물건이다.	
게임은 장난스러운 태도로 문제를 해결하는 활동이다.	

출처: Schell, J. (2010). *The Art of Game Design: A Book of Lenses*. pp. 24-38.

몰입(flow)은 우리가 완전히 집중하고 있을 때 나타나는 총체적인 느낌을 말한다. "재미있었어" 또는 "즐거웠어"라고 말하는 느낌이다. 이 상태에서는 의식적으로 개입할 필요가 없으며 내부적인 논리에 따라 행동한다. 한 순간에서 다음 순간으로 가는 통합된 흐름을 경험하면서 행동을 통제하고 있다고 느낀다. 그리고 그 상황에서는 자신과 주변, 자극과 반응, 과거, 현재와 미래 사이에는 차이가 거의 없다.[28]

칙센트미하이의 흐름이 하위징아의 강렬하고 완전한 흡수와 동일함을 알 수 있다. 이는 완전히 몰입한 상태이며, 최적의 학습을 위한 가장 바람직한 상태이다.

놀이에 대한 대부분의 정의에는 즐거움이 포함되어 있거나 적어도 놀이가 즐거운 경험이라는 의미가 들어 있다. 게임에 대한 정의는 일반적으로 이를 명시하지는 않지만 일부 게임 이론가들은 이 특성을 포함해야 한다고 주장한다. 최근 한 게임 디자인 수업에서 만난 강사에 따르면 게임이 재미있을 필요는 없지만 사람들이 하고 싶어 해야 한다고 강조했다.[29] 하지만 '놀이', '게임'과 마찬가지로 '재미'는 사람들마다 다른 의미를 가지는데, 감각적 즐거움, 환상, 극적임, 방해요소, 사회구조, 발견, 자아발견과 표현 및 굴복과 같이 다양하고 넓은 범위를 가진다.[30] 교육생들의 견해를 살펴보면 '재미'를 구성하는 것이 놀이 실습의 동기가 된다. 물론, 재미는 교육학적으로 기여하는 부분도 있다. "재미와 유머는 두뇌를 인지적이고 규칙 중심적인 상태에서 몸 전체가 문제해결에 참여하는 좀 더 유동적이고 편안한 상태로 변화시켜 창의성을 키워준다."[31] 종합하면 웃음, 유머 및 유쾌함은 건강과 직업에 많은 혜택을 더해준다.[32]

놀이 실습에서 게임의 역할 (The Role of Games in the Practice of Play)

초기 게임은 아이들이 즐기면서 생존기술을 배울 수 있도록 고안되었다.[33] 훈련과 교육을 위한 게임(교훈적인 용도)은 전쟁게임용으로[34] 시작되었는데, 제2차 세계대전에 주로 사용되었다.[35] 그 이후로 특정한 목적을 가지고 게임 방법을 사용하는 것은 경영 분야뿐만 아니라 사회변화를 목표로 하는 교육기관, 비영리단체, 정부기관 등에서 사용하기 시작하였다. 대표적인 게임의 두 영역은 교육용 비디오게임 분야와 제한적이기는 하지만 대체현실게임(alternative reality game)이다.

'기능성 게임(Serious Game)'이라는 용어는 1970년대 칼 앱트(Carl C. Abt)의 저서 《기능성 게임(*Serious Game*)》에서 처음 사용되었다.[36] 일반적으로 기능성 게임은 '학습 진화의 일부로서 교육과 게임기술 융합'의 결과[37]이며, 규칙을 준수하고 '놀이의 즐거움'과 같은 구체적인 성과를 내는 데 중점을 둔다.[38] 초기 게임 개발자들은 이러한 특징을 담아내고자 했다. "게임을 하는 것은 관찰하고, 질문하고, 가설을 세우고, 테스트를 하는 힘든 과정 속에서 문제를 해결하고, 창의력을 발휘하며, 프로그래머의 도전과 유머를 예측하는 것이다."[39]

실제로 '기능성 게임' 장르의 범위는 다소 모호하여,[40] 새롭게 만들어진 관련 용어를 정리하면서 일관된 용어를 보다 잘 공유할 수 있도록 노력하고 있다. 소이어와 스미스(B. Sawyer and P. Smith)[41] 사례에는 교육용 게임, 시뮬레이션, 가상현실, 대안게임, 에듀테인먼트, 디지털 게임기반 학습, 몰입형 학습 시뮬레이션, 사회적 영향 게임, 설득 게임, 변화를 위한 게임, 착한 게임, 종합적 학습환경 및 게임기반 'X' 등이 포함되어 있다. 이 중에서 가장 중요한 용어 중 하나는 현실 상황과 시뮬레이션, 학습 및 경쟁의 측면을 결합하는 상호 학습도구인 '몰입형 학습 시뮬레이션'이다.[42] 기능성 게임의 유형뿐만 아니라 구성요소까지 고려해 볼 때 더 도움이 될 만한 또 다른 접근법은 '사용자가 단순히 게임을 즐기는 것뿐만 아니라 특정 행동을 유도하고 태도를 변화시키거나 조직목표에 대한 특별교육을 제공하도록 게임과 게임의 역학을 사용하는 것이다'.[43]

게임의 이러한 속성이나 구성요소는 실제로 주요 관심사이다. 카우프만 재단(Ewing Marion Kauffman Foundation)의 미래 학습 이니셔티브 책임자였던 메이요(Merrilea Mayo)는 학습환경을 향상시켜 주는 몇 가지 게임 특성을 발견했다. 많은 저자들의 비디오게임 연구를 분석하면서 비디오게임은 자기효능감, 협력, 사용자 중심 탐구 및 피드백의 지속성을 촉진시킨다고 결론 내렸다. 게임은 또한 창의성을 향상시키는 것으로 나타났다. 자기효능감을 향상시키면 자신의 능력에 대한 믿음이 커진다. 협력을 위해서는 그룹기반 문제해결능력이 필요하다. 사용자 중심 탐구는 모호함과 궁금증을 그냥 넘어가지 않게 한다. 지속적인 피드백을 통해 게임을 진행하면서 실시간으로 학습이 가능하고, 게임이 계속해서 반복되면서 놀이 실습의 선순환 구조를 만든다.

이 분야가 성장하는 데에는 게임기술이 교육 분야의 협업뿐만 아니라 비디오게임 산업의 규모가 커짐에 따라 게임을 하는 사람이 늘어난 것도 많은 영향을 끼쳤다. 누가 게임을 하고 싶은지뿐만 아니라 어떻게 일이 처리되고 이를 위해 어떤 훈련을 받는지, 현재 누가 결정하는지까지 고려해 봐야 한다. 확실히 여러 면에서 대학 교육과 기업가정신 교육은 게임 분야에서 매우 뒤처진다. **표 1-2** 는 오늘날 게임 관련 통계의 일부를 보여준다.

표 1–2 **비디오게임에 대한 몇 가지 사실**

- 미국인의 58%가 비디오게임을 한다.
- 소비자는 비디오게임, 하드웨어 및 액세서리에 207억 7천 달러를 소비한다.
- 게임, 추가 콘텐츠, 모바일앱, 구독료, 소셜네트워크 게임과 같은 디지털 콘텐츠가 게임 매출의 40%를 차지한다.
- 게임 이용자 평균 연령은 30세이며 13년 동안 게임을 해왔다.
- 게임을 가장 자주 구매하는 평균 연령은 35세이다.
- 45%의 이용자가 여성이다. 18세 이상의 여성(31%)은 17세 이하의 남자 아이들(19%)보다 훨씬 큰 비중을 차지한다.
- 전 세계적으로 8억 명이 게임을 즐기고 있다.

출처: Entertainment Software Association(2012).

비디오게임에 대한 주요 통계는 사회적인 관점에서는 흥미롭고 일반적인 비디오게임 산업을 이해하는 데 도움이 되지만, 교육 관련 게임 시장은 교육자로서 특별한 관심의 대상이 된다. 시뮬레이션 중심 학습 시장은 2012년에 약 24억 달러였고 2017년에는 66억 달러까지 성장할 것으로 예상되었다. 패키지형 모바일 교육게임 매출은 2012년에 3억 750만 달러였으며 2017년에는 4억 5,990만 달러에 이를 것으로 예상되었다. 미군은 게임 훈련 시스템에 최대 5천만 달러를 투자하여 자체 비디오 장치를 만들었다. 교육 및 사회적 변화와 게임의 교집합은 어마어마하다. 예를 들어, 〈*Half the Sky Movement*〉라는 게임은 세계 여성 권익 신장에 대한 인식을 높이고 기금을 모아 6개월 만에 페이스북(Facebook)에 등록된 게임 이용자가 백만 명에 이르렀다. 게임을 통해 23만 350권 이상의 책을 기증받았고, 누공수술(fistula surgery) 기금을 14만 5,100달러 이상 모았으며,

직접 또는 후원 기부금으로 41만 450달러를 기부했다.[44]

게임 제작 산업에는 또 다른 변화도 있다. 기능성 게임은 직원 교육 및 생산성 향상에 효과적이다. 인텔(Intel)은 온라인으로 최신게임 훈련센터를 제공한다. 교육생은 보안, 영상, 연결성, 효율성, 협력관계 및 성과와 관련된 내용을 학습하면서 게임 포인트를 얻고 훈련을 인정받는다. 힐튼가든인(The Hilton Garden Inn)은 호텔 업계 최초로 고객서비스 훈련을 소니 플레이스테이션(Sony PlayStation) 게임 시스템을 통한 '그래픽 중심 1인칭 3D 비디오게임'으로 제공한다. 호텔 체인 대표는 훈련 그 자체뿐만 아니라 이 게임 환경이 다음 세대의 새로운 직원 채용을 지원하는 데 크게 기여한다고 열변을 토한다. 미군은 게임 기술을 이용해 '외상 지향적 환경'을 복제하고 이를 활용한다.[45] 마지막으로 IBM은 훈련게임 사용을 위한 비즈니스 모델을 정량화하여 20% 수익 향상, 12~18% 수용력 증가, 12% 직원 축소, 10~30% 자본 감소라는 결과를 만들어 낸다(IBM White Paper).

학습과 교육을 위한 게임 (Games for Learning and Education)

교육용 비디오게임 사용은 다양한 분야에서 연구되었으며 주로 인지과학 분야에서 다양하게 연구되었다. 특히 변화하는 본질을 어떻게 배우고 어떻게 일하고자 하는지에 대한 이해를 놓고 논의되고 있다.[46] 한 예로 비디오게임 학습 분야의 대표 이론가인 제임스 지(James Gee)는 초기에는 언어학자로서 언어, 학습, 글을 읽고 쓰는 능력에 대해 집중적으로 연구했다.[47] 그에 따르면 비디오게임을 통해 학습하는 사람들은 기호적인 연습을 하게 되는데, 그 핵심은 이 과정에서 나오는 시각적 기호를 통해 새롭게 글을 읽고 쓰는 능력을 배우게 된다는 것이다. 그는 사회적 상황인지 이론가인 진 레이브(Jean Lave)의 "마음의 변화로 판단하는 학습은 최선이 아니며(전통적 교육수단) 실습을 변화시키고 참여를 변화시켜야 한다"는 말을 인용했다. 이 두 이론가에게 학습 형태의 움직임은 '학습을 위한 특정 도구와 기술'의 사용에서 '실습을 변화시키며 학습을 바꿔 가는' 방식으로 옮겨 갔다.[48] "'학습 메커니즘'이라는 용어는 중요성이 줄어드는데, 사실 '메커니즘'이 실습 속으로 사라짐에 따라 학습 메커니즘의 개념 자체가 사라질 수 있다."[49] 제임스 지의 관점에서 이런 게임의 장점 중 하나는 실습에 기여한다는 점인데, 즉 기술이 능숙하지 않아도 기술을 개발하기 위해 계속 즐기면서 실습할 수 있다.

이러한 발전이 의미하는 바는 학습 방법에 대한 이해가 높아지면서 교수법 역시 변화한다는 것이다. 이와 함께 교육게임 또는 기능성 게임에 대한 관심이 커지고 이를 많이 적용하고 있다. 존 가이거(John Geiger)는 '게임 속의 놀이, 상호작용, 규칙, 가치체계'가 이를 필요로 하는 다른 부분과 결합하면서 '교육, 지도 및 학습 결과를 충족하는지 확인'이 필요하다고 설명한다.[50] 이러한 접근 방식에 반대하는 입장에서는 그 특성에 대해 의문을 제기한다. 주로 컴퓨터게임이 아이들에게 미치는 전반적인 영향, 특히 폭력과 공격성에 대한 우려가 많다.[51] 또한 '에듀테인먼트' 의존도가 점점 커지는 점을 우려하고 있으며, 학습목표, 과정 그리고 결과에도 의문을 제기하고 있다. 이 분야의 초기 연구는 놀이에 대한 실제 기쁨과 즐거움의 역할, 정의, 구조, 기능에 집중했다.[52] 다만 이러한 연구의 대부분은 아이들에게 초점을 맞추었다.[53] 그러나 실습으로서의 놀이는 학습 동기만큼이나 중요한데, 본질적인 범주 내에서 동기부여를 하여 교육생이 원해서 놀도록(배우도록) 하기 때문이다. 즉, 자발적으로 참여하게 된다.

교육 및 훈련을 위해 다양한 종류의 학습용 컴퓨터게임을 활용할 수 있다. 한 가지 방법은 특별히 훈련을 위해 게임을 구입하고 라이선스를 받거나 또는 직접 개발하는 것이다. 출판사는 컴퓨터게임을 교과서와 같은 하나의 교육자산으로 제공하기 시작했다. 또 다른 방법은 갖고 있는 게임을 용도에 맞게 수정하고, 기존의 게임을 구입하여 필요에 맞게 수정해서 교육생이 공인된 교육을 받도록 도움을 주는 것이다. 세 번째 방법은 교육생이 학습목표에 대한 요약 정보를 만들면서 기존의 게임을 하도록 하는 것이다.[54]

> 그 범위 내에서 개인의 발전을 위해 비디오게임을 사용하는 데에는 무한한 실질적 잠재력이 있지만, 관점을 맥가이버 식 만능으로 전환하는 데는 많은 부분을 최종 사용자의 창의력과 동기에 의존한다. 모든 것을 이루어 낼 수는 없으며, 도구는 그 자체만으로도 많은 것을 할 수 있다.[55]

그린(Patricia Greene)[56]은 다음과 같은 예시를 제공한다.

> 예를 들면 기업문화 창조를 가르치기 위해 〈심즈: 나도 사장님(*The Sims Open for Business*)〉을 사용하고[57] 토목공학 및 통치구조를 가르치기 위해 〈심시티(*SimCity*)〉를 사용한다.[58] 그 외에도 〈문명(*Civilization*)〉, 〈과학수사대(*CSI*)〉, 〈롤러코스터 타이쿤(*RollerCoaster Tycoon*)〉으로 역사, 범죄과학수사, 물리학을 가르친다. 한때 '다소 특이한' 또는 '전문회사'의 영역으로 간주되던 기능성 게임은 이제 훨씬 더 주류 게임이 되고 있으며, '더 정교하고 저렴한 기술'이 되었다.[59]

이 시점에서 시뮬레이션의 역할을 생각해 보자. "시뮬레이션의 중요성이 커지고 있는 이유는 다음 세대가 요구하는 바가 근본적으로 달라지기 때문이다."[60] 그러나 우리는 시뮬레이션 본질에 대해 명확하게 생각할 필요가 있다. 시뮬레이션의 가장 간단한 형태는 현실의 일부분을 표현하거나 모델로 삼는 것이다.[61] 시뮬레이션은 컴퓨터게임일 수도 있고, 간단한 신체 및 인지 활동(예: 인박스 연습■)일 수도 있다. 일부 시뮬레이션은 주로 역할 추가, 역할 간 상호작용, 이런 상호작용에 대한 규칙, 승자를 결정하는 몇 가지 기준 등을 바탕으로 게임이 만들어진다.[62]

시뮬레이션에 대한 또 다른 방법은 역할극의 배경을 제공하는 것이다. 역할극은 놀이 실습의 효과적인 방법이 될 수 있는데, 다른 인물이 되어 가상의 세계로 들어가서 안내하고 계획하고 반응하는 등 다양한 연습을 해볼 수 있다. 아마도 시뮬레이션이 갖고 있는 최고의 장점은 의미 있는 경험을 위한 콘텐츠와 배경을 제공하는 것이다.[63]

이 장에서는 비디오게임과 컴퓨터게임 및 시뮬레이션에 중점을 두고 있지만 주로 이 분야에 많은 의문점을 가지고 있기 때문에 다른 유형의 게임도 반드시 고려해야 한다. 예를 들어 대체현실게임(ARG)은 다음과 같은 차이가 있다. 이 게임은 사회 판타지 유형의 게임이지만 구성주의적인 요소도 가지고 있다. 이러한 게임은 일반적으로 복잡한 내용을 가르치는 것이 목표인데, 이를 통해 잠재적으로 행동을 변화시키고자 한다. 대체현실게임에 대한 중요한 연구를 진행한 미국 텍사스의 인스파이어

■ 인박스 연습(In-box Exercise): In-tray Exercise라고도 하며 가상의 기업에서 특정 역할을 맡아 과제를 수행하는 프로그램이다.

러닝(Enspire Learning)사[64]는 이 게임 장르를 "게임 이벤트를 구현하기 위해 최신 기술과 커뮤니케이션 방식을 사용하는 상호적인 경험"이라 정의 내리고 다음과 같은 특징을 제시한다.

- 퍼즐 풀기 또는 물건 찾기 게임
- 널리 사용되는 다양한 기술(이메일, 웹페이지, 소스코드, 전화 및 음성 메일, TV, 출판된 소설, 편지, 트레이딩 카드, 라이브 미팅)을 통한 이야기
- 게임 속 캐릭터는 비디오게임에 프로그래밍되어 있는 적과 달리 게임 설계자가 직접 제어
- 플레이어는 게임의 흐름을 바꿀 수 있는 힘이 있음
- 현실과 게임 공간 사이의 모호한 경계: 게임 속 경험이 실제라는 환상 유지
  - 전 세계가 게임 공간(인위적인 경계 없음)
  - 인위적으로 명시된 게임 규칙은 없음. 사용할 수 있는 모든 수단(정상적인 법적 · 사회적 · 도덕적 경계 내에서)은 공정함
  - 실시간, 즉 인위적으로 만들어진 시간 구분은 없음
  - 게임 요소는 게임 외부에서 작동함. 전화번호나 URL이 게임에서 사용되면 현실에서도 작동

대체현실게임은 비즈니스 분야와 교육 분야 모두에서 등장한다. 2008년 대체현실게임은 〈하버드 비즈니스 리뷰(*Harvard Business Review*)〉에서 선정한 20개의 획기적인 아이디어 중 하나로 뽑혔으며, 대체현실게임 사용의 열렬한 지지자인 제인 맥고니걸(Jane McGonigal)은 자신의 블로그에서 이를 기념했다. 대체현실게임이 현재 사용되는 사례 중 〈*Conspiracy for*

Good〉은 참여자가 비영리단체에서 자원봉사에 참여하도록 하며, 〈*Skel-eton Chase*〉(인디아나 대학)와 〈*Cryptozoo*〉(미국심장협회)는 사람들이 보다 육체적으로 활동하도록 한다.[65]

요약하면 게임의 모든 유형은 놀이 실습으로 여겨지는데 물리적인 게임(혁신 연습의 일환으로 종이비행기 만들기 및 날리기)에서부터 보드게임(지역의 자원과 인구에 대해 배우기 위해 〈카탄의 개척자(*Settlers of Catan*)〉를 재구성), 비디오게임(문화 창조 학습을 위해 〈심즈(*SIMS*)〉를 사용)에 이르기까지 모든 것을 포함한다. 교육자로서 우리가 구애받는 것은 각자의 상상력뿐이다.

기업가정신 교육에서의 게임과 놀이: 결론 (Games and Play in Entrepreneurship Education)

한동안 기업가정신 교육자는 혁신적인 교육자로 인식되었는데, 학문이 참신하고 혁신적이며 창의적인 특성이 기업가정신 내용에 담겨 있고 전달하는 방법에도 영향을 주기 때문이다. 기업가정신 교육에는 많은 놀이와 게임의 사례가 있고 사용되지만, 양적인 측면보다는 방법에 대해 생각해 보아야 한다.

기업가정신을 배우기 위해 하는 게임은 젊은 세대에서부터 시작하며 놀이의 종류는 매우 다양하다. 전국 자영업연합(The National Federation for Independent Businesses, NFIB)은 2010년 12월까지 청년 기업가 재단(Young Entrepreneur Foundation)을 통해 〈*Johnny Money the Game*〉을 제공했다. 청년 기업가정신에 대한 또 다른 사례는 캐나다 통합 경제학 센터(Center for Integral

Economics) 소속 선드럼(SunDrum)에서 볼 수 있다. 선드럼은 청년들과 함께 사교 목적의 사업을 통해 사회적인 문제를 해결하고자 '예술, 이야기, 문화는 영감을 불어 넣고, 게임과 놀이는 가르침을 준다'는 교육 접근법을 사용하여 다양하게 접근한다.[66]

대학의 많은 교육자들은 학생들에게 기업가정신과 기술을 이해시키고 능력을 향상시키기 위해 각종 유형의 놀이와 게임을 테스트하고 있으며, 많은 예제가 이 책의 파트 2에 포함되어 있다. 계속해서 놀이와 게임의 역할에 대해 생각하고 배우는 동안, 기업가정신 교과과정에 놀이를 통합하기 위해 제기되는 일련의 질문들은 다음과 같다.

① 연습문제, 강의 등에서 학습목표는 무엇인가? 어느 교육학에서와 마찬가지로 원하는 결과는 신중하게 생각하고 계획되어야 한다. 동시에 학생과 강사 모두가 성장할 수 있는 여지를 남겨 두어야 한다.

② 적절한 게임의 유형은 무엇인가? 컴퓨터게임, 모바일앱, 대체현실게임 등과 같은 게임이 다양한 기회를 제공하지만 기존의 전통적인 게임 또한 바람직한 방법 중 하나이다.

③ 규칙은 무엇인가? 규칙이 있는가? 누군가 규칙을 위반하면 어떻게 되는가? 가끔 기업가정신 교육에서 규칙의 역할에 대해 토론하는 것은 좋은 방법이다. 누구의 규칙을 지키고 따라야 하는가? 규칙인가 아니면 산업표준인가? 다른 방향으로 나아가는 것이 긍정적인 움직임인가 아니면 재앙인가?

④ 원하는 참여수준은 어느 정도인가? 교육생이 자신의 학습에 책임을 질 정도로(암묵적으로라도) 몰입하게 하는 것이 가능한가?

⑤ 재미의 역할은 무엇인가? 창의력을 증진시키는 것이 중요한 속성인가?

⑥ 놀이 장소의 역할은 무엇인가? 마지막으로 '마법의 원' 경계를 좀 더 밀어낼 수 있는 '놀 수 있는 공간'[67]을 제공하는지 고려해야 한다.

래프 코스터(Raph Koster)는 재미에 관한 이론에서 재미는 학습의 또 다른 단어라고 말했다. 그는 또한 "재미는 우리가 계속 노력하도록 만들어 주는 신경화학적인 보상"[68]이라고 했다. 우리 정규교육이 어디서부터 따분해졌는지는 확실하지 않지만 재미가 없어진 것은 분명하다. 학생들이 기업가정신을 배우고 기업가적으로 사고하고 행동하도록 환경을 만들어 주려면 재미있고, 몰입되고, 매력 있고, 도전적이고 즐거운 경험이 필요하다. 교육자로서 솔직하게 다음의 질문에 답해보도록 하자.

- 학생들이 '화장실을 가려고' 자주 나가는가?
- 학생들이 실제 교실에서 일어나는 일보다 노트북이나 스마트폰에 더 관심을 갖는가?
- 학생들이 이미 대답한 질문을 묻고 있는가?
- 학생들이 아무런 준비 없이 들어오는가?
- 학생들이 시선을 피하는가?
- 자진해서 손을 들고 대답하라고 할 때 교실이 조용해지는가?
- 전체 수업시간에 웃음소리가 세 번도 안 들리는가?
- 수업시간이 안 기다려지는가?

위의 질문 중 하나라도 '예'라고 답했다면 진단은 간단하다. 기업가정신 수업에서 놀이가 부족하다. 해결책은 무엇인가? 자신과 교육생 모두를 위한 놀이 연습을 시작해라. 이는 흥미롭거나 대안적인 접근이 아니라 필수적인 것이다.

제2장 공감 실습(The Practice of Empathy)

타인의 현실을 우리의 눈으로 바라볼 때, 견딜 수 없는 것을 없애고
고통을 줄이며 필요를 채우고 꿈을 실현해야 한다.
타인의 현실이 실제 나의 현실이 될 때 사람들은 관심을 갖는다(나딩스).[1]

When we see the other's reality as a possibility for us, we must act to eliminate the intolerable, to reduce the pain, to fill the need, to actualize the dream. When I am in this sort of relationship with another, when the other's reality becomes a real possibility for me, I care. (Noddings, 1984)

보스턴에서 샌프란시스코까지 가는 비행기를 타고 있다고 상상해 보자. 작업 마감일이 있기 때문에 컴퓨터에 온 신경을 집중하고 있다. 비행기를 자주 타서 기내에서 일하는 것에 익숙하다. 기본적인 방해 요소들을 처리하고 일을 끝낸다. 창가 자리가 좀 더 개인적인 느낌이 들어 항상 그곳을 선택한다. 옆자리에는 젊은 부부와 6개월 정도 된 아이가 앉아 있다. 젊은 엄마는 중간 자리에, 아빠는 통로 자리에 앉아 있다. 두 사람이 번갈아가며 아이를 안는데, 비행하는 처음 두 시간 동안은 아기가 여러 차례 앞뒤로 움직였지만 대부분 조용하고 평온하게 놀아 정말 행운이라고 생각한다. 그러나 곧 피할 수 없는 일이 일어난다. 아기가 울기 시작한다. 이내 귀청이 터질 듯이 울부짖는다. 눈물이 뚝뚝 흐르고 아기의 작은 얼굴은 울음 때문에 빨개진다. 부모는 아기를 진정시키려고 안아서 다독여 보지만 효과가 없어 보인다. 젖병을 물려 봐도 소용이 없다. 울다 조용해지다를 반복하며 울음은 더 심해진다. 비행은 길고 할 일은 많아서 처

음에는 짜증이 났다. 아기 엄마는 나를 쳐다보다가 재빨리 눈을 피한다. 짜증이 가라앉고 공감이 되기 시작한다. 아기를 조용히 시키려고 노력하는 부모들과 관련이 있을 뿐만 아니라 실제로 울고 있는 아기를 편하게 해줄 필요가 있다. 우는 아이를 안아 조용히 시키고 싶다.

우리가 직접 경험한 것이든, 영상에서 봤든, 책에서 읽었든, 아기를 안아 달래고 싶다는 느낌이 공감이다. 우리는 선천적으로 다른 사람의 감정을 연관시키고, 알아 가고, 이해한다. 신경과학자 장 데서티(Jean Decety)와 필립 잭슨(Philip Jackson)은 공감을 "각자의 감정이 누구에게 속한 것인지 인지하면서 자신과 다른 사람이 표현하는 유사한 감정에 대해 자연스럽게 일어나는 주관적인 경험"이라고 정의 내린다.[2] 보다 실용적일 수 있는 정의로 자칭 '엠퍼시(empath)'■이자 사회과학자인 칼라 맥라렌(Karla McLaren)의 정의를 살펴보자. "공감은 우리가 타인의 감정, 상황, 의도, 생각, 필요 등을 느끼고 이해하도록 해주는 사회적이고 감정적인 능력이다. 이를 통해 예민하고 통찰력이 있으며 적절한 의사소통을 하고 서로를 도울 수 있다."[3]

우리는 공감능력을 가지고 태어났으며 다른 사람들과 상호작용을 하고,[4] 시간이 지남에 따라 이 능력은 발전하며 훈련과 경험을 통해 향상될 수도 있다.[5] 공감의 정확한 특성과 정의는 심리학, 생물학, 신경과학, 철학 및 신학을 비롯한 여러 분야에서 다양한 논쟁의 여지가 있다.[6] 그러나 공감은 관찰, 기억, 지식, 추론의 결합으로, 인간(다른 포유동물들 역시)은 타인

■ 엠퍼시(empath): 감성이 아주 예민하여 일반적인 과학이나 심리학으로는 설명할 수 없지만 다른 사람들의 감성을 감지할 수 있는 사람

의 감정적인 경험을 공유할 수 있을 뿐 아니라 매우 깊은 수준의 경험도 이해할 수 있다는 데 어느 정도 동의한다.[7]

기업가정신 교육과 공감(empathy)의 연관성은 다음 세 가지로 정리될 수 있다. 첫째, 기업가가 되고 싶은 교육생은 실제 기업가와 공감하여 기업가로서의 삶의 본질을 이해한다. 기업가정신이 항상 직업과 관련된 것은 아닐 수도 있다. 하지만 일반적인 생활방식과 차이가 있다. 둘째, 보다 의미 있고 공감적인 방식으로 타인과 소통하는 능력은 네트워크, 리더십 및 팀 구축에 필수적이다. 셋째, 기업가는 새로운 제품, 서비스, 사업 또는 프로세스와 같은 '무언가'를 창조하고 수행하며 가치를 창출한다. 기업가는 문제인식자인 동시에 문제해결자이다. 그러나 이 가정의 핵심은 기업가정신 교육생이 다양한 이해당사자가 요구하는 바를 식별하는 역량(skillset)을 개발한다는 것이다. 공감을 통해 타인의 필요를 이해할 수 있다. 실제로 기업가가 되고 싶든 아니든, 새로운 조직을 구축하기 위해 이해당사자와 관계를 맺거나 새로운 제품과 서비스를 만들어 내려면 공감 연습이 필요하다.

이 장에서는 교육생에게 중요한 기업가정신 기술로서의 공감 연습을 개발하고 학습하는 것의 중요성을 알리고자 한다. 그리고 공감의 개념에 대해 다시 검토해 보고자 한다. 다음으로는 디자인 씽킹, 공감이 디자인에서 갖는 특별한 역할, 디자인 씽킹 접근법 등을 다룬다. 끝으로 공감을 연습하는 교육생을 도와주는 여러 기술을 살펴보며 이 장을 마무리하고자 한다.

공감의 기원 (The Origins of Empathy)

공감(empathy)에는 깊은 역사가 있다. 사실 공감 연구가 비즈니스와 관련되기 시작한 것은 15년밖에 되지 않았다.[8] 기업가정신 연구가 기업가정신을 제대로 정의하지 못한다고 생각하면 공감의 정의에 대한 토론을 탐구해 보기 바란다. 공감에 대한 연구와 토론은 100년 넘게 지속되어 왔다. 신학, 철학, 심리학 등 많은 분야에서 다뤄졌으며, 최근에는 신경과학[9] 분야에서도 논의되고 있는데 많은 사람들이 서로 다른 정의를 갖고 있다.

공감의 기원은 1873년 미술사에서 사용된 '감정이입(feeling into)'을 의미하는 독일어 'Einfühlung'로 거슬러 올라간다.[10] 그리고 이후 이를 '공감(empathy)'이라 부르기 시작했다.[11] 그리스어에서 유래하는 '공감(empathy)'은 '고통을 함께 겪는 것(to suffer with)'을 의미한다.[12] 예술적 관점에서 Einfühlung은 예술가가 예술에서 묘사된 대상에 자신을 투영하는 것을 의미한다.[13] 예술 분야 외에도 심리학자 시어도어 립스(Theodore Lipps)[14]는 투영과 모방을 타인의 정신상태와 인지과정을 이해하는 경로로 설명하고자 이 독일어 개념을 사용했다. 연구자들이 공감 심리에 대한 연구를 시작하면서, 시어도어 레이크(Theodor Reik)[15]는 공감이 정신분석을 위한 상담기술로서의 진단도구가 된다고 주장했다. 데서티와 잭슨(J. Decety and P. L. Jackson)은 프로세스기반 기술로서의 공감을 통해 타인의 마음에 들어가고 이를 이해하지만 한편으로는 공감을 단절시킬 수도 있다고 설명하였다. 다음은 레이크(Theodor Reik)의 공감 프로세스에 대한 설명이다.[16]

- 동일시(identification): 자신이 상대의 내면으로 들어가도록 허용

- 합일화(incorporation): 상대를 내재화하여 상대의 경험을 자신의 것으로 만듦
- 반향(reverberation): 그 경험에 자신의 인지 및 정서를 연계해 상대의 경험을 경험함
- 분리(detachment): 병합된 내적 관계에서 분리된 각자의 위치로 돌아가며, 이는 상대를 이해하고 다시 분리되는 과정을 나타내도록 해줌

비록 정의 측면에서 불일치하는 부분과 논쟁거리가 있더라도 다양한 분야에서 몇몇 결론을 내릴 수 있다. 다양한 영역을 광범위하게 검토한 프레스턴과 드월(S. D. Preston and F. B. M. de Waal)[17]의 연구에서 공감은 다양한 종에서 존재하고 시간이 지나면서 발전한다는 실증적인 근거를 보여준다. 공감의 존재는 쥐[18], 원숭이[19], 유인원[20], 유아[21], 어린이[22], 성인[23]의 연구에서도 나타난다. 이 모든 종에 대한 연구에서 공감은 '친숙함(familiarity-대상에 대한 주체의 이전 경험), 유사성(similarity-주체와 대상 사이에 중첩되는 부분, 예를 들어 종, 성격, 나이, 성별), 학습(learning-명시적 또는 암시적인 교수법), 과거 경험(past experience-고통적인 상황 포함) 및 특징(salience-지각적 신호의 강도, 예를 들어 더 크게, 더 가까이에, 보다 사실적으로)'과 같은 요소를 증가시킨다는 결과를 경험적으로 발견했다.[24] 즉, 공감하기 위해서는 연습과 경험이 필요하다.

처음에 언급한 비행기에서 울고 있는 아기에 관한 이야기를 통해 공감이 무엇인지를 단순하고 직관적으로 나타내고자 했다. 그러나 신경과학자 데서티와 익스(J. Decety and W. Ickes)[25]는 실제 공감에 나타나는 8가지 다른 심리적 상태나 현상이 있다고 주장한다. 아마도 처음 아기 이야기에서 각각을 확인할 수 있을 것이다.

① 생각, 느낌과 같은 타인의 내면 상태 알기
② 상대의 반응에 태도를 취하거나 반응하기
③ 타인이 느끼는 것처럼 느끼기
④ 자신을 타인의 상황에 직관 또는 투영시키기
⑤ 타인이 어떻게 생각하고 느끼는지 상상하기
⑥ 상대 입장에서 어떻게 생각하고 느끼는지 상상해 보기
⑦ 상대가 고통스러워하는 모습을 보고 힘들어하기
⑧ 고통받는 타인을 느끼기

공감 연구에 대한 비판적인 실험을 통해 데서티와 익스[26]는 연구자 간의 불일치를 강조할 뿐만 아니라 개념의 복잡성을 설명하고자 위의 8가지 영역을 논의한다.

공감 관련 연구 및 논문의 깊이와 범위를 정의할 수는 없다. 이 주제로 많은 책이 나왔고, 이 현상에 대해 엄청난 양의 연구 역시 이루어졌다. 그러므로 목적과 관련된 가장 핵심적인 관점에 집중해야 한다. 이 책에서는 교육생의 공감 실습을 돕고자 한다. 따라서 이제 좀 더 방법론에 집중하고자 한다. 이런 방법이 '디자인 씽킹'이다.

디자인 씽킹 (Design Thinking)

디자인회사로 알려진 아이디오(IDEO)의 인기가 높아지면서 전략과 혁신을 다루는 디자인 씽킹 관련 서적과 기사가 늘어났다. 이를 통해 디자인 씽킹 관련 전공자들이 늘어나는 현상도 나타났다. 그러나 디자인 씽킹이 비즈니스 교육의 일환으로 자리 잡게 된 데는 노벨상 수상자인 허버트

사이먼(Herbert Simon)의 저서 《인공과학(*The Sciences of the Artificial*)》(1969년 초판, 1996년에 세 번째 판이 출판됨)이 많은 기여를 하였다.

사이먼에 따르면[27] 자연과학은 사물이 '어떤지(how things are)'와 관련 있는 반면에 디자인은 사물이 '어떻게 되어야 하는지(how things ought to be)'와 관련이 있다고 하였다. 이는 새로운 사업, 전략, 팀, 제품, 서비스 및 운영을 창출하기 위해 인간을 위한 디자인(human design)이 필요함을 의미한다. 의도적으로 디자인을 선택하기도 하고, 과학계에서 흔히 하는 것처럼 물건을 직접 조절하기보다는 제약 조건을 제거하며 조작한다. 본질적으로, 디자인 접근 방식으로 최종 목표 상태를 달성하고자 인공품을 만들고, "만약 그러면 어쩌지?" 및 "어떻게 될까?"라는 질문에 답한다. 사이먼은 전문교육으로서 디자인의 역할을 발전시킨다.

> 기존 상황을 선호하는 방향으로 바꾸고자 행동과정을 고안하는 것이 디자인이다. 물리적인 상품을 생산하는 지적 활동은 아픈 환자에게 약을 처방하거나 회사에서 새로운 판매계획을 고안하거나 국가 사회복지정책을 세우는 활동과 근본적으로 다르지 않다. 그렇게 만들어진 디자인은 모든 전문훈련의 핵심이며 직업과 과학을 구별하는 주된 차이이다. 공과대학뿐만 아니라 건축, 경영, 교육, 법률 및 의학대학도 모두 디자인 프로세스 중심으로 이루어진다.[28]

사이먼의 중요한 연구는 비즈니스 교육의 중요성에 대한 디자인 씽킹의 출발점을 제공하여 오늘날 경영 교육생에게 보다 전통적인 표준 과학 관점, 분석적 관점과 디자인 관점을 통합하는 토대를 마련해 주었다.[29] 디자인 씽킹을 통해 디자이너의 관점에서 전통적인 선형 문제해결 기술로 해결되지 않은 다양한 문제를 해결할 수 있다.[30] 관리 사고와 달리 디자인 씽킹은 성공적인 디자이너에게서 공통적으로 발견되는 '인지적 측면', '태도적 측면', '인간관계적 측면'을 잘 조합하여야 한다.

인지적 관점(cognitive aspect)에서 디자인 씽킹은 귀납적 추론(inductive reasoning: ~이다)과 연역적 추론(deductive reasoning: ~이어야 한다)이 필요하고, 비교적 덜 알려진 귀추적 추론(abductive reasoning: ~일 수 있다)을 도입한다.[31] 전통적인 경영학 교육을 통해 기업가정신 교육생은 일반적으로 귀납법과 연역법은 잘 알지만 디자인 씽킹의 본질이자 기회 창출 및 인식을 위한 핵심 도구인 귀추법은 거의 연습하지 않는다. 따라서, 교육생은 귀추적 추론을 익히며 더 잘 준비한다면 새로운 아이디어를 생성하여 전통적인 방식인 귀납적, 연역적인 접근법과 함께 테스트하고 분석할 수 있다. 태도적 관점(attitudinal aspect)에서, 디자이너는 제한사항을 한계나 장애물이 아닌 혁신적인 해결책 역할로 생각한다.[32] 이것은 보다 개방적인 접근 방식을 적용하여 디자이너가 '새로운 문제 제약'을 발견할 뿐만 아니라 이를 사용하여 '새로운 문제 공간을 생성'하도록 사용한다.[33]

마지막으로, 인간관계적 관점(interpersonal aspect)은 사용자를 이해하고 관계를 맺는 측면에서 공감과 관계가 있다. 이 세 번째 공감적인 부분은 사용자 중심 또는 인간 중심 디자인이라고 불리는 특수한 디자인을 만들었다. 노먼(D. A. Norman)[34]은 사용자 중심 디자인은 "사용자의 필요와 관심에 기반을 둔 철학으로 제품을 사용 가능하고 이해하기 쉽도록 만드는 데 중점을 둔다"고 하였다.[35] 전통적 소비자 조사는 고객 니즈를 항상 알지는 못하기 때문에 높은 수준의 혁신이 아니라 오히려 점진적인 혁신을 만들어 간다.[36] 헨리 포드(Henry Ford)가 한 "고객에게 무엇을 원하느냐고 물어봤다면 더 빠른 말(馬)을 원한다고 말했을 것이다"를 잊지 말자. 사용자 중심 디자인은 디자이너가 사용자를 더 잘 이해하고 잠재적인 요구를 알아내어 사용자가 인식하지 못하는 경우에도 필요한 것을 찾아 내야 한다. '아이패드'가 그 예이다!

'디자인 씽킹'이라는 용어가 '디자인'(주로 디자인 외적 영역)을 대체하면서 '사용자'는 다양한 형태(고객, 의뢰인, 직원, 기타 이해당사자)로 나타난다. 이처럼 디자인 씽킹이 보다 폭넓게 사용되면서 디자인 씽킹에 대한 관점이 디자인을 좀 더 멋져 보이고 좋게 만드는 전통적인 관점에서 차별된 요소를 만들고 새로운 기회를 창출하는 방법으로 바뀌었다.

반복적이고 복잡한 방식으로 상호작용하는 여러 단계가 디자인 씽킹에 포함된다. 그러나 이러한 단계는 다양한 방식으로 표현될 수 있다. 아이디오(IDEO)는 디자인 씽킹 과정을 세 단계(영감[inspiration], 아이디어 발굴[ideation], 실행[implementation])로 설명하고 있다.[37] 반면에 스탠포드 디자인 대학(Institute of Design at Stanford)은 5단계 접근법(공감하기[empathize], 정의하기[define], 아이디어 내기[ideate], 시제품 만들기[prototype], 테스트하기[test])을 사용한다. 점프협회(Jump Associates)의 공동 창립자인 데브 파트나익(Dev Patnaik)은 아이디오와 유사한 접근법을 사용하지만 공감(empathize), 창조(create), 시험(test)으로 구별한다. 디자인 씽킹은 새로운 기회를 창출하고 개발하는 도구로서 기업가정신 교육에 중요한 영향을 미친다.

디자인 씽킹은 공감 실습(practice of empathy)을 할 때 도움을 주며, 기업가적 행동(entrepreneurial behavior) 교수법에도 도움을 주는 중요한 도구이다. 모든 기업가적 활동은 기회를 포착하는 데서부터 시작되며, 이때 기회라는 것은 사람들이 보지 못하는 기회를 탐색하는 것을 말한다. 기회를 포착하는 것이 바로 세계와 공감하는 것이다.[38] 공감을 통해 사람들이 필요로 하는 니즈를 발견할 수 있고, 더 나은 기회를 만들어 낼 수 있다. 다음으로 사람들의 니즈를 해결할 수 있는 해결책을 만들고, 신속하게 사용자 대상으로 테스트를 해본다. 이러한 테스트를 통해, 그리고 실험을 통해 학습함으로써 좀 더 나은 제품 및 서비스를 만들어 낼 수 있다. 디자인 씽킹 사이클은 사람들과 공감하는 것으로 시작하여 공감에서 끝난다고 해도 과언이 아니다.

공감하는 기술 학습하기 (Techniques to Practice Empathy)

쿠프리와 비서(M. Kouprie and F. S. Visser)[39]는 디자인 씽킹 프로세스 부분으로서 공감을 발전시키는 세 가지 중요 기술을 연구, 의사소통 그리고 아이디어 발굴로 분류했다. 첫 번째는 '연구(research)'이다. 사용자와의 공감은 직접 관찰(direct observation), 일대일 면접(one-on-one interviewing), 그룹 면접, 섀도잉(shadowing-그림자처럼 따라다니기) 및 연구내용 문서로 남기기(self-documentation)와 같은 질적 연구 기술에서 얻어진다. 방법에 상관없이 실제 살고 있는 곳에서 실제 삶을 연구하는 현장연구(field research)가 중요하다.[40] 흔히 현장연구는 에스노그라피적(ethnographic tone) 접근법이지만 여기서 이야기하는 연구는 순수 에스노그라피 접근은 아니다. 존스톤(B. A. Johnstone)[41]이 논의했던 것처럼 해머슬리(M. Hammersley)[42] 역시 현장연구보다 에스노그라피라는 개념을 지지한다. 현장연구가 확실히 에스노그라피적인 데에는 다음과 같은 이유가 있다.

- 행동은 일상 속에서 연구된다. 연구자는 부자연스럽게 또는 실험적으로 임하지 않는다.
- 관찰(observation)에는 다양한 방법이 있을 수 있으나, 자료수집 방법 중 가장 중요한 방법이다.
- 자료수집은 융통성 있고, 자료수집 구조가 비구조화되어야 한다. 그래야 억지로 짜여진 구조로 자료수집했을 때의 문제점을 방지할 수 있다.
- 대상은 일반적으로 개인 또는 그룹이며 규모가 작아야 한다.
- 자료는 인간 행동을 묘사하고 설명하면서 거기에 의미를 부여하며 분석한다.[43]

공감을 개발하는 연구도구로서 관찰은 디자인 씽킹에 중요한 역할을 하며, 이해당사자와 '이야기하는' 데 매우 익숙한 교육생을 교육할 때 특히 유용하다. 관찰은 어렵고 많은 연습이 필요하지만 관찰을 통해 가장 흥미로운 통찰력을 개발할 수 있기 때문에 중요하다. 따라서 관찰 기술을 교육시키는 것은 중요한 첫 단계이며 이때 '관찰 가이드라인'은 매우 유용하다. **표 2-1** 은 문화인류학에서 차용한 것으로 교육생이 현장에서 사용할 수 있는 관찰에 대한 9가지 관점을 보여준다.

이와 관련하여 AEIOU[44]라고 불리는 또 다른 참고 모델이 있다. **표 2-1** 과 비슷하지만 좀 더 짧고 간단하며, 교육생은 '활동, 환경, 상호작용, 대상 및 사용자'라는 5가지 측면을 기반으로 관찰을 기록하거나 자료를 수집하는 것을 도와준다.

표 2-1 관찰의 9가지 관점(Nine Dimensions of Observation)

	관점	주요 내용
1	공간(Space)	물리적 장소 또는 장소
2	배우(Actor)	참여한 사람
3	활동(Activity)	일련의 행동
4	사물(Object)	존재하는 물리적인 것
5	행동(Act)	단일 행위
6	사건(Event)	사람이 수행하는 일련의 관련된 활동
7	시간(Time)	시간경과에 따른 순서
8	목표(Goal)	이루고자 하는 것
9	느낌(Feeling)	느껴지고 표현되는 감정

출처: Spradley, J. P. (1980). *Participant Observation*. p. 78.

① 활동(Activities)

- 목표지향적인 행동으로 목표에 이르는 길이다.
- 사람들이 일하는 방식은 무엇이며 그들이 하고 있는 구체적인 활동과 과정은 무엇인가?

② 환경(Environments)

- 활동이 일어나는 모든 장소를 의미한다.
- 전반적인 공간, 개인적인 공간 및 공유 공간의 특징과 기능은 무엇인가?

③ 상호작용(Interactions)

- 사람과 다른 사람이나 다른 것 사이에 작용하는 것이며, 활동의 구성요소이다.
- 사람 간에, 사람과 둘러싸인 환경 내의 대상 간에, 그리고 그 거리 사이에 존재하는 일상적이고도 특별한 상호작용의 본질은 무엇인가?

④ 대상(Objects)

- 환경의 구성요소이며 핵심요소는 때때로 복잡하거나 의도하지 않은 용도로 사용된다(따라서 기능, 의미, 배경이 변함).

- 사람들이 자신의 환경 속에서 보유하고 있는 대상과 장치는 무엇이며 각자 활동에 어떻게 연관되어 있는가?

⑤ 사용자(Users)

- 행동, 선호도 및 니즈가 관찰되는 사람이다.
- 저 사람은 누구인가? 그들의 역할과 관계는 무엇인가? 그들의 가치와 편견은 무엇인가?

출처: http://help.ethnohub.com/guide/aeiou-framework

두 번째 방법은 '의사소통(communication)'이다. 사용자와의 공감은 사용자들의 사용의도를 파악하게 하고 그를 통해 얻은 자료를 축적하도록 돕는다.[45] 예를 들어, 그림이나 사진은 실제 관찰을 대신한다. 다른 기술로 역할극, 스토리보드나 페르소나■ 생성과 같이 상호적 매체 또는 시각적 매체를 통해 묘사되는 '스토리텔링 기법'이 있다. 특히 페르소나를 사용하여 교육생의 공감능력을 효과적으로 발전시킬 수 있다. 페르소나는 기본적으로 상상 속 사용자를 그래픽으로 표현하지만 주요 수단(인터뷰, 관찰, 개인적 경험)이나 보조 수단을 통해 수집된 데이터가 기반이 된다.[46] 스토리보드 역시 효과적인 기법으로 교육생이 자신의 환경에서 행동하는 모습을 시각적으로 묘사해야 한다. 의사소통 기법에서 반복적으로 나오는 주요 주제는 시각성과 상호작용으로 연구자나 교육생은 인공품을 생성하고 거기에 상호작용을 하며 공감을 발전시키기 시작한다. 교육생에게 상상 속 사용자를 만들라고 할 때, 교육생은 그 사용자를 생동감 있게 만드는 것이 중요하다. 예를 들어, 교육생은 페르소나 또는 스토리보드에 나타난 사용자의 질문에 답해야 하는데, '이름이 무엇인가? 어디에 살고,

■ 페르소나(persona): 다른 사람들 눈에 비치는, 특히 그의 실제 성격과는 다른, 한 개인의 모습

가족관계는 어떻고, 어느 지역 출신이며, 무엇을 먹고, 무슨 일을 하며, 관심사는 무엇인가? 그들이 믿고 있는 신념은 무엇인가? 무엇이 그들을 행복하고, 슬프고, 우울하고, 만족스럽고, 지루하게 만드는가? 뭐라고 말할 것인가?'와 같은 질문이 있을 것이다.

기술의 마지막 분류는 '아이디어 발굴(ideation)'로 '사용자와 관련된 영역에서 디자이너 자신의 경험을 끌어내는 기술'을 의미한다.[47] 다시 말해 디자이너는 삶의 일부가 되는 느낌을 주기 위해 그 일부를 '행동'한다. 이는 보통 '경험 프로토타이핑(experience prototyping)'이라 한다.[48] 경험 프로토타이핑의 좋은 사례는 매사추세츠 공과대학(Massachusetts Institute of Technology, MIT)에서 찾을 수 있다. MIT 에이지랩(Agelab) 연구소는 아그네스(Age Gain Now Empathy System, AGNES)라는 세트를 만들어 연구자가 75세 노인에 대한 공감대를 형성할 수 있게 했다. 이 세트와 부품은 관절 경직, 느린 걸음, 구부정한 자세, 균형 부족, 청력 및 시력 저하와 같은 노인이 겪는 많은 문제들을 모의 실험하도록 설계되었다. 이러한 경험 프로토타이핑은 증가하는 노인 인구를 위해 더 나은 쇼핑 환경을 조성하는 데 도움을 준다.

교육생이 공감적 특성을 보다 발전시키는 데 도움이 되는 기법은 다양하다. 교육자 또한 이러한 기법을 연습해야 한다. 매일 모든 수업을 교육생을 위해 준비하면서 수업시간, 교육과정, 과제 등을 만들고 있다. 하지만 교육생이 누구인지 정말로 알고 있는가? 교육의 효과는 교육생과 공감하는 능력과 직접적인 관련이 있다.

요약하면, 기업가정신 교육에 공감 실습이 왜 중요한지를 다시 생각해 보아야 한다. 실제 기업가와 소통하고, 재능 있는 동료와 함께 하며, 고객과 의미 있는 관계를 유지하고, 매력적인 상품과 서비스를 계속 제공하기 위해서는 이러한 공감하는 기술이 필요하다. 그러므로 교육생은 다른 사람을 느끼고 이해할 수 있는 능력을 개발해야 한다. 디자인 씽킹(도구), 공감(실천), 기업가정신(목표) 사이에 7가지 통합적 관점을 살펴보자.

① 디자인 씽킹을 학습하여 새로운 기회를 찾고 만들 수 있다.
② 공감은 사용자 중심(고객 중심)으로 개발되므로 드러나지 않은 필요사항을 찾고 이를 만족시키는 해결책 개발을 지원하는 인식을 갖고 시작한다.
③ 공감기반 디자인 씽킹은 어디서부터 시작해야 할지 모를 때 특히 문제해결에 도움이 될 수 있다.
④ 디자인 씽킹은 만족도(무엇을 필요로 하는가?), 실현 가능성(가능한가?) 및 성공 가능성(돈을 벌 수 있을까?)의 교차점에서 작동하지만, 그 '시작'은 필요를 만족시켜 주는 것이며 공감능력을 필요로 한다.
⑤ 공감은 새로운 것을 창조하고 고객을 찾기보다는 고객을 찾고 새로운 것을 창조할 수 있도록 집중하게 해준다.
⑥ 공감능력은 교육생의 상상력, 창의력, 분석 및 통합 능력을 더 향상시킨다.
⑦ 공감은 전반적인 기업가정신 사고방식의 일부이며 실습이 필요하다.

제3장 창의 실습(The Practice of Creation)

창의성은 확실성에서 벗어날 때 나타난다(게일 쉬히).

Creativity can be described as letting go of certainties. (Gail Sheehy)

기업가정신을 가지기 위해서는 가치 있는 것을 창조하는 것이 핵심이라는 점에 대부분의 사람들이 동의한다. 창조과정은 새로운 제품이나 과정을 만들고 새로운 시장 및 벤처를 생성하며 새로운 유통 경로 및 개인적인 이니셔티브를 개발하도록 하는 기업가적 활동이 요구된다.[1] 기업가정신에서의 창의적 접근은 권위적이고 선형적인 과정으로 특징지어지는 경우가 많다. 이 과정은 교과서, 강의계획서 및 사업계획을 작성하는 일반적인 기업가정신 교수법에 포함되어 있다. 사업계획 경연 대회에 관한 조사를 보면, 매년 미국에서 230개 이상의 대회가 개최되고 매달 30~70개 정도의 사업계획 관련 행사가 열려 다양한 활동이 이루어지고 있다고 한다.[2]

반드시 사업계획서를 작성해야 한다는 생각은 넥과 그린 교수(H. Neck and P. Greene)[3]가 언급한 프로세스 접근법(process approach)에 기초를 두고 있기 때문이다. 이러한 접근은 기업가정신을 기회 인식, 사업 아이디어 개발, 제품 및 서비스 개념 개발, 자원 획득 및 사업 실행, 투자회수 등의 선형 방식으로 보는 것이다.[4] 프로세스 모델은 과거 기업가정신 교육의 주를 이루었으며, 주로 기업가정신 프로세스를 '계획(planning)'의 관점에서 보는 것이다.[5] 이때 입력(inputs)이 무엇인지 알고, 기회는 다양한 과정을 거치면서 발견하는 과정으로 본다. 이후에 자원을 획득하는 과정을 거치게 되는 것이다. 이러한 모델 및 접근법은 목적지향적 모델(ends-driven model)로서 계획 수립에 대한 실행으로 마무리된다.

'x'를 알면 'y'를 계산할 수 있다는 예측 논리가 프로세스 접근법에 포함되어 있다. 기업가적 프로세스에 불확실성이 내재되어 있음을 감안할 때, 예상치 못한 논리(인과관계)가 사업계획에 반영된다는 것은 놀랍지 않다.[6] 이러한 접근법에서는 학생들이 분석능력이 우수하면, 기업가정신에서 나타날 수 있는 불확실성을 완화시킬 수 있는 솔루션이 된다.[7] 이 접근법은 개인이 기회를 찾을 때 목표지향적이며 자원을 관리하고 통제하는 것은 미리 정해진 결과로 이어진다는 가정에 기인한다.[8] 이 개념은 산이 등산객을 기다리는 것처럼 기회가 주변에 존재하며, 기업가는 기존의 기회를 발견하고 경제적 이익을 얻기 위해 이용할 수 있다는 의미이다. 가장 먼저 기회를 발견해서 이를 이용한다면 명성을 얻고 성공할 수 있다는 희망도 있다.[9]

프로세스기반의 예측적 접근법(predictive approach)과는 대조적으로, 목적지향이 아닌 창의적이고 효과적인 접근법에 대한 관심이 커지고 있다. 사라스바시(S. Sarasvathy)[10]는 이 과정을 일련의 수단으로 만들어 낼 수 있는 가능한 효과 중에서 선택하는 것이라고 설명한다. 이펙추에이션 접근법(effectual approach)은 기업가가 가지고 있는 것, 그들이 아는 사람, 그리고 투자할 수 있는 것을 기초로 한다. 그 출발점은 자기이해인데 나는 누구인지, 내가 아는 것과 능력은 무엇인지에 대한 것이다. 기업가는 특정 목적이나 결과에 대해 편견 없이, 적절한 환경을 만들기 위해 실천하며 자원을 사용하고 가능한 방법을 동원하면서, 도움을 줄 수 있는 이해당사자를 데려온다.[11] 예를 들어, 브리콜라주(bricolage)▪[12]나 임프로비전(improvisation-즉흥성)[13]에 관한 연구는 기업가정신이 시행착오, 뜻밖의 재미, 여러 창의적 접근법과 같은 특징이 있다고 주장한다. 창의적 활동, 기회검증 실험 및 새로운 이해당사자 발견은 각각 사회적 맥락에 포함된다.[14] 기업가정신에 대한 창의적 접근방식(creative approach)은 미리 짜인 계획대로 자원을 획득하고 이용하기보다는 사회적으로 상호작용하며 가까이 '도달 범위 내에' 있는 자원과 관계를 활용하는 것으로 창업과정 및 기업성장과정에 모두 적용된다(예: 인적 자원, 재정 자원, 물리적인 자원). 창의적 접근방식은 기업가적 기회가 오르길 기다려주는 산과 같은 개념이 아니라 그 어느 누구도 가보지 않은 산에 오르는 것과 같다고 설명될 수 있다.[15] **표 3-1** 은 창의적 접근과 예측적 접근의 차이를 요약한 것이다.

창의적 접근법의 개념에 따라 교육생의 창의력은 창의성 향상 실습에서 중요한 역할을 한다. 창의성은 일반적으로 상상력을 통해 새로운 것을 만들어 내는 능력으로 여겨진다. 또한 창의성은 문제를 해결하는 새로운 해결책, 새로운 방법이나 장치, 새로운 예술적 형태, 인공물 또는 기여가 될 수 있다.[16] 창의성은 풍부한 아이디어와 일종의 독창적인 사고에서 비롯된 것으로 여겨지며, 창의성에서 기발함(독창적이고 예상 밖인)이 나온다.[17] 이러한 방식은 우리가 삶을 살아가는 방식과 유사하며, 사업을 하는 데도 같은 이러한 방식이 적용될 것이라 생각된다.

▪ 브리콜라주(bricolage): 도구를 닥치는 대로 써서 만든다는 의미

표 3-1 예측적 접근(predictive approach)과 창의적 접근(creative approach)의 가정과 근거 출처

		가정	근거 출처
예측적 접근 (predictive approach)	기회인식 및 평가	• 알려진 입력 • 기회 발견 및 평가 가능	• Mintzberg(1978) • Ansoff(1988)
	필요자원의 측정	• 확인된 단계 • 정밀 접근	• Robinson(1979) • Timmons and Spinelli(2009)
	계획 수립	• 예측적	• Rich and Gumpert(1985) • Morris(1998)
	실행	• 목적 중심	• Timmons and Spinelli(2009)
	측정 결과	• 알려진 결과	
창의적 접근 (creative approach))	자기이해	• 개인 기술과 능력 • 기회 창출 가능	• Fiet and Patel(2006)
	관찰 및 성찰	• 방법 중심	• Neck and Greene(2011)
	이해당사자의 집합	• 상호작용적 및 사회적 프로세스	• Sarasvathy(2001)
	행동 및 실험	• 창의적이고 반복적	• Sarasvathy(2001)
	결과 구축	• 알 수 없는 결과	

출처: Noyes, E., and Brush, C. (2012). Teaching entrepreneurial action: Application of creative logic. In A. C. Corbett and J. A. Katz (eds.), *Advances in Entrepreneurship, Firm Emergence and Growth, Vol. 14: Entrepreneurial Action* (pp. 253-80).

그러나 우리 대부분은 진정한 창의력을 발휘하고 있다고 생각하지 않는다. 실제로 다국가 연구에서 단 25%만이 창의적 잠재력을 발휘하고 있다고 답했다.[18] 국가별로 다양한 결과가 나타났는데, 미국인은 52%가 스스로를 창의적이라고 답했지만 프랑스에서는 36%만 그렇게 생각했다. 파블로 피카소(Pablo Picasso)나 조지아 오키프(Georgia O'Keeffe)의 예술 작품, 쇼팽(Chopin)이나 비틀즈(Beatles)가 작곡한 음악, 엘리자베스 배럿 브라우닝(Elizabeth Barrett Browning)의 시, 스티븐 스필버그(Steven Spielberg)가 제작한 영화를 생각해 보라. 이런 창의적인 표현은 우리와는 관련이 없어 보인다. 또한 일상에서 우리는 대부분의 시간을 일하는 데 쓰면서도 그 일을 '창의적'이라고는 하지 않는다. 교육생이 창의력을 발휘하려고 할 때는 훨씬 더 많은 어려움이 이야기한다.

그렇다면 무엇이 문제인가? 창의력을 발휘하는 데 방해가 되는 장애물은 무엇인가? 적어도 다음과 같은 6개의 방해물이 있다.[19]

- 두려움
- 혼란스러움을 감당할 수 없다는 생각
- 좋은 아이디어를 내야만 한다는 생각
- 아이디어 구상에 대한 부담감
- 도전 부족
- 현실과 환상 혼동

두려움은 새로운 아이디어를 만들어 내고(실수할 위험) 이를 공유하는 것(사회적 실패에 대한 두려움)을 막는 가장 핵심적인 방해물이다. 넥(H. Neck)[20] 교수는 특히 교육환경 속에서 두려움이라는 요소가 '아이디어 인(ideas in–내려놓음, 이미지, 불안, 자기의심)' 및 '아이디어 아웃(ideas out–실패, 부정적 피드백, 조롱, 결함, 모방)'에 영향을 준다고 하였다. 두려움이 생기면 어떻게 되는가? 앞으로 나아가 창의적인 아이디어를 만들 수가 없다. 실제로 대부분의 사람들은 시작을 위한 기대수익이 다음의 대안보다 더 나을지라도 실패에 대한 두려움 때문에 새로운 비즈니스를 시작하지 못한다. 글로벌 기업가정신 연구(GEM)에 따르면, 실패에 대한 두려움이 적은 국가에서는 스타트업(start-up) 비율이 더 높다.[21] 실패에 대한 두려움은 일반적으로 국가개발수준과 관련 있으며 개발속도가 낮은 국가는 실패율에 대한 두려움이 적다(예: 사하라 사막 이남의 아프리카 국가).

창의성의 중요성은 아무리 강조해도 지나치지 않다. 기업가정신에서 창의성이 중요한 이유는 주로 기업가정신이 '새로운' 또는 '이전에 없었던' 제품, 서비스, 유통 방법, 시장, 조직 방법 또는 생산 및 공급 방법을 소개하기 때문이다.[22] 창의성은 사업기회 인식 및 기회 포착과 관련 있는데, 일반적으로 일종의 관념, 상상력 또는 창조과정으로 시작하여 새롭고도 참신한 방식의 결과를 가져온다.[23] 혁신적인 신제품 및 프로세스는 새로운 기술, 가치사슬의 재조합, 자본 재분배 등으로 이어진다.

패스트 컴퍼니 매거진(Fast Company Magazine)은 가장 창의적인 인물 100명을 선정했는데 누구인지 짐작되는가? 모두 기업가이다.[24] 타일러 페리(Tyler Perry)는 전 세계적으로 4억 달러의 수익을 올린 영화 제작자이며 할리우드에서 여섯 번째로 높은 연봉을 받는다. 그는 TV 프로그램을 제작하고 20편의 영화를 제작했으며 영화 〈프레셔스(*Precious*)〉로 오스카상을 수상했다. 다음으로 일본 의류업체 유니클로(Uniqlo)의 패션 디자이너 겸 크리에이티브 디렉터인 질 샌더(Jill Sander)가 있다. 그녀가 만든 최신 유행 컬렉션 '+J'는 전 세계에 판매되었으며, 올해의 디자이너 상을 수상한 최초의 비(非)일본인 디자이너이다. 또한 에너지 음료 레드불(Red Bull)의 창립자이자 CEO인 디트리히 마테쉬츠(Dietrich Mateschitz)가 있다. 레드불은 160개국에서 연간 47억 달러의 매출을 올리는 글로벌 마켓 리더이다. 위 사례의 기업가들은 새로운 기회를 창출하고 아이디어를 확장했을 뿐만 아니라 경제 및 사회 발전에도 기여한다.

그러나 비즈니스, 예술 및 자기계발에 창의성의 중요성이 널리 퍼졌음에도 창의성에 대한 근거 없는 믿음이 여전히 남아 있다. 다음을 살펴보자.

● 젊은 사람이 더 창의적이다

그럴듯한 말이지만 아이가 성인보다 창의적이라는 증거는 없다. 어린이 중에서 작곡가, 유명한 예술가 또는 기업가를 한 명이라도 떠올릴 수 있나? 못 할 것이다. 창의적인 본능은 대부분 어린 시절에 사회화된다. 켄 로빈슨(Ken Robinson)[25] 경은 교육 시스템의 표준과 기준이 창의적인 사고를 빼앗아 간다고 주장한다. 연구에 따르면 시간이 지나면서 인지적 본능은 변화가 거의 없지만, 창의력 교수법에 대한 접근법은 연령대에 따라 달라질 수 있다고 한다.[26]

● 창의력을 가르칠 수는 없다. 타고난 것이다

사람들이 파란색 눈을 가지고 태어나는 것처럼 특별한 재능을 가지고 태어난다는 인식이 있다. 현실적으로 창의성은 학습이 가능하다. 테레사 애머빌(Teresa Amabile)은 다양한 직업, 교육수준 및 연령대의 12,000명을 대상으로 연구한 결과, 창의성은 경험, 지식, 기술능력 및 인지능력과 같은 많은 요소의 영향을 받는다는 결과를 확인했다.[27] 창의성과 관련된 특정 특성을 식별하기 위한 광범위한 시도들이 있었다. 그 예로 독립성, 반항기, 장난기, 상상력, 외향성 및 여러 가지가 있다. 그러나 연구 결과를 보면 이러한 특성은 상충될 수 있으며 항상 같은 사람에게만 존재하지는 않는다. 그러므로 창의성과 특정 특성은 큰 관계가 없다.[28]

● 창의적이기 위해서는 완전히 독창적이고 독자적으로 만들어야 한다

창의적인 사람은 혼자서 일하고 홀로 창조한다는 믿음이 있다. 하지만 현실에서 창의성은 다른 것과 빈번히 통합되고 협업을 필요로 하며 통합, 협력 및 점진적 개선의 결과일 수도 있다.[29] 예를 들어 벨 연구소(Bell Labs)

의 과학자들이 만든 트랜지스터와 같은 획기적인 기술 개발은 다 같이 노력한 결과이다. 개인 간의 차이는 창의적 마찰과 사고의 다양성을 이끌어 내서 더 다양하고 훌륭한 아이디어를 만들어 낸다.[30]

● 창의적인 영감이 떠오를 때까지 기다려야 한다

우리는 만화 속에서 '전구가 꺼지면' 창의적인 생각이 줄줄이 나오는 장면을 보아 왔다. 현실에서는 영감(또는 창의성)이 특정 문제나 아이디어로부터 나오는 경우가 더 많다. 토머스 에디슨(Thomas Edison)조차도 영감은 창의성의 아주 작은 부분이라고 말했다. 그가 발명한 발명품 대부분은 무수한 노력의 산물이다. 에디슨은 자신의 발명품이 우연의 결과가 아니라 여러 차례 시도를 거쳐 진화한 것이라 주장했다. 1%의 영감, 99%의 노력이 바로 그것이다.

결론적으로 창의성은 나이에 상관없이 누구나 배우고 실천할 수 있는 일종의 기술과 능력이다. 창의성은 예술에만 국한되어 있지 않고 다양한 분야에서 적용될 수 있다.

창의성 연구에 관한 간략한 역사 (A Brief History of Creativity Research)

개념적으로 '창의성(creativity)'은 고대 그리스에서 예술의 개념인 'techne'에서 유래했으며, 이는 '기술(technique, technology)'의 어원이기도 하다. 하지만 당시 예술가인 시인에게 '창조하다(create)'나 '창조자(creator)'와 일치하는 용어는 없었다. 지난 수세기 동안 무(無)에서 무언가를 창조한다는 개념이 등장하여 르네상스(Renaissance)의 기초가 되었고 회화, 건축, 음

악, 조각, 철학, 시 등에도 많은 기여를 하였다.[31]

몇몇 학자들은 창의성에 대한 과학 연구의 시작을 1950년 미국 심리학협회(American Psychological Association)에서 길포드(J. P. Guilford)가 한 연설로 본다. 그는 심리학자들에게 그가 '창의성'이라고 칭한 중요한 속성에 주의를 기울이라고 했다.[32] 1950년에서 1994년 사이에 창의성에 초점을 둔 심리학 연구는 어느 정도 성장했지만 사회에서의 중요성에도 불구하고 상대적으로 연구는 부족한 상태이다. 초기 연구는 '신비적' 접근법에 집중하며 '뮤즈'와 같은 것이 지시하는 일종의 신선한 개입에 창의성의 기반을 두었다. 예를 들어, 플라톤은 시인이 뮤즈가 지시한 것만을 창조했으므로 시인은 단지 창의성이 흘러간 용기일 뿐이라고 주장했다.[33]

창의성을 연구하는 실용적인 접근법은 이론에 대한 실습에 관심을 가진 에드워드 드 보노(Edward de Bono)[34]의 연구에 기반을 둔다. 비즈니스 분야에서 유명한 것은 '생각하는 모자'로 알려진 도구다. 사람들은 문제해결을 위해 브레인스토밍을 하면서 서로 다른 것을 나타내는 '은유적' 색깔로 표현한 모자를 사용한다(예: 직감의 빨간 모자 또는 데이터기반 사고용 흰 모자). 이 접근법에 대해 제임스 애덤스(James Adams)[35]는 이러한 생각이 창의적 기능을 제한하며 브레인스토밍과 문제해결을 방해한다고 주장했다.

최근에는 창의성이 그 결과물과 결과물이 미친 영향의 중요성뿐만 아니라 학문적 관점에서 경험적, 이론적으로도 가치가 있다고 주장한다. 정신역학 연구에서는 의식적 현실과 무의식적 충동[36]의 관계를 연구하고, 인지적 연구에서는 일반적인 프로세스를 통해 새로운 결과물을 만들 수 있다고 여긴다(예: 펜을 사용할 수 있는 방법은 몇 가지인가).[37] 사회적 성격 연구는 특성과 동기를 연구한다.[38] 최근에는 창의성 이론을 10가지로 분류하는데, 이는 제품, 사람, 장소, 프로세스, 신념 등 무엇을 강조하는지에 따라 달라진다.[39] 교육생에게 창조 실습을 가르치던 때를 생각해 보면 모든 이론이 적용되는 것은 아니다. 창조 실습과 관련된 이론은 크게 세 가지 이론이 있다. 즉 인지 이론, 문제해결 및 전문지식기반 이론, 디자인 씽킹으로 알려진 문제발견 이론이 있다(표 3-2 참고).

● 인지 이론(Cognitive Theory of Creativity)

인지 이론은 새로운 아이디어를 위한 관념적 사고과정을 학습할 수 있다는 가정에서 시작한다. 이 이론에서는 창의적인 과정과 사람이 강조되며, 개인 간의 차이와 각 개인이 갖고 있는 지식 역시 중요하다. 인지 이론의 관심사는 다양하다. 관심과 기억을 강조하는가 하면 확산적 사고를 강조하는 이도 있다. 그리고 몇몇은 문제해결을 중시한다.[40] 여기서 중요한 것은 생각과 연상이 다양한 방향으로 퍼져 나가는 확산적 사고인데, 이는 그동안 경영대학 교육에서 중요하게 다뤄 온 하나의 정답을 요구하는 집중적 사고와 반대되는 개념이다.[41] 연구에 따르면 서로 다른 기능이 결합되어 연결될 때 통찰력이 더 많이 나타난다고 한다.[42] 보다 실용적인 측면에서 보면 인지적 창의성과 관련된 활동은 브레인스토밍, 단어 연상, 은유적 사고, 조합, 최소화, 최대화 등의 생각 연산과 관련이 깊다. 한 예로 '세탁(laundry)'이라는 단어를 생각하면 무엇이 떠오르는가? 아마도 '더럽다', '시간', '소음', '반복' 등과 같은 단어가 떠오를 것이다. 단어 연상은 새로운 방법을 찾고, 완료된 일을 다시 접근해 보는 데 좋은 도구가 될 수 있다.

표 3-2 창의성 교육 방법의 기원(Roots of Creativity Pedagogies)

	인지 이론	문제해결 및 전문지식기반 이론	문제발견 이론, 디자인 씽킹
핵심 가정	• 관념적 사고과정은 창의적인 사람과 업적의 토대가 됨	• 불명확한 문제에 대한 창의적 해결책은 일반적인 인지적 프로세스와 전문지식을 바탕으로 한 이성적 프로세스의 결과임	• 창의적인 사람은 문제해결을 위한 주관적인 탐색 프로세스에 활발히 참여함
핵심 요소	• 원격 연상 • 확산적·수렴적 사고 • 개념 결합 확장 • 은유적 사고 • 형상화 • 초인지적 과정	• 불명확한 문제는 인지적·수치적 접근법으로 해결 가능 • 프로그램 관련 전문지식은 문제 표현과 휴리스틱(heuristics)[■]을 강화	• 주관적 창의성 프로세스, 탐색 행위 • 온라인 발견
교육생의 활동	• 교육생의 활동과 프로세스에 중점을 둠 • 일상적 경험에서 시작하여 창의적인 생각을 만들어 냄	• 일반적으로 사람, 프로세스, 상품에 중점을 둠 • 교육생은 자기이해와 능력에 바탕을 둔 창의적 인지 과정에 참여	• 사람, 프로세스, 잠재성에 중점을 둠 • 교육생은 관찰, 객체 조작, 가능성 탐구와 같은 행동에 참여
교육자의 역할	• 비판과 판단을 하지 않고 부담 없이 의견을 내도록 도와줌	• 교육생이 자신의 능력, 지식, 전문성을 이해하도록 지원 • 자기 자신을 알아 가는 적절한 방법을 제공	• 교육생에게 배경, 예술적 감성, 관찰과 반복의 중요성을 알려줌 • 종합적 관찰을 가능하게 해줌
결과	• 새로운 개념, 아이디어 생성 • 기존 상품 및 서비스, 사업모델, 프로젝트 개선	• 기회를 발견하여 새로운 사업이나 프로젝트를 시작할 수 있도록 해줌	• 사용자의 문제를 발견하여 새로운 사업이나 프로젝트의 토대가 되게 해줌
참고문헌	• Guilford(1968) • Finke et al. (1992)	• Simon(1981) • Amabile(1983) • Weisberg(1993) • Ericsson(1999)	• Runco(1994) • Csikszentmihalyi(1996)

출처: Kozbelt, A., Beghetto, R., and Runco, M. (2010). Theories of creativity. In J. Kaufman and R. Sternberg (eds.), *Cambridge Handbook of Creativity* 수정.

■ 휴리스틱(heuristics): 의사결정을 할 때 기준이 되는 가장 중요한 잣대 또는 객관적인 자료에 근거하지 않고 심리적 편의에 따라 결정하는 편향성

브레인스토밍(brainstorming)은 새로운 사업 아이디어를 개발하는 데 흔히 쓰이는 기법이다. 브레인스토밍에서 중요한 것은 판단이 개입되어서는 안 되며 더 많은 아이디어가 더 좋은 아이디어를 만든다는 개념이다. 빠른 속도로 아이디어를 만들어 내면서 새로운 해결책을 찾고 새로운 사업 아이디어를 발견할 수도 있다. 또한 이렇게 만들어진 아이디어를 결합시키고 최소화, 최대화하는 등의 과정을 거쳐 상품이나 작업에 적용할 수 있다.[43] 예를 들면, 펜으로 무엇을 할 수 있는가? 긴 머리를 고정하거나 송곳으로 쓸 수 있고 라디오 시계를 맞추는 데도 쓸 수 있다. 이 펜을 다른 것과 결합하여 쓸 수 있는 방법은 없을까? 손전등으로 만들어 보거나 라디오, 마이크로칩 기능을 넣을 수는 없을까?

세 번째로 인지 이론은 메타인지적 프로세스(metacognitive processes)로 사용된다. 가정을 변경하고 관점을 옮겨 보거나 거꾸로 생각해 보면 창의성이 나타난다는 것으로 이를 통해 교육생은 새로운 통찰력과 아이디어를 떠올릴 수 있다. 이러한 유형의 연습에서는 교육자가 참여를 적극적으로 유도하면서 교육생들이 다 함께 참여하고 직접 경험하도록 한다.

● 문제해결 및 전문지식기반 이론(Problem-Solving and Expertise-Based Theory of Creativity)

문제해결 및 전문지식기반 이론은 전문적 지식을 활용한 창의적인 문제해결이 그 바탕이 된다. 그리고 경험이 창의적인 결과의 기초를 제공한다고 가정한다.[44] 프로세스는 구조화되어 있으며 전문지식이 통찰력을 제공해 주는 문제 공간을 찾기 위해 경험적 접근법이 사용된다. 제임스 피엣(James Fiet)[45]은 기업가적 관점에서 과거 성취를 기반으로 자기 자신을 충분히 이해하고 자신이 가진 능력을 잘 안다면 전문지식을 활용하여 투자를 발생시키는 더 좋은 사업기회를 발견할 수 있다고 주장한다. 즉, 전문지식과 특정 분야 지식을 활용하여 난제를 처리하고 교육생이 특별한 통찰력을 갖고서 각자의 배경에 맞는 기회를 찾을 수 있도록 도와준다. 여러 분야에서 전문지식이 창의성에 미치는 영향을 보여주는 증거가 있다.[46]

문제해결 및 전문지식기반 접근법에서 창의성은 보다 이성적이고 실증적이다. 교육생들은 영역을 좀 더 좁혀서 능력을 키워 나가는 편이 좋으며, 교육자는 자기이해를 통해 창의적인 연구를 구조화하도록 돕는다. 이러한 형태에서는 보다 장기적인 실습이 요구된다.[47]

● 문제발견 이론과 디자인 씽킹(Problem-Finding Theory and Design Thinking)

문제발견 이론은 우선 전통적 문제해결 방법이 문제의 존재를 이해하는 데 충분하지 않다고 가정한다. 대신에 주관적이고 실증적인 프로세스를 통해 문제를 이해해야 한다.[48] 명시적 방법은 없다. 다만 특정 환경에서 관찰을 통해 문제를 발견해야 한다. 문제발견 이론은 문제해결 이론보다 더욱 주관적이고 개방적인 특징이 있으며, 만지고 듣고 다루고 실험하고 질문하는 행동이 포함될 수 있다.[49]

디자인 씽킹에서 공감이 차지하는 중요한 역할에 대해 2장에서 논의한 바 있다. 이러한 공감적 토대를 바탕으로 공감과 문제발견은 논리적으로 연결되어 있다. 한 공간과 그 공간 속의 사용자를 제대로 이해한다면 통찰력과 문제식별능력을 갖출 수 있다. 이처럼 문제발견 이론은 디자인 씽킹의 중요한 측면으로, 문제를 창의적으로 해결하는 방법론이다.[50]

문제발견 이론은 디자인 씽킹을 이용하여 활동을 수행하고 경험할 수 있는 문제나 도전을 공감해 보도록 하며, 이용자를 관찰하는 것에서 시작한다. 예를 들어 공항에서 수속 중이라고 생각해 보자. 공항 직원은 어떤 업무를 하는가? 줄을 선 사람들은 무엇을 하는가? 얼마나 걸리는가? 시끄러운가? 이와 같이 일어날 수 있는 모든 일은 창의적인 방법으로 해결될 수 있는 문제를 이해하는 데 도움이 된다.

교육생은 관찰하고 듣고 관찰한 것을 상세히 기록하는 법을 배워야 한다. 교육자는 교육생이 너무 급하게 아이디어에 접근하지 않으면서 모든 감각을 사용하도록 유도해야 한다. 좋은 방안은 좁은 범위의 실증적 검색보다는 넓은 범위의 정보에서 발견된다(2장에서 디자인 씽킹의 중요한 역할을 살펴본 바 있다).

창의력 향상을 위한 교수법 사례 (Teaching Creation as a Practice-Examples)

● 새로운 기회 창출하기 연습(Creating New Opportunities)

학생들의 창의적 학습방법을 도와준 사례를 보도록 하자. 뱁슨 대학(Babson College)의 '디자인기법을 활용한 사회적 기업가정신(Social Entrepreneurship by Design)'과목을 예로 들어 보겠다. 이 과정은 사용자기반의 협력 디자인(user-oriented collaborative design)과 기업가정신을 통합하여 사회적 문제를 해결하기 위한 새로운 상품과 서비스를 개발하는 것을 목표로 한다. 사용자기반 협력 디자인은 다섯 가지 단계가 있으며 사용자기반의 서비스와 상품 개발을 돕기 위해 설계된 반복적인 프로세스이다. 즉 사용자(고객)를 이해하는 것이 디자인 프로세스의 핵심이다. 학생들은 현장으로 나가 사용자(고객) 그룹을 관찰하면서 정성적 자료를 관찰하고 해석하는 데 많은 시간을 할애한다. 사용자는 단지 프로세스에서 고려되는 많은 이해관계자 중 하나일 뿐이다. 학생들은 반복적인 프로세스를 통해 사용자 그룹을 관찰하고 극단적인 사용자를 골라낸 다음, 다양한 이해관계자 집단에게 경제적 · 사회적 가치를 창출하는 제품 또는 서비스를 디자인하게 한다. 이 과정은 '사회적'인 요소에 집중하기 때문에 학생들은 협동, 파트너십, 동맹, 심지어 특별기금 등과 같은 방법을 통해 사회적 문제를 처리하는 방법을 고려해야 한다. 강의실 환경에서 진행되는 이 교육과정에서 학생들은 '디자인 리뷰'를 2주에 한 번씩 실시하여 진행 상황을 보여준다. 이 과정의 주요 목표는 사회적 혁신가와 사회적 기업가에게 광범위한 영향을 미치는 디자인 프로세스를 이해하고 적용하는 것이다. 세상의 문제는 복잡하지만, 이 교육과정에서 학생들은 단순하고 잠재적으로 해결 가능한 문제에 집중해야 한다. 왜냐하면 이는 실증적인 교육과정이므로 학생들은 다양한 이해관계자와 함께 기업가적 접근법과 해결책에 동기를 부여할 수 있어야 하기 때문이다.

● 경력 경로 만들기(Creating Career Pathways)

각 직업이나 경력이 논리적으로 연결되어 있어 대부분의 경력 경로는 다소 선형적인 구조로 여겨진다. 이 경로를 따라 새로운 기술과 능력을 계속해서 개발하고, 더 높은 직위를 얻고, 더 많은 돈을 벌게 된다. 하지만 더 많은 경우에 경력은 '계획대로(planned)' 되기보다는 '만들어(created)'진다. 이 장의 앞부분에서 언급한 예측적 논리와 창의적 논리의 개념을 떠올려 보면서 직업에 대한 두 접근법을 보여주는 연습을 해보자. 학생들은 각 시간대에 달성한 성과를 기록하고 평가하면서 사전 작업을 한다. 성공의 관점, 행복, 성취, 성공 및 유산에 대한 내쉬와 스티븐슨(L. Nash and H. Stevenson)[51]의 연구를 보면, 이전 직업이 개인의 성공에 대한 목표를 달성했는지를 평가하도록 되어 있다. 아이디어 발굴(ideation)을 위한 마인드 덤핑(Mind Dumping) 연습을 통해(8장 참조) 직업적 목표를 확인하고 이와 관련된 것을 브레인스토밍(단어 연상 연습을 이용)해 보자. 이를 통해 중심이 되는 생각을 발전시키고 관련된 성공의 영역을 고민해 본다. 대부분의 학생들은 이 연습을 통해 자신에게 중요한 것이 무엇인지에 대한 새로운 통찰력을 갖게 되고, 각기 다른 방식으로 직업관을 갖게 된다.

교육자의 역할 (Role of Instructor)

실습을 통해 창의성을 가르칠 때 교육자는 교수법, 교육환경, 교육자의 행동 세 가지를 염두에 두어야 한다.[52] 먼저 교수법(pedagogy)과 관련하여 다양한 접근법이 고려되어야 하며, 이를 통한 다양한 학습 방법(예: 읽기, 듣기, 쓰기, 보기를 통한 학습)을 활용하여 더 높은 수준의 학습목표를 성취하도록 해야 한다. 한 예로, 블룸(B. Bloom)의 유형 분류(typology)[53]에서 낮은 수준의 학습목표에는 단순히 설명하거나 반복하는 교수법이 해당되며 이는 강의와 독서를 통해 달성 가능하다. 반면 높은 수준의 학습목표는 교육생이 직접 적용하고 통합하는 과정이 해당되며 상호작용, 경험, 관찰 등의 활동이 필요하다. 교육자는 교육생이 창의적인 프로세스와 기술을 활용하도록 유도하는 역할을 한다.

창의성을 가르치기 위한 교육환경(environment)은 교육장의 분위기뿐만 아니라 물리적인 환경도 중요하다. 분위기는 교육자가 정한 사회적 규범과 관련이 있다. 새로운 아이디어를 받아들이고 장려하는가, 아니면 분위기가 엄하고 아이디어를 무시하는가?[54] 창의적인 아이디어와 사고가 장려된다면 교육생은 보다 자신감을 갖고 자신의 판단을 신뢰하게 된다. 물리적 환경 역시 영향을 준다. 대부분의 교육장은 정해진 구조나 공간으로 제한되어 있는데, 움직이는 가구, 자연친화적 환경, 자연친화적 소재와 조명은 창의적 사고를 하도록 도와준다.[55]

교육자의 행동(instructor behavior)은 교육자가 교육과정 속에서 가정하는 실제 역할과 관련이 있다. 통제하고 명령하는 교사 중심적 형태는 바람직하지 않으며, 한 발 물러서서 참여를 유도하고 참여 가능한 공간과 시간을 만들어 주는 것이 보다 효과적이다.[56] 교육자는 권위적 환경에서 시키는 대로 학습하기보다는 호기심에 따라 스스로 학습해야 한다.[57] 또한 가끔씩 교육자는 각본에서 벗어나 장난스럽고 협력적이며 학생을 지지해 주는 행동이 필요하다.[58]

제4장 실험 실습(The Practice of Experimentation)

인생은 실험이다. 더 많이 실험할수록 더 나아진다(랠프 왈도 에머슨).
All life is an experiment. The more experiments you make the better.
(Ralph Waldo Emerson)

두 배로 실험하면, 독창성도 두 배로 늘어날 것이다(제프 베조스).
If you double the number of experiments you do per year
you're going to double your inventiveness. (Jeff Bezos)

기업가정신이란 새로운 것을 시도하고 그 결과를 통해서 학습하고 다시 시도하는 과정을 반복하는 것, 즉 실험하는 것이다. 아마존(Amazon.com) 창립자 제프 베조스(Jeff Bezos)는 실험이 기업 핵심 원칙 중 하나라고 말했다. 다른 기업가들 역시 실험은 사업에 있어 필수적 요소라고 말하는데, 실험을 통해서 새로운 혁신, 프로젝트, 아이디어, 기회가 생겨나기 때문이다. 새로운 기술 회사는 하나의 개념적 프로토타입▪을 갖고 시작하며, 새로운 유기농 식품 사업에는 새로운 조리법과 맛을 위해 실험이 필요하다. 패션 사업에는 디자인, 소재, 유통, 브랜드 등에서 실험이 필요하고, 제약 회사는 다양한 실험과 테스트를 거쳐야 한다. 자동차 회사는 콘셉트카를 개발하며, 식품 회사는 새로운 식품과 맛을 개발한다. 기술 회사는 주로 구글랩스(Google Labs)와 같은 '연구실'을 갖고 있으며, 구글과 같

▪ 프로토타입(prototype): 본격적인 상품화에 앞서 성능을 검증·개선하기 위해 간단히 핵심 기능만 넣어 제작한 기본 모델을 말한다. 시제품, 견본품이라고도 한다.

은 우수한 성과를 올리는 기업 다수는 직원에게 실험을 장려한다. 심지어 스포츠 팀들도 새로운 선수와 전술을 실험한다. 언제 어디서나 실험은 진행되고 있다.

실험은 과학적 과정이라 정의 내려진다. 메리엄웹스터 사전에서는 실험을 '시험(test or trial)', '잠정적인 과정 또는 정책(tentative procedure or policy)', 그리고 '밝혀지지 않은 효과나 법칙을 발견하는 것(discover an unknown effect or law), 가설을 세우거나 시험하는 것(test or establish a hypothesis), 또는 알려진 법칙을 설명하는 것(illustrate a known law)을 목적으로 한 통제된 상황에서의 작동 또는 절차(operation or procedure carried out under controlled conditions)'로 정의한다.[1] 대개 실험이라 하면 통제된 연구실에서 자연과학(생물학, 의학, 화학, 물리학 등) 관련 시험을 진행하는 것을 생각하는데, 사회과학의 경우는 연구실 밖에서 이루어지며, 조직에서의 제안이나 사업에서의 결정(사회학, 마케팅, 회계, 재정, 심리학 등)을 시험한다. 실험은 대개 '가설 설정, 연구 구상, 자료 수집, 자료 분석, 결론 도출, 결과 공유'의 과정을 거친다. 기술적으로 실험은 반복 가능해야 하고 다른 조건에서도 증명될 수 있어야 하며, 이를 통해 이론적으로 증명되어야 한다.[2] 물론 대학에서는 오랫동안 연구실, 시설, 기계장치 등을 통해 실험을 하며 자연과학을 가르치고 있다. 사회과학과 경영 분야를 보면, 사회과학 연구는 철저한 실험 설계와 유사 실험 설계를 바탕으로 이론과 실습이 잘 연결되어 있다. 하지만 경영 분야, 특히 기업가정신 측면의 경우 빈틈없는 과학적 목표는 실용성이 떨어져 보인다.

왜 그럴까? 대부분의 기업가정신 수업은 주로 강의실 또는 사무실 같은 물리적 시설에서 이루어진다. 그런데 학교, 비정부기구(NGO), 대학 등에서 실험 공간을 제한하면서 기업가정신을 실습해 볼 수 있는, 즉 실험을 하고 그 실험을 통해 배울 수 있는 기회는 시간, 공간, 기술 및 자원의 제약을 받게 된다. 동시에 교육생이 경험을 통해 기업가정신 지식을 쌓게 된다면 실험의 개념은 매우 중요해진다. 게다가 교육자의 역할이 바뀌어 학습과정에서 안내해 주는 정도로 역할이 축소된다. 사회적으로 자리 잡은 구성주의 교육 관점에 따르면, 교육자는 교육생의 개인적 배경과 신념에 관심을 지니면서 목적을 가지고 대화한다. 또한 교육생에게 시험, 도전, 신념을 바꿀 기회를 주고, 스스로를 이해하여 학습 프로세스에 대한 메타인지(meta-awareness)를 개발하도록 도와준다.[3] 즉 교육자의 역할이 내용을 가르치는 것에서 학습 방법을 가르치는 것으로 옮겨 간다. 물론 많은 노력이 필요하겠지만 교육생에게 그 결과물은 매우 값진 것이다.

기업가정신 실험 실습은 실무적 프로젝트를 활발히 실험하고 이를 통해 배우면서 기업가정신과 밀접한 관련이 있는 지식을 얻는 것이다.[4] 즉 기업가정신에서 실험은 기업가적 상황에 적용할 수 있는 개념과 기법, 다시 말해 기회를 식별하고 창출하는 지식과 자원을 얻고 사회적 · 경제적 가치를 지닌 무언가를 만들어 줄 리더십을 제공한다. 하지만 과학적 실험의 전통적 접근법과 달리 기업가정신에서 이러한 프로세스는 항상 불확실한 조건(관계, 자원 등) 또는 주관성이 결부되어 전혀 예측 불가능한 조건하에서 일어난다.[5]

기업가들은 간단한 행동 실험에 참여하여 개념, 계획, 시장, 제품 아이디어 등을 시험하고 이를 혁신하면서, 이후에 추가적인 조치를 취하고 불확실성을 줄일 수 있다.[6] 실습을 반복하면서 기업가들은 실험적인 행동을 통해 역량을 키우고 불확실성을 줄일 수 있다. 경험 학습은 개인의 불확실성을 줄여 주는데, 왜냐하면 숙련될수록 불확실성이 줄어들기 때문이다.[7] 이런 이유로 경험 학습과 기업가정신 실험은 정보와 함께 감정, 태도, 가치와 연관되며 여러 분야의 자원을 이용한다.[8]

우리는 실습을 통해 실험이 학습될 수 있다고 주장한다. 이런 실험 실습은 교육생들이 문제 해결에 익숙해지고 모호하고 복잡한 상황을 처리하는 전략을 배울 수 있도록 창의적으로 이루어져야 한다.[9] 실험은 단순한 시행착오가 아니다. 실험 실습의 핵심은 가설을 발전시키고, 시험하고, 측정하고, 결과를 만들어 나가는 과학적 원칙을 바탕으로 한다는 것이다. 시험 가능한 가설들은 잠재적인 행동반경 내에 기반을 두고 있다. 이런 방법이 효과가 있을까? 시행착오는 목적의식이 적고 목표지향적인 면이 적기 때문에 학습효과가 낮을 수 있다.[10] 우리는 개인화되고 자기주도적이며 노력이 필요한 활동으로 구성된 의도적인 훈련(deliberate practice)의 개념을 사용한다. 이는 교육생이 성과를 향상시킬 수 있도록 설계되었으며, 기업가적 성공을 예상할 수 있다.[11] 또한 이 의도적 훈련은 특정 영역 내에서 성과를 향상시키도록 구성된다.[12] 기업가정신 실습 실험에서는 신중하게 일련의 활동을 실시하면서 지시하고 피드백을 받는다. 특히 서론에서 언급했듯이, 기업가정신 교육 실습으로서의 실험은 그 자체로 의미가 있으며, 인간의 의도와 상호작용이 동반되고, 문화 형성의 기초가 되며, 의미를 공유한다는 것을 가정한다.

이론적 배경-교육용 실험 실습
(Theoretical Background-Experimentation as a Pedagogical Practice)

실험 실습(experimentation as a practice)은 교육의 구성주의적 견해를 따르는데, 이는 인간이 자신의 환경에서 상호작용하면서 지식을 적용하고 발견하고 확대하는 과정을 거쳐 지식을 습득한다고 가정한다.[13] 이는 학습의 기술적 이론(descriptive theory of learning–실제로 어떻게 학습하는지)으로 처방론적 이론(prescriptive theory of learning–어떻게 학습해야 하는지)과는 거리가 멀다.[14] 개인은 이미 알거나 믿고 있는 것과 접하는 지식 및 생각에 기초하여 이해한다는 이론이다. 학습은 사회적 상호작용, 대화, 교환, 개인 간 상호작용을 통해 이루어진다.[15] 기업가정신 분야에 두 가지 관점이 있다. 하나는 심리학 측면에서 개인에게 초점을 맞추는 관점이며, 다른 하나는 사회학 측면에서 사회적 상호작용을 중요시하는 관점이다. 우리는 사회적 상호작용 관점을 따르고자 한다.[16] 학습은 보통 사회에서 이루어지며, 교육자의 역할은 직접 '알려주지' 않고 경험에서 배울 수 있도록 도와주는 것이다. 세 가지 이론적 접근법인 문제기반 학습, 근거기반 학습, 센스메이킹을 살펴보자(표 4-1 참고).

● 문제기반 학습(Problem-Based Learning)

문제기반 학습은 교육생이 경험을 통해 특정 주제를 학습할 수 있다고 가정한다. 이는 교육생이 사고 전략과 해당 분야 지식 모두를 학습하는 교육생 중심 교수법이다. 교육생은 그룹 내에서 이미 알고 있는 것, 알고 있다고 생각하는 것, 알아야 하는 것을 구별하고 문제 해결의 실마리가 될 새로운 정보를 얻을 수 있는 곳을 찾는다. 간혹 정보나 내용이 상업적

표 4-1 실험 실습의 이론적 배경(Theoretical Foundations of Experimentation)

	문제기반 학습	근거기반 학습	센스메이킹
핵심 가정	주제는 경험을 통해 학습됨	복잡한 결정을 내리기 위해 가장 적절한 정보를 사용	학습은 실제 벌어지고 있는 사회 구성의 일부
핵심 요소	인지 충돌, 혼란	불완전한 정보와 잘못될 수 있는 가능성을 받아들이는 것	조직하는 활동은 대화와 사고를 통해 발견됨
교육생의 활동	소통, 문제 해결, 협동	해석, 비평, 근거 종합	디자인, 인식 설명, 동시성 해결, 논의
교육자의 역할	조력자	안내자	대화 유도, 역할에 대한 민감성
결과	사회적 협의를 통한 학습과 이해 평가	누적되고 반복되는 학습	스토리텔링, 시나리오, 은유
참고*	• Dewey([1938] 1991) • Barrows(1985) • von Glaserfeld(1989) • Gassner(2011)	• Howard et al. (2003) • Bilsker and Goldner(2004)	• Duffy(1995) • Weick(1995) • Dehler et al. (2001) • Holliway(2009)

* Dewey, J. ([1938] 1991). Logic: The theory of inquiry. *In John Dewey: The Later Works, 1925-1953, Vol. 14: 1939-1941*, ed. J. A. Boydston (pp. 3-90). Carbondale: Southern Illinois University Press.

* Barrows, H. (1985). A taxonomy of problem based learning methods. *Medical Education*, 20, 481-6.

* Glaserfeld, E. von. (1989). Cognition, construction of knowledge and teaching. *Synthese*, 80, 121-40.

* Gassner, K. W. (2011). Five ideas for 21st century math classrooms. *American Secondary Education*, 39(3), 108-16.

* Howard, M. O., McMillen, C. J., and Pollio, D. E. (2003). Teaching evidence-based practice: Toward a new paradigm for social work education. *Research on Social Work Practice*, 1(2), 234-59.

* Bilsker, D., and Goldner, E. (2004). Teaching evidence based practice: Overcoming barriers. *Brief Treatment and Crisis Intervention*, 4(3), 271-5.

* Duffy, M. (1995). Sensemaking: A collaborative inquiry approach to doing learning. *The Qualitative Report*, 2(2), October, http://www.nova.edu/ssss/QR/QR2-2/duffy.html.

* Weick, K. E. (1995). *Sensemaking in Organizations*. Thousand Oaks, CA: Sage Publications.

* Dehler, G. E., Welsh, M. A., and Lewis, M. W. (2001). Critical pedagogy in the "new paradigm." *Management Learning*, 32(4), 493-11.

* Holliway, D. (2009). Towards a sense-making pedagogy: Writing activities in an undergraduate learning theories course. *International Journal of Teaching and Learning in Higher Education*, 20(3), 447-1.

■ 센스메이킹(sensemaking): 방대한 데이터로 얻는 결과가 아니라 심층적인 관찰을 통해 분석하는 전략

이기 때문에 교육자의 역할이 더욱 중요하다. 교육자는 조력자(문제기반 학습에서는 '튜터[tutor]'라 부른다)로서 학습과정을 지원하고 안내하며 모니터링한다. 또한 교육생에게 문제를 해결할 수 있는 자신감을 만들어 주고 격려하면서 이해도를 높이는 역할을 한다. 1960년대 후반, 온타리오(Ontario) 주 해밀턴(Hamilton)에 있는 맥마스터 대학교(McMaster University) 의과대학 프로그램에서 하워드 배로우스(Howard Barrows)가 개척한 이 접근법은 학습자를 격려하고 지원하며 미래 역할에 대한 학습 관련성을 알려주고자 개발되었다.[17] 이 접근법은 소개된 초기부터 헬스사이언스, 수학, 법률, 교육, 경제, 사회학, 공학 등에서 널리 사용되고 있다.[18]

문제기반 학습은 소통, 문제 해결, 비판적 사고, 협동, 자기주도적 학습 능력 등을 발전시킨다. 이는 리처드 로티(Richard Rorty)[19]의 실용주의 철학(pragmatic philosophy)에 기반을 둔 구성주의적 학습 접근법을 따른다. 다음은 문제기반 학습의 세 가지 기본 개념이다.

① 주위 환경과 상호작용하며 이해하고 학습한다.[20]
② 인지 충돌 또는 혼란 상태가 학습의 자극제가 된다.[21]
③ 지식은 사회적 협의를 거치고 타당성과 이해도를 평가하면서 진화한다. 주로 문제 해결을 위해 함께 일하는 협력 집단에서 발생한다.[22]

한 기업이 출시된 적 없는 새로운 유산균(pro-biotic) 음료 가격을 책정하는 딜레마는 기업가정신 교육 맥락에서 교육생에게 주어질 수 있는 일례이다. 유사한 상품가격(기존 지식)을 기준으로 책정할 수 있고, 그다음 가능한 가격 전략(가격 중심, 시장가치, 경쟁사 가격)을 살펴본다. 회의를 통해 다른 가격 정책이 갖는 장점을 논의하고, 더 많은 것을 찾을 수 있는 장소를 고민해 보고, 가격을 시험하는 실험을 구상해 볼 것이다. 이 과정에는 다른 그룹 구성원과 협상, 소통, 시나리오 구축 등이 교육가와 함께 이루어져야 한다. 함께 세운 시나리오대로 음료의 샘플을 다양한 환경(학생식당, 길거리, 학생회관)에서 다른 가격에 판매해 보는 실험을 해볼 수 있다.

● 근거기반 학습(Evidence-Based Learning)

근거기반 학습은 학습자가 복합적이고 세심한 결정을 하기 위해 가장 적절한 정보를 사용한다는 것을 전제로 한다. 근거기반 학습은 건강관리 및 의학 관련 실습에서 널리 이용되었으며, 이전 연구 결과를 토대로 예측 가능하고 유익하며 효과적인 결과를 만들어 낼 가능성이 높다. 여기서 과학 지식은 정보에 입각한 전문적 판단과 함께 통합된다.[23] 사회복지 분야에서 사회복지사는 하나의 상황을 조사하고, 가능한 효과적인 해결책을 위한 근거를 찾아, 판단과 근거를 조합하여 해결책에 적용한다.

근거기반 학습은 문제를 진단하고 처리하는 과정에서 오류 가능성과 불완전성을 받아들여야 한다. 그 결과 수치 처리 및 데이터 중심 결과의 중요성이 줄어들고, 대신 실습으로의 인본주의적 접근법을 인지하는 것이 중요해졌다.[24] 근거기반 학습에서는 실증적 근거를 찾고, 찾은 것을 비판·해석·종합화하고, 마지막으로 그 연구(근거)를 어떻게 지지하거나 개입하지 않는지를 결정하는 기술이 요구된다. 근거기반 학습의 실습은 자기주도적이고 반복적이며 누적되는 특징이 있다.

만약 유산균 음료를 만드는 새로운 사업에 근거기반 실험 접근법을 적용한다면, 새 음료의 가격 정책을 위해 기존의 데이터와 연구를 분석하는 것부터 시작할 것이다. 시장 평균가격과 다른 신생 기업이 사용한 가격 전략 결과와 같은 정보가 수집될 것이다. 모든 실증적 근거를 전부 처리할 수는 없기 때문에 회의에서는 가격 정책에 대한 기존 자료를 판단하고 최선의 추측을 하며 이를 해석하는 일련의 과정을 중요하게 다룬다. 실험은 이러한 근거와 논의, 다른 실험을 종합화한 것들을 토대로 설계된다. 이 실험에서는 근거를 종합한 이전의 사례를 토대로 다양한 환경(학생식당, 길거리, 학생회관)에서 다른 가격에 이 음료를 판매한다.

● 센스메이킹(Sensemaking)

센스메이킹은 사회적 구성의 산물인 현실은 만들어진 환경(enacted environment)이라는 개념에서 유래한다.[25] 그러한 환경은 조직 활동을 통해 만들어지며 대화와 사고를 통해 발견된다. 와익(K. E. Weick)이 던진 "그들이 구성하는 것을 어떻게, 왜 구성하며 센스메이킹에 흥미를 갖는 사람들에게 어떤 효과를 주는가?"라는 질문은 교수법으로서의 센스메이킹에 대한 접근법을 보여준다.[26] 센스메이킹 연구에 따르면, 사람들이 그냥 질문을 만들거나 연구원들이 하는 질문에 성의 없이 답하지 말고, 스스로에게 질문을 던지면서 자세히 답해 달라고 요청한다. 센스메이킹이 교육 활동에 적용될 때, 교육의 문화적 측면이 강조되고 교육이 진행되면서 문화에 영향을 받은 만큼 똑같이 영향을 미친다는 점을 알게 된다.[27] 이러한 관점은 내적으로 계속해서 반복된다. 나와 상대, 교육자와 학습자, 문화와 개인의 차이는 모호해진다. 센스메이킹은 구성주의적 접근법을 따르는데, 이는 문화, 배경, 환경과 관련된 대화와 행동에 참여하는 사람들 사이에서 기업 활동이 어떻게 구성되고 조직되는지를 강조한다.[28]

센스메이킹은 주로 수학, IT, 언어학 등의 문제를 해결하고 정형화된 양식을 이해하는 방법을 학습하는 학문에서 사용된다. 예를 들어 언어학에서는 발음, 정의와 함께 새로운 언어를 그 나라 배경에 맞게 사용하는 법을 배운다. 쓰기, 말하기, 비판적 사고를 통해 정형화된 양식을 알아 가고 새로운 언어를 습득한다.[29] 경영 학습에서 역설적 사고(paradoxical thinking)는 경영에서 여성을 이해하고 조직 내 권력 관계를 이해하는 데 적용될 수 있다.[30] 동시에 이 프로세스에서는 본능적으로 지각한 모순을 인지하게 된다. 교육생은 양극화된 인식을 설계하고 설명하며, 관점을 비교 및 반박하고, 동시성을 논의하고 고심하며, 편견과 한계를 인식한다. 재귀적 대화(reflexive dialogue)는 또 다른 센스메이킹 교수법으로 주로 온라인 강의, 경영학 교육, 컨설팅 등에 사용된다. 이 접근법은 개인의 역할을 의도적으로 인식하고 타인의 역할에 민감하게 반응하는데, 이는 스토리텔링, 비유, 신화, 시나리오 작성 등을 통해 이루어진다.[31] 센스메이킹은 또한 공개 토론과 반성에서도 나타난다. 유산균 음료 사업에 이 센스메이킹 접근법을 적용해 보자. 이제 동일한 음료에 대한 가격을 비교하고 대조하는 실험이 필요할 것이다. 잠재적 소비자와 대화하여 왜, 언제, 어떻게 이 제품의 가격을 매겨야 하는지 알게 된다. 교육생은 소비자의 새로운 반응을 토대로 소통하고, 측정하고, 논의하고, 새로운 가격을 정할 것이다.

위 세 가지 교수법(문제기반 학습, 근거기반 학습, 센스메이킹)은 모두 상호적이며 반복적이다. 학습은 교육생의 경험과 문제에 대한 교육자와의 상호작용이 중심이 된다. 교육생은 근거를 평가하고, 관점을 비판적으로 바라보고, 이해할 수 있는 패턴을 찾는다. 일반적으로 실험 실습은 반복적이고 협력이 요구되며 개인의 관점이 수반된다. 이제 이 실험이 기업가적 맥락에 어떻게 적용되는지를 살펴보겠다.

기업가적 맥락에서의 실험 실습
(Practicing Experimentation in the Entrepreneurial Context)

이 책의 핵심은 기업가정신 실습이며, 파트 2에서는 다양한 연습문제를 통해 강의실에서도 실습할 수 있도록 하였다. 하지만 보충학습수준으로 프로그램 속에서 몇몇 실험 역시 다루어 볼 것이다. 우리는 뱁슨 대학

그림 4-1

존 & 앨리스 버틀러의 벤처 액셀러레이터 프로그램
(John E. and Alice L. Butler Venture Accelerator framework)

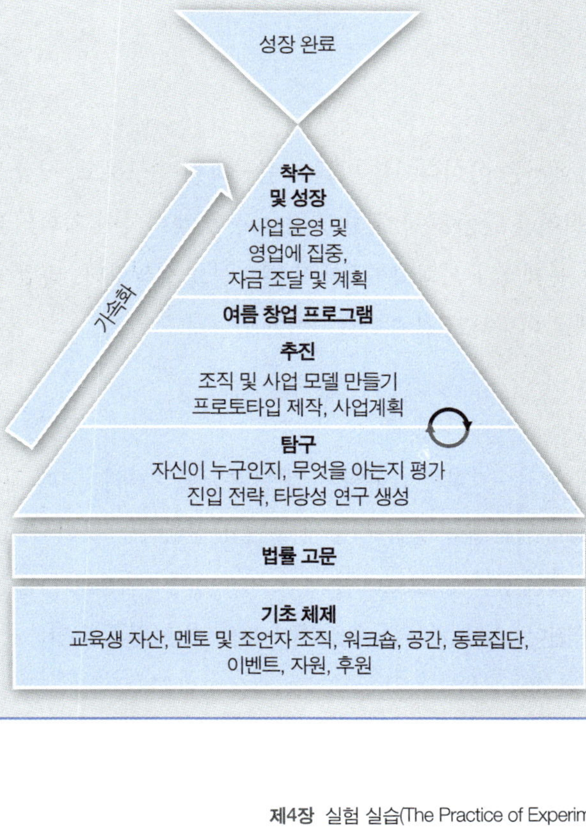

에서 진행하는 창업 지원 프로그램에서 적용한 창업 실험 방법론을 이용한다. 존 & 앨리스 버틀러 벤처 액셀러레이터 프로그램(John E. and Alice L. Butler Venture Accelerator Program)을 통해 교육생은 강의실 밖에서 기업가정신을 체험해 본다. 이 프로그램은 모든 교수진이 재학생과 졸업생에게 학습자료를 제공하기 위해 노력한 결과로 사업 아이디어를 진행할 수 있도록 지원해 준다(그림 4-1 참조).

이 프로그램은 뱁슨 대학 1학년부터 MBA 대학원생과 졸업생에 이르기까지 모든 교육생에게 자료를 제공한다. 참가자는 먼저 15문제의 지원 프로그램 평가 설문지를 작성한다. 그 결과에 따라 각자 들어갈 프로그램 레벨이 정해진다.

- **탐구**(Explore)

이 단계에서는 아이디어를 만들고 탐구하며 연구하고, 시장기회를 검증한다. 이러한 활동을 통해 산업 및 시장을 분석하여 기회의 타당성을 결정하고 문제점과 사회적 · 경제적 필요성을 설명한다. 타당성 조사는 다음 단계로 이동하기 전에 완료되어야 한다.

- **추진**(Pursue)

이 단계에서는 기회를 잡아서 사업 실행을 준비한다. 이때 검증-학습(test-and-learn) 접근법을 통해 행동에 옮기고 진행하는 것이 중요하다. 이 과정에서 고객 상담, 프로토타입 제작, 기술 검증, 경영진 구성 등의 활동이 이루어진다. 실행 가능한 최소한의 제품 및 서비스를 만드는 것이 목표이다.

● **착수 및 성장**(Launch and grow)

이 단계에서는 사업에 착수하여 수익 흐름을 만들고, 투자자를 찾아, 제품과 서비스를 마케팅하면서 '실제' 사업을 경험한다.

이 지원 프로그램은 세 가지 핵심 가정을 토대로 한다.

① **활동**(Action)

증명된 활동과 교육생의 노력을 통해 교육생들은 자원, 공간, 멘토링을 얻는다. 행동에 옮기며 진행해 나가면서 다음 단계로 넘어갈 수 있으며 다른 단계의 자원, 공간, 멘토링을 얻는다. 교육생들이 프로그램을 진행하면서 맞춤형으로 개별화된 자원을 얻게 되며, 특정 목표를 달성하면서 더 많은 자원을 얻는다. 예를 들어 탐구 레벨에서는 그룹 코칭(group advising), 동료 멘토링(peer mentoring)을 제공받는다면, 착수 및 성장 레벨에서는 개별 코칭과 개인 멘토링을 제공받는다. 탐구 레벨 워크숍에서는 '기업가정신의 동향과 기회'가 주제가 된다. 반면에 추진 레벨 워크숍에서는 파트너 간 '동등한 분배'에 대해 다룬다. 추진 레벨 교육생은 뱁슨 대학의 기업가정신 센터인 블랭크 센터(Blank Center) 1층의 개방형 사무실(co-working space)에서 일하며, 착수 및 성장 레벨 교육생은 뱁슨 해처리(Babson Hatcheries–뱁슨 대학의 인큐베이팅 시스템)의 전용 사무실을 신청할 수 있다. 이는 프로그램을 어떻게 조직하는지, 그리고 교육생이 어떻게 자원을 취하는지를 보여주는 몇 가지 예이다.

② **실습**(Practice)

기업가적 기술을 배우는 교육생은 실습을 해야 한다. 실습을 통해 기업가적 주요 역량을 키우고 자신감을 기른다. 이를 위해 기업가적 기술에 대한 교육생의 자신감을 평가한다. 핫 시트(the hot seat)라 불리는 기법에서 교육생은 매주 사업 아이디어를 내고 이에 동료와 교육자가 활발한 피드백을 제공하게 된다. 이 과정에서 교육생은 피드백을 통해 학습하고 확인을 위한 질문만 할 뿐 대응하거나 방어할 수는 없다. 매주 한 교육생이 핫 시트를 수행하는데 이를 통해 학습하고 사업 개념이나 모델에 대해 토론하면서 수정한다.

③ 참여(Participation)

지원 프로그램의 또 다른 핵심 요소는 창업할 의지가 있든 없든 모든 재학생 및 졸업생이 참여할 수 있다는 점이다. 기업가정신과 행동역량을 키우는 것이 목적이기 때문에 기업가정신과 행동을 실습할 수 있는 모든 문이 열려 있다. 예를 들어 가족기업, 사내 기업가정신, 프랜차이즈, 사업 인수, 비영리기관, 사회적 기업 등 어떠한 관심사를 가진 교육생이든 참여할 수 있다. 또한 참여자가 핵심 기업가가 아니어도 괜찮다. 팀의 일원이거나 심지어 투자자나 기업가적 문제에 관심 있는 서비스 공급자여도 괜찮다. 다양한 관점, 역할, 경험으로 폭넓은 실험을 통한 학습이 가능해진다.

2012~2013학년도에 버틀러 벤처 액셀러레이터 프로그램(Butler Venture Accelerator Program)에서는 327개의 사업 개념 또는 사업을 운영한 416명의 교육생에게 자원을 지원했다. 이는 탐구 레벨 참여자의 54%, 추진 레벨 참여자의 33%, 착수 및 성장 레벨 참여자의 13%에 해당한다. 이와 같은 사업 지원에 대한 단계별 접근법을 통해 보충 교육 프로그램에 참여하는

기업가 교육생의 수가 크게 증가하였고 뱁슨 대학의 기업가적 환경 역시 풍부해졌다.

콘셉트 테스트 (Concept Test)

콘셉트는 아이디어다. 그리고 콘셉트 테스트는 아이디어에 대한 소비자의 반응을 측정하는 것이다. 제품 개발 초기 단계에는 아이디어를 테스트하여 더 진행할지 여부를 판단한다. 이 테스트를 통해 사업 아이덴티티와 프로토타입에 대한 반응뿐만 아니라 사용자 만족도, 호감도, 추후 아이디어 탐구의 타당성을 측정할 수 있다.[32] 초기 단계에는 테스트가 가설을 끌어내는 데 집중하는데, 이는 제품이나 서비스가 개발 단계이기 때문에 주로 최소한의 자원으로 실시되기 때문이다. 테스트에서 얻은 정보를 통해 제품과 서비스를 개선하고 특정 시장을 공략하며 개발 및 기타 핵심사항의 경제적 요소를 결정한다.

제품 개발 영역을 보면 신제품 개발의 개념 생성, 테스트 및 선택 프로세스는 개발 단계의 '퍼지 프론트 엔드(fuzzy front end)■' 동안 자원 배분, 제품 조정, 개발 진행에 대한 정보를 제공하도록 설계되었다.[33] 개념 테스트를 통해 다양한 속성의 중요성, 가격민감도, 속성수준의 상충관계를 최적화할 수 있게 해주는 그 외의 영역을 정량화하여 불확실성을 줄여 나갈 수 있다.[34] 실습의 목적은 실제 자금을 투입하기 전에 제품 아이디어에 대한 소비자 반응을 측정하는 데 있다.

■ 퍼지 프론트 엔드(fuzzy front end): 프로젝트 착수 전 모든 가능성을 검토해 보는 초기 단계

최근 기업가정신 교육 분야에서 이와 유사한 접근법이 나타나고 있다. 린 스타트업(lean start-up)■과 비즈니스 모델 캔버스(business model canvas)■■의 개념은 실험의 아이디어를 신규 벤처 창업 프로세스에 적용해 보는 것이다.[35] 이러한 틀 안에서 기업가는 만들기–측정–학습(build-measure-learn) 접근법을 따르는데, 이는 기업가의 비전을 반복적으로 작은 단계로 테스트하여 사업 개념을 검증하고 궁극적으로는 사업 모델을 검증하는 것이다. 두 가지 기본 가설을 살펴보자. 첫째, 제품이나 서비스가 이를 사용하는 소비자에게 실제 가치가 있는지를 테스트하는 가치 가설이 있다. 둘째, 새로운 소비자가 어떻게 제품이나 서비스를 찾는지를 테스트하는 성장 가설이 있다. 오스터왈더와 피그누어(A. Osterwalder and Y. Pigneur)[36]는 반복적이고 확장 가능한 사업 모델을 찾기 위해 가설을 검증하는 정교한 방법론을 제시하였다. 핵심 요소는 프로토타이핑(prototyping)■■■과 현장 테스트를 통해 고객의 수용성과 타당성을 확인하는 것이다.

린 스타트업은 간단한 소규모 프로토타이핑을 통해 만들기–측정–학습의 순환을 빠르게 완료한다. 이를 통해 보다 쉽게 학습하고 가설을 테스트하여 변화를 주거나 비즈니스 모델이 중심 역할을 하도록 해준다. 구체적으로 X선 시스템(X-ray field system)을 예로 들어 보면, 가상 초도품 제작에 1일, 실제 초도품 제작에 3일, 설계 반복에 5일, 초기 조립에 15일로

■ 린 스타트업(lean start-up): 프로토타입을 빠르게 만들어서 검증하고 이를 발전시켜 나가는 모델

■■ 비즈니스 모델 캔버스(business model canvas): 비즈니스 모델이 고객에게 제대로 된 가치를 제공하고 있는지 또는 가능한지 점검하고 계획을 구체화하여 비즈니스 모델을 한눈에 보여주는 도식

■■■ 프로토타이핑(prototyping): 예상 고객에게 프로토타입을 사용해 보게 하고 피드백을 받아 제품 개선 시 반영하는 것

프로젝트 일정을 계획하였다.[37]

실험 실습은 기업가정신 교육생이 불확실성을 관리하고, 매우 혼란스럽고 불확실한 상황을 이해할 수 있도록 설계된다. 무엇을 해야 할지 정말로 알 수 없을 때는 일단 행동에 옮겨서 그 과정에서 학습하고 이해하면 된다. 이는 경험을 통해 세상을 이해하는 방법인 의미화와 유사한 과정이다.[38]

제5장 성찰 실습(The Practice of Reflection)

좋은 생각을 가지는 것만으로는 충분하지 않다. 잘 사용해야 한다.
(데카르트)

For it is not enough to have a good mind: one must use it well.
(Descartes)

이 책의 모든 내용은 기업가정신 교수법을 하나의 방법론으로 접근하려는 생각에 기초한다. 이 방법론은 이해하고 알고 특정 실습체계에 집중하고자 하는 것 이상을 의미하는데, 달리 말하면 창의, 성찰, 실험, 놀이, 공감 실습에 관한 내용이다. 개요에서 살펴봤듯이 각 실습 요소에는 공통적인 특징이 있다. 의도적인 반복이 매우 중요하다는 점이다. 특히 '실천' 영역에서 실습으로서 성찰의 개념은 가장 흥미롭다. 다시 말해, 생각 역시 실천의 한 형태이다.

성찰 실습은 다른 실습에서도 어느 정도 수반되는 과정으로 놀이, 공감, 창의, 실험 실습에서도 필요하다. 때문에 성찰은 개요에서 종합적 이론과 실습, 종합적 사고와 실천, 종합적 학습과 실행으로 살펴 본 종합적인 개념과 이어진다. 성찰 실습이 기업가정신 교육의 모든 실습 중에서 가장 중요하다는 사실은 틀림없다. 앞부분에서 설명했듯이 실습 방법론을 기반으로 한 기업가정신 교육과정은 지속적인 실천이 필요하다. 이를 위해 실제 행동할 수 있는 환경이 필요하다. 이러한 환경에서 교육생은 점점 행동하는 속도가 빨라지고, '생각하지 않고 곧바로' 행동하기도 한다. 그러나 성찰은 '실천'의 한 형태이며 교육생이 행동기반 학습을 문서화시키는 주요 방법이다.

성찰(Reflection)은 교육에서 가장 큰 혁신 중 하나로 알려져 있지만,[1] 기업가정신 교육에서 성찰의 중요성은 그리 입증되지 않은 듯하다. 실제로 기업가정신 교육자가 교육생이 어떻게 성찰했는지를 기록한 자료는 거의 없다. 직관적으로 성찰이 좋다는 것을 알고 있지만, 성찰이 직관적으로 일어나지는 않는다. 이를 위해서는 적절한 지도가 필요하다. 일반적으로 기업가정신에서 성찰은 글쓰기 과제처럼 여긴다. 대부분 개인적으로 성찰을 할 뿐, 반드시 해야 할 일로 여기지 않는다. 하루를 보내고 일주일, 혹은 한 학기 등 특정 기간이 지난 뒤에야 성찰해 보라는 과제가 주어지는데 이는 흔한 일이다. 간혹 성찰은 글쓰기와 동일시되기도 한다. 작성할 종이를 나눠 주는 경우도 있고 교육자가 피드백을 제공하기도 한다. 이것이 흔한 사례는 아니다. 그리고 피드백이 주어지면, 성찰해 보기 과제와 피드백 모두 흔히 '제임스 조이스적(James Joycean)'이라고 부르는 것처럼 응답하기 위해 특정 프레임에 유도되고 조직되는 대신에 의식의 흐름에 따라 반응할 가능성이 더 높다. 여기서 제기되는 문제는 '이 글쓰기 혹은 응답은 어떻게 마무리되는가'이다.

이를 증명할 양적 데이터를 제시할 수는 없지만, 경험적 근거는 도처에서 발견된다. 이런 종류의 과제를 사용하는 교육자가 교육생의 풍부한 잠재력과 성찰에 내재된 기회 및 실질적 특성을 끌어내 주는 경우는 극히 드물다. 결국 가르치는 수준이 더 높을수록 그 교육에 대한 실제 훈련이 더 줄어든다는 것을 알 수 있다. 우리 중, 특히 비즈니스 교육자 중 누가 성찰에 대해 반응하고 대응하도록 훈련되었는가? 기업가정신 분야가 성숙 단계에 접어들면서 교육자는 자신의 교수법을 성찰해 보아야 한다. 그렇기 때문에 이번 장에서는 성찰의 이론적 배경을 살펴보고 교육학적 성찰에 대한 지침을 제안하는 틀을 제안하고자 한다. 이와 함께 교육생, 학습목표, 교육철학에 맞춘 고유의 틀을 개발하는 것이 중요함을 강조하고자 한다.

이론의 역할과 성찰의 실습 (The Role of Theory and Practice in Reflection)

이 책의 앞부분에서 기업가정신 실습을 통한 교육 접근법이 갖는 이론, 실천, 토론의 적절성에 대해 설명했다. 이 논쟁은 특히 성찰 실천과 관련이 있다. 앞서 언급했듯이 이론의 중요성은 초기 철학자들(소크라테스, 플라톤, 심지어는 데카르트)이 강력하게 뒷받침해 주지만, 교육에서 실습의 중요성은 최근 반세기 동안 더욱 강력한 지지를 받았다. 존 듀이와 알프레드 노스 화이트헤드는 이러한 교육 접근법의 변화를 주장하는 대표적인 학자이다.

존 듀이(John Dewey)는 20세기 초 미국의 교육 개혁자로 교육에서 성찰을 사용한 실습의 창립자이다.[2] 듀이의 최우선 관심사는 정규교육이 현실적 필요와 괴리되는 문제였다. '교과과정에 대한 형식적인 지침은 단지 교과서상의 문제일 뿐이며, 실제 경험과 동떨어질 위험이 언제나 존재하고 있다.'[3] 사실 듀이는 '마음과 몸이 분리되어 나타난 이러한 부정적 결과를 적절히 진술하기는 불가능하며, 과장되지 않을 것이다'[4]라고 주장했다. 그의 관심사는 형식과 비형식 사이, 그리고 이론과 실천 사이에서 적절한 균형을 유지하는 방법이었다. 듀이에게 비형식적 접근방식은 직접 공유를 통한 사회적 학습(social learning)이었다. 듀이는 '삶에 참여하는 것'을 바탕으로 한 사회적 활동으로서의 학습을 장려했다. 또한 교육의 일반 기능(방향제시, 통제, 지도)에 대한 기본 가정을 검토하고 다음과 같이 말했다.

> 세 가지 용어인 방향제시, 통제, 지도 각각을 살펴보면 지도(guidance)는 협력을 통해 개인이 타고난 능력을 지원하는 것을 의미한다. 통제(control)는 통제되지 않은 상태를 견디고 통제된 상태에 저항하는 일종의 에너지 개념을 의미한다. 방향제시(direction)는 보다 중립적인 용어인데, 방향제시를 받은 이들의 능동적인 경향이 목적 없이 분산되지 않고 어떤 연속적인 과정으로 이끌어진다는 사실을 말한다. 방향제시는 한편으로는 단지 안내를 보조하는 기능을 하기도 하고 다른 한편으로는 규제 및 통치하는 기능을 하기도 한다.[5]

듀이의 접근 방식은 이론과 실습을 종합해야 한다는 목표를 강하게 상기시켜 준다. 동시에 방향제시, 통제, 그리고 가장 중요한 지도에 대한 성찰의 역할을 제시하여 이론과 실습을 연결하는 성찰을 제시한다. 그리고 듀이는 교육이 일개 사물이 아닌 사물들 간의 관계와 연결에 집중하기를 원했으며, 성찰을 교육 실습으로 사용해야 하는 필요성 역시 강조한다. 또한 경험으로 배우는 개념을 설명하며 활동 그 자체와 그 활동의 결과를 명시적으로 분리했다. 예를 들어, 한 아이가 불에 손을 대고 있다고 하자. 아이는 불을 만지는 활동에서 학습하는 것이 아니라, 실제 그 활동의 결과를 통해 학습한다. 결과는 고통스럽다. 학습할 수 있을 만큼 충분히 고통스럽다. "'경험을 통해 배우는 것'은 우리가 할 일과 그로 인해 발생할 수 있는 좋고 나쁜 결과를 앞뒤로 연결하는 것이다."[6] 듀이는 "생각이나 성찰은 … 시도하려는 것과 일어날 결과의 관계에 대한 분별력이다"라고 말했다. 아마도 성찰에 대한 이 논의에서 가장 중요한 부분은 듀이가 생각을 실천의 한 형태로 제시했다는 것이다. 따라서 성찰은 기업가정신 교육을 위한 실습이 된다.

듀이는 문제(주제)와 방법론(전달)이 반드시 연결되어야 한다고 믿었다. 그는 교육생의 내면에 지속적으로 인상을 남기기 위해 어떤 내용이 가장 강력하게 전달되어야 하는지를 결정하는 접근법으로 성찰 실습을 제시했다. 그 인상적인 부분을 통해 학생들은 주제나 내용을 실제로 적용할 수 있음을 의미한다. 그러나 듀이가 성찰에서 더욱 중요시한 것은 방법론보다는 성찰에서 무엇을 제시할 것이며 그 출처는 무엇인가였다. 또한 "학습의 본질은 성찰의 본질과 동일하다"고 단언했다. 이 모든 것을 종합하여 지속적인 학습의 선순환을 위해 제안된 방법론과 그 속에 굳건히 자리 잡은 중요하고도 명확한 성찰의 요소를 제시하고자 한다.

영국의 수학자이자 철학자인 알프레드 노스 화이트헤드(Alfred North Whitehead) 역시 이론과 실천, 그리고 궁극적으로는 사고와 성찰의 역할을 확립하는 데 기여했다. 화이트헤드가 중점을 둔 것은 무엇이 중요한지를 생각하는 방법이다. 그의 수학적 배경을 고려하면 시스템에 대한 아이디어를 강력히 지지하고 사고체제를 사용했다는 것은 놀랍지 않다. 그러나 그는 시스템 이전에 먼저 '조립체(assemblage)'가 되어야 한다고 강조했다. 또한 아이디어에 대한 중요성과 함께 조립에 관한 더 좋은 아이디어를 내려면 경험을 해야 한다고 강조했다. 기업가정신에 입각해 화이트헤드는 이렇게 말했다.

> 다시 말해, 숨겨진 가능성의 즐거움은 신선한 느낌을 준다. 이는 인류의 개념적 경험이 확대되는 것이다. 이 개념적 감각은 무엇일지 그리고 무엇이었을지에 대한 감각이다. 대안이라는 즐거움이다. 가장 높은 발달 단계에서 이는 아이디어의 즐거움이 된다.[7]

대체로 교육자들은 듀이, 화이트헤드와 뜻을 같이하며, 교육생이 학습하고 실제로 배우면서 피상적이지 않고 깊이 있게 지속적이면서도 의미 있는 방식으로 학습하기를 원한다.[8] 피상적 학습은 전통적인 교육 접근법에서 볼 수 있다. 이 학습법은 수동적이고 주로 단순한 학습과 흡수 및 단순 반복으로 구성된다. 반대로 여기서 목표로 하는 심화 학습은 단순히 정보를 얻는 것뿐만 아니라 장기간에 걸쳐 이를 종합함으로써 능동적으로 학습하는 것이다.

기본적인 개념은 거울을 보는 아이디어에서 시작한다. 거울을 보고 있다고 생각하면서 거울 속 내가 다시 나를 바라본다는 것을 인식한다.[9] 이 거울 보기 비유는 보통 외부로부터의 거리감각과 분리의 개념을 모두 포함한다. 즉 실제 현실을 바탕으로 무엇이 비치고 있는지에 대해 생각해 보는 것이다.[10] 키버스와 트렐리븐(L. Keevers and L. Treleaven)[11]이 '광학은유(optical metaphor of reflection)'라 설명한 이 개념에 대한 주요 문제는 스스로를 명사 개념에서 동사 개념으로 전환하는 것이다. 그런 다음 성찰이라는 사고 연습을 통해 상황을 재검토하고 깊이 생각하며 경험을 평가하는 것이다.[12]

이론적 관점에서는 메타인지를 기반으로 접근해 볼 수 있다. 메타인지(metacognition)란 생각에 대해 생각하는 것으로 학습을 성찰, 이해, 조절하는 능력이다.[13] 성찰에 대한 일반적인 접근법은 '관찰하고 이해하는' 것이지만 '학습을 조절하는 것' 또한 성찰의 바람직한 결과이다. 본질적으로 성찰은 지식이 경험을 통해 발전하는 중요한 과정이다. 성찰을 할 때 자신이 겪은 경험을 고려하여 이해하고 설명하게 된다. 이는 통찰력과 깊은 학습으로 이어질 수 있으며, 새로운 경험을 시험하는 아이디어가 되기도 한다. 성찰은 난처한 경험을 하거나, 불확실성이 큰 상황에서 작업할 때, 그리고 문제해결 시 특히 중요하다. 따라서 성찰이 기업가정신 교육의 필수 요소라는 점은 전혀 놀라운 일이 아니다.

성찰적 학습의 본질 (The Nature of Reflective Learning)

학습의 한 부분으로서 성찰의 개념은 개인적 또는 조직적 관점에서 새로운 것이 아니며, 많은 관련 자료, 연구, 그리고 논의 결과가 존재한다.[14] 브록뱅크와 맥길(A. Brockbank and I. McGill)[15]은 대학 교육에서의 성찰적 학습에 대해 탁월한 연구를 진행했으며, 최근 수십 년 동안 발전해 온 수많은 개념을 잘 정리하였다(표 5-1 참조).

이러한 정의 속에는 네 가지 흥미로운 점이 있다. 첫째, 이들 중 두 정의(D. Boud et al., S. D. Brookfield)에서 가시적이고 긍정적인 결과를 포함한다. 이 저자들에게 성찰적 학습은 새로운 이해와 인식을 위한 것이며,[16] 보다 도구적 관점을 갖는 브룩필드(S. D. Brookfield)[17]의 정의는 생산성 증대와 정치적 지식의 습득을 언급한다.

표 5-1 성찰적 학습에 관한 연구(Evolution of Reflective Learning)

연구자	정의
Boyd and Fales (1983, p. 100)	관련 주제를 의도적으로 조사하고 탐구하는 과정, 경험을 통해 일어나며 자신의 용어로 의미를 분류하고 창조하는 과정에서 개념적 관점의 변화를 일으킴
Boud et al. (1985, p. 3)	새로운 이해와 인식을 위해 습득한 경험을 탐구하는 지적이고 정서적인 활동을 총칭하는 용어
Schlossberg (1981, p. 5)	행동과 관계에 상응하는 변화를 요구하는 세계와 자신에 대한 가정에 변화를 일으키는 활동의 결과
Brookfield (1987, p. 14)	추상적인 학문적 취미가 아니라 개별 관계를 이해하고, 업무 현장을 조직하는 더 생산적인 방식과 대안을 고민하며, 정치적 지식을 습득하는 살아 있는 활동
Schön (1983, 1987)	실습에 대한 성찰(과정으로서의 실천-학습-사고)이자, 실습 자체에 대한 성찰(행동으로서의 실천-학습-사고)
Brockbank and McGill (2007, p. 36)	인지된 맥락과 경험에 대한 의도적인 사회적 과정. 이때 학습자는 능동적인 개인으로서 활발하게 타인과 관계를 맺고 도전적이며, 성찰적 학습의 결과로 개인과 환경 모두 개선되고 변형됨

참고:

* Boyd, E. M., and Fales, A. W. (1983). Reflective learning key to learning from experience. *Journal of Humanistic Psychology*, 23(2), 99-117.
* Boud, D., Keogh, R., and Walker, D. (1985). *Reflection: Turning Experience into Learning*. London: Kogan Page.
* Schlossberg, N. K. (1981). A model of analyzing human adaption to transition. *Counseling Psychologist*, 9(2), 2-18.
* Brookfield, S. D. (1987). *Developing Critical Thinkers: Challenging Adults to Explore Alternative Ways of Thinking and Acting*. San Francisco: Jossey-Bass.
* Schön, D. (1983). The Reflective Practitioner. New York: Basic Books; Schön, D. (1987). *Educating the Reflective Practitioner*. London: Jossey-Bass.
* Brockbank, A., and McGill, I. (2007). *Facilitating Reflective Learning in Higher Education*, 2nd edn. New York: McGraw-Hill and Open University Press.

두 번째는 성찰적 학습이 개인 활동인지 집단 활동인지의 여부이다. 대부분의 정의에서는 개인 활동으로 가정하거나 모호하게 설명하였다. 브록뱅크와 맥길[18]은 성찰적 학습을 명시적으로 사회적 영역에 놓았다. 이는 중요한 접근이지만 이 장의 목적을 고려해 여기에서는 개인의 성찰에 초점을 맞추고자 한다.

셋째, 성찰적 활동의 본질 문제이다. 바우드(D. Boud)와 그의 동료들[19]에 의하면 성찰적 학습은 '지적이고 감정적인 활동'의 집합인데, 브룩필드[20]는 매우 다른 방향으로 접근하고 있으며 특히 성찰적 학습은 "추상적인 학문적 취미가 아니다"라고 방어적으로 말한다.

그리고 넷째, 도널드 숀(Donald Schön)[21]은 성찰을 바라보는 시점을 본질적으로 바꾸었다. 숀은 의학, 법률 및 건축 디자인과 같은 응용 대학 프로그램을 연구하면서 '성찰 실습(reflective practice)'이라는 용어를 만들었다. 교과과정을 통해 습득한 지식, 즉 명제지식(propositional knowledge)이라고 명명한 지식은 실제 현실을 고려하지 않았기 때문에 그 영향이 제한적이라고 주장했다. 그러나 응용 프로그램을 이수한 전문가는 그러한 학습 방법에도 불구하고 여전히 효과적임을 알게 되었다. 숀은 전문가들이 적극적으로 실무에 참여하여 '실무 경험'을 쌓았음을 발견했다.[22]

숀은 '실습과정을 성찰하는 것(과정으로서 행동–학습–사고)'과 '실습 자체를 성찰하는 것(행동으로서 행동–학습–사고)'을 구분하였다. 이 두 가지는 모두 중요하며 지속적인 학습의 순환을 나타낸다.

> 숀은 교육자와 교육생이 실습에 대해 성찰하는 것이 학습을 뒷받침해 주고 실습을 강화해 준다는 사실을 알게 되었다. 교육생은 보고, 듣고, 행동하고, 지도를 받으면서 학습했다. 강의, 서적 및 시연에서 듣고 배운 내용만을 적용하는 것이 아니라 미래의 직업 활동 일부를 직접 해보면서 학습했다. 예를 들어 메스를 사용할 때 교육자에게도 배우지만 직접 자신을 성찰해 보면서도 배웠다. 즉 실습을 '반영'했다. 또한, 이전 행동을 성찰하며 '지식'의 일부로 '체득'하게 되거나 다음 실습에서 적용해 보고 배울 수 있었을 것이다. 따라서 다음 실습에서,

특히 새로운 환경에 처했을 때 이전에 습득한 모든 이해와 실습 양상을 반영해서 행동하는 것이다.[23]

기업가정신의 본질을 실천(acting), 창의(creating), 생성(building)이 연속되는 순환으로 본다면, 실습 후 성찰(reflection-on-practice)과 실습 중 성찰(reflection-in-practice)에서의 성찰은 기업가정신 개발에서 가장 중요한 역할을 할 것임에 틀림없다.

성찰 프레임워크 (Reflection Frameworks)

이제 성찰 실습을 안내해 주는 프레임워크를 제시한다. 성찰 프레임워크의 유형은 다양한 방식으로 연구되었다. 예를 들어, 쿨(S. Koole)과 동료들의 연구[24]는 의학 교육 관점에서 이 개념을 설명하였다. 여기에 몇 가지 연구를 덧붙여 보면 표 5-2 와 같다.

표 5-2 성찰 이론과 모델(Theories and Models of Reflection)

연구자	이론, 모델, 결론	요약
Atkins and Murphy(1993)	성찰과정(모델)	• 성찰과정의 세 가지 핵심 단계 1) 불편한 감정인지 2) 감정과 지식의 비판적 분석 3) 새로운 인식: 관련 기술(자기인식, 묘사, 비판적 분석, 종합, 평가)
Keevers and Treleaven(2011)	성찰 실습(모델)	• 성찰 실습의 네 가지 범주 1) 예상 2) 숙고 3) 조직 4) 비판적 성찰

연구자	이론, 모델, 결론	요약
Boud et al.(1985)	학습에서의 성찰 촉구(모델)	• 성찰과정의 세 가지 연관 단계 1) 경험으로 돌아가기 2) 감정 살피기 3) 경험 재평가하기(경험에 의해 촉발되어 결과로 이어짐)
Korthagen(2005)	ALACT 모델	성찰은 하나의 순환과정으로 행동, 행동 검토, 행동의 본질 인식, 행동의 대안 모색, 새로운 행동 시도로 구성됨
Mamede and Schmidt(2004)	의학에서의 성찰 실습 구조(결론)	• 성찰적 실습은 5가지 요인 모델로 구성 1) 정교한 귀납 2) 정교한 연역 3) 테스트 및 종합화 4) 성찰을 위한 개방 5) 메타 추론
Mezirow and Associates(2000)	변형학습 이론	성찰은 변형학습을 근거로 가정과 참조의 틀을 바꿈
Moon(1999)	입력-산출 모델	성찰은 입력(이론, 구성된 지식, 감정)을 기초로 결과 또는 목적(자기계발, 학습, 결정, 불확실성의 계획)을 만들어 내는 정신적 과정
Schön(1983, 1987)	성찰적 실천가(이론)	성찰은 복잡한 상황을 다루는 전문가와 직업적 개발에서의 핵심요소임. 행위 중 성찰(reflection-in-action)과 행위 후 성찰(reflection-on-action)을 구분함
Stockhausen (2000)	나선형 임상 학습(모델)	성찰적 실습은 직업적 성장과 관련이 있음. 임상 학습은 준비 단계, 구성 단계, 성찰적 실습, 재구성 단계로 이루어짐
Brockbank and McGill(2007)	성찰적 실습 프레임워크(모델)	• 성찰적 실습 단계 1) 서술: 해당 사안에서 일어난 일 묘사 2) 통찰: 관련 반응과 인식에 대해 사고 3) 분석: 상황을 분석적으로 사고(어떤 단계와 관련 있는가, 어떤 기술이 적용되었고 연관된 선행 경험은 무엇인가?) 4) 평가: 경험 평가(무엇이 진행되었고, 어떤 기준이 적용되고 있는가) 5) 비판: 미래 영향을 고려(왜 하였는가, 무엇을 했어야 했는가, 그 경험을 통해 알게 된 것이 있는가?)

출처: Koole, S., Dornan, T., Aper, L., Scherpbier, A., Valcke, M., Cohen- Schotanus, J., and Derese, A. (2011). Factors confounding the assessment of reflection: A critical review. *BMC Medical Education*, 11(1), 3 수정.

브록뱅크와 맥길[25]에 최종적으로 추가된 내용은 스티븐스(J. Stevens)가 상세히 설명했으며, 이에 추가하여 성찰의 종류를 다시 정리했다(표 5-3 참조). 성찰 연습을 위해 기업가정신 교육에서는 최근 이 프레임워크를 많이 사용하고 있다. 스티븐스는 브록뱅크와 맥길의 차트에 세분화한 감성적 성찰을 추가했고(표 5-3), 추가적인 목적 달성을 위해 또 다른 유형의 질문이 나타났다. 서술하기는 스토리텔링과 기본적인 육하원칙으로 시작한다. 성찰을 한 경험 이전에 무엇이 있었는지 생각해 보는 것 또한 중요하다. 어떤 준비가 되었는가? 이 접근법은 성찰하는 사람이 사건의 흐름을 생각하도록 해주어 타임라인 정리를 도와준다.

성찰을 통찰하는 단계에서는 계속해서 감정을 분리해야 한다. 감정을 (조각내어) 분리하면 감정이 해당 경험에 주는 중요하고 잠재적인 영향을 보다 자세히 고찰할 수 있다. 남은 것에 대해 생각하는 것, 즉 통찰력은 어떤 상황에서든 우리가 얼마나 객관적일 수 있는지에 대한 핵심 질문을 고민하는 데 도움을 준다. 앞서 언급한 것처럼 성찰의 적절한 비유는 거울을 응시하는 것이다. 핵심은 실제로 성찰을 얼마나 객관적으로 받아들일 수 있는지, 그리고 그 구별이 얼마나 가치가 있는지에 관한 것이다. 이론적으로 보면 부르디외(P. Bourdieu)가 주장하는 것처럼 이 질문이 가장 중요하다. "사회과학에서 의도적으로 가장 근본적인 것과 가장 파멸적인 것으로 나눈 대립 가운데 하나가 주관주의와 객관주의다."[26] 다른 전문가의 견해를 보자. 그림 형제(Grimm Brothers)의 동화 《백설공주(*Snow White*)》에서 객관적 성찰의 아이디어를 생각해 볼 수 있다. "거울아, 거울아, 세상에서 누가 가장 예쁘니?" 결국 사악한 여왕은 자신이 가장 아름다운 것이 아니라는 대답을 듣고 충격을 받았다. 자신에게는 여전히 본인이 가장 아름다웠기 때문이다.

표 5-3 성찰의 종류(Types of Reflection)

	성찰 종류	질문	목표	평가기준(예시)
1	서술적 성찰 (해당 사안에서 일어난 일 묘사)	• 무슨 일이 언제, 어디서 일어났나? • 관련된 사람은? • 무슨 일과 이야기가 있었나? • 어떤 배경 정보가 관련 있는가? • 교육을 위해 무엇을 준비했었는가?	• 관찰 상기하기 • 선택하고 소통하기 • 전반적인 상황을 고려하기	• 목적을갖고 관찰하고 효과적으로소통하기 • 관련 문맥을 구별하기
2	감정적 성찰	• 어떤 감정을 느꼈으며 그 이유는? • 무엇이 감정을 유발했는가? • 어떻게 감정을 조절했는가?	• 감정의 원인 알기 • 감정의 영향 알기	• 그 경험에 대한 감정이 미친 영향 이해하기
3	통찰적 성찰 (인식과 관련 반응에 대해 생각하기)	• 어떤 반응을 했는가? • 어떤 생각을 했으며 그 이유는? • 다른 사람은 어떻게 반응했는가? • 다른 관점, 필요, 선호를 구별할 수 있는가? • 성찰은 주관적인가, 객관적인가? • 그 상황에 어떻게 영향을 미치는가?	• 자신의 인식과 습관 알기 • 타인에 대해 알기 (필요로 하는 것, 성격) • 선호 또는 편견의 영향 알기 • 경험의 상호적인 본질 알기	• 자기인식 드러내기 • 상황에 대한 선호와 편견의 효과를 이해하기 • 다른 관점, 필요도, 기여도에 따라 응답하고 구별하기 • 경험의 상호적인 특성을 이해하기
4	분석적 성찰 (상황을 분석적으로 생각하기)	• 어떤 단계, 과정, 역할에 관련되어 있는가? • 어떤 기술과 지식을 적용하고 발전시켰는가? • 경험이 읽고 보고 들은 것, 그 이전에 배운 것과 관련이 있는가? 어떤 관련이 있는가? • 일상 경험과 다른 분야에서의 실습이 그 경험과 관련이 있는가?	• 성과가 있었던 과정을 설명하기 • 실습의 중요 요소를 확인하고 연관시키기 • 다양한 경험과 지식을 연관시키기 • 이론과 실습을 학문적이고 개인적으로 종합해 보기	• 과정을 설명하고 구분하기 • 아이디어, 지식 및 경험(이론과 실습)을 연관(통합)시키기 • 조사하고, 적용하고, 이론과 실습을 더 깊이 발전시키기

	성찰 종류	질문	목표	평가기준(예시)
5	평가적 성찰 (경험 평가하기)	• 무엇이 잘 될 것 같고 잘 안 될 것 같은가? • 어떤 기준을 적용하고 어떤 근거를 고려했는가? • 예상된 또는 예상하지 못한 결과는 무엇이었는가? • 그 경험은 긍정적이었는가, 부정적이었는가? 유용하거나 도움이 되었는가?	• 경험 평가하기 • 기준을 찾고 적용하기 • 가치 도출하기 • 예상된 결과와 예상하지 못한 결과 구별하기 • 판단하기	• 기준을 만들고 적용하기 • 근거를 모아 평가하기 • 기준으로 근거 평가하기
6	비판적 성찰 (미래에 미칠 영향 고려하기)	• 왜 그렇게 했었는가? • 무엇을 했었을 것 같은가? • 어떻게 다르게 준비했을 것 같은가? • 해당 경험을 통해 자신에 대해 알게 되었는가? 실습은? 가치는? • 지금 어떤 질문이나 어떤 새로운 지식이 있는가? • 고려해야 할 점은 무엇이며 결과적으로 무엇을 해야 하는가?	• 가정과 방법론을 검토하기 • 모순점과 대안을 파악하기 • 강점과 약점, 학습과 학습 수요를 구별하기	• 실습의 기본사항을 구분하고 조사하기 • 학습내용을 설명해 보기 • 학습과정을 모니터링하기 • 적극적인 실험 계획 세우기

출처: K Jayne Stevens(2007). *The Performance Reflective Project De Montfort University*, pp. 126-127 수정.

기존의 프레임워크에서는 학자들이 감정적인 부분을 언급한다. 시야를 넓혀 보자. 학자들이 생각한 것처럼 응답자가 '생각하고 느끼는 것'에서 시작된다. 그러나 다른 사람의 관점, 궁극적으로 그들의 필요성을 인식하는 부분이 더 중요하다. 응답자에게는 감정이 의미하는 바를 깊이 성찰하는 것보다 '다른 사람이 상황을 어떻게 보는지'와 같은 자신의 감정이 잠재적으로 미치는 영향을 인식하는 것이 중요하다. 전반적으로 감정 자체가 아니라 여기서 발견되는 상대적인 관점이다. 그렇기 때문에 감정적 차원을 성찰의 한 요소로 추가하는 것은 유용하다.[27]

성찰은 1차원적인가? 성찰의 종류에 따라 인지적 복잡성이 증가하기도 하지만, 일부는 다른 유형보다 선형적이다. 서술적 성찰은 가장 기초적인 차원인데, 단순하게 모두 설명하기 때문이다. 이 유형은 실제 일어난 것을 드러낸다. 그러나 이미 통찰력이(앞서 제안했듯이 다른 사람들의 관점에 초점을 맞추기 위해 사용될 때) 적기 때문에, 다른 차원이 각각 통합된 부분으로 사용되는 것처럼 보일 것이다. 예를 들어 분석적 성찰은 서술적 성찰을 기술한 후에 유용하다. 이 단계에서 이론과 실천이 함께 적용되고, 프레임워크가 분석에 사용될 것이다. 그러나 분석적 성찰은 경험이 반영되고 있는지에 대해 묻기보다는 그 결과의 관계들을 더 세밀하게 생각할 수 있도록 경험을 더 나누고 서술적 성찰의 결과물을 더 깊이 연구하는 경향이 있다.

평가적 성찰 차원에서는 성찰자가 어느 시점에서 평가에 대해 생각하는지가 핵심이다. 그리고 해당 경험이 성찰에 어떻게 작용하는지도 중요하다. 스티븐스에 따르면 첫 단계는 해당 경험을 평가하는 것이고 두 번째는 비판 기준을 적용하고 구별하는 것이지만, 그러한 평가를 내리는 데 필요한 기본 프레임워크를 먼저 결정하는 것이 더 논리적일 것이다. 이러한 차원은 이미 다른 사람이 같은 기준을 선택하고 같은 방식으로 경험을 평가할 것인지를 고려하는 통찰적 성찰을 상기시키기 좋은 부분처럼 보인다.

대체로 감정적 성찰은 다른 종류의 성찰의 보조적인 역할을 한다. 성찰자에게 성찰하고 있는 실제 경험에서 나오는(또는 부족한) 감정과 성찰 실습에서 일어나는(또는 부족한) 감정을 고려하게 한다. 감정적 성찰 실습에서 가장 중요한 것은 학습의 원천으로서 지적 · 정서적 · 정신적인 면을 모두 포함하는 완전한 사람의 개념이며,[28] 각각의 측면이 전체에 기여한다.[29]

기업가정신 교육에서의 성찰 (Reflection in Entrepreneurship Education)

이러한 성찰의 순환적 형태는 기업가정신 교육과 깊이 관련되며, 당연하게도 기업가정신 실습과도 연관된다. 이러한 교육과정의 다양한 활용 사례로 교육생이(유행이나 다른 이유로) 사업을 시작하게 되는 것을 들 수 있다. 전부는 아닐지라도 많은 대학에서 이는 최고의 경험이다. 그 과정에서 이제까지의 교육적 경험뿐만 아니라 모든 삶의 경험을 통해 얻은 이론과 실습으로부터 어떠한 성찰이든 이끌어 낼 수 있다. 뱁슨 대학에서 모든 학부생에게 기업가정신을 소개하기 위해 오래도록 진행해 온 접근법은 대학을 다니는 첫해에 자신의 사업을 시작하도록 하는 것이다. 이는 대학에서 받은 어떤 교육보다 탄탄한 기초를 만들어 준다. 운이 좋다면 향후 살아가는 인생에서도 학습 접근법의 토대가 될 것이다.

여기에서는 어떻게 '생각할 것인가'가 주 관심사이다. 앞서 살펴본 것처럼[30] 기업가정신 교육에는 세 가지 세계가 있다. 기업가 세계[entrepreneur world−기업가의 특성들(characteristics of an entrepreneur)], 프로세스 세계[the process world−창업의 단계(the steps of new venture creation)], 그리고 인지 세계[cognition world−기업가는 어떻게 생각하는가(how do entrepreneur think)]이다. 교수법이나 과제로서 성찰이 이 세 가지 세계에서 사용되었는데, 흔히 접근법이라고 알려진 이것은 인지 세계에 가장 견고한 기반을 둔 것으로 보인다. 기업가의 행동이 왜 일어나는지 이해하기 위하여 기업가들이 어떻게 생각하는지를 살펴보는 것이 이 독특한 세계에 대한 연구의 기초가 될 것이다.[31] 이러한 논리의 발전을 여러 연구에서 살펴보자. 전략적 의사결정에서의 편향과 휴리스틱(biases and heuristics)[32],

타당성과 호감도에 대한 인식과 계획된 행동 및 자기효능감(perceptions of feasibility and desirability, along with planned behavior and self-efficacy)[33], 인지기반 구성(cognitive-based constructs)[34], 위험감수(risk taking)[35], 교육학 접근법의 관계(the relationship of this approach to pedagogy)[36], 기업가적 인지(entrepreneurial cognition)[37], 반사실적 사고(counterfactual thinking), 귀인 양식(attributional style), 의도적 오류(planning fallacies), 자기정당화(self-justification) 등을 포함한 인지적 메커니즘(cognitive mechanisms)[38], 과신, 통제착각과 같은 인지적 오류(cognitive errors such as overconfidence and the illusion of control)[39], 휴리스틱기반 논리(heuristic-based logic)[40], 인지구조의 이문화적 영향(the cross-culture impact of cognitive constructs)[41] 등 많은 연구가 있었다.

인지적 접근에 대한 이러한 연구는 철저한 고찰과 충실한 연구의 산물이다. 그러나 눈에 띄는 질문은 연구가 시작되는 곳에서 시작한다. 즉, 기업가는 어떻게 생각하는가? 물론 이것은 이러한 연구의 일부인데, 기업가정신을 가르치는 접근법의 목표는 교육생이 기업가처럼 기업가적 행동과 활동을 지지하는 사고방식과 기술체계를 갖추도록 하는 데 있다. 성찰은 자기인식과 이해력을 높여 주며, 개별 조직, 공동체, 경제, 사회의 성격을 바꾸는 잠재력을 갖게 한다는 목표를 달성하는 데 필수적인 과정이다.

그러므로 인지기반 접근법을 통합할 때, 사람들은 어떻게 생각하는지, 특히 어떻게 기업가적으로 생각하는지에 대한 인지를 통해 성찰 실습을 고려해야 한다. 특히, 개념 정의에서 필수적으로 고려되어야 하는 부분이다. 이러한 구분은 정의의 시점에서 시작해야 할 때 특히 중요하다. 무엇을 가르치고 있는가? 기업가 세계와 프로세스 세계는 사업을 시작하면서 주로 기업가정신을 토대로 하며, 일반적으로 중소기업 창업과 관련이 있다. 이러한 접근법은 기업가정신의 잠재력을 감소시킨다. 뱁슨 대학은 보다 넓은 정의를 사용한다. 한 예로, 골드만 삭스 1만 개 소기업(Goldman Sachs 10,000 Small Businesses) 교육과정은 뱁슨 대학에서 영감을 얻었으며 모든 종류의 맥락에서 사용할 수 있는 사고방식과 기술체계로서 기업가정신 모델을 사용했다.

실습 중, 그리고 실습 후 성찰 (Reflection on and in Practice)

최종 프레임워크는 매우 종합적이고, 실제 구성요소와 사용 방법은 학습목표와 교육생에 의해 결정된다.[42] 프레임워크로 시작하는 것은 목표에 맞춰 모든 교육자가 필요에 따라 결합할 수 있음을 의미한다. 예를 들어 학습목표가 '평가하는 것'이라면 분석적 성찰 또는 평가적 성찰이 유용할 것이다.

실제 성찰 과제는 주제와 방법에 따라 크게 다를 수 있으며, 몇 가지 사례가 이 책 뒷부분의 교육노트(10장)에 수록되어 있다. 일반적으로 주제는 연습이나 장기적(또는 단기적) 경험일 수 있다. 방법론에는 다음 내용이 포함된다.

- 지정된 시간에 교육자에게 제출된 성찰 글쓰기
- 성찰 '드러내기(outtake)': 교육생에게 성찰한 것 중 일부를 공유하도록 요청(선택은 교육자 또는 교육생의 선택)

- 매일 프레임워크 중 하나를 정하여 성찰: 월요일은 서술적 성찰, 화요일은 감정적 성찰 등
- 모바일앱을 사용하여 실시간으로 성찰
- 트위터를 활용해 성찰 과제를 수행(트위터의 140자 글자수 제한은 성찰하는 데 큰 한계가 되지만, 한편으로는 문제의 핵심을 바로 파악할 수도 있다.)

결론 (Conclusion)

성찰(reflection)은 교육자가 교육생에게 지시하는 가장 어려운 일 중 하나이다. 기업가정신에서 교육자는 인생의 어떤 상황에서도 적용할 수 있는 사고방식과 기술을 전하려 노력하고 있다. 충분한 시간을 갖고서 이에 대해 숙고하는 것은 기업가정신 교육의 핵심 요소이며, 모든 것은 '실천'과 함께 이루어져야 한다.

새로운 방식으로 가르칠 때 가장 어려운 점은(단순 전달과는 달리) 교육생에게 학습에 대한 책임을 더 많이 부여하는 것이다.[43] 전문가로 보이고 싶고 실력을 보여주고 싶겠지만, 이론과 마찬가지로 교육자가 드러나지 않을수록 더 좋은 교육이 이루어진다. 하나의 방법론으로서 기업가정신을 가르치기 위해서는 교육 내용에 대한 깊이 있는 이해와 전문적인 격려가 반드시 필요하다. 이 장에서는 프레임워크를 제시하였으며, 무엇이 중요한지를 교육생에게 알려주고, 그 부분이 어떻게 어울려 작동하는지 강조하였다. 이것이 바로 비판적 학습이다.

성찰은 또한 기업가정신을 자신의 것으로 유지하는 데 도움을 준다. 결

국 우리는 기업가정신을 가르치고, 사람들은 기업가적으로 행동하면서 사업을 시작하고 성장시킨다. 듀이(J. Dewey)는 성찰의 가치를 다음과 같이 설명했다.

> 현재 상황과 함께 성찰이 갖는 가치는 데이터로부터 스스로를 보호하는 데 달려 있다는 사실이다. 꾸준히 사회적 공감능력을 키워 나가고 시야를 확대해 가야 직접적인 이해관계를 초월해 사고능력을 발전시킬 수 있다. 이는 교육이 갖는 위대한 가치이다.[44]

PART 2

기업가정신 교육 실습: 응용편

The Practice of Entrepreneurship Education: The Application

파트 1에서 기업가정신 실습에 대한 5가지 이론을 자세히 설명하였다. 6장에서 10장까지는 교육생이 '실습을 하는 데' 도움이 될 만한 강의실 중심의 연습을 다루고자 한다. 연습의 범위는 단순한 것, 복잡한 것, 직접 개발한 것, 다른 것을 참고한 것, 창의적인 것, 분석적인 것, 재미있는 것, 집중을 요하는 것, 간단한 것, 오랜 시간이 필요한 것까지 다양하다. 여기서 다루어지는 연습은 5가지 유형의 실습(놀이, 공감, 창의, 실험, 성찰)으로 구성되며, 각 연습과 관련된 다양한 분야를 〈부록〉(p. 403)에 표로 정리해 두었다.

제6장 놀이 실습 연습(Exercises to Practice Play)

퍼즐과 퀼트 (Puzzles and Quilts)

저자_ HEIDI NECK AND PATRICIA GREENE

▪ 개요

이 연습은 경영적 사고(managerial thinking)와 기업가적 사고(entrepreneurial thinking)의 차이에 대한 인식을 높이기 위해 만들어진 상호작용적 과제이다. 또한 기업가적 프로세스의 불확실성이 높아지는 가운데 그 영향을 잘 이해시키는 방법이다. 최근 환경이 전례 없는 수준으로 불확실성이 높아지고 있다. 이러한 환경에서 효과적으로 기회를 탐색하는 방법을 배워야 한다.

이 연습은 한 방 안에서 퍼즐을 완성하는 과정으로 시작한다. 다음 단계는 다른 방으로 이동하여 천 조각을 골라 퀼트를 만든다. 경영적 사고를 위해 퍼즐을 하고 기업가적 사고를 위해 퀼트를 만드는 활동이다. 리더십을 위한 선택적 활동도 있다.

▪ 적용대상

이 연습은 일반인, 학부생, 대학원생 및 경영진 모두를 대상으로 한다.

이 연습은 기업가적 사고와 경영적 사고의 차이를 정립하는 과정으로서, 기업가정신 교육과정의 첫날 수행하는 것이 이상적이다.

■ 학습목표

• 경영적 사고와 기업가적 사고의 차이를 경험한다.
• 불확실성과 모호성을 경험한다.
• 창업가가 생각하는 방식을 설명한다.

■ 준비물

• 퍼즐(그룹당 한 개, 300조각)
• 천 조각(다양한 모양, 다양한 색깔의 천 조각 – 1인당 약 6조각)
• 방 2개(그룹 수와 동일한 수의 테이블이 있는 방 하나, 빈 방 하나)

■ 선수학습

없음

■ 이론적 근거

• Neck, H. M. (2011). Cognitive ambidexterity: The underlying mental model of the entrepreneurial leader. In D. Greenberg, K. McKone-Sweet, and H. J. (eds.), *The New Entrepreneurial Leader: Developing Leaders Who Will Shape Social and Economic Opportunities* (pp. 24-42). San Francisco: Berrett-Köehler.
• Sarasvathy, S. (2008). *Effectuation: Elements of Entrepreneurial Expertise.* Cheltenham, UK and Northampton, MA, USA: Edward Elgar Publishing.

- Schlesinger, L., and Kieffer, C. (2012). *Just Start.* Cambridge, MA: Harvard Business School Press.

▪ 시간 계획 (60-80분)

연습은 테이블이 있는 방에서 각 팀별로 시작한다. 교육생은 준비과정에서 테이블을 깨끗이 치워 둔다. 두 번째 방은 넓은 공간이 필요하다. 긴 테이블을 방 앞쪽에 두고 천 조각을 테이블 위에 쌓아 둔다. 지저분하게 쌓여 있어야 하고 천은 모두 섞어둔다(크기, 색상 또는 치수로 분류하지 않음).

퍼즐 시간 _ 0:00-0:05(5분)

5~7명 정도를 한 그룹으로 나누고 다음과 같이 지시를 내린다. "쉽지만 시간이 별로 없어요. 테이블 위에 있는 퍼즐을 최대한 빨리 맞추는 것이 목표입니다. 300조각밖에 안 됩니다. 할 수 있어요! 시작하세요. 시간 재겠습니다. 방에 카메라는 없으니 걱정 마세요!"

퀼트방으로 무작위 추첨 _ 0:05-0:30(25분)

퍼즐 방에서 무작위로 교육생을 뽑는다. 각 그룹별로 한 번에 한 명씩 지원자를 받는다. 각 그룹의 지원자나 선택된 자는 천을 쌓아둔 테이블이 있는 빈 방으로 이동한다.

천이 있는 테이블에서 첫 번째 그룹에게 이렇게 말해 준다. "새로운 작업은 꽤 쉽지만 시간이 많지는 않습니다. 당신을 이제부터 퀼트 리더로 지정할게요. 퀼트 디자인을 하는 것이 당신의 목표입니다. 테이블에서 6조각의 천을 선택하고 방에서 퀼트 만들기를 시작하세요. 테이블에서 천을 더 가져오거나 다른 천으로 바꿀 수는 없습니다. 바느질은 하지 말고 퀼트할 모양대로 천 조각들을 바닥에 놓으세요. 최고의 퀼트를 만드는 것이 바로 당신의 목표입니다. 다른 사람들은 나중에 합류할 거예요. 즐거운 시간 보내요!"

참고 각 리더는 천 6개를 선택하여 방 안의 각기 다른 공간에서 자신만의 퀼트를 만들기 시작한다.

다음 '지원자'는 2~3분 간격으로 퍼즐 방에서 나와 퀼트 만들기에 참여한다. "새로운 작업은 꽤 쉽지만 시간이 별로 없어요. 방에 있는 그룹 중 하나에 참여하세요. 퍼즐 그룹 구성원에게 갈 필요는 없습니다. 여러분의 목적은 퀼트 디자인을 하는 것입니다. 테이블에서 천 6가지를 골라 그룹에 참여해서 최고의 퀼트를 만드세요. 바느질은 하지 말고 퀼트할 모양대로 천 조각들을 바닥에 놓으세요. 즐거운 시간 보내요!"

모든 사람이 퍼즐 방에서 나와 퀼트 방으로 가면 퀼트를 완성할 수 있도록 2분을 더 준다.

결과 보고 _ 0:30-1:00 (30분)

결과 보고는 그룹 크기에 따라 퀼트 방 안에서 또는 강의실 뒤에서 한다. 만약 퀼트 방 안에서 보고를 한다면 각 퀼트 리더는 퀼트 디자인을 어떻게 했는지 설명한다. 퀼트 방 밖에서 보고를 할 경우 교육생에게 방을 나가기 전에 퀼트 디자인을 살펴보고 연구할 시간을 준다.

질문으로 시작

- 퍼즐을 선호하는 사람은 누구(몇 명)인가요? 이유는?
- 퀼트를 선호하는 사람은 누구(몇 명)인가요? 이유는?

퀼트에 집중

- 리더에게 어떻게 디자인했는지 물어본다.
- 팀원에게 다른 팀과 비교하여 왜 그 팀에 참여했는지 물어본다.
- 퍼즐에서 퀼트로 옮기면서 어떤 느낌이 들었는지 물어본다.
- 각 훈련마다 어떤 유형의 사고가 필요했는지 이야기 나누도록 한다.

요약 여기서는 퍼즐의 개념을 경영적 사고로, 퀼트를 기업가적 사고로 소개하는 것이 중요하다.

경영적 사고로서의 퍼즐

- 분명한 목표(퍼즐 그림은 대개 상자 외부에 있다.)
- 목표를 달성하기 위한 재료 결정하기(퍼즐 조각)
- 계획 세우기(조각들을 색깔별로 분류하고 가장자리부터 시작)
- 계획 실행하기(가장자리 먼저)
- 진행 상황의 측정
- 목표 달성(상자 앞 그림과 똑같이 퍼즐을 만들었다! 잘했어!)

기업가적 사고로서의 퀼트

- 창업가는 필요한 것(천 조각)보다는 가지고 있는 것으로 시작한다.
- 창업가로서 무엇을 해야 할지 확실하지 않을 때는 행동이 답이다(그룹 선택하고 작업하기).
- 계획 세우기는 힘들기 때문에 퀼트 디자인은 시간이 지나 나타난다(퀼트 디자인은 새로운 사람이 그룹에 참여하고 환경과 재료가 바뀔 때마다 변경된다).
- 언제 끝나는지 전혀 알 수 없다.
- 새로운 것을 만들려면 선형적 문제해결보다는 반복이 필요하다.

선택적 리더십 보고 _ 1:00-1:20 (20분)

- 리더십은 무엇인가?(정의를 적도록 한다.)
- 주변의 리더십을 어떻게 '보았나'?(여러 퀼트 그룹에게 요청한다.)
- 리더에 대한 지지자를 어떻게 '보았나'?
- 지정된 리더는 누구인가?
- 나머지 사람들은 지정된 리더가 있다는 것을 알고 있나?
- 지정된 리더를 골라 자신의 경험을 설명해달라고 한다.
- 이끌어갈지 아니면 따라갈지 언제, 어떻게 결정하나?
- 리더십, 경영, 기업가정신의 차이점은 무엇인가?
- 기업가적 리더십은 무엇인가?

▪ 핵심 요점

- 극도로 불확실한 상황에서의 유일한 선택은 행동이다.
- 한 가지 형태의 사고(기업가적 또는 경영적)가 다른 것보다 좋다고 할 수는 없지만, 환경적 맥락에서 이해하는 것이 중요하다. 퍼즐(경영적 사고)을 완성하는 기술이 불확실한 환경에서 복잡한 문제를 해결하는 데 사용되면, 교육생은 한 가지 장애를 지나 다른 방해물을 만날 것이다. 그러나 교육생이 퀼트 만들기(기업가 사고)가 더 익숙하다면, 뛰어난 소질로 기업가정신의 영역을 파악할 수 있을 것이다.
- 행동은 불확실한 환경에서의 계획을 이긴다.

▪ 교육 팁

연습을 하기 전에 이 연습을 '퀼트 연습'이라고 부르면 오히려 핵심에서 벗어날 수 있기 때문에 그렇게 부르지 않는 편이 좋다. 속도는 매우 중요하다. 퀼트 리더가 천을 바닥에 두자마자 펴즐 지원자를 약 3분마다 데려와야 한다. 느린 것보다는 빠른 편이 훨씬 좋다.

■ 출처

사라스 사라스바시(Saras Sarasvathy)의 효과적인 기업가정신에 대한 연구에 있는 퀼트 원칙을 바탕으로 하였다.

〈심즈(*SIMS*)〉를 이용한 기업문화 구축 (Building the culture of your business with the SIMS)

저자_ PATRICIA GREENE

■ 개요

대부분의 창업자가 기업의 건강한 문화를 조성하려는 생각을 할 때쯤에는 대개 너무 늦다. 이미 형성된 기업문화 혹은 형성되고 있는 기업문화가 항상 창업자와 직원 및 기업 자체에 도움이 된다고는 할 수는 없다. 기업문화는 사업이 시작되는 동안 기업가의 정신(mind), 가치관(values), 실행(practices)을 기반으로 이루어진다. 그러나 창업 초기에는 창업자가 기업문화를 형성하는 데 신경 쓰기보다는 경제적 가치를 어떻게 창출할 것인가에 우선순위를 두는 것이 일반적이다. 본 연습은 조직이론과 기업가정신 이론의 결합에 기반을 두고 컴퓨터게임인 〈심즈: 나도 사장님(*The Sims Open for Business*)〉을 이용하여 새로운 기업문화를 정의하고 핵심 가치(core values), 가정(assumptions), 해석(interpretations), 접근방식(approaches)의 조사를 통해 정의와 새로운 기업의 문화를 조합한다. 교육생은 문화 개념에 대해서는 전혀 학습하지 않은 상태로 교실 밖에서 최소 2시간 동안 게임을 하게 된다. 이 훈련의 핵심은 교실 내 결과 보고(게임보기 포함)이며, 이때 생성된 문화와 이것이 모든 이해관계자들에게 뜻하는 바가 무엇인지, 문화를 조성하기 위해 취할 수 있는 행동이 무엇인지가 설명된다.

■ 적용대상

이 연습은 일반인, 학부생, 대학원생 및 경영진 모두를 대상으로 한다.

교육생이 토론 전에 게임에 접속하고 게임을 할 수 있어야 한다는 내용이 전달되어야 한다. 이 훈련은 온라인 수업에 적합하며 결과 보고 및 설명 역시 온라인상으로 가능하다. 비동기식 모드로도 가능하지만 가능하면 동기식 모드로 수행하기를 권장한다. 또한, 본 훈련은 교육생이 결과 보고 활동을 위해 각자의 게임에 접속할 수 있을 때 가장 효과적이다. 이는 자원을 강조하는 데 적합한 과정이다. 문화는 회사의 가치를 높이거나 낮출 수 있는 자원이다.

▪ 학습목표

- 조직문화와 기업가정신에 관련된 중요한 학문 간 정의를 사용하고 설명하기
- 조직문화, 구조 및 리더십의 관계 설명하기
- 직장 생활에 대한 개인적인 접근법 평가하기
- 새로운 조직문화를 설계하고 평가하기
- 조직문화의 의도적인 창조에 대한 접근법을 비판적으로 평가하기

▪ 준비물

비디오게임: 〈심즈(*The Sims*)〉와 확장팩 〈심즈: 나도 사장님(*The Sims Open for Business*)〉

▪ 선수학습

- 〈심즈: 나도 사장님(*The Sims Open for Business*)〉 최소 2시간 동안 하기
- 추천 도서 읽기: Schein, Edgar H. (2010). ***Organizational Culture and Leadership***, Vol. 2, Chapters 1 and 11. Wiley.com.

▪ 이론적 근거

- Barney, J. B. (1986). Organizational culture: Can it be a source of sustainable competitive advantage? *Academy of Management Review*, 11, 656-65.
- Brush, C. G., Greene, P. G., and Hart, M. M. (2001). From initial idea to unique advantage: The entrepreneurial challenge of constructing a resource base. *Academy of Management Executive,* 15(1), 64-78.
- Cameron, K. S., and Quinn, R. R. (1999). *Diagnosing and Changing Organizational Culture: Based on the Competing Values Framework*, Chapters 2 and 3 only. Reading, MA: Addison-Wesley.
- Schein, E. (1983). The role of the founder in the creation of organizational culture.
- Stinchcombe, A. L. (1965). Social structure and organizations. In J. G. March (ed.), *Handbook of Organizations* (pp. 142-93). Chicago: Rand-McNally.

▪ 시간 계획 (90분)

90분의 훈련 시간은 다양한 일정에 맞춰 조절할 수 있다. 훈련 전 교육생은 2시간 동안 미리 게임을 해보도록 한다. 다른 지시사항은 없다. 미리 게임을 해봄으로써 경험을 공유할 수 있으며 토론의 실제 사례로 사용될 수 있다.

1단계(소개) _ 0:00-0:10 (10분)

교육생은 노트북을 켜고 게임에 접속한다. 각 게임은 교육생이 게임에 접속하면 시작한다. 게임에 관한 질문으로 가볍게 시작한다.

- 이전에 〈심즈〉 게임을 해본 사람은 몇 명인가? 이 확장팩을 해본 사람은 있는가?
- 어땠는가? 재미있었는가? 왜 재미있었는가? 재미가 없었다면 왜 재미가 없었는가?
- 특별히 어려움은 없었는가?
- 특별히 놀라운 점은 없었는가?
- 실제 얼마나 오랫동안 게임을 했는가? (누가 가장 오래 하고 왜 그랬는지 조사)

2단계 _ 0:10-0:40 (30분)

5~6명으로 나누어 다음과 같은 지시사항을 내린다. "서기와 기자를 선정한 다음 먼저 일의 주제를 파악하고 전체 반에게 보고할 준비를 하세요. 먼저 개별적으로 다음 질문에 대한 대답을 적으세요. 어떤 기업문화를 만들었는가? 어떻게 알 수 있는가? 각 질문에 5분 주겠습니다. 시간이 되면 알려줄 테니 팀에 다시 돌아가면 됩니다."

① 각 교육생은 자신이 만든 사업을 팀원과 공유한다.
② 그룹에서 조직문화를 창출하는 기준 목록을 작성한다.
③ 자신이 만든 문화를 통해 사람들이 일을 하는 데 끼치는 영향을 설명한다.

3단계(보고 후 토론) _ 0:40-1:10 (30분)

첫 번째 그룹을 시작으로 기자에게 각각에 대한 설명 및 그림과 함께 상위 2가지 기준을 공유한다. 그런 다음 각 그룹에게 물어 이미 나열된 목록에서 2가지 기준을 추가한다. 원하는 경우, 마지막에 직접 계산하여 가장 중요한 것이 무엇인지 살펴볼 수 있다. 게시용 지도는 선택한 이론적 기준과 일치해야 한다. 이 강의 노트의 목적을 위해 일러두자면, 주요 출처는 셰인(Schein, 1983)이며 문화적 패러다임이 형성되는 기본적인 가정에 중점을 둔다. 다음 예시를 살펴보자.

- 환경과 관련된 조직 관계: 재활용이 중요한가?
- 현실과 진실의 본질: 시간은 얼마나 중요한가?
- 인간 본질의 성격: 직원(내부자)을 대하고 고객(외부자)을 대하는 방식
- 인간 활동의 본질: 직원 휴게실의 물리적 설계
- 인간관계의 본질: 초점은 경쟁에 있는가, 협력에 있는가?

마무리 요약 _ 1:10-1:30 (20분)

다시 개별적으로 그들 문화에서 지키고 싶은 세 가지와 바꾸고 싶은 세 가지 사항을 물어보고 어떻게 이 변화를 만들어 낼지 열거하도록 한다. 교육생이 발견할 수 있는 방식으로 토론을 마무리한다.

① 대부분의 사업에서 공통적으로 존재하는 문화적 접근법의 유형은 무엇인가?

② 문화 창출에 있어 창업자, 회사 및 환경 간의 적합한 역할은 무엇인가?

③ 문화가 어떻게 사업에 긍정적인 자산이 되는가?

■ 핵심 요점

- 기업 생성기에 조직문화를 구축하는 것이 중요하다.

• 조직문화는 긍정적 또는 부정적 기업자산이 될 수 있다.
• 조직문화는 창업자, 회사 및 환경에 적합해야 한다.

▪ 교육 팁

게임은 온라인으로 주문해야 하며, 교육생이 주문하고 수령할 시간이 필요하다. 강의실에서 무선 인터넷 접속이 가능하고 모든 교육생이 각자 노트북을 가지고 있는 것이 이상적이다. 그러나 컴퓨터가 없거나 게임을 구매할 수 없는 교육생을 가르치는 경우, 교육자는 하나의 컴퓨터로 빔 프로젝트를 이용하여 그룹으로 게임을 진행할 수 있다.

인공 강우 만들기 (Rainmakers)

저자_ HEIDI NECK

▪ 개요

방 안에서 어떻게 비를 내리게 하나? 이 질문을 통해 재미있고, 운동 감각적인 연습을 시작한다. 이 연습을 통해 보다 창의적인 생각을 하고 협동적인 그룹 활동을 하는 능력을 키울 수 있다. 15명 이상이 원형으로 함께 모여 작은 빗소리를 만들었다가 강력한 폭풍을 만들고 다시 작은 빗소리를 만든다.

▪ 적용대상

이 연습은 일반인, 학부생, 대학원생 및 경영진 모두를 대상으로 한다. 첫 수업이나 교육과정을 시작할 때 적합하며, 특별한 시작이 될 것이다.

▪ 학습목표

- 어색함을 없애고 강의실에 활기를 불어 넣어 준다.
- 문제를 해결할 때 보다 창의적으로 생각하도록 도와준다.
- 움직임이 학습과정에서 어떻게 활발한 구성요소가 될 수 있는지 느껴 본다.

▪ 준비물

없음

▪ 선수학습

없음

▪ 이론적 근거

- Gardner, H. (2011). *Frames of Mind: The Theory of Multiple Intelligences.* New York: Basic Books.

▪ 시간 계획 (15분)

연습 _ 0:00-0:08 (8분)

교육자는 다음 질문과 함께 시작해야 한다. "지금 당장 교실에서 비를 내리게 하고 싶다면 어떻게 해야 할까?" 교육생은 '불을 내면 스프링클러(자동소화장치)가 작동할 것이다', '물 양동이를 가져와서 공중에 붓는다', '탄산수를 흔든 다음 뚜껑을 연다'와 같은 해결책을 내놓을 것이다. 이런 해결책은 대부분 각자의 생각이며 현실적이지도 혁신적이지도 않다.

아이디어가 더 이상 없으면 교육생들이 어깨를 나란히 하여 원형을 만들게 하고 다음과 같이 알려준다. "우리는 다 함께 비를 만들 겁니다. 오른쪽에 있는 사람이 하는 행동만 따라 하면 돼요. 오른쪽에 있는 사람이 시작하기 전에는 시작하지 마세요." '비'는 7번에 걸쳐 만들어진다. 매번 교육자가 시작하면 왼쪽 사람은 교육자와 똑같이 행동한다. 각 라운드는 연달아 진행되며, 비를 만드는 과정은 멈추지 않는다.

① 함께 손 문지르기: 교육자는 손바닥을 문지르는 것으로 시작한다. 바로 왼쪽에 있는 사람이 이를 따라 한다. 교육자 바로 오른쪽 마지막 사람까지 손을 문지르면 2라운드가 시작된다.

② 손가락 튕기기: 모두 함께 손을 문지르는 동안 교육자는 양손으로 손가락을 튕기기 시작한다. 왼쪽 사람이 바로 따라 한다. 교육자 바로 오른쪽 사람까지 손가락을 튕기면 3라운드가 시작된다.

③ 손으로 허벅지 때리기: 이전 방식을 반복한다. 교육자 바로 오른쪽 사람까지 하면 4라운드로 전환한다.

④ 허벅지 때리며 발 동동 구르기: 이로써 폭풍이 절정에 이른다. 이전 방식을 반복한다.

⑤ 다시 허벅지 때리기: 이전 방식을 반복한다.

⑥ 다시 손가락 튕기기로 돌아오면 폭풍은 약해지기 시작: 이전 방식을 반복한다.

⑦ 가벼운 비가 내리도록 손을 함께 문지르며 끝내기: 이전 방식을 반복한다.

비를 내리고 폭풍을 일으킨 교육생들을 축하하고 박수갈채를 보낸다.

결과 보고 _ 0:08-0:15 (7분)

다음은 결과 보고를 위한 질문이다.

- 어떻게 비를 내리게 할지 질문했을 때, 왜 '소리'나 다른 방법을 고려하지 않았는가?
- 기회 창출에 대해 어떻게 생각하는가? 문제해결인가?
- 원형을 만들라고 했을 때 어떤 반응이었는가?
- 훈련 전, 훈련 도중, 훈련 후 어떻게 느꼈는가?

■ 핵심 요점

- 기준 틀은 문제해결 및 창조를 위한 출발점이지만 이러한 틀이 제한을 주기도 한다.
- 교육생들은 원형으로 만드는 데 의구심을 갖지만 협력을 통해 이러한 의구심은 사라지고 전혀 예상치 못한 무언가가 만들어진다.
- 기업가정신은 행동이 필요하다. 몸을 간단히 움직이면 감정, 동기 및 자신감에 즉각적인 영향을 미칠 수 있다.

■ 교육 팁

인공 강우 체험을 위한 몇 가지 팁을 살펴보자.

- 모든 라운드는 멈추지 않고 다음 라운드로 진행한다.
- 교육자가 첫 번째로 시작하기 때문에 각 라운드마다 분위기를 만든다. 예를 들어, 손으로 허벅지를 때릴 때 충분한 소리가 나도록 세게 때리는 것이 중요하다. 발을 구르는 소리도 마찬가지다.
- 교육생은 첫 번째 사람이 시작하면 그에 따라 같이 행동하는 경향이 있다. 자기 오른쪽 사람이 시작(또는 변경)하기 전까지 기다리는 것이 중요하다. 교육자는 누가 언제 어떤 활동을 하는지를 분명히 하기 위해 첫 라운드에서 시작하고 정지하고 다시 시작할 수 있다.

■ 출처

이 연습은 모든 레벨의 교육자가 사용했지만 누가 만들었는지는 분명하지 않다(http://www.teampedia.net/ 참조).

창의성을 위한 즉흥 연습 (Improvisation for Creativity)

저자_ LAKSHMI BALACHANDRA

▪ 개요

3가지 짧은 즉흥 연습을 통해 교육생은 아이디어 생성과 관련된 개인적인 제약을 확인하고 창의성이 억눌릴 수도 있는 상황을 살펴본다. 교육생은 개인적 능력과 자신의 즉흥적인 능력에 대한 반응을 생각해 보고, 기업가적 노력과 즉흥적 사고를 통합하는 접근법을 살펴볼 것이다. 전반적인 목표는 즉흥 연습을 통해 어떻게 기업가정신을 개발할 수 있는지 보여주는 것이다. 이러한 연습은 즉흥적인 배우의 역량을 개발하기 위해서뿐만 아니라 배우가 사전 워밍업을 하는 과정에서도 흔히 사용된다. 이 방법론은 1960년대에 만들어졌으며 여전히 개인이 즉흥적 능력을 배울 수 있는 방법으로 여겨진다. 즉흥성은 중요한 기업가정신 방법론 요소이다. 왜냐하면 아이디어를 생성하고 관련 있는 시기적절한 정보를 포함시키는 능력은 새로운 사업을 발전시키는 데 핵심적인 기술로 기업의 생존과 성장에 직결되기 때문이다.

▪ 적용대상

이 연습은 일반인, 학부생, 대학원생 및 경영진 모두를 대상으로 한다. 특히 새로운 창업과정, 기업가적 창의력 및 리더십과정, 기업가정신 캠프 및 워크숍에 유용하다.

▪ 학습목표

- 기업가정신을 함양한다.
- 기업가적 사고의 한계를 인식한다.
- 아이디어 생성과 창의력을 위한 즉흥 연주를 실습한다.

▪ 준비물

없음

▪ 선수학습

'이론적 근거'의 참고문헌은 참가자 수준에 따라 예습 및 복습에 활용될 수 있다.

▪ 이론적 근거

- Spolin, V. (1959). *Improvisation for the Theater: A Handbook of Teaching and Directing Techniques.* Evanston, IL: Northwestern University Press.
- Johnstone, K. (1999). *Impro for Storytellers*. New York: Routledge/Theatre Arts Books.
- Hmieleski, K. M., and Corbett, A. C. (2008). The contrasting interaction effects of improvisational behavior with entrepreneurial self-efficacy on new venture performance and entrepreneur work satisfaction. *Journal of Business Venturing*, 23(4), 482-96.
- Neck, H. M. (2010). Idea generation. In B. Bygrave and A. Zacharakis (eds.), *Portable MBA in Entrepreneurship* (pp. 27-52). Hoboken,

NJ: Wiley.

- Balachandra, L., and Wheeler, M. (2006). What negotiators can learn from improvcomedy. *Negotiation*, 9, 1-3.

▪ 시간 계획 (1시간)

연습 시간은 창업에 대한 브레인스토밍을 시작할 수 있도록 연장할 수 있다. 강의 노트는 즉흥성을 처음 소개하는 목적으로 적어도 60분이 소요되도록 작성하였다.

소개 _ 0:00-0:05 (5분)

즉흥성의 개념을 소개하면서 연습을 시작한다. 교육생에게 '즉흥'의 일반적 의미를 아는지 물어본다. 토론을 위해 다음 질문으로 시작한다.

- 즉흥성은 무엇을 의미하는가?
- 즉흥성을 본 적이 있는가?
- 즉흥성을 발현했던 사람이 있는가? 누가 보았는가?

개요 _ 0:05-0:15 (10분)

교육생이 즉흥성의 기본사항을 배우는 방법을 설명해 주고 특히 아이디어 생성과 새로운 기업 창업에 기업가정신을 어떻게 적용할 수 있는지를 설명해 준다. 교육자는 즉흥 코미디 공연의 예를 보여준다(생중계 또는 유튜브를 통해 볼 수 있다. 간단한 예는 ABC쇼 〈*Whose Line Is It Anyway?*〉 장면에서 찾아볼 수 있다). 예시를 공유하고 즉흥성 학습 방법에 대해 토론한다. 전 세계 즉흥 극장에 즉흥 코미디 공연과 즉흥 연기 공연에 대한 강좌가 있고, 즉흥 공연 학습을 위한 프레임워크가 만들어져 있다. 이 수업에서 즉흥 방법은 스스로 생각하는 것과 같다. 이제 즉흥 교실 '안'에서 수업은 준비운동으로 시작한다. 스스로 생각하기 위해서는 직접 움직여야만 한다.

준비운동 1 _ 0:15-0:20 (5분)

- 교육생에게 교실을 걸어 다니며 교실 내에 있는 모든 물건을 관찰하도록 지시한다.
- 물건을 지나칠 때, 물건을 가리키도록 한다.
- 각 물체를 가리킬 때 그게 뭔지 소리 내어 말한다. 단, 실제 이름을 말하면 안 되고 실제와 다른 이름을 붙인다. 빠르게 진행한다. 간단히 예를 들면, 방에 있는 칠판을 가리키면서 큰소리로 '개'라고 말하고, 책상과 같은 다른 물건을 가리키며 '감자'나 생각나는 대로 말한다.

1~2분 동안 걸으면서 가리키고 소리 내어 다른 이름을 붙이다가 그룹 토론을 위해 멈추고 조용히 하도록 한다. 그리고 물건에 다른 이름을 붙이는 경험이 어땠는지 토론한다. 무엇을 느꼈는지 설명하도록 한다. 다음과 같은 질문을 해보자.

- 이 경험은 어땠는가?
- 이번 훈련은 하기 힘들었는가? 이유는 무엇인가?

준비운동 1 요약

교육생은 경험을 해보고 다음을 설명할 수 있어야 한다.

- 보편적인 '답'에서 벗어나는 것이 얼마나 어려운가?
- 보편적인 사고 패턴에 얼마나 자주 갇히는가?
- 창의력을 키우는 것과는 대조적으로 더 쉽게 경험('올바른' 대답을 얻는)

하려면 알려진 그룹으로 분류(예를 들어 가지, 오이, 토마토, 양상추)하여 패턴을 쉽게 만들 수 있다.

- 교육생은 새로운 것을 추구하거나 놀기보다는 오히려 통제하고 싶어 한다.
- '틀린' 이름을 큰소리로 말하면서 어색함을 느끼지만 다른 사람들과 함께 비슷한 활동을 하면서 덜 어색하게 느낀다.
- 자신의 새로운 아이디어를 생각해 내는 것보다 다른 사람들의 대답을 듣기만 하고 답을 따르는 것이 얼마나 쉬운지 알 수 있다.

준비운동 2 _ 0:20-0:25 (5분)

- 다시 교실을 걷는다.
- 다른 교육생에게 다가가며 다른 교육생을 지적하고 바로 떠오르는 동물 이름을 말한다. 예를 들어 두 명이 서로 얼굴을 마주하고 한 명이 다른 사람을 가리키며 '말'이라고 한다.
- 그다음 지적받은 교육생은 그 동물의 소리를 낸다. 동물이 어떤 소리를 내는지 모른다면 소리를 만들어 내어 본다.
- 그다음 바꿔서, 방금 동물 소리를 만든 교육생은(가령, 말 소리) 첫 번째 교육생을 가리키고 다른 동물 이름을 말한다. 그러면 교육생은 주어진 동물의 소리를 낸다.
- 교대로 활동이 끝나면 두 교육생은 새로운 파트너를 찾아 2~3명에게 이 활동을 반복한다.

동물 소리내기를 2~3분 동안 한 후, 멈추고 조용히 시켜 그룹 토의를 준비한다.

동물 소리를 내는 경험이 어땠는지 토론하도록 한다. 다시 한번 느낀 점을 설명하도록 한다. 다음과 같은 질문을 사용해 보자.

- 이 경험은 어땠는가?
- 이번 훈련은 하기 힘들었는가? 이유는 무엇인가?

준비운동 2 요약

교육생은 경험을 해보고 다음을 설명할 수 있어야 한다.

- 어색함을 느껴야 한다. 평상시에 아이들과 편하게 할 수 있지만, 일반적으로 성인이나 동료들과 강의실에서 하지는 않는다.
- 올바른 '정답'이나 특정 동물이 내는 소리를 알지 못한다면 좌절감을 느끼기도 하며 주어진 지시사항을 잊어버리고 그냥 지어낼 것이다.
- 다시 한번 말하자면 패턴을 따르면 쉬워진다. 패턴은 연습을 '더 쉽게' 할 수 있도록 해주고 창의성을 강요하기보다는 오히려 대답이나 이름을 더 빨리 말하는 방식을 제시한다.
- 한 걸음 물러나 생각하거나 모호함을 즐기고 새로운 것을 찾고 노는 것보다, 해야 할 일에 대해 아무런 통제력을 가지지 못하는 것은 어려운 일이다.
- 전문적인 환경에서 '어리석은' 존재가 되는 두려움, 다른 사람들 앞에서 바보 같은 행동으로 당황하고 싶지 않은 마음, 그리고 다른 사람을 특정 유형의 어떤 함축적 의미를 지닌 동물로 이름 붙이는 죄책감, 어리석음 또는 무례함을 느끼는 두려움이 있다.
- 이 두려움 때문에 동료를 동물로 부르거나 해당 동물의 소리를 내기 전에 자기판단을 하고 수정하게 된다.

준비운동 3 _ 0:25-0:35 (10분)

- 방에 오면 4명의 그룹을 형성하도록 한다.
- 그다음 단어 연상 게임을 하게 하고 아무나 먼저 머릿속에 떠오르는 단어를 말한다.
- 왼쪽에 있는 사람이 그 단어를 듣고서 떠오르는 단어를 말한다.
- 그만하라고 할 때까지 이런 방식으로 계속하고, 가능한 한 빨리 말한다(더 많은 지시사항을 들으라고 한다).
- 일단 시작하면 얼마간 계속하도록 한 다음 매우 큰소리로 "방향 바꿔서!"라고 지시한다.

1~2분간 단어 연상 게임을 조금 더 한 후, 멈추고 조용히 시킨다. 이 시점에서 자리에 돌아가거나 최종 그룹 토의를 위해 제자리에 있도록 한다. 이제 단어 연상 게임이 어땠는지 토론한다. 대부분 그룹으로 해서 더 쉽다고 얘기할 것이다. 느낀 점보다는 일어난 일에 대해 설명하도록 한다. 다음과 같은 질문을 해보자.

- 이 경험은 어땠는가? 앞서 한 두 준비운동보다 쉬웠다면 왜 그렇게 생각하는가?
- 이번 훈련이 앞서 한 두 준비운동보다 더 어려웠다면 왜 그렇게 생각하는가?
- 방향을 바꾸라고 했을 때 무슨 일이 일어났는가? 왜 이런 일이 일어났는가?

준비운동 3 요약

교육생은 경험을 해보고 다음을 설명할 수 있어야 한다.

- 규칙이나 패턴을 경험했을 때 편안함을 느꼈다. 상황과 결과를 '통제'하고 싶었는가?
- 떠오르는 단어를 생각해 내는 연습보다 기발하고 재미있게 하려고 노력하였는가?
- 일반적으로 모호함과 새로움을 탐구하는 기회를 즐기지 않는다.
- 다시 자기판단을 한다. 훈련의 방향이 제한적이라고 느낀다. 창의성과 정해지지 않은 무작위를 추구하기보다는, 정해진 패턴을 계속 유지해야 하므로 제한된 느낌을 받는다.
- 교육생은 일반적으로 바로 앞 사람이 말한 마지막 단어를 잘 듣지 않는다. 대신에 그 앞 사람이 말하고 있는 단어에 집중한다. 이런 방식으로 자신의 대답을 결정한다(이는 방향 변경 지시로 강조됨).

토론 _ 0:35-1:00 (25분)

교육생이 자리로 돌아오면, 3~4명의 그룹을 만들어 새로운 초기 사업 개념과 관련된 아이디어 창출 노력에 방해될 만한 요소를 토론한다. 본인이 할 수 있는 일이 무엇인지를 고려할 때 방해하는 요소에 대해 탐구해야 한다. 즉흥 연습을 하면서 개인적으로 힘들었던 어려움을 구체적으로 논의하고 기업가정신의 발현을 제한하는 요인의 극복 방법을 토론한다. 각 그룹의 구성원 한 명이 즉흥적으로 창의력을 기르는 데 도움이 되는 권장 방법을 하나씩 보고한다. 토론의 마지막에는 아이디어를 만드는 실습에 즉흥성을 어떻게 접목시킬지 논의한다.

▪ 핵심 요점

- 기업가적 사고방식 개발에 즉흥성을 포함하는 방법은 계획하고 미리 판단하기보다는 빠르게 움직이고 적응하고 반응하는 것이다.
- 기업가적 사고의 개인적인 한계를 확인 및 인식(교육생의 아이디어 창출에서 창의력이 부족했던 이유가 무엇인지, 개인적인 한계가 무엇인지 파악)한다.
- 아이디어 창출과 창의력에 나타나는 즉흥성을 빠르고 자유로운 사고의 원리와 통합하여 기업가적 사고방식을 개발하는 방법이다.

▪ 교육 팁

준비운동 연습을 빠르게 진행하는 게 중요하다. 연습 전에 미리 교육생에게 불편할 거라고 알려주는 것이 도움이 될 수 있지만 불편함을 느끼는 것이 이 연습의 핵심이다. 최종 논의에서 일부 교육생은 진심으로 연습을 즐겼으며 어려운 점은 없다고 말한다. 처음에 연습이 어려웠다고 손을 든 사람에게 연습이 어땠냐고 물어보기 전에 결과 보고를 시작하는 편이 더 좋은 방법이다(연습을 즐긴 교육생이 토론을 방해할 경우를 대비하여). 준비운동 3에서 방을 돌아다니며 학생들이 오랫동안 멈춰 있지 않도록 독려하여 단어를 빠르게 말하도록 하는 것이 도움이 된다. 새로운 아이디어가 어디로 향하는지를 알기 전에 생각하거나 계획하고 판단하기보다는 새로운 아이디어를 빨리 생각하고 만들어 내는 방법이 중요하다.

▪ 출처

이 연습은 전 세계적으로 즉흥 연극 수업에서 널리 가르치고 있는 즉흥적 훈련의 기본 연습을 바탕으로 한다.

마시멜로 타워 (Marshmallow Tower)

저자_ BRADLEY GEORGE

▪ 개요

교육생을 그룹으로 나누어 20개의 스파게티 면, 1미터의 테이프와 줄을 이용해 그 상단에 마시멜로를 지탱하는 독립 구조물을 누가 가장 높게 만들 수 있는지 경쟁한다. 이 연습은 불확실한 조건에서 창업가가 실험 및 반복 학습을 통해 환경에 대한 정보를 탐색함을 보여준다. 교육생은 주로 계획 및 분석과 같은 전통적 방식을 배워 왔고 이에 익숙하다. 이것은 미래가 현재와 비슷할 수 있는 안정된 환경에서 잘 적용된다. 이러한 경우 미래를 잘 이해할 수 있다. 그러나 미래는 불확실성이 존재하며 위험하기도 하다. 미래를 알 수 없는 경우, 무엇이 효과가 있을지 알 수 있는 유일한 방법은 실험이다. 일반적으로 많은 교육생이 구조 설계 및 계획에 많은 시간을 보내고 마시멜로 무게를 지탱할 수 없다는 것을 마지막 순간에 알아내어 결국 직접 만들기 시작한다. 그리고 '위기' 상황이 된다. 가장 잘 수행하는 팀은 바로 실험을 시작하고, 작동하는 원리를 학습하고, 배운 것을 기반으로 타워를 수정하는 팀이다. 린 스타트업(lean start-up) 개념을 사용하고 있다면 이것 역시 시장 테스트의 가치를 설명하는 좋은 방법이다.

▪ 적용대상

이 연습은 일반인, 학부생, 대학원생 및 경영진 모두를 대상으로 한다.

창업과정, 기업가정신 캠프 또는 워크숍에 적합하다. 계획 대 행동에 관해 논의하는 과정의 초반부에 실시하면 가장 적절하다.

▪ 학습목표

- 인과논리와 효과논리의 대조적 개념을 실습하고 배운다.
- 행동과 비교하여 계획이 언제 적절한지 설명한다.
- 실험 기법을 사용한다.

▪ 준비물

- 각 팀(팀당 4명)을 위한 조립 키트를 만든다. 각 키트에는 스파게티 면 20개, 1미터 마스킹테이프 1개, 1미터 줄 1개와 마시멜로 1개가 들어 있다. 재료가 보이지 않도록 쇼핑백이나 서류봉투(마스킹테이프 제외)에 넣어 나눠 주면서 열어 보았을 때 놀랄 수 있도록 한다. 마스킹테이프를 봉투나 가방에 넣어 두면 문제가 생길 수 있으므로 책상이나 벽에 매달아 둔다.
- 조리되지 않은 스파게티 면인지 확인한다. 스파게티니(spaghettini)는 너무 가늘고 쉽게 부서지고, 페투치니(fettuccine)는 너무 두껍기 때문에 사용하지 않는다.
- 손으로 쉽게 끊을 수 있는 줄을 사용한다. 줄이 두꺼우면 가위를 준비한다.
- 약 4cm의 표준 크기 마시멜로를 사용한다. 너무 작거나 너무 큰 크기, 오래된 마시멜로는 사용하지 말고, 가벼운 느낌을 주는 말랑말랑한 마시멜로를 사용하는 편이 좋다.
- 측정 테이프와 스톱워치 또는 시간 측정용 도구가 필요하다.

- 시간을 쉽게 볼 수 있도록 빔 프로젝트를 이용하면 좋다(편의에 따라 온라인 스톱워치를 사용한다).

▪ 선수학습

없음

▪ 이론적 근거

- Kiefer, C. F., and Schlesinger, L. A. (2010). *Action Trumps Everything: Creating What You Want in an Uncertain World*. Duxbury, MA: Black Ink Press.
- Ries, E. (2011). *The Lean Startup: How Today's Entrepreneurs Use Continuous Innovation to Create Radically Successful Businesses*. New York: Crown Business.
- Sarasvathy, S. D. (2001). Causation and effectuation: Towards a theoretical shift from economic inevitability to entrepreneurial contingency. *Academy of Management Review*, 26(2), 243-88.

▪ 시간 계획 (45분)

1단계 _ 0:00-0:05 (5분)

각 팀에게 조립 키트를 나눠 주고, 방법을 소개한다. 마시멜로 챌린지의 목표와 규칙에 대해 확실히 설명해 준다. 어린이부터 CEO까지 전 세계 수만 명의 사람들이 해본 게임이라고 알려주는 것도 도움이 된다. 규칙과 목표는 다음과 같다.

목표

가장 높은 독립 구조물을 만든다. 테이블 상단에서 마시멜로 꼭대기까지 가장 높은 구조물을 만든 팀이 우승한다. 의자, 천장 또는 샹들리에처럼 높은 구조물에는 매달 수 없다.

규칙

- 마시멜로 전체가 구조 상단에 있어야 한다. 마시멜로를 자르거나 먹는 팀은 실격이다.
- 세트 용품은 선택할 수 있다. 20개의 스파게티 면, 줄, 테이프를 원하는 만큼 최대한 많이 또는 적게 사용할 수 있다. 단, 구조물에 쇼핑백이나 봉투는 사용할 수 없다.
- 원하는 경우 스파게티 면, 줄, 테이프를 끊어도 된다. 자유롭게 면을 부수거나 테이프와 끈을 잘라서 새로운 구조물을 만들 수 있다.
- 본 과제는 18분 동안 진행한다. 시간이 되면 구조물에 손을 댈 수 없다. 시간이 지나 구조물을 만지거나 지지하는 사람은 실격 처리된다.

모든 사람이 규칙을 이해하는지 확인한다. 규칙을 너무 자주 알려준다고 생각하지 말고 최소한 세 번 반복해서 말해 준다. 시작하기 전에 질문이 있는지 물어본다. 키트와 함께 안내 유인물을 제공하는 것도 좋은 방법이다.

2단계 _ 0:05-0:25 (20분)

시간 측정을 시작하며 게임을 시작한다.

• 방을 돌아다니며 다른 팀에서 사용하는 프로세스를 기록한다.
• 팀에게 시간을 알려준다. 남은 시간이 짧아질수록 더 자주 알려준다 (예를 들어 9분, 5분, 3분, 2분, 1분, 30초, 그다음 10초 카운트다운을 한다).
• 각 팀이 어떻게 활동하는지 확인한다. 모두에게 진행 방식을 알려준다. 우호적인 경쟁환경을 만들어 주고 주변을 둘러보도록 유도한다.
• 잡고 있는 팀은 실격임을 다시 알려준다. 몇몇 팀은 구조물이 무너질까 봐 마시멜로를 끝나기 직전에 올려 두고 마지막까지 구조물을 잡고 있으려 한다. 안정적인 구조물이 우승할 수 있다.

3단계 _ 0:25-0:30 (5분)

시간이 다 지나면 모두가 구조물을 볼 수 있도록 모두 자리에 앉도록 한다. 일반적으로 절반 정도만 구조물이 서 있다.

• 구조물 측정: 가장 짧은 것부터 가장 높은 것까지 높이를 측정하고 불러 준다. 과제를 기록하는 경우, 누군가에게 높이를 기록하게 한다.
• 우승팀 확인: 칭찬해 주고 상을 준다.

4단계 _ 0:30-0:45 (15분)

몇몇 팀에게 구조물을 제작한 프로세스를 물어보며 시작한다. 게임을 하는 동안 관찰한 것을 토대로 선택할 수 있다. 보통 돌아다니다 보면 알게 될 것이다. 대부분의 시간을 계획만 하며 보낸 팀은 결과적으로 구조물이 서 있지 못할 것이다. 시행착오를 거쳐 실험하면서 터득한 사람들은 훨씬 더 잘 하는 경향이 있다. 보통 구조물이 무너진 팀부터 시작하는 것이 좋다.

- 구조물 제작에 어떤 프로세스를 사용했는가?: 대부분의 시간을 계획 및 구조물 설계에 할애했는지, 시행착오에 할애했는지에 초점을 맞춘다.
- 무엇이 잘못되었는가?: 스파게티 면이 얼마나 많은 무게를 지탱할 수 있을지 또는 구조물에 비해 마시멜로 무게는 얼마나 나가는지 등 알려지지 않은 요인들을 종종 강조한다.
- 어떻게 처리하였는가?: 광범위한 계획을 세우면 경험을 통해 조정하고 학습할 시간이 거의 남지 않아 '위기'가 발생한다는 사실을 주로 지적할 것이다.

성공한 팀과 함께 위 과정을 반복하여 그들 간의 차이와 공통점을 찾도록 한다.

이 과제를 수행한 다른 여러 그룹과 비교해 본다. 이 도전의 창시자 톰 우젝(Tom Wujec)은 다양한 그룹과 함께 이 과제를 여러 번 수행하면서 다음과 같은 사실을 발견하였다.

- 엔지니어가 가장 훌륭하게 수행하는 경향이 있다. 구조물과 물리적 강도를 이해하는 엔지니어에게는 보다 유리한 환경이다.
- 경영대학 졸업생은 최악의 결과를 내는 경우가 많다. 구조물에 대한 주어진 지식이 제한된 매우 불확실한 환경에서 계획하는 법만 배운 경영대생은 대부분의 시간을 계획 세우는 데 사용하고 마지막에 구조물을 만들려고 한다. 마시멜로를 맨 위에 올리면 예상보다 훨씬 더 많은 무게가 나가고 구조물은 무너져 위기가 발생한다.
- 엔지니어 다음으로 훌륭한 수행자는 정규 교과과정을 거치지 못한 이들이다. 다 같이 불확실한 환경에 있지만 이들은 무엇이 효과가 있

는지 실험하고, 그를 통해 배우고, 보다 흥미로운 구조물을 만들기 위해 시도한다.

새롭고 알려지지 않은 환경에 들어설 때, 시장 테스트와 실험의 중요성을 강조한다. 교육생이 이미 사업 아이디어를 구상 중이라면, 대규모 투자를 하기 전에 실험할 수 있는 저비용 방법에 대해 생각하는 좋은 기회가 될 수 있다.

대체 보고로서 웹사이트(www.tomwujec.com)를 방문하여 이 훈련을 고안해낸 사람의 TED 영상을 보여줄 수 있다.

▪ 핵심 요점

- 불확실한 환경에서는 계획보다는 행동하는 것이 더 바람직하다.
- 실패를 통해 제품 또는 서비스 개선에 대한 중요한 통찰력을 배울 수 있다.

▪ 교육 팁

도전 과제에 대한 목표와 규칙을 매우 명확히 알려줘야 한다. 보통 세 번 반복하고 시각적으로 보여줄 수도 있다. 거의 모든 과제에서 적어도 한 팀은 속임수를 쓰거나 규칙을 악용할 것이다. 규칙을 정확히 정할수록 더 좋은 결과가 나온다.

▪ 출처

이 연습은 원래 톰 우젝(Tom Wujec)이 협력 설계를 가르치기 위해 개발했다. 톰 우젝의 웹사이트(www.tomwujec.com)에서 훈련 방법, 관련 TED 영상 및 기타 지원 자료를 확인할 수 있다.

비행기 대회 (Airplane Contest)

저자_ BRADLEY GEORGE

▪ 개요

로켓 피치(rocket pitch)나 엘리베이터 피치(elevator pitch)[▪]는 대개 창업가가 잠재적 투자자에게 수익성 있는 아이디어를 전달하는 첫 번째 기회이다. 1분에서 5분 정도의 짧은 소개이지만 투자자뿐만 아니라 다른 잠재적 이해당사자를 끌어들이는 창업가의 능력에 큰 영향을 줄 수 있다. 창업가가 실제 제품을 선보이기 전인 사업 초기 단계에 특히 중요하며 잠재적인 이해당사자에게 자신의 비전과 아이디어를 재빨리 전달해야 한다. 창업가는 종종 피치에서 자신의 생각이 가장 중요하다고 생각하지만 연구 결과에 따르면 투자자의 결정에는 사업을 설명하는 창업가의 능력과 같은 개인적인 특성이 가장 중요하게 작용하며, 이에 따라 창업가의 계획을 거절하거나 수락한다.

이 연습에서 교육생은 미리 정해진 양의 통화를 동전 형태로 운반할 수 있는 종이비행기를 디자인한다. 이때 비행기가 하늘 위에 있는 시간과 비행할 수 있는 거리 두 가지 범주에서 경쟁하게 된다. 하지만 교육생은 동료(투자자)에게 디자인을 홍보해서 대회가 열리기 전에 자신의 디자인이 최고라고 설득한다. 이번 연습은 발표(설명)의 중요성을 설명하는 데 효과

▪ 엘리베이터 피치(elevator pitch): 어떤 상품, 서비스 혹은 기업과 그 가치에 대한 빠르고 간단한 요약 설명이다. 로켓피치라고도 한다. 엘리베이터에서 중요한 사람을 만났을 때 자신의 생각을 요약하여 짧은 시간에 전달할 수 있어야 한다는 의미로 지어졌다.

적이며 교육생이 투자자의 관점에서 좋은 홍보를 구성하는 요소를 더 잘 이해하도록 도와준다.

▪ 적용대상

이번 연습은 학부생 및 대학원생 모두를 대상으로 한다. 새로운 창업과정, 기업가정신 캠프 또는 워크숍에 적합하다. 이 과정은 교육생이 사업 개념, 프로젝트, 가족 또는 기업 이니셔티브를 이해한 후 엘리베이터 피치나 로켓 피치 유형의 발표를 준비하고자 하는 경우 가장 적합하다. 기술 창업이나 혁신 수업에도 적절하다.

▪ 학습목표

- 새로운 개념 발표하기 실습
- 새로운 개념 발표에 대해 비평하기
- 아이디어와 비교하여 발표(설명)의 중요성 이해하기
- 프로토타입 개발과 타당성 시험 시뮬레이션 해보기

▪ 준비물

종이 유형과 무게 기준을 제공하기 위해 비행기를 만들 종이를 준비한다. 창의성을 키우려면 굳이 설명하지 않아도 된다. 대회에서 측정하기 위해 줄자와 스톱워치가 필요하다.

▪ 선수학습

교육생은 연습 시작 전 다음과 같은 지시사항을 받는다. "1달러 동전을 오랫동안(시간) 날리는 동시에 가능한 한 멀리(거리) 운반할 수 있는 새로운 종이비행기를 디자인하고 만들어야 합니다." 과제는 다음과 같다.

① 혼자 할 수도 있고 최대 4명으로 구성된 팀으로 할 수도 있다. 팀으로 하는 경우 유의할 내용은 팀 인원수와 동일한 수의 표준 크기 종이를 사용하여 디자인해야 한다는 것이다(예를 들어, 4명의 그룹은 4장의 종이로 같은 디자인의 비행기를 만들어야 한다).

② 비행기는 1달러 동전(또는 다른 현지 통화)을 운반할 수 있게 디자인해야 한다. 사용할 동전의 수와 화폐 단위는 선택할 수 있으며, 유일한 제약사항은 총 금액 가치가 정확히 1달러라는 것이다.

③ 공기역학적으로 민감한 항공기기반 디자인보다는 발사체가 있는 형태로 구성하고, 단순히 종이를 구겨서 공 모양으로 만들면 안 된다.

디자인을 반 친구에게 홍보하도록 한다. 자신의 디자인이 최고라고 생각하도록 2분 안에 설득시킨다. 평가는 각 범주(시간과 거리)에서 비행기의 실제 성능과 동료에게 받는 득표수를 종합하여 이루어진다.

▪ 이론적 근거

- MacMillan, I. C., Siegel, R., and Subba Narisimha, P. N. (1985). Criteria used by venture capitalists to evaluate new venture proposals. *Journal of Business Venturing*, 1, 119-28.
- Ries, E. (2011). *The Lean Startup: How Today's Entrepreneurs Use Continuous Innovation to Create Radically Successful Businesses.* New York: Crown Publishing.

▪ 시간 계획 (80분)

각 팀별로 아이디어를 발표하기 때문에 이번 연습에 필요한 시간은 수업과 팀 규모에 따라 달라진다. 여기에 설명되어 있는 시간은 30명의 교육생과 10개의 팀을 기준으로 한다.

1단계 _ 0:00-0:02 (2분)

투표 규칙을 설명하며 연습을 시작한다. 교육생은 두 가지 범주(거리 및 시간)에 각각 한 팀만 투표할 수 있다(자기 팀 제외). 각 범주에서 동일한 디자인에는 투표할 수 없다. 각자 득표수를 기록할 수 있는 종이를 준비하거나 컴퓨터나 인터넷에 접속이 가능한 경우 온라인 투표 시스템을 사용할 수 있다(수업 전에 설정해야 한다).

2단계 _ 0:02-0:27 (25분)

각 팀은 자신의 아이디어를 동료에게 발표한다. 시간은 팀당 2분으로 엄격히 제한한다.

3단계 _ 0:27-0:32 (5분)

각 범주에서 가장 좋은 결과가 예상되는 디자인에 투표한다. 자신의 디자인에 투표할 수 없다는 것을 다시 알려준다.

4단계 _ 0:32-0:52 (20분)

실제 비행을 할 수 있는 개방된 공간으로 교육생을 데려간다. 체육관 같은 실내공간이 가장 적합하지만 실외(교육생에게 불확실성을 더할 수 있는 장소)에서도 가능하다.

각 팀에게 한 번의 기회가 주어진다. 던지기를 할 때 넘어가면 안 되는 선이 있어야 하고 비행기의 체공 시간을 기록해야 한다. 비행기가 착륙하면 거리를 측정하고 기록한다. 기록해 줄 한 명 이상의 교육생을 정해

두면 도움이 된다.

5단계 _ 0:52-1:00 (8분)

강의실로 돌아간다. 칠판에 각 팀의 득표수와 실제 비행 결과를 기록한다.

6단계 _ 1:00-1:20 (20분)

시간이 있으면 디자인하는 과정에 대해 간단히 토론한다. 이것은 기업가가 제약을 어떻게 기회로 만들 수 있는지 설명하는 데 도움이 된다. 또한 프로토타이핑과 실패에서 얻는 학습의 중요성을 강조할 수 있으며 성과가 좋은 팀은 여러 디자인을 시험해 보기도 한다. 다음 질문을 참고하자.

- 동전을 어떤 관점에서 보았는가?
  - 부정적인 제약으로 보았는가? 왜 그런가?
  - 디자인에 통합시키고 성능을 향상시킬 수 있는 기회로 보았는가?
- 디자인을 어떻게 차별화하려고 노력했는가?
- 시간이나 거리 중 하나에 최적화하려 했는가, 아니면 두 가지 다 시도했는가?
- 디자인을 시험제작하고 테스트를 했는가?

다음으로 효과적인 발표 측면에 대해 논의한다. 여기서 요점은 창업가의 투자자에 대한 발표(설명)의 중요성을 생각해 보는 것이다. 초기 사업 단계가 갖는 태생적인 불확실성으로 인해 투자자는 일반적으로 창업가와 창업가의 아이디어를 '판매하는' 능력을 더 중요시하며, 자신이 발표한 것을 실행하는 능력에 대한 자신감 또한 중요하다. 다만 내용을 과장하지 않도록 주의해야 한다.

- 디자인을 반 친구들에게 '판매'하려고 시도한 느낌은 어땠는가?
  - 가장 큰 어려움은 무엇인가?
- 어떻게 투자하기로 결정했는가?
  - 개념을 설명하는 방식이 얼마나 중요했는가?
  - 자신감은?
  - 발표와 창업가 중 무엇이 더 인상적이었는가?
- 사람들이 왜 자신의 디자인에 투표했다고, 혹은 투표하지 않았다고 생각하는가?
  - 발표(설명)를 더 잘하기 위해 무엇을 할 것인가?

명확하게 자신의 아이디어를 표현하고 아이디어를 실행할 수 있는 능력을 투자자에게 전달하는 것의 중요성을 요약하면서 논의를 마무리한다.

▪ 복습

다음 기사를 읽게 한다(필요하다면 미리 해도 된다).

- Elsbach, K. D. (2003). How to pitch a brilliant idea. *Harvard Business Review,* 81(9), 117-23.
- Santinelli, A., and Brush, C. (2013). *Designing and Delivering the Perfect Pitch.* Wellesley, MA: Babson College Case Collection.

▪ 교육 팁

교육생은 종종 시스템을 시험해 보려고 한다(얼마나 많은 자유를 주는가에 따라 다르다). 예를 들어 전통적인 비행기와는 다르게 무게가 다른 종이를 사용하거나 비행 디스크를 디자인할 수도 있다. 교육자가 얼마나 모호한 기준을 제시할지 결정할 수 있다. 창의적 프로세스에 대해 더 많은 논의를 하고자 하는 경우, 모호한 지시사항을 제시할수록 규칙을 더 확대하려는 방법에 대한 좋은 논의로 이어질 수 있다. 일부 교육생이 '부정행위'라고 느낄 수는 있지만 여전히 좋은 학습 요점을 제공한다.

▪ 핵심 요점

- 아이디어를 빠르고 분명하게 표현하는 능력은 대개 아이디어 그 자체보다 더 중요하다.
- 투자자는 주로 아이디어 자체보다는 불확실한 조건에서 아이디어를 실행하는 창업가의 능력에 대한 믿음에 초점을 둔다.
- 프로토타이핑은 알려지지 않은 환경과 제품이나 서비스를 개발하는 데 효과적인 방법이 될 수 있다.

▪ 출처

Reginald A. Litz, Dell McStay, Sergio Janczak, and Carolyn Birmingham, "Kitty hawk in the classroom: A simulation exercise for facilitating creative and entrepreneurial behavior," United States Association for Small Business and Entrepreneurship (USASBE) 2011 conference-Entrepreneurship: Changing the Present, Creating the Future, South Carolina, United States, January 2011.

비즈니스 모델 캔버스 게임(Business Model Canvas Game)

저자_ HEIDI NECK

▪ 개요

비즈니스 모델 캔버스(https://strategyzer.com/canvas)는 기업가정신 수업에서 인기 있는 교육 도구이다. 캔버스를 소개하거나 어떻게 작용하는지를 설명하려는 것은 아니다. 오스터왈더와 피그누어(Osterwalder and Pigneur, 2010)는 캔버스 개념을 설명하고, 캔버스를 이용하는 다양한 방법을 제공한다. 이번 연습은 그들이 제안한 캔버스에 있는 9가지 비즈니스 모델의 구성요소를 교육생이 이해하도록 돕는 간단한 게임이다.

▪ 적용대상

이 연습은 학부생과 대학원생 모두를 대상으로 한다. 비즈니스 모델 캔버스가 처음 소개되는 과정이나 수업에 가장 적합하다.

▪ 학습목표

- 9가지 비즈니스 모델 구성요소의 의미와 중요성을 생각해 본다.
- 캔버스의 순서가 가치를 만들어 내거나 가치를 효율적으로 전달하게 해주는 구성요소의 분류를 보여준다.
- 오스터왈더와 피그누어(2010)가 제안한 순서를 논의하고 토론한다.

▪ 준비물

교육자는 '비즈니스 모델 구성요소 카드' 묶음을 만들어야 한다. 한 팀당 하나의 묶음이 필요하다. 9개의 카드가 한 묶음을 구성하며, 카드의 종류는 고객, 가치 제안, 유통 경로, 고객 관계, 수입원, 핵심 자원, 주요 활동, 주요 파트너, 비용 구조의 9가지이다. 이것은 오스터왈더와 피그누어가 권장하는 실제 순서이며, 묶음 카드는 이 순서대로 들어 있지 않아야 한다. 게임이 끝나고 나서는 비즈니스 모델 캔버스의 사본을 배포할 수 있다. 캔버스 사본은 https://strategyzer.com/canvas에서 얻을 수 있다.

▪ 선수학습

없음

▪ 이론적 근거

- Osterwalder, A., and Pigneur, Y. (2010). *Business Model Generation.* Hoboken, NJ: John Wiley & Sons.

▪ 시간 계획 (30분)

게임 설정 _ 0:00-0:05 (5분)

캔버스를 소개하기 전에 비즈니스 모델에 9가지 구성요소가 있다고 간단히 소개한다. 필자는 무작위로 나열된 구성요소 9개를 파워포인트로 보여준다. 교육생에게 구성요소에는 특정 순서가 있으며 그 순서를 찾아내야 한다고 알려준다. 다시 말해, 어떤 구성요소가 첫 번째, 두 번째 등으로 와야 하는지 정해야 한다. 가장 중요한 것과 가장 중요하지 않은 것은 무엇인가를 교육생이 알아내는 것이다. 교육생을 5명(최대)씩 두 팀으로 나눈다.

게임 _ 0:05-0:15 (10분)

각 팀에 카드 묶음을 주고 1에서 9까지 순서대로 배치하도록 한다(10분). 10분이 경과하면 각 팀에 긴 마스킹테이프를 주고 벽이나 칠판에 카드를 순서대로 붙이면 모든 사람이 팀 간 차이를 알 수 있다.

토론 _ 0:15-0:30 (15분)

이제 오스터왈더와 피그누어가 사용하는 순서를 소개할 시간이다. 두 저자의 책(《비즈니스 모델 제너레이션(*Business Model Generation*)》 참조)을 보여주면 캔버스를 잘 모르는 경우 큰 도움이 된다. 필자의 경우 보통 순서를 공개하기 전에 교육생에게 비즈니스 모델 캔버스 사본을 나눠 준다.

구성요소 순서는 ① 고객 부분 ② 가치 제안 ③ 의사소통 경로 ④ 고객 관계 ⑤ 수익 흐름 ⑥ 주요 자원 ⑦ 주요 활동 ⑧ 주요 파트너 ⑨ 비용 구조 순이다. 보통 교육생은 고객 부분이나 가치 제안 중 하나를 첫 번째 순서로 두는데 이는 좋은 토론 거리이다. 각 구성요소의 의미를 설명하면서 하나씩 순서를 소개한다.

각 팀이 작성한 순서의 차이를 논의한 후 간단한 논의와 요약을 하며 연습을 마무리한다. 마지막 날이 되면 캔버스는 반복적인 작업 문서이며 모든 작업이나 실험에서 새로운 정보를 배우기 때문에 순서는 사실상 중요하지 않다. 캔버스 디자인에서 가장 흥미로운 부분과 순서는 캔버스를 반으로 접었을 때 나타난다(왼쪽에서 오른쪽으로). 오스터왈더와 피그누어에 따르면 캔버스의 오른쪽은 가치 창출 및 생산과 관련 있다. 캔버스의 왼쪽은 그 가치를 전달하는 효율성을 발생시키는 것과 관련 있다. 따라서 창업가는 먼저 가치를 결정하고 창출하며 그다음 그 가치를 전달하는 접근법을 개발해야 한다. 혁신, 참신함, 창의성 및 경쟁우위는 가치 창출에서 가장 많이 발견되는 것들이니 오른쪽부터 시작하자!

▪ 핵심 요점

- 구성요소의 순서를 생각하는 것은 중요하나 특정 순서에 집착해서는 안 된다.
- 비즈니스 모델은 가치 창출, 전달 및 포착에 관한 것이지만 창조를 먼저 생각하고 비용은 나중에 생각한다.
- 비용 구조와 자원에 너무 빨리 초점을 두면 새로운 혁신적 아이디어를 만드는 데 제한이 있을 수 있다.

▪ 교육 팁

이 연습을 하는 가장 중요한 이유는 교육생이 단순히 각 구성요소를 '이야기하는' 것이 아니라 각 구성요소를 하나의 팀처럼 생각하게 하는 것이다. 고객 부분과 가치 제안 중 어느 것이 먼저인지는 늘 논의하기 좋은 주제인 만큼 열띤 논의를 기대하라.

제7장 공감 실습 연습 (Exercises to Practice Empathy)

관찰의 힘 (The Power of Observation)

저자_ SEBASTIAN FIXSON

▪ 개요

이 훈련은 교육생이 실습에 참여해 직접 관찰의 장점을 경험해 보는 강력한 교육 방법이다. 관찰에는 두 종류가 있다. 하나는 움직이지 않는 대상을 관찰하는 것이고, 다른 하나는 특정한 업무를 하는 여러 사람을 관찰하는 것이다. 두 가지 모두 개인적으로 수행하기에 아주 적합한 과제이며, 그 뒤에 강의실에서 결과를 논의할 수 있다. 이 장 끝부분에 학생들을 위한 자세한 지침을 제공하며, '시간 계획' 부분에서 교육자를 위한 토론 시 사용될 질문을 제공한다.

첫 번째 연습에서 교육생은 한 시간 동안 과일과 같은 알고 있는 정물을 관찰한다. 그리고 관찰을 하며 두 가지를 기록한다. 관찰하는 대상 그 자체에 관한 것과 관찰하고 있는 자기 자신에 관한 것을 기록한다.

두 번째 연습 역시 알고 있는 대상을 개별적으로 관찰해야 하는 것이지만, 이번에는 다른 사람이 행동하는 과정을 관찰한다. ATM기가 좋은 예로 ATM기에 오는 고객이 ATM기를 사용하고 떠나는 과정을 관찰한다.

여러 ATM기 사용자를 관찰하면서 교육생 대부분은 말로 설명할 수는 없는 무언가를 알아차리게 된다. 이때 교육생이 ATM기를 사용한 피실험자에게 접근하여, 인터뷰를 통해 관찰되었지만 설명할 수 없는 행동에 대한 근본적인 설명을 찾고자 시도한다.

데이터 수집의 한 기법으로 관찰을 하는 인류학과 같은 사회과학 분야에는 오랜 전통이 있다. 그 배경을 이해하고자 하는 교육자에게 도널드 숀(Donald Schön, 1982)과 마이클 에이가(Michael Agar, 1980)의 연구와 같은 고전을 추천한다. 최근에는 혁신에 대한 교육 및 학습에 관심이 커지면서, 사용자 및 이해관계자의 필요와 욕구에 대해 깊이 이해하는 것이 다시금 중요해졌다(Beckman and Barry, 2007). 이런 맥락에서 디자인에서 비롯된 방법론, 특히 '디자인 씽킹'이라 불리는 방법론이 유용한 것으로 밝혀졌다. 대학에서의 디자인 관련 교육과정이 좋은 예이다(Fixson, 2009; Fixson and Rao, 2011; Fixson and Read, 2012). 최근 연구에서 사용자의 욕구에 대한 깊은 이해의 중요성이 밝혀지고 있는데, 심지어 초보자라도 직접관찰과 같은 방법론을 처음 적용하면 그 효과가 크다고 한다(Seidel and Fixson, 2013).

▪ 적용대상

이 연습은(사용자, 고객, 의뢰인 등의) 창의성이 요구되는 모든 교육과정에 적합하다. 제품 개발, 문제해결, 기회 개발 등과 같은 교육과정이 그 예이다. 이 연습은 주요 데이터 수집을 과제로 준비시키는 초기 단계에서 수행되어야 한다. 이 연습은 개별 과제(수업 전 과제로 내주는 것이 가장 좋음)와 강의실 내 토론의 두 부분으로 이루어진다.

■ 학습목표

- 직접관찰의 힘(그리고 어려움)을 안다.
- 다른 사람의 행동과 사물을 관찰하면서 자신이 어떻게 그 상황에 연관되는지를 평가한다.
- 자신의 감정과 대상과의 관계가 관찰 결과에 미치는 영향을 경험한다.

■ 준비물

이 연습 마지막 부분의 '관찰 연습 지침'을 참조한다.

■ 선수학습

실제 연습이 사전에 실시되어야 한다. 교육생별로 최소 2시간이 소요된다. 교육자는 연습을 실시하기 전에 강의실에서 사람을 피실험자로 관찰할 때 알아야 할 윤리적인 행동지침에 대해 알려주어야 한다. 특히 다른 사람을 관찰해야 하는 두 번째 연습 부분에서는 교육생이 관찰 연구 시 필요한 윤리적 행동규칙에 대한 참조내용이 있으면 도움이 된다.

■ 이론적 근거

- Agar, M. H. ([1980] 1996). *The Professional Stranger: An Informal Introduction to Ethnography*, 2nd edn. San Diego: Academic Press.
- Beckman, S., and Barry, M. (2007). Innovation as a learning process: Embedded design thinking. *California Management Review*, 50(1), 25-56.
- Fixson, S. K. (2009). Teaching innovation through interdisciplinary courses and programmes in product design and development: An analysis at sixteen U. S. schools. *Creativity and Innovation Manage-*

ment, 18(3), 199-208, doi:10.1111/j.1467-8 691.2009.00523.x.

- Fixson, S. K., and Rao, J. (2011). Creation logic in innovation: From action learning to expertise. In D. Greenberg, K. McKone-Sweet, and H. J. Wilson (eds.), *The New Entrepreneurial Leader: Developing Leaders Who Shape Social and Economic Opportunity*, 43-61. San Francisco: Berrett-Koehler.
- Fixson, S. K., and Read, J. M. (2012). Creating innovation leaders: Why we need to blend business and design education. *Design Management Review*, 23(4), 4-12.
- Mayfield, M. (2007). *Thinking for Yourself: Developing Critical Thinking Skills through Reading and Writing,* 7th edn. Boston, MA: Wadsworth Publishing Company.
- Schön, D. A. (1982). *The Reflective Practitioner.* New York: Basic Books.
- Seidel, V. P., and Fixson, S. K. (2013). Adopting "design thinking" in novice multidisciplinary teams: The application and limits of design methods and reflexive practices. *Journal of Product Innovation Management,* 30(supplement), 19-33.

▪ **시간 계획** (강의실 밖에서 2시간, 강의실 안에서 30-60분)

강의실 안

사람을 대상으로 한 연구에서 알아야 할 윤리지침 소개 0:00-0:15(15분)

강의실 밖(과제)

교육생은 각자 개별적으로 시간 계획을 세운다.

[연습 1] 0:00-1:00 (60분)

[연습 2] 0:00-1:00 (60분)

교실 안

토론 0:00-0:30 (30분)

아래는 [연습 1]의 마무리 질문이다.

- 흔히 사용하는 물건(과일, 채소)에서 이전에는 전혀 알지 못했으나 이번에 관찰한 것은 무엇인가? 왜 이번에는 그것을 알아차렸는가? 이 경험은 새로운 통찰력을 가지는 방법에 대해 무엇을 말해 주는가?
- 관찰하면서 어떤 기분이었는가? 자신의 감정이 관찰 결과에 어떻게 영향을 미쳤다고 생각하는가? 둘 사이 관계를 어떻게 설명할 수 있는가?
- 관찰과정을 어떻게 개선할 수 있는가? 그 결과는 어떠하겠는가?

아래는 [연습 2]의 마무리 질문이다.

- 자신이 여러 번 했던 일련의 행동(예를 들면 ATM기 사용)을 다른 사람이 하는 것을 보면서 어떤 점을 알아차렸는가? 자신의 실제 경험이 관찰에 어떤 영향을 주었다고 생각하는가? 이러한 편견에 어떻게 대처할 수 있는가?
- 관찰 대상에게 접근하여 질문했을 때 피실험자는 어떻게 반응했는가? 그때 어떤 감정을 느꼈는가?

• 어떻게 관찰과정을 개선할 수 있겠는가? 그 결과는 어떠하겠는가?

강의실 내에서 토론은 강의실 크기에 따라 30분에서 60분 정도 시행하며, 장소에 구애받지 않는다.

▪ 복습

필수사항은 아니지만 성찰일기 쓰기 과제를 내줄 수 있다.

▪ 핵심 요점

• 직접관찰의 힘(그리고 어려움)을 인식한다.
  – 때로는 주의 깊은 관찰을 통해 통찰력을 드러내고 피실험자가 분명히 설명할 수 없는 것을 이해할 수 있다.
  – 오랫동안 집중하여 주의 깊게 관찰하면 피로감을 느낄 수 있다.

• 다른 사람과 사물을 관찰하면서 자신이 어떻게 관련되는지 평가한다.
  – 한 가지 결과는 동일한 대상 또는 과정을 관찰하면서도 각기 다른 것을 볼 수 있다는 것이다. 이는 팀 작업의 이점(자료의 다양성)이자 어려움(관찰 데이터 해석에 모두가 동의하는 것)이다.

• 자신의 감정과 그것이 관찰 결과에 미치는 영향을 경험한다.
  – 이 연습을 통해 많은 교육생이 성취감을 얻는다. 자기 감정의 힘을 알아 가는 것은 내적 의식을 높이는 데 도움이 된다.

▪ 교육 팁

교육생 대다수에게 두 연습은 어려운 과제이다. 결과적으로 어떻게 경험하고 대처하고 어려움을 극복했는지가 핵심적으로 논의되어야 하며, 실제(때로는 매우 다양한) 관찰 결과 역시 중요한 주제이다. 이러한 감정적 경험과 교육생의 반응은 데이터 수집 기술로서의 관찰의 힘과 한계, 그리고 결과를 해석하는 방법을 논의하는 좋은 도구이다. 교육자는 교육생이 경험을 공유하고 비교할 수 있는 충분한 시간을 주어야 한다.

두 가지 실습 모두 관찰이나 인터뷰를 통한 데이터 수집에 대한 조언과 팁을 제공하는 훌륭한 시작점이다. 관찰을 기록하는 보다 구조화된 프레임워크를 소개하는 데 많은 경험이 활용될 수 있다. 예를 들어 AEIOU[행동(Action), 환경(Environment), 상호작용(Interaction), 대상(Object), 사용자(User)]가 인터뷰 수행에 도움이 될 수 있다(인터뷰 예절, 주제 선택, 면접 안내 준비, 프롬프트 및 시나리오 질문 조사, 데이터 기록 방법, 데이터 분석 기술 등).

▪ 출처

- 과일이나 채소 관찰에 대한 첫 번째 연습: Marlys Mayfield (2007). *Thinking for Yourself.*
- ATM기 사용자 관찰에 대한 두 번째 연습: Sara Beckman(UC Berkeley), Michael Barry(the d. school at Stanford) 개발

▪ 유인물: 관찰 연습 지침

아래에 설명된 두 가지 연습은 개별적으로, 즉 각 교육생이 혼자 수행하는 것이다. 각 연습은 1시간 동안 연속적으로 수행되어야 한다. 이를 고려해 일정을 정해야 한다.

1. 익숙한 정물 관찰(Mayfield, 2007)

- 시작하기 전: 관찰과정을 처음 경험해 보는 것이 연습목표이다. 어렵다고 느낄 수 있지만, 충실히 지침에 따라 수행한다면 놀라운 결과를 얻을 것이다. 그러나 여러 차례 불편함을 느껴 인내심을 시험하는 계기가 될 수 있다. 유일하게 필요한 전제조건은 환경적 제약 없이 적

어도 1시간은 지속적으로 관찰하고 기록하려는 스스로의 의지이다. 그러므로 방해받지 않고 집중할 수 있는 장소와 시간을 먼저 정하여 시작하자.

- 기록용 종이를 준비한다. 그 종이 가운데에 선을 긋고 반으로 나누어 두 칸으로 만든 다음 아래와 같이 제목을 쓴다.
  - 물리적 세부사항: 사물에 대해 관찰하고 발견한 것을 기록한다.
  - 내적 프로세스 세부사항: 관찰하고 발견하는 과정에서 자신에게 일어난 일(기분, 반응, 연상, 생각 등)을 기록한다.
- 채소나 과일 중 자주 보고 여러 번 다뤄 봤던 것을 고른다. 동네 야채 가게나 냉장고에 있는 어떤 것이든 괜찮다. 그것이 이번 관찰 학습의 대상이다.
- 관찰할 장소를 정한다. 칼과 도마, 스케치북이 필요할 수 있다.
- 그 대상을 집중해서 탐구하기 시작한다. 호기심에 찬 아이나 연구에 심취한 과학자처럼 그 대상에 몰입한다. 마음이 가라앉으면 감각이 살아나고 점점 더 많은 것을 발견할 것이다.
  - 부분이 아니라 전체를 파악해야 한다. 단순히 보지만 말고 만지고 듣고 냄새 맡고 맛을 본다.
  - 설명이 가능한 특징을 찾으면 '물리적 세부사항' 칸에 기록한다.
- 관찰하며 나타난 자신의 반응은 오른쪽 칸에 기록한다.
  - 어떤 지점에서 지겨워지고, 흥미로워지고, 화나고, 짜증나고, 딴생각에 빠졌는가? 주의력이 돌아오고 다시 관찰을 하면서 이런 방해 요소들을 기록한다.
  - 관찰을 지속하기 위해서 몇 번이나 정신을 가다듬어야 했는지 살펴본다. 관심과 집중이 달라질 때마다 안정, 집중력 하락, 집중력

상승과 같은 단계를 기록한다.

- 관찰이 끝나면 기록한 것을 정리해서 관찰했던 사과나 채소를 상세히 묘사하여 기록한다. 최종적으로 다음 두 가지 중 한 방식으로 묘사할 것이다.
  - 하나는 대상에 대한 완벽한 묘사와 함께 마지막 문단에 자신의 내적 프로세스에 대한 설명이다.
  - 다른 하나는 서술 형식 또는 관찰과정에 대한 이야기 형식으로 대상을 묘사하고 자신이 겪은 단계, 발견 진전 상황, 통찰력, 반응에 대한 설명이다.
- 최종 원고를 칸이 둘로 나눠진 종이에 기록한다. 최소 2페이지를 권장한다. 강의실로 가져와 공유하고 스케치한 것이 있으면 함께 공유한다.

2. 특정한 업무를 하는 사람 관찰(Beckman and Barry, 2007)

- 한 시간 동안 아래의 관찰과 인터뷰를 실시한다. 30분 정도는 관찰을 하고 30분 정도는 결과를 정리한다.
- 가까운 ATM기를 찾는다.
  - 고객이 와서 기계를 사용하면서 무엇을 하는지 관찰하기 시작한다.
  - 관찰하면서 완전히 이해는 안 되지만 흥미로운 행동이 있는지 찾아본다. 앞서 과일이나 채소를 관찰할 때 배웠던 기술을 사용한다. 지금 보고 있는 동안에도 마찬가지로 관심이 옮겨 가며 움직인다는 것을 발견할 수 있다.
  - 흥미로운 행동을 보면서 이에 대한 질문(답은 알 수 없는 질문)을 만들어 본다. 질문은 해당 행동을 설명하기 위한 가설 형태로 표현될 수

있다(사람들이 관찰자가 ATM기에서 하던 방식대로 행동할 거라고 가정하지 않도록 유의한다).

- ATM기 사용자에게 다가가 질문한다. 관찰한 것을 더 잘 이해할 수 있도록 물어보거나 관찰하면서 생겼던 호기심을 해결하도록 한다. 가설을 시험해 보는 것이다.

참고 의도와 다르게 표현되지 않도록 주의한다.

- 30분간 관찰 후 짧게(1장) 요약문을 작성한다. ATM기 사용에 대해 알게 된 것과 관찰과 인터뷰를 하며 알게 된 것을 작성한다.
- 강의실로 가져와 다른 교육생과 공유한다.

자원 획득 협상 (Negotiation for Resource Acquisition)

저자_ LAKSHMI BALACHANDRA

▪ 개요

이번 훈련은 협상 실습으로 특히 통합적인 협상 원리를 이해한다. 여기서 다루는 협상 기술은 사업 초기의 기업가에게 특히 중요한데, 이때에는 취약하고 불리한 교섭 위치에 있다고 느낄 수 있기 때문이다. 교육생은 재정적 성과나 일반적인 분배 협상의 함정 대신 창의적인 옵션과 해결책을 통합하는 방법을 배우게 되는데, 이를 통해 비재무적 자산을 얻게 된다. 이 비재무적 자산의 중요성에도 불구하고 예비 기업가나 초기 단계의 기업가는 이를 명확히 알지 못한다. 이 훈련은 전 세계 협상 교육과정에서 가장 대중적인 협상 시뮬레이션 중 하나이다. 1970년대 로저 피셔(Roger Fisher)와 빌 유라이(Bill Ury)에 의해 개발된 이 이론은 협상의 일곱 가지 요소로 이루어져 있다. 통합적 협상에 대한 프레임워크를 소개하면서 이번 연습의 기초를 제공하고, 기업가에게 중요한 협상 이론의 기본 내용을 제공한다.

▪ 적용대상

이 연습은 일반인, 학부생, 졸업생, 경영진 및 전문가 등 모두를 대상으로 한다. 또한 새로운 창업 관련 교육과정, 기업가정신 캠프, 워크숍 등에 적합하다. 이 교육과정은 초기 사업 자산을 획득하는 새로운 접근 방식과 잠재적 '자원' 제공자를 고려하는 새로운 방식을 통합하기 때문에 기업 자원과 자금 수요에 관한 토론 후 시행하면 가장 효과적이다.

▪ 학습목표

- 기업가정신에 초점을 맞춰 협상을 실습한다.
- 통합적 협상과 기업가적 가치 창출 프레임워크를 배운다.
- 협상을 통해 취득할 수 있는 비재무적 자원을 확인한다.

▪ 준비물

- 샐리 소프라노(Sally Soprano) 사례[하버드 대학의 PON(Program On Negotiation) 사이트에서 무료로 다운로드 가능]: 일대일 협상 시뮬레이션을 위해 역할 수(교육생 그룹 수)와 동일한 수만큼 주문한다.
- 협상 프로그램에서는 통합적 협상에 대한 일반 협상 강의와 관련해 더욱 상세한 소개가 담긴 훌륭한 강의 자료를 제공한다.

▪ 선수학습

자신이 맡은 비밀 역할을 숙지한다(적절한 역할 배분을 위해 미리 역할과 파트너를 정한다). 가장 좋은 방법은 교육생에게 과제로 자신의 역할에 대해 미리 읽어 오게 하는 것이다. 강의시간에 역할을 정한 후 그 역할에 대해 읽게 할 수도 있는데, 이럴 경우 전체 시간에 15분을 더해 준다.

▪ 이론적 근거

- Fisher, R., Ury, W., and Patton, B. (2011). *Getting to Yes*. New York: Penguin.

▪ 시간 계획 (1시간 반-2시간)

교육생이 협상 준비를 함께하면서 시간이 연장될 수 있다. 초기 협상 교육과정의 목적에 맞춰 이 강의는 적어도 1시간 반 동안 연습이 수행되도록 구성되었다.

소개 _ 0:00-0:10 (10분)

협상에 대한 전반적인 인식을 토론하며 시작한다. 교육생에게 '협상'의 정의를 물어본다. 다음과 같은 질문으로 시작해 보자.

- 협상은 자신에게 어떤 의미를 가지는가?
- 기업가정신에서 협상은 어떤 역할을 하는가?

새로운 사업을 시작하는 데 있어 필요한 자원을 얻고자 할 때, 협상은 삶과 기업가정신 어디에나 존재하고 있음을 설명한다. 대부분 협상을 준비하고 실행하고 분석하기 위한 종합적인 프레임워크가 없기 때문에 협상에 실패하고 거래가 성사되지 않는다는 점을 설명한다. 또한 협상은 보통 승리가 아니면 패배만이 있다고 여긴다. 여기서는 교육생에게 협상의 성공을 측정하는 간단하면서도 체계적인 방법, 기업가에게 중요한 가치와 자원을 창출하는 방법을 소개할 것이다. 성공을 정의하는 전형적인 방법으로 합의 도달, 분쟁 중지, 공정성 고양, 협상 승리, 상대의 마지노선 변경 등이 있다. 이 일곱 가지 프레임워크는 협상을 준비하는 방법뿐 아니라 성공을 측정하는 방법이기도 하다.

검토 _ 0:10-0:30 (20분)

이번 연습의 이론적 프레임워크인 협상의 일곱 가지 요소를 정의하고 설명한다(Fisher and Ury, 1981). 강의에서는 상대방뿐만 아니라 협상자 자신(협상에서의 관점)을 구체화하기 위하여 프레임워크를 어떻게 사용하는지 보여준다.

일곱 가지 요소는 다음과 같다. 각 요소를 정의하는 데에는 파워포인트가 유용하지만, 예시를 통해 어떻게 이러한 개념이 여러 상황에서 적용되는지를 더욱 쉽게 설명할 수 있다. 가장 적절한 예시는 새로운 일자리 기회에 관한 것이다.

1. 대안(결렬 가능성)

직업을 찾을 때 비교할 대안은 그 사람의 현재 직업과 제시받은 다른 직업이다. 다른 제안이 없다면 그 대안은 별로 좋은 게 아니다. 이는 모든 거래에서, 특히 예전보다 기업 수가 더 많아진 분야의 기업가에게서 나타날 수 있다.

2. 관심(양측의 필요, 걱정, 목표, 욕구 등)

관심의 경우는 왜 협상을 하는지, 협상에서 정말로 원하는 것이 무엇인지에 초점을 둔다. 직업 측면에서 더 높은 급여는 상관없을 수도 있다. 반면에 일하고 싶었던 분야인지, 집과 가까운지 여부를 더 신경 쓸 수도 있다. 따라서 새로운 직업에 대해 많은 관심사들이 있다. 관심사를 구별하고 중요도 순으로 순위를 매겨야 한다.

3. 선택지(양측이 동의할 수 있는 가능성 또는 결과)

선택지는 협상 중인 잠재적 직업의 구성요소와 관련이 있는데, 급여, 휴가 일수, 수당, 주식, 주차 공간, 육아 등이 해당된다.

4. 적법성(선택지 및 가능한 합의를 평가하는 데 사용되는 기준)

'적법성'은 다른 회사가 동일 유형의 직위에 지급하는 급여를 확인할 때 사용할 수 있다.

5. 의사소통(상대와 의사소통하는 방법 및 수단)

의사소통이란 회사와 대면하거나 이메일을 보내는 등 협상을 진행하는 방식이다.

6. 관계(상대와의 연결)

관계는 다른 사람과의 관계를 말하는데, 아마도 서로를 사전에 알고 있었거나 어쩌면 인사관리 담당자에게 새롭게 소개해 주었을 수도 있다.

7. 협의(협상에서 합의된 것)

마지막으로 협의는 협상에서 제안이 있는지, 그 직업에 동의하는지, 그리고 상대방이 그 직업 제안을 확정지을 권한을 갖고 있는지에 대한 부분이다.

이러한 것은 모두 개인이 자신의 관점에서 고려하는 것으로 회사의 관점에서도 분석될 필요가 있다. 그 개인을 고용하는 것 외에 다른 대안은 무엇인가, 회사의 관심사는 무엇인가 등과 같은 것이 해당한다. 이 분석이 전통적인 협상과 어떻게 다른지, 그리고 협상을 이렇게 분석하는 것이 전체 '파이'를 키우고 이후 나눌 수 있는 새로운 가치를 만들 수 있음을 설명한다.

준비 _ 0:30-0:45 (15분)

- 그룹별로 역할을 나눈다[샐리 소프라노 대리인 또는 리릭 오페라(Lyric Opera) 대리인].
- 각 그룹은 일곱 가지 구성요소에 대해 논의하고 기밀 지침을 참고하여 각 측면에 대해 적절한 '답변'이 무엇인지 결정한다.
- 준비 시간이 짧으면 처음 세 가지 요소(대안, 관심사 및 선택지)에 집중하도록 한다.

협상 _ 0:45-1:00 (15분)

준비 단계가 끝나면 협상 상대방과 만나 협상을 진행한다. 교육생은 실제 상황처럼 협상에 임하고, 자신의 입장에서 가능한 최선의 결과를 얻는 것이 목표다. 꼭 합의를 이루어야 하는 것은 아니다. 합의가 끝나고 시간이 남더라도 해당 사례에 대해서는 토론하지 않는다. 해당 사례에 대해 토론하기 전에 모든 학생이 모이는 것이 중요하기 때문에, 종료 즉시 마무리 장소로 오도록 한다.

마무리 _ 1:00-1:30 (30분)

교육생이 돌아오면(몇몇은 더 오래 협상하기를 원하지만, 15분이면 충분하므로 서두르게 한다.) 다음 질문을 이용하여 토론을 시작해 보자.

- 몇 건의 협의 내용이 있는가?(합의사항 몇 가지를 칠판에 적는다. 창조적인 해결책이 있다면 꼭 포함시킨다.)
- 이러한 결과가 어떻게 나왔는지 창의적인 해결책을 제시한 교육생에게 질문한다. 재정적인 해결책을 내놓은 교육생에게는 다른 선택지보다 금전적인 부분에 집중한 이유를 물어본다.

- 샐리 소프라노 대리인 역할을 하는 교육생에게 어떤 종류의 자원이 샐리에게 가치가 있는지 물어본다. 이유도 함께 물어본다.
- 리릭 오페라 매니저 역할을 하는 교육생에게 어떤 종류의 자원이 리릭 오페라에게 가치가 있는지 물어본다. 이유도 함께 물어본다.

이러한 질문으로 토론을 시작하면서 기업가가 모든 종류의 자원을 어떻게 얻으며 왜 그래야 하는지를 논의하고, 사업 초기 단계에 이러한 것이 기업가에게 어떻게 더 큰 가치를 가지는지를 이야기해 본다. 이는 샐리 소프라노 사례와 매우 비슷한데 샐리는 금전적 보상 없이 기꺼이 일하려 하기 때문이다. 많은 스타트업 기업 역시 이러한 방식을 택하는데, 마케팅을 하거나 이력을 쌓고 또 향후 계약 가능성을 높이기 위해 무상 서비스를 제공한다.

■ 핵심 요점

- 기업가적 프로세스를 위한 가치 창출 협상 원칙을 통합한다. 윈-윈 협상 접근법을 통해 귀중한 사업 자원을 얻을 수 있음을 배운다.
- 스타트업에서는 투자자금을 모으는 데 집중하기보다는 고객을 모으는 역할을 보여준다.
- 협상 프레임워크를 사용하여 기업가정신을 기른다. 자원 공급자 및 잠재적 파트너와 결과를 파악해 나가는 것이 도움이 된다. 두 가지 측면 모두 가치를 만들어 내고 가치를 높인다.
- 창의적인 자원을 얻기 위해 창의성을 키우도록 한다. 이는 기업가에게 매우 큰 도움이 되는데, 어떤 마케팅은 '비용'이 크게 들지 않는다.

▪ 복습

시뮬레이션 후, 교육생은 협상 스타일에 대한 피드백을 제공하기 위해 협상 상대와 만날 수 있다. 각자 잘한 점은 무엇인지, 협상 중 논의 내용을 바꾸기 위해 어떤 화제를 꺼냈는지, 향후 협상을 위해 무엇을 연습하면 좋을지 등을 이야기한다.

▪ 교육 팁

협상에 너무 많은 시간을 할애할 필요는 없다. 계약이 빨리 이루어질 수도 있고 그에 따라 기밀 정보를 노출할 가능성이 높아질 것이다. 그러면 분석 토론의 내용이 빈약해질 수도 있다. 교육생마다 금전적 수입이 없는 것에 대한 태도가 다르겠지만, 이는 많은 논쟁거리가 될 수 있다. 사업을 시작하는 단계에서 그저 신용과 이력을 쌓기 위해 잠재적인 고객에게 어떻게 무상 서비스를 제공할지, 특히 브랜드 가치가 큰 고객이나 잠재적인 마케팅 효과에 대한 논의를 해볼 수 있다. 이러한 마케팅 잠재력은 매우 가치 있는 자원이며 협상에서 얻을 수 있는 금전적 가치보다 훨씬 소중한 것이다.

▪ 출처

Norbert Jacker(1979). *Sally Soprano.* Cambridge, MA: Clearinghouse of the Program on Negotiation, Harvard Law School.

원숭이 비즈니스 (Monkey Business)

저자_ ROSA SLEGERS

▪ 개요

이 연습에서는 원숭이를 연구하는 생물학자가 고안한 실험을 재연하여, '불공평함'에 분노를 느끼는 이유를 보다 잘 이해하기 위해 공정함의 진화론적 근원을 추적한다. 연습을 통해 기업가정신에서의 공정성 개념에 문제를 제기하고 교육생이 만드는 비즈니스에 대해 함께 생각해 본다. 우리는 무슨 근거로 '공정하다'는 말을 사용하는가? 불공평함에 대한 분노는 당연하고 필요한 것인가? 우리는 기업가정신의 영역에서 공정성에 대해 생각해야 하는가?

원숭이는 진화론적 관점에서 인간과 매우 밀접한 관계가 있다. 그렇기 때문에 이 두 종에서 비슷한 행동이 관찰된다면 이러한 행동이 동일한 진화론적 원칙에서 비롯된다는 것을 시사한다. 만약 사실이라면(생물학적 연구 결과가 입증해 준다면) 불공평한 대우를 받으면 분노를 느끼는 것이 당연하다는 이 과학적 통찰력에 어떻게 대처해야 하며, 반면에 불공평한 대우에 분노하는 성향이 어디에도 근거가 없다면(또는 적어도 진화의 역사와 큰 관련이 없다면) 어떻게 해야 하는가? 기업가정신에서 갖는 의미는 무엇인가?

▪ 적용대상

이번 연습은 기업가적 사고를 소개하는 한 부분이 될 수 있다. 기업가가 되는 것은 금전적인 보상을 위해 사업을 시작하는 것 이상의 의미를 가진다. 이는 사업 수행 방식에 영향을 주는 기회를 가져다준다. 강의목표와 가능한 시간에 따라 전 세계 사업 시스템의 공정성에 대한 토론이 가능하다. 이 연습은 일반인, 청년, 가족기업, 성인, 학부생, 대학원생 등 누구나 참여할 수 있다.

▪ 학습목표

- ‘공정성’ 개념의 사용과 적용을 비판적으로 평가한다.
- 인종, 계급, 성별 등과 관련된 문제 대신에 원숭이 행동에 대해 이야기하면서 편안한 방식으로 불평등 문제를 탐구한다. 이 중요한 주제에 교육자 역시 부담 없이 참여할 수 있다.
- 일부 도덕적 반응(moral responses)은 적어도 어느 부분에서는 ‘사전론적(pre-rational)’이며 합리적인 토론보다는 깊게 뿌리 내린 진화론적 원칙에 기인함을 확인한다.

▪ 준비물

동일한 펜 두 개(두 가지 물건이 동일하다면 분필도 사용 가능), 오이 그림(또는 단어 ‘오이’)이 있는 동일한 종이 30장, 포도 그림(또는 단어 ‘포도’)이 있는 동일한 종이 15장

▪ 선수학습

없음

▪ 이론적 근거

- Aldrich, H. E., and Ruef, M. (2006). *Organizations Evolving*. London: SAGE Publications.

- Waal, F. de. (2005). *Our Inner Ape.* New York: Riverhead Books.
- Waal, F. de. (2006). *Primates and Philosophers: How Morality Evolved.* Princeton, NJ: Princeton University Press.

▪ 시간 계획 (60분)

1단계 _ 0:00-0:05 (5분)

다음 역할을 할 지원자를 받는다.

- 꼬리감기원숭이 (2명)
- 생물학 연구원 (1명)
- 나머지 교육생은 연구 조교 역할이다.

2단계 _ 0:05-0:15 (10분)

원숭이 역할 지원자 2명과 생물학 연구원을 맡은 교육생은 연습의 목적에 따라 각자 역할을 하는 반면에 나머지 교육생(연구 조교)은 아무것도 모르는 것이 중요하다. 지원자 3명을 별도의 장소로 불러 역할을 설명해준다. 연구원과 원숭이는 일단 연습이 시작되면 말을 해서는 안 되지만 원숭이는 소리는 낼 수 있다. 다음은 지원자 3명만 아는 내용이다.

- 생물학 연구원은 간단한 실험을 한다. 연구원은 원숭이에게 각각 펜을 건네주고 다시 그 펜을 돌려받을 때 오이('오이'라고 적힌 단어나 오이 그림이 있는 종이)를 준다고 교육시킨다. 즉 연구원이 하는 일은 원숭이에게 펜을 건네주고, 원숭이가 펜을 돌려주기를 기다린 다음 원숭이에게 그 '일'에 대한 보상으로 오이 간식을 주는 것이다.
- 원숭이는 이런 행동(원한다면 학습과정에서 약간 즉흥적으로 할 수 있다)을 학습하여 펜을 가져갔다가 돌려준다. 처음에는 연구원의 의도를 정확히

모르겠지만 결국에는 이해한다. 꼬리감기원숭이는 매우 협조적이고 빨리 배우기 때문에 몇 번 반복하면 펜을 주고받으며 오이 간식을 받는 과정이 원활하게 진행될 것이다.

- 처음에 7~8번의 실험을 반복하여 원숭이가 유사하게 행동하는 것이 매우 중요하다. 원숭이는 오이를 받고 게임을 하게 되어 신이 난다.
- 그런 다음 8~9번째 차례에서 불평등 요소를 도입한다. 원숭이 한 마리가 오이 대신 포도를 받는다. 원숭이 지원자에게 포도는 오이보다 훨씬 더 귀하다고 알려준다. 원숭이 역할의 교육생은 오이를 받은 원숭이가 처음에는 단순히 질투심을 느끼지만 나중에는 다른 원숭이가 정확히 똑같이 노력(펜을 돌려주는 것)하고도 계속해서 포도를 받는다는 것에 격분하게 됨을 이해하는 것이 중요하다.
- 하찮은 오이를 계속해서 받는 원숭이는 쌓여 가는 분노를 표출해야 한다. 동시에 즉흥적으로 다른 원숭이에게 공유하자는 구걸을 하고 오이를 완전히 거부하거나 우리 밖으로 던진다. 포도를 받는 원숭이는 포도를 받아 기분이 좋지만 상대방의 불공평한 처우에 대해서는 전혀 또는 거의 신경 쓰지 않는다.
- 연구원은 계속해서 한 원숭이는 오이만 다른 원숭이는 포도만 주면서 실험을 여러 차례 반복한다. 이 실험은 오이를 받는 원숭이가 더 이상 협력하기를 거부하면 끝이 난다.

지원자 3명에게 그들의 역할을 설명한 후, 4단계에서 번호를 단 목록을 제공하여 실험이 어떻게 진행될지 상기시켜 준다. 연구원이 처음으로 한 원숭이에게 오이 대신 포도를 줄 때, 실험을 중간에 '정지'할 거라고 알려준다. 이 시점에서 나머지 교육생('연구 조교')은 다음에 일어날 일을 예측

한다. 교육생의 의견을 듣고 나서 지원자는 다시 연기를 이어 나간다.

3단계 _ 0:15-0:20 (5분)

세 지원자의 도움을 받아 다음과 같이 강의실을 준비한다. 원숭이 역할을 하는 두 지원자는 생물학 연구원을 마주보면서 나란히 위치한다. 가능한 경우 원숭이 주변에 '우리'(책상이나 의자 사용)를 만들어 서로 떨어지게 하고 연구원 및 연구 조교로부터 분리시킨다. 원숭이는 서로 닿을 수는 없지만 다른 원숭이가 하는 행동을 볼 수 있으며 원하는 경우 '문살' 사이로 물건을 전달할 수 있다. 연구원은 포도 더미와 오이 더미('준비물'에서 설명한 대로 준비)를 원숭이가 보지 못하는 곳에 숨긴 뒤 펜 두 개를 들고 연습을 시작한다.

4단계 _ 0:20-0:30 (10분)

아래 단계에 따라 연습을 시작한다.

① 연구원은 원숭이 우리로 다가가 각각 펜 하나씩을 건넨다.
② 호기심이 많고 협력적인 꼬리감기원숭이는 각각 펜을 가져간다.
③ 연구원은 물러나서 오이를 집어 든다.
④ 연구원은 오이 두 개를 들고 우리로 다가가 각각 원숭이에게 준다. 원숭이가 오이를 가져가려고 하지만 연구원은 펜을 가리키며 몸짓으로 먼저 펜을 돌려주면 오이를 받을 수 있다는 점을 명확히 알려 준다.
⑤ 첫 번째 교환이 이루어진다. 원숭이는 오이를 얻고 연구원은 펜을 가져온다.

⑥ 원숭이가 정확히 무엇이 예상되는지 알게 될 때까지 이 패턴을 여러 번 반복한다. 오이는 꼬리감기원숭이가 가장 좋아하는 간식이며 전부 다 먹는다.

⑦ 7~8번 정도 오이 교환을 하고 나서 연구원이 변화를 준다. 오이를 다 먹는 마지막 차례까지 기다렸다가 원숭이에게 펜을 건네고 원숭이는 오이를 더 먹기 위해 바로 펜을 돌려줄 준비를 하고 있다. 모든 것이 완전히 동일하다. 다만, 한 원숭이는 기존의 오이를 받는 반면에 다른 원숭이는 포도를 받게 된다.

5단계 _ 0:30-0:40 (10분)

이 단계에서 원숭이에게 '정지'하도록 하고 연구 조교에게 원숭이가 어떻게 반응할지 물어본다. 꼬리감기원숭이는 오이보다 포도를 훨씬 더 좋아한다고 언급한다. 교육생들이 원숭이가 사람처럼 행동한다고 말할 수도 있지만, 어쨌든 추측해 보라고 한다. 적어도 그중 일부는 '제대로 받지 못한' 원숭이의 관점에서 다른 원숭이가 똑같은 노력을 하고 포도를 받고 있는 것이 공평하지 않다고 지적할 것이다. 변하는 것은 없다. 모두 똑같은 펜을 가지고 동일한 규칙으로 진행하다 갑자기 한 원숭이는 불평등한 보상을 받는다. 이 문제가 제기되면 연구 조교에게 '더 많이 받은' 원숭이의 반응에 대한 생각을 물어본다. 불공평하게 느낄 것인가? 두 원숭이는 어떻게 반응할 것이며 어떤 행동을 할 것인가? 화이트보드에 교육생이 제안한 의견을 써서 나중에 돌려주도록 한다.

6단계 _ 0:40-0:45 (5분)

원숭이는 다시 움직이고 연구원은 실험을 계속한다.

⑧ 포도를 받은 원숭이는 기쁘게 먹는 반면 오이를 받은 원숭이는 그냥 오이를 든 채 주변을 서성댄다.

⑨ 연구원은 다시 원숭이에게 펜을 건네주고(펜을 받기 위해 오이를 받은 원숭이는 오이를 떨어뜨린다) 이전에 포도를 받은 원숭이에게 다른 포도를 주고 포도를 받지 못한 원숭이에게는 다른 오이를 준다.

⑩ 포도를 받은 원숭이는 즉시 포도를 먹고 오이를 받은 원숭이는 문살 사이로 다른 원숭이에게 손을 내민다.

⑪ 포도를 받은 원숭이는 더 많은 포도를 받고 오이를 받은 원숭이는 더 많은 오이를 받는 식으로 실험은 계속된다. 오이를 받은 원숭이는 화가 나서 오이를 던지기 시작하다 결국 부루퉁해서 우리 모퉁이에 앉아 있는다. 포도를 받은 원숭이는 성난 원숭이가 창살 사이로 던진 오이를 태연하게 포도와 함께 가져간다.

7단계 _ 0:45-1:00 (15분)

이제 실험이 마무리되었으며, 연구 조교는 다음 질문에 대해 토론하고 답변한다.

- 꼬리감기원숭이는 오이를 좋아하지만 충분히 먹지는 못한다. 정확히 무엇 때문에 원숭이가 오이를 그만 먹게 되는가?
- 교육생은 어린 시절이든 최근이든 이번 실험과 비슷한 경험이 있었는가?
- 이런 행동과 비즈니스 세계의 유사점은 무엇인가? 인간 '포도 원숭이'는 누구이며 인간 '오이 원숭이'는 누구인가?
- 오이를 받은 원숭이는 분노하고 포도를 받은 원숭이는 동요하지 않으며 심지어 떨어져 있는 오이까지 먹는다. 이러한 공정성에 대한 원

숭이의 생각이 우리에게 무엇을 말해 주는가? 기업가정신에 대한 특별한 언급이 있는가?

- 포도 원숭이는 공정성을 크게 신경 쓰지 않는 듯 보인다. 오이 원숭이가 포도 원숭이에게 손을 뻗어서 구걸할 때도 포도를 공유하지 않았다. 실제로 어디에서 이런 이중 잣대를 볼 수 있는가? 사례를 생각해 보면 공정성은 주로 단기간에 변하거나 뭔가 피해를 입은 사람들이 이를 걱정하는데, 불공평한 혜택을 받은 사람들은 '부를 공유'하려는 동기부여는커녕 그런 특권을 받은 위치에 대해서만 끊임없이 생각할 수도 있다.
- 사업을 시작하거나 어떠한 조직을 만들 때, 조직구성원에게 보여주고 싶은 공정성의 정도를 언제, 어떻게 계획하는가? 조직 밖에서는 어떤가?
- 새로운 사업에 동등한 자격을 갖춘 두 명의 직원을 고용하는 과정에서 동등하게 비용을 지불할 자원이 없어 돈과 시간 측면에서 다르게 지불해야 한다면 어떻게 공정하게 대처하겠는가?
- 비즈니스에서 공정성의 개념은 전 세계적으로 어떤 차이가 있는가?

▪ 교육 팁

이 연습은 지원자가 자기 역할에 몰입해 있을 때 가장 잘 작동한다. 열정적인 원숭이와 진지하고 학구적인 연구원이 나머지 사람들로부터 좋은 반응을 얻는 것이 중요하다. 수준 낮은 연습이라고 생각하는 교육생도 있겠지만 문제가 되지는 않는다. 수준이 떨어지는 듯한 부분 덕분에 교육생이 공정성이라는 매우 심각한 문제에 좀 더 쉽게 다가갈 수 있다. 이런 식으로 내용을 소개하면 주제에 대한 무거운 이론 강의로 분위기가 딱딱해질 염려가 적다. 교육생에게 이 실험은 이처럼 단순하다는 인상을 심어 주면서 매우 근본적인 것을 보여준다. 불공평함에 대한 분노는 너무나 근본적인 부분이기 때문에 인간뿐만 아니라 진화론적으로 가까운 원숭이에게서도 나타난다. 불공평함에 대한 저항은 우리의 본성 중 하나이며, 이 통찰력은 기업가정신 실습에서 무엇이 공정하고 불공정한 것인지 그 틀을 잡는 시도로서 중요하다. 공정성의 개념은 특히 경영진을 구성하는 초기 단계에서 구성원들과 함께 일하면서 장려하는 방법에 대한 인센티브를 고려할 때 적용된다. 초기 단계의 조직 또는 벤처 기업, 특히 자원이 제한적인 조직은 직원 및 팀원에게 보상과 인센티브에 대한 절충안을 만들어야 한다. 이 연습은 교육생이 이러한 결정의 의미를 평가하는 데 도움이 된다.

▪ 출처

이 연습은 필자가 만들었지만 생물학자 프란스 드 월(Frans de Waal)이 꼬리감기원숭이를 대상으로 실시한 실험과 그의 저서를 기반으로 한다.

- Frans de Waal (2005). *Our Inner Ape*. New York: Riverhead Book.
- Frans de Waal (2006). *Primates and Philosophers: How Morality Evolved*. Princeton, NJ: Princeton University Press.

순차적 · 단계적 동료 지도 (Sequenced and Escalated Peer Coaching Exercise)

저자_ MARY GALE

■ 개요

이번에 할 3가지 연습은 동료 피드백 활용에 대한 내용으로 교육생의 사업계획에 대한 소규모 경험기반 교육과정에서 사용된다. 이 계획에는 창업, 컨설팅 과제, 프로젝트 등의 내용이 포함될 수 있다. 이번 연습은 초기 프로젝트 또는 콘셉트 개발, 기회와 장애물, 최종 발표 초안 세 단계의 각기 다른 프로젝트로 이루어진다. 각 교육과정의 피드백은 단계별로 구분된다. 자세한 내용은 아래 '구체적 연습 내용(specific exercises)'을 참조한다. 본 과정의 후반부에서 교육생은 전체 인원과 즉각적인 느낌을 공유하고, 그 이후의 반응은 온라인 토론 게시판을 통해 소통할 것이다.

주요 목표는 교육생이 단계별 피드백을 주고받는 실습을 통해 통찰력을 키우고 자신과 상대 모두에게 이익이 되는 결과를 내는 것이다. 이와 함께 모든 프로젝트 단계에서 건설적으로 평가하고 반응하는 습관을 키워 나갈 수 있다.

동료 피드백은 평가(채점) 및 발달(학습) 목적으로 많은 대학에서 널리 사용된다. 리우(Liu)와 칼레스(Carless)는 이 주제에 관한 연구에서 '학습지향적 평가'라는 용어를 발달 목적 측면에서 제시한다(Liu and Carless, 2006). 리머릭(Limerick) 대학 제조운영공학부(Manufacturing and Operations Engineering Department)에서 수행한 연구에 따르면 동료 피드백과 비판에 참여하는 교육생은 프로젝트 과정이 진행됨에 따라 '인지적 정교화(cognitive sophistication)'가

높아진다. 이는 교육생이 '블룸의 분류법(Bloom's Taxonomy)의 더 높은 단계에 직관적으로 참여'하도록 해준다(Lynch et al., 2010). '다른 사람과 함께하기(자문과 창의적 사고를 포함한 다양한 방법으로)'의 이점은 동료 피드백을 통한 결과물이라는 것이다(Schlesinger and Kiefer, 2012).

▪ 구체적 연습 내용

1. 초기 프로젝트 또는 콘셉트 질의: 다른 사람의 초기 아이디어를 풍성하게 해주는 질의

개인 또는 팀은 소규모 그룹을 형성한다. 각 그룹은 돌아가며 자신의 아이디어를 발표하고 다른 그룹의 콘셉트에 대해 물어본다. 질문자는 목표 시장, 뚜렷한 이점, 제품 또는 서비스 콘셉트와 같은 타당한 사업 아이디어에 필요한 요소를 찾는다. 발표자는 초기에 자신의 아이디어를 정교하게 만들고 개념이나 논리에서 부족한 부분을 찾는 기회를 갖는다. 비공식적이고 덜 공개적인 장소에서 첫 번째 연습을 실시한다. 마무리 정리는 경험에 대한 개인적인 반응, 학습한 교훈, 건설적인 질문에 대한 사고 등에 초점을 맞출 것이다.

2. 장애물 및 기회: 그룹기반의 창의적인 아이디어 생성

매주 한두 명의 교육생 또는 팀은 프로젝트 또는 사업에 대해 3분 요약 발표를 하는데, 발표에는 장애물과 신선한 사고가 필요한 영역에 대한 내용이 포함된다. 강의시간에는 의견 및 아이디어를 제시하여 서로의 의견을 한데 모은다.

3. 최종 발표 초안 비평: 발표 주제, 전달, 슬라이드에 대한 직접적인 피드백

최종 발표 수업 일주일 전에 개인이나 팀은 2개의 그룹으로 나뉜다. 그룹 1은 중간에 끊김 없이 그룹 2에게 최종 발표 초안을 발표한다. 그다음 그룹 1 프로젝트 팀은 '부스(컴퓨터가 있는 테이블이나 책상)'를 강의실 내 다른 위치에 설치한다. 그룹 2 교육생은 부스를 방문해 발표에 대한 구체적인 피드백을 제공하고 의견을 제시한다. 그런 다음 두 그룹은 위치를 바꾸어 이 과정을 반복한다. 마지막 단계로 효율적인 발표 기술과 슬라이드 개발에 대한 결론을 짓고 마무리한다. 다음 한 주간 교육생은 제안받은 사항을 최종 발표에 통합한다. 최종 발표는 강의실에서 진행되고 교육자와 교육생이 이를 평가한다. 교육자는 평가를 도와줄 전문가를 초빙할 수도 있다.

■ 적용대상

이 연습은 소규모, 경험기반, 프로젝트 교육과정에 적합하며, 교육생은 피드백을 교대로 주고받는다. 오랫동안 계속되는 강의실 발표로 인한 교육생의 피로를 줄이기 위해 교육생 8~10명이 3~8개 팀을 이루는 워크숍이나 소규모 팀 형태로 진행하는 것을 권장한다.

13주 과정의 피드백 연습은 다음 순서로 진행하도록 한다.

- 초기 프로젝트 또는 콘셉트 질의: 3주
- 장애물 및 기회: 5-10주
- 최종 발표 초안 비평: 12주

■ 학습목표

- 객관적이고 신선한 단계별 조언을 주고받는 방법 학습하기
- 사업계획의 시작 단계에서 조언자의 중요성에 대해 실질적으로 이해하기
- 건설적이고 객관적이며 생산적인 방법으로 피드백과 조언을 제공하는 기술 연습하기
- 피드백을 기업가정신 방법론의 자산으로 평가하고 통합하기

■ 준비물

- 동료 간 지도 가이드라인(peer coaching guidelines) (연습 마지막 부분 참고)
- 교육생을 위한 연습 후 자기성찰 가이드라인(self-reflection guidelines) (연습 마지막 부분 참고)

■ 선수학습

동료 피드백 구성요소를 수업 설명서와 강의계획서에 포함하고 첫 수업시간에 자세히 설명한다. '동료 간 지도 가이드라인'은 피드백 과정 한 주 전에 나누어 주고 강의시간에 설명한다. 예습목표는 교육생이 객관적인 피드백을 전달하는 방법을 이해하고 비평, 아이디어, 제안 등이 기업가의 문제점을 극복하여 더 풍부하고 보다 성공적인 결과를 내는 데 얼마나 도움이 되는지 이해하는 데 있다.

■ 이론적 근거

다음 자료는 기업가정신과 같은 프로젝트 및 다른 계획에서 동료 조언자의 역할과 프로세스를 좀 더 깊이 이해하는 데 유용하다.

- Boud, D., Cohen, R., and Sampson, J. (1999). Peer learning and assessment. *Assessment and Evaluation in Higher Education,* 24(4), 413-26.
- Jurado, Juan A. (2011). Group projects in interior design studio classes: Peer feedback benefits. *Journal of Family and Consumer Sciences,* 103(1), 34-9.
- Lam, R. (2010). A peer review training workshop: Coaching students to give and evaluate peer feedback. *TESL Canada,* 27(2), 114-26.
- Liu, N., and Carless, D. (2006). Peer feedback: The learning element of peer assessment. *Teaching in Higher Education,* 11(3), 279-90.
- Lynch, R., Seery, N., and Gordon, S. (2010). The formative value of peer feedback in project based assessment. 3rd International Symposium for Engineering Education, University College Cork, Ireland.
- Schlesinger, L., and Kiefer, C. (2012). *Just Start.* Boston, MA: Harvard Business School Publishing.

▪ 시간 계획

초기 프로젝트 또는 콘셉트 질의 _ (35-40분)

첫 번째 발표: 3분

질문: 5분

두 번째 발표: 3분

질문: 5분

결과 보고: 15분

장애물 및 기회 _ (각 15-20분)

발표: 각 3분

아이디어 제시, 제안: 10-15분

최종 발표 초안 비평 _ (60-90분)

그룹 1 발표: 각 5-8분

그룹 1 '부스'에서 그룹 2 피드백: 10분

그룹 2 발표: 각 5-8분

그룹 2 '부스'에서 그룹 1 피드백: 10분

결과 보고: 10-15분

▪ 복습

1. 초기 프로젝트 또는 콘셉트 질의

연습 마지막에 각자의 감정, 아이디어, 학습한 내용을 발표한다. 한 주 뒤에는 각자 학습한 내용이나 반성을 한데 모아 분류된 목록으로 만들어 토론 게시판에 게시한다.

2. 장애물 및 기회 세션

각 발표자는 문제를 해결하거나 계획을 발전시키는 데 유용했던 부분에 대해 즉각적인 피드백을 강의실에서 바로 제공한다.

3. 최종 발표 초안 비평

① 수업 후 결과 보고: 이번 연습에서 느낀 점을 이야기하고, 발표를 하고 조언을 주고받는 과정에서 배운 점에 대해 논의한다.

② 최종 발표의 일환으로 각 개인이나 팀은 비평받은 내용에서 배운 점을 논의하고 도움받은 부분을 인정하며 알려준다.

▪ 핵심 요점

- 새로운(혹은 반대하는) 의견과 함께 제시하는 건설적이고 객관적인 비판은 사업계획의 결과물을 향상시킨다.
- 건설적이고 객관적인 비판을 전달하는 것은 비판을 하는 이와 받는 이 모두의 가치를 극대화하는 기본 원칙에 근거한 학습 기술이다.
- 건설적이고 객관적인 피드백을 주고받는 능력은 중요한 리더십 기술이다.

▪ 교육 팁

이 연습은 감정, 신념 및 아이디어를 표현하기 위해 교육자가 '안전지대(safe zone)'를 갖추어 놓은 강의에 가장 적합하다. 같은 계획으로 성적을 내고 인정받기 위해 경쟁하는 개인이나 팀은 서로 통찰력과 의견을 공유하기를 주저할 수 있다.

▪ 동료 간 지도 가이드라인 유인물

- 관찰 공유하기(예: ~을 알아차렸다, ~에 대해 관심이 있다)
- 긍정적으로 진술하기
- 친절하게 말하기
- 반성을 유도하는 질문하기
- 양방향 대화로 이끌기
- 요약하고 구두로 확인하기
- 친절한 말로서 긍정적인 내용으로 끝내기

▪ 교육생을 위한 연습 후 자기성찰 가이드라인 유인물

- 의견 및 제안 요약하기
- 근본적인 메시지 확인하기
- 메시지 분류하기
  - 걱정
  - 확인
  - 제안
  - 창의적인 아이디어
- 메시지 분류하기
  - 명확하게 하기
  - 채택하기(전부 또는 일부)
  - 거절하기(전부 또는 일부)
- 피드백에서 얻은 주요 핵심 교훈 확인하기
- 전반적인 피드백을 통해 느낀 주요한 감정과 놀라움(또는 놀랍지 않음) 표현하기

기업가 인터뷰와 자기평가 (Interviewing an Entrepreneur and Self-Assessment)

저자_ ANDREW ZACHARAKIS

▪ 개요

이 연습에서 교육생은 자기가 선택한 기업가와 인터뷰를 한다. 교육생이 '실제' 기업가를 만나 관계를 만드는 것이 목표이며, 평소 관심 있던 산업 분야의 기업가라면 이상적일 것이다. 인터뷰를 한 기업가는 교육생에게 새로운 배움의 기회를 줄 뿐만 아니라 멘토가 되어 일자리나 인턴십 등을 제공해 줄 수 있기를 기대한다. 인터뷰는 직접 해야 하며 30~60분 정도 소요된다. 인터뷰 후 교육생은 현장기록노트를 준비해야 하며 이는 분석 보고서의 기초 연구가 된다. 교육생은 자신의 기업가적 잠재력을 평가하기 위해 인터뷰와 후속 분석을 활용해야 한다.

▪ 적용대상

이 연습은 모든 일반인, 학부생, 대학원생, 경영자 교육 그리고 고등학생을 대상으로 할 수 있다. 이는 어느 수업에서든 가능하지만 주로 기업가정신 선택과목의 도입부에서 실시한다. 외부와 접촉할 뿐만 아니라 교육생이 관심을 갖는 산업에 대한 훌륭한 학습도구이기 때문에 교과과정 초반에 배정하는 것이 가장 좋다.

▪ 학습목표

• 새로운 사업에서 성공하기 위해 실제 기업가적 전략을 배운다.

- 산업 분야에 대한 통찰력을 키운다.
- 네트워크를 구축하고 잠재적인 멘토를 만난다.
- 개인의 기업가적 잠재력을 평가한다.

▪ 준비물

질문은 교육생 스스로 작성하는 것을 권장하지만, 교육자가 간단한 견본 설문지를 제공하여 질문 유형에 대한 유용한 아이디어를 제시해 줄 수 있다. 분석적인 문서 작성을 위해 다음 사항을 참고하도록 한다.

- 기업가는 누구인가?
- 기업가의 전문적인 경험이나 배경은 무엇인가?
- 사업을 개발하기 위해 기업가는 어떤 프로세스를 사용했는가?
- 프로세스는 성공적이었는가?
- 사업의 성공은 어떤 기준으로 판단하는가?
- 기업가와 이야기하면서 무엇을 배웠는가?
- 인터뷰와 자기평가에 근거하여 자신의 기업가적 잠재력은 무엇인가?
- 성공을 위해서 어떤 능력을 개발해야 하며, 그것은 기업가적 역량인가?
- 이러한 능력을 키울 수 있도록 미리 일정을 세운다.

▪ 준비사항

첫 수업에 인터뷰를 배정하고 3~4주 후에 최종 보고서를 제출한다. 인터뷰할 기업가에게 일찍 연락하는 것이 중요하다. 대부분의 기업가는 기꺼이 교육생을 만나고자 하지만 일정이 매우 바쁘다. 그래서 일정을 빨리 잡으면 잡을수록 보고서 마감일을 맞추기 쉽다. 다음 두 가지 필요 조건을 참고하자.

① 인터뷰할 기업가는 가족이나 친구가 아니어야 한다. 이 연습은 인맥을 넓힐 수 있는 좋은 기회다.

② 목표를 높게 세우도록 한다. 회사 설립연도나 매출액과 같이 기업가에 대한 적절한 기준 항목을 정할 수 있다. 그렇지 않으면 교육생은 매출이 없는 매우 작은 회사의 동급생을 인터뷰할 수도 있다.

■ 이론적 근거

Bygrave, W., and Zacharakis, A. (2014). *Entrepreneurship,* 3rd ed. Hoboken, NJ: Wiley.

- Chapter 2, "The entrepreneurial process"
- Chapter 6, "Building the founding team"

■ 시간 계획 (60분)

강의실에서 하는 최종 발표는 보통 60~75분 정도 소요된다.

1단계

수업 3일 전까지 보고서를 제출한다. 칠판(또는 컴퓨터 화면이나 빔 프로젝트 등을 사용)에 이를 게시하고 두 가지 문제를 논의한다.

① 가장 인상적인 인용문

② 가장 중요한 교훈

교육생은 다양한 게시물을 검토하고 수업 준비를 위해 자기평가와 티몬스 모델(Timmons Model)의 관련성을 만든다.

2단계 _ 0:00-0:10 (10분)

대면 강의에서 교육생은 몇 가지 중요한 인용문으로 시작해야 하며 그 중 몇 개는 게시판이나 파워포인트에 적도록 한다. 다른 교육생의 반응을 확인한다.

3단계 _ 0:10-0:40 (30분)

소그룹으로 나눠 지금까지 수업에서 배운 다양한 학습목표에 대한 분명한 연관성을 만들도록 한다. 예를 들어, 이 사례들이 티몬스 프레임워크(Timmons Framework)에서 나오는 기회, 자원, 팀 등과 어떻게 연결되는지 알아본다.

4단계 _ 0:40-0:60 (20분)

토론 결과를 보고한다. 강의 주제와 연관성이 있는 것은 공유하도록 한다.

▪ 복습

교육생은 인터뷰 후 일주일 내에 자신의 보고서 사본을 나중에 공유하겠다는 약속과 함께 자필로 감사 인사를 써서 보낸다. 여기에는 두 가지 목표가 있다. 모든 것이 전자화된 오늘날 손으로 쓰는 감사 인사는 매우 드물기 때문에 금방 눈에 띄고 기억에 남을 것이다. 1~2주 후에 보고서를 보내면 관계는 깊어지고 더 강한 인상을 심어 주게 되며, 교육생은 보고서에서 드러난 약점을 개선하거나 수정할 기회가 생긴다. 교육생은 기업가를 멘토로 삼겠다는 목적을 가지고 정기적으로 연락하는 것이 좋다. 따라서 SNS 등을 사용하여 기업가와 연락하고 가끔 비공식적인 상황에서 만날 수 있도록 노력한다.

▪ 핵심 요점

- 교육생이 현재의 기업가와 일련의 과정을 강의 내용과 연결시키면서 이론을 강화한다.
- 교육생이 자신의 기업가적 잠재력을 평가할 수 있도록 한다.
- 기업가적 잠재력을 향상시킬 수 있는 행동계획을 세운다.

▪ 교육 팁

교육생, 특히 학부생이나 고등학생은 대개 이 연습을 힘들어한다. 거절당할까 봐 두려워서 교육자에게 적당한 기업가를 소개해 달라고 하거나 가족, 친구 아니면 이미 알고 있는 사람을 인터뷰한다. 교육생이 이러한 두려움에서 벗어나도록 모르는 기업가를 찾아 접근하도록 한다(다시 말하지만 대부분의 기업가는 교육생과 시간을 보낼 의향이 있으며 편한 시간만 정하면 된다). 교육생에게 졸업생 데이터를 검색해서 현재 교육생과 친해질 수 있는 적절한 기업가를 찾아 걱정을 덜어 줄 수도 있다.

적절한 기업가에 대한 기준을 설정하는 것은 도움이 된다. 매출액, 창립연도 등의 기준을 설정하여 더 성공한 기업가를 찾아 가도록 한다.

과제 마감일 전에 각 교육생이 얼마나 많은 일정을 잡고 인터뷰를 했는지 확인해 본다. 이를 통해 교육생이 마지막 순간까지 기다리지 않도록 하고(더 많은 인터뷰를 할 수 있음을 의미) 미루는 교육생에게는 약간의 압박을 줄 수 있다.

▪ 출처

Timmons J. and Spinelli, S. (2008). *New Venture Creation: Entrepreneurship for the 21st Century,* 8th edn. New York: McGraw-Hill/Irwin.

완벽한 발표 (Perfect Pitch)

저자_ ANGELO SANTINELLI AND CANDIDA BRUSH

■ 개요

이 연습은 간단한 상호작용 연습을 통하여 자신의 사업을 효과적이고 명확하게 전달하는 접근법을 개발하고 이를 반영할 수 있는 기회를 제공한다. 교육생은 기회의 본질을 잠재적인 투자자에게 전달하는 다양한 기술을 생각해 보게 될 것이다. 교육생은 서로 홍보하면서 다른 사람의 경험에서 배우고 이 연습에 필요한 현장 상황에 공감한다. '완벽한 발표(Perfect Pitch)'는 두 요소로 구성된다. 해결 중인 문제, 해결책, 가치 제안, 비즈니스 모델, 필요 자산 등의 내용적 측면과 목소리, 보디랭귀지, 외모, 시선 등 메시지를 전달하는 의사소통의 측면이 있다. 이 두 가지는 '완벽한 발표'에 필수적이다.

연구에 따르면 사람들은 아이디어에 대해 더 알고 싶은지 90초 이내에 결정한다고 한다. 첫인상을 만드는 데 7~20초가 걸리며 첫인상의 93%는 비언어적 의사소통(앉은 자세, 서 있는 자세, 시선, 보디랭귀지, 말투, 옷과 같은 외형적 측면 등)에서 결정된다. 기업가가 너무 빠르게 또는 너무 부드럽게 말하고, 열정이 부족하거나, 슬라이드를 대본처럼 읽고, 시선을 피하며, 전문용어에 의존하고, 과장된 몸짓을 보인다면 투자자는 즉시 투자를 보류할 수도 있다. 첫인상을 관리하고 자신감과 사회적 친화력을 보여주는 기업가가 더 설득력이 있어 보이는 것이 현실이다(Hoehn-Weiss et al., 2004).

■ 적용대상

이 연습은 일반인, 학부생, 대학원생, 경영인, 전문가 등 모두를 대상으로 한다. 새로운 창업과정, 기업가정신 캠프, 워크숍 등에 적합하다. 이 과정은 강의 전후에 시행될 수 있는데, 교육생이 사업 콘셉트, 프로젝트, 가족 또는 기업 계획을 파악하고서 자리에서 일어나 자신의 생각을 간단히 말하는 식으로 진행된다. 또한 이 연습은 교육생이 기회, 팀, 자산, 비즈니스 모델 등을 충분히 이해하고 가치 제안을 더 명확하게 설명할 수 있을 때, 교육과정 마지막 부분에서 시행될 수도 있다.

■ 학습목표

- 아이디어 피치(발표) 활동과 콘텐츠 제작의 기초를 배운다.
- 듣는 이의 기대와 동기부여를 이해하고 그 중요성을 고려한다.
- 비즈니스 기회의 효과적인 전달에 필요한 연구 및 사고의 양을 평가한다.

■ 준비물

- 뱁슨 로켓 피치(Rocket Pitch) 평가지(연습 마지막 부분 참고)
- 스톱워치(알람이 있으면 더 좋음)

■ 선수학습

위에 제시된 것처럼 연습이 강의 전후에 시행되는 경우 선수학습은 필요하지 않다. 만약 교육과정 마지막 부분에서만 시행된다면 다음 '이론적 근거'의 문헌을 읽어 보도록 한다.

▪ 이론적 근거

- Hoehn-Weiss, Manuela N., Brush, Candida G., and Baron, Robert A. (2004). Putting your best foot forward? *Journal of Private Equity,* 7(4), 17-26.
- Santinelli, A., and Brush, C. G. (2013). *Designing and delivering the perfect pitch.* Babson College.

▪ 시간 계획 (60분)

이 연습은 수업 전체를 포함하여 다양한 시간대에 맞출 수 있다. 이 강의 노트의 목적을 위해서는 한 시간이 필요하다.

1단계 _ 0:00-0:20 (20분)

이번 연습은 지원자가 자신의 생각을 발표하면서 시작한다. 발표 시간은 딱 3분임을 알려준다. 다른 지시사항은 없다. 3분 후 교육생은 즉시 멈춰야 한다.

다른 교육생은 몇 분간 자신의 생각과 느낌을 적도록 하고, 다른 지원자를 찾는다. 이러한 방식으로 3~5명이 발표를 한다.

2단계 _ 0:20-1:00 (40분)

'뱁슨 로켓 피치 평가지'를 나눠 주고 자신이 필기한 것과 비교하여 각각의 발표에 대한 평가 양식을 작성하도록 한다. 이제 다음 질문을 지침 삼아 대화를 시작한다.

- 첫 번째 발표부터 시작한다. 제품이나 서비스가 무엇인지, 그리고 어떻게 작동하는지 설명할 수 있는 사람이 있는가?
- 대상 고객은 누구이며 어떤 문제가 해결하는가?

- 좋은 기회인가? 이유는?
- 이것이 좋은 기회라고 생각되는 상황적 요소가 있는가?
- 제품은 경쟁 제품 및 다른 제품과 비교해서 어떤 특징과 차이가 있는가?
- 어떻게 돈을 버는가?
- 팀 기술이 사업에 필요한 수준에 적합한가?
- 사업 시작을 위해 어떤 자원이 필요한가?
- 정보가 전달되는 방식에 대해 어떤 생각을 해보았는가?
- 발표자는 내용과 전달 방법을 개선하기 위해 주어진 시간 제약 내에 무엇을 할 수 있었는가?

비슷한 질문을 하면서 발표를 계속한다. 양식의 평가기준과 교육생의 평가를 어떻게 비교했는지 물어본다.

현재 단계에서는 아이디어에 많은 허점이 보일 것이다. 지금부터는 아이디어 추가 분석에 대한 작업계획이 나타나야 한다. 이 연습 초반에는 교육생이 자신의 아이디어가 기회인지 도구 정도인지 잘 모른다.

교육과정 마지막에 두 번째 연습을 통해 교육생은 위 질문에 대한 답을 더 많이 찾을 수 있을 것이다. 발표는 3~5분으로 유지해야 하며 주어진 시간에 따라 더 짧게 2분 동안 할 수도 있다. 발표자는 슬라이드, 플립 차트, 또는 자신이 선택한 보조 장치를 사용할 수 있다. 제한시간을 지키는 것이 중요한데, 그래야 발표자가 중요한 질문에 대답하는 데 계속 집중할 수 있다.

연습을 변형하여 몇 명의 심사위원이 둘 수도 있다. 발표교육 방법을 하는 심사위원을 선정하여, 즉각적인 서면 및 구두 피드백을 제공할 수 있다. 시간을 지켜야 하므로 질의 응답할 시간 없이 피드백만 받도록 한다.

또 다른 방법으로 심사위원 및 교육생이 질의 응답할 시간을 줄 수도 있다. 이것은 전적으로 할당된 시간에 달려 있다.

▪ 복습

본 연습이 강좌 초반에 시행된다면, 흥미로운 후속 연습으로 교육생 개별로 또는 팀 단위로 피드백을 지침으로 자신의 아이디어의 타당성에 대한 추가 연구를 수행하는 작업계획을 세우도록 한다. 초기 발표에서는 주로 미결된 문제가 노출되고 추가적인 타당성 테스트가 필요한 아이디어에 대해 질문을 받는다.

▪ 교육 팁

교육생은 대개 이 연습을 많이 불안해한다. 지원자에게는 제한시간을 철저히 준수하면서도 수업 중간에 잠시 쉬도록 하는 게 좋다. 투자자에게 투자를 요청할 때 교육생은 발표의 중요성을 깨닫기 시작할 것이다. 일단 토론이 시작되면, 아이디어 내용 중 매우 좋은 부분에 대해 언급해 주고 긍정적인 발표능력을 이야기해 주면서 긴장을 풀어 준다. 교육생은 수업이 끝날 때면 자신의 성과를 개선시키는 데 필요한 능력, 도구 및 기술을 배우고 있다는 사실에 기뻐할 것이다.

발표에서 드러난 아이디어의 허점, 제기된 질문, 필요한 데이터와 분석 등을 평가할 시간을 주는 것은 기업가정신과정에 대한 또 다른 측면을 만들어 주면서 교육생이 자신만의 작업계획을 세우도록 해줄 것이다.

▪ 핵심 요점

- 청중에게 가치 제안, 팀, 시장 기회, 제품 설명, 경쟁환경, 비즈니스 모델, 주요 사건, 재무 등의 핵심 내용을 전달하는 것의 중요성

• 사람과 아이디어를 인식하는 방법에 대한 준비와 소통의 역할과 그 중요성

▪ 뱁슨 로켓 피치 평가지

프로젝트 명:

		아니다				그렇다
아이디어 (Idea)	무엇인가? 어떻게 문제를 해결하는가? (제품 또는 서비스에 대한 명확하고 이해하기 쉬운 설명이 필요하다.)	1	2	3	4	5
고객 (Customer)	누구를 위한 것인가? (초기 목표 시장이 명확하게 설명되고 측정되어야 한다.)	1	2	3	4	5
고객니즈(Need)	왜 이것이 필요한가? (문제나 기회가 명확히 언급되고 이해되어야 한다.)	1	2	3	4	5
비즈니스 모델 (Business Model)	어떻게 수익을 낼 것인가? (비즈니스 모델의 다양한 요소를 명확히 이해해야 한다.)	1	2	3	4	5
차별화 (Differentiation)	무엇이 특별하고 다른가? (목표 또는 고객을 끌어들이는 확실한 특징이 확인되어야 한다.)	1	2	3	4	5
사람 (People)	팀원은 필요한 기술, 관계, 경험을 갖춰야 한다.	1	2	3	4	5
요청사항 (The ask)	재정계획은 합리적인 수준이며 특정 금액의 자금이 확인되었다.	1	2	3	4	5

일루수는 누구인가? (Who's on First?)

저자_ ELAINE EISENMAN

▪ 개요

이 연습은 기업가 팀이 문제해결 과제에 접근하는 방법을 강조하기 위해 고안되었다. 특히 의사결정, 위임, 리더십 효과, 지도자 지배력과 같이 팀의 불확실성과 모호함을 이해하게 해주는 팀 기술을 강조한다.

▪ 적용대상

사장과 직원 간 문제를 강조하고 기존의 기능적인 팀의 역학 관계를 이해하는 등 다양한 목적에 맞게 사용될 수 있다. 참가자의 경험이 풍부할수록 더 좋은 결과가 나오는 경향이 있다.

▪ 학습목표

- 그룹 역학과 리더의 행동이 과제를 정의하고 해결하는 데 있어 어떻게 중요한 역할을 하는지 경험한다.
- 과제가 완전히 정의되기 전, 그리고 해결책을 성급히 만들기 전에 문제를 정의하고 적절한 질문을 하는 연습을 한다.
- 선택된 문제해결 접근 방식이 과정과 결과 모두에 영향을 줄 수 있음을 인지한다.

▪ 준비물

칠판, 마커, 각 참가자별 '그룹 문제해결 과제: 일루수는 누구인가?' 연

습문제지 사본 (연습 마지막 부분 참고), 타이머

■ 선수학습

없음

■ 이론적 근거

- Katzenbach, Jon, and Smith, Douglas. (2005). The discipline of teams. *Harvard Business Review,* July.
- Bradford, D. L., and Cohen, A. R. (1998). *Power Up: Transforming Organizations Through Shared Leadership.* Hoboken, NJ: Wiley.

■ 시간 계획 (60분)

준비 _ 0:00-0:15 (15분)

과제를 알려주고 '그룹 문제해결 과제: 일루수는 누구인가?' 연습문제지를 나눠 준다. 교육생이 과제를 읽어 보고 조용히 생각할 시간을 준다.

그룹 과제 _ 0:15-0:40 (25분)

이상적으로는 타이머를 20분에 맞추고 완성까지 5분의 시간을 더 준다. 20분 전에 모두 완료하면 보고를 시작한다.

발표 _ 0:40-0:45 (5분)

각 그룹은 각자 답을 크게 소리 내어 읽는다. 모든 그룹이 발표를 한 후 교육자는 정답을 보여준다.

[정답]

포수: Allen

투수: Harry

1루수: Paul

2루수: Jerry

3루수: Andy

유격수: Ed

좌익수: Sam

중견수: Bill

우익수: Mike

결과 보고 _ 0:45-1:00 (15분)

사용된 프로세스, 과제, 학습 내용, 실제 환경에서 적용 가능한 분야 등에 대해 논의한다.

- 리더가 누구였는지, 리더는 어떻게 선정했는지, 무엇이 효과적이고 비효과적이었는지, 나중에 비슷한 과제가 주어졌을 때 어떤 행동을 다르게 할 것인지 등을 질문한다.
- '의사결정 방식' 유인물(연습 마지막 부분 참고)에 명시된 의사결정 방식을 검토한다. 어떤 의사결정 방식이 사용되었는가? 어떤 방식이 가장 효과적이고 비효율적이었는가? 예시는 무엇인가? 왜 하나의 방식이 다른 것보다 더 효과적이었는가? 등을 질문한다.
- 기존 집단에게는 얼마나 기존 사업같이 느꼈는지 물어보고 위의 질문을 물어본다. 특히 팀의 한 사람이 따라오지 못한 문제, 이에 대한 이해, 그리고 해답을 찾는 과정에 주의를 기울인다. 만약 이런 일이

주기적으로 생긴다면 팀에 어떤 영향을 미칠지 물어본다.

■ 핵심 요점

- 성공적인 해결책을 위해서 문제를 정의하는 데 시간을 들이는 것은 매우 중요하다.
- 의사결정 방식은 상황과 과제에 따라 그 효과가 다양하게 나타난다.
- 그룹 역동성에 대한 공개적인 토론과 반성은 팀 발전에 중요하다.

■ 복습

이 연습에서 얻은 통찰력을 업무에 어떻게 적용할 수 있는지 물어본다. 어떤 점을 다르게 할 것이며, 일을 진행할 때 효율적이고 비효율적인 역할을 어떻게 상기시킬 수 있는가?

■ 교육 팁

- 야구에 대한 지식 없이 해결할 수 있는 과제임을 다시 말해 준다. 반복해서 묻는 질문 하나는 배터리를 구성하는 포지션인데, 이는 연습문제지에 설명되어 있다('그룹 문제해결 과제: 일루수는 누구인가?').
- 그룹당 10명을 넘지 않는 것이 이상적이며, 최소 5명이 필요하다.
- 기존에 있던 그룹이 아니라면, 이 문제는 그룹으로 해결해야 함을 알려준다.
- 여러 그룹이 있는 경우 경쟁을 하도록 만들어 우승한 팀에게 작은 상을 준다. 우승 팀에게는 자신의 프로세스와 전략을 공유하도록 한다.
- 기존 그룹 그대로라면 아무 말 없이 어떻게 진행되는지 지켜본다. 일부 팀원이 자리를 떠나 혼자 문제를 해결하려 하는가?

- 어떤 하위 그룹이 형성되는가? 그 그룹은 어떻게 과제를 해결하는가? 야구장 다이아몬드 모양을 그리는가? 만약 그렸다면 그것이 문제해결에 도움이 되지 않는다는 사실을 알기까지 얼마나 걸렸는가?
- 가장 효과적인 해결책은 이름과 포지션을 축으로 하는 행렬을 만드는 것이다. 그리고 이름과 상태를 확인하면서 불가능한 조합은 지워 나간다.
- 대부분 15~20분 이내에 끝난다. 아직 끝나지 않은 그룹이 있다면 20분에 경고하며 5분의 시간을 더 주어서 25분까지는 끝내도록 한다.
- 모두 끝나면 정답을 읽도록 하고, 정답지에 이를 표시해 둔다.
- 일반적으로 완료하지 못하는 이유를 살펴보면 칠판에 행렬을 그리지 않은 경우, 이름을 지우는 역할을 나누지 않은 경우, 문제와 관계없는 토론을 하는 경우, 그룹이 나눠지는 경우, 과제 자체를 시작하기 전에 분석을 너무 많이 하는 경우이다.

▪ 그룹 문제해결 과제: 일루수는 누구인가?

목표

아래 설명된 야구팀에서 누가 어떤 포지션인지 알아낸다.

포지션

포수__________________

투수__________________

1루수__________________

2루수__________________

3루수__________________

유격수________________

좌익수________________

우익수________________

중견수________________

주의 '배터리(The Battery)'는 투수와 포수를 의미한다.

제시되는 정보

① Andy는 포수를 안 좋아한다.

② Ed의 여동생은 2루수와 약혼했다.

③ 중견수는 우익수보다 키가 크다.

④ Harry와 3루수는 같은 건물에 산다.

⑤ Paul과 Alle은 피노클(pinochle)■ 게임에서 투수에게 20달러를 땄다.

⑥ Ed와 외야수는 여가 시간에 포커를 친다.

⑦ 투수의 아내는 3루수의 여동생이다.

⑧ Allen, Harry, Andy를 제외한 모든 배터리와 내야수는 Sam보다 키가 작다.

⑨ Paul, Andy와 유격수는 경마장에서 150달러를 잃었다.

⑩ Paul, Harry, Bill과 포수는 2루수와의 당구 게임에서 완패했다.

⑪ Sam은 이혼 소송을 진행 중이다.

⑫ 포수와 3루수는 각각 2명의 자녀를 두고 있다.

⑬ Ed, Paul, Jerry와 우익수, 중견수는 미혼이며 나머지는 기혼이다.

⑭ 유격수, 3루수, Bill은 각각 100달러짜리 내기를 했다.

⑮ Mike와 Andy 중 한 명은 외야수이다.

■ 피노클(pinochle): 2~4명이 48매의 패로 하는 일종의 카드놀이

⑯ Jerry는 Bill보다 키가 크다. Mike는 Bill보다 키가 작다. 셋 다 3루수보다 무겁다.

▪ 의사결정 방식

리더(및 팀)가 사용하는 네 가지 의사결정 방식이 있다.

1. 자율형(Autonomous)

자료 수집은 다른 사람들이 할 수 있지만, 결정은 리더 혼자 내린다. 자료 수집은 혼자 할 수도 있고 그룹으로 할 수도 있다. 그룹에서 리더가 정보를 요청할 수도 있다(예를 들면 "다양한 고객이 어떻게 반응할까?"). 하지만 의사결정과정에 다른 사람이 관여하지 않는다.

2. 자문형(Consultative)

리더는 의사결정에 다른 사람을 참여시킨다(이것 역시 각자 할 수도 있고 그룹으로 할 수도 있다). 그룹원은 결정에 영향을 줄 수 있고 리더는 논쟁의 결과에 따라 의견을 바꾸기도 한다. 하지만 최종 분석 후 내려진 결정은 리더의 첫 번째 선택이 될 것이다(차이점은 어떤 특정 안건이 한 사람의 영역 내에 있지만 다른 사람에게 영향을 줄 때, 그 사람에게 자문할 수 있다. 그래서 결정은 리더의 첫 번째 선택이 되는 것이다).

3. 합의형(Joint)

합의하여 공동 의사결정을 내린다. 즉 모든 사람이 각자 의견을 다른 사람에게 이해시키고, 문제해결을 위해 함께 협력하면서 적극적으로 서로를 지원한다. 리더는 자신이 동의하지 않는 결정은 수락하지 않는다. 하지만 문제를 해결하는 방법은 한 가지 이상 존재하기 때문에 첫 번째 선택이 아니더라도 지지받는 결정을 수락할 것이다.

4. 위임형(Delegative)

이 경우, 결정을 내리기 위해 대개 미리 결정된 방법에 따라 문제가 개인 또는 하위 그룹에게 위임된다. 리더와 그 그룹은 이 하위 그룹의 결정 수락에 동의하므로, 개인이나 추천장을 가지고 돌아오는 개인에게 할당되는 것과는 차이가 있다.

효과적인 리더는 네 가지 의사결정 방식을 모두 사용한다. 지도자는 각 문제를 사용하는 방식에 따라 구분된다. 이것은 옳고 그름의 문제라기보다는 어떤 이점을 추구하고 얼마나 기꺼이 지불할 수 있는가의 문제이다. 물론 각각의 방식에는 문제점이 있다. 세상에 공짜는 없는 법이다(Bradford and Cohen, 1998).

가족기업 이해하기 (Family Systems)

저자_ MATT ALLEN

■ 개요

이 연습은 가족기업 내 의사결정에 영향을 주는 다양한 관점을 이해하는 데 도움을 준다. 가족체계 내의 여러 관점을 고려하고 이런 관점이 의사결정과정에 끼칠 영향을 고려할 것이다. 이번 연습에서 교육생은 가족기업 속에서의 다양한 역할을 맡아볼 기회를 가지게 된다. 교육생은 사례연구 속에서 맡은 역할에 따라 관련된 문제를 해결할 것이고, 이는 가족기업의 의사결정과정과 관련된 복잡성을 파악하는 데 도움이 될 것이다.

이 연습은 이론적으로 시스템 이론에 근거하는데, 개념이나 프로세스를 이해하기 위해서는 이에 영향을 주는 다양한 시스템을 이해하는 것이 중요함을 의미한다(von Bertalanffy, 1968). 의사결정에 영향을 주는 여러 시스템의 복잡성을 명확히 하기 위해 가족기업의 맥락에 시스템 이론을 적용하였다(Habbershon and Williams, 1999). 가족기업은 가족체계, 관리 시스템, 소유권 시스템이 모두 의사결정 프로세스에 중요한 역할을 하기 때문에 가족기업이 아닌 다른 사업보다 훨씬 복잡하다. 게다가 이 연습은 가족기업을 위한 사회정서적 재산 보존의 중요성을 이해하는 데 도움이 된다(Gómez-Mejía et al., 2007). 연구에 따르면 가족기업은 재정적 복지를 희생하더라도 대개는 사회정서적 재산(가족 지위, 가족 소유, 지역사회 영향 등) 보존에 집중할 것이라고 하였다(Wiseman and Gómez-Mejía, 1998). 사회정서적 재산 보존은 가족기업이 다른 사업 형태와 구분되는 특징으로 가족기업에서 다양한 시스템이 어떻게 의사결정에 영향을 줄 수 있는지에 대한 예시를 제공한다.

▪ 적용대상

이 연습은 비즈니스 교육을 받았거나 실무 경험을 갖춘 실무자 그룹에 가장 효과적이지만 일반인, 학부생, 대학원생, 실무자, 심지어 고등학생까지 모두를 대상으로 한다. 또한 기업가정신 교육과정에서 가족기업 프로세스나 가족기업 토론에 적합하다. 이 연습은 가족기업환경의 전반적인 역학 이해를 도와주므로 가족기업 프로세스 또는 가족기업 토론 초반부에 시행하는 것이 가장 좋다.

▪ 학습목표

- 가족체계 이론을 적용한다.
- 가족기업 의사결정과 관련된 복잡성을 발견한다.
- 재정 및 사회정서적 재산 두 가지 관점에 대한 의미를 평가한다.

▪ 준비물

- 비즈니스 사례(연습 마지막 부분 참고)
- 팀 역할 업무(연습 마지막 부분 참고)

여기에 수록된 비즈니스 사례는 포괄적이지만 교육자의 요구에 맞게 쉽게 적용할 수 있다. 교육자는 강의 필요에 따라 자신의 사례를 사용하거나 관련된 사례로 변경할 수 있다.

교육생에게 부여되는 역할은 교육생의 수와 토론에서 요구되는 복잡성에 따라 달라질 수 있다.

■ 선수학습

교육생에 따라 '이론적 근거'의 문헌을 미리 읽어 와야 할 수 있다.

■ 이론적 근거

- Bertalanffy, L. von. (1968). *General System Theory.* New York: Braziller.
- Gómez-Mejía, L. R., Haynes, K. T., Núñez-Nickel, M., Jacobson, K. J. L., and Moyano-Fuentes, J. (2007). Socioemotional wealth and business risks in family-controlled firms: Evidence from Spanish olive oil mills. *Administrative Science Quarterly,* 52(1), 106-37.
- Habbershon, T. G., and Williams, M. L. (1999). A unified systems perspective of family firm performance. *Journal of Business Venturing,* 18, 451-65.
- Wiseman, R. M., and Gómez-Mejía, L. R. (1998). A behavioral agency model of managerial risk taking. *Academy of Management Review,* 23(1), 133-53.

■ 시간 계획 (30분)

이 연습은 토론과 결과 보고를 위해 얼마나 많은 시간과 노력이 들어가는지에 따라 다양한 시간 계획을 적용할 수 있다. 이 강의 노트의 목적에 맞추어 연습은 30분 동안 진행된다. 연습 시작 전 특별한 준비는 필요하지 않으며, 소요시간이 길지 않기 때문에 가족기업에 초점을 맞춘 학급 전체에서 함께 실시할 수 있다.

1단계 _ 0:00-0:10 (10분)

- 비즈니스 사례를 발표하면서 연습을 시작한다. 교육생이 슬라이드 또는 유인물에 있는 사례에 대한 짧은 설명을 읽거나 토론과정에서 비즈니스 상황을 설명한다. 모든 교육생이 사례에서 설명한 비즈니스 상황을 명확히 이해하는 것이 중요하다.
- 사례에 서술되어 있는 의미를 논의하지 않고서 전체를 4~5명의 소그룹으로 나누어 각 그룹별로 사례에서 설명한 비즈니스와 관련된 역할을 배정한다. 참가자는 맡은 역할을 분명히 이해해야 한다(전체 인원이 많다면 여러 그룹에게 같은 역할을 배정할 수도 있다. 인원이 적으면 한 명이 각각의 역할을 맡는다).
- 자신의 역할과 주어진 비즈니스 상황을 모두 고려하도록 한다. 해당 상황에서의 가장 큰 우려사항 세 가지를 토론하는 것이 목표이다. 즉 이 연습은 배정받은 역할과 사례 속 비즈니스 상황을 기반으로 진행된다. 논의 시간은 5~7분이 주어진다.

2단계 _ 0:10-0:20 (10분)

- 토론이 끝나면 각 팀은 배정된 역할에 대한 다양한 문제사항을 공유하도록 한다. 게시판에 각 역할에 대한 문제사항을 적어 참가자들이 자기 팀과 다른 팀을 비교해 볼 수 있게 한다.
- 모든 팀이 작성을 끝내면 각각 맡은 역할의 문제사항을 비교하도록 한다.

– 어떻게 다른가?

이 연습에서 차이점은 대개 필요와 관점의 차이에서 비롯된다. 직원은 자신의 직무에 대해, 관리자는 자신의 직무뿐만 아니라 의사결정에 대해,

사장은 사업과 평판까지 걱정하는 반면에, 배우자는 생활방식이나 배우자의 건강과 복지에 대해 걱정한다.

– 왜 다른가?

이러한 차이점에는 많은 이유가 있으며, 각 그룹마다 다양한 이유가 있다. 한 가지 공통적인 이유는 서로 다른 영향력 때문이다. 직원은 대개 자신의 개인적인 역할 이상의 영향력은 없다고 느끼고 관심사 역시 훨씬 좁을 수 있다. 반면에 관리자는 자신의 능력으로 변화를 줄 수 있다고 인식하고 의사결정과 결과에 대해서까지 생각할 것이다. 더 광범위한 영향력을 가진 사장은 회사와 그 이상의 의미에 대해서도 걱정할 것이다. 회사에 대한 영향력이 거의 없는 배우자는 자녀, 배우자, 가족에게 미치는 사업의 영향 등 자신이 통제할 수 있는 상황에 집중하는 경향이 있다.

– 어떻게 비슷한가?

확실히 유사한 부분 중 하나는 한 계층 또는 다른 계층에서 일어난 상황이 모든 사람에게 영향을 끼친다는 점이다.

– 일부 문제사항은 왜 비슷한가?

모든 사람은 사업에 참여함으로써 이익을 얻는다. 그리고 모든 구성원이 동일하지는 않더라도 각자 무언가를 잃게 된다.

- 각자 맡은 역할에 대한 문제사항을 비교하고 대조하게 하면서, 참가자에게 의사결정을 위한 역할 간의 차이점이 갖는 의미를 고려하도록 한다.

– 각각 맡은 역할에서 어떻게 사업의 의사결정에 접근할 수 있는가?

결정에 대한 다양한 접근 방식을 살펴보는 한 가지 방법은 의사결정에 영향을 줄 수 있는 지식과 경험을 기반으로 보는 것이다. 사업에 영향을 줄 수 있는 능력을 살펴보는 것 역시 또 다른 방법이 될 수 있다.

– 현재 문제에 대한 해결책은 역할에 따라 어떻게 다른가?

대부분의 대답은 각 역할별로 내린 결정이 근거가 될 것이다. 직원이든 사장이든 본인을 위해 최선을 다하고 싶어 한다.

– 어떻게 동일할 수 있는가?

각기 다른 상황에서도 해결책에는 몇 가지 유사성이 있을 수 있다. 사업이 빠르게 발전하면 모두에게 도움이 되는 것은 분명하다. 이것이 가족기업의 복잡성이다. 목표가 어느 정도 일치하더라도 접근법과 동기부여에 상당한 차이가 있다.

3단계 _ 0:20-0:30 (10분)

- 참가자에게 배정된 여러 역할은 가족기업에서 의사결정에 영향을 주는 서로 다른 체계의 관점을 나타낸다고 지적한다(가족, 경영, 소유권 등).
- 가족기업 의사결정과 관련된 복잡성을 완전히 이해하려면 각자 다른 시스템을 이해하는 것이 중요하다고 설명한다.
- 참가자가 '옳은' 또는 '정당한' 문제사항을 표현한 역할에 대해 토론할 수 있게 함으로써 이러한 복잡성을 더욱 강조할 수 있다. 일반적으로 관점이나 시점에 근거해 모두 '옳다'고 대답한다. 여기서 어려운 부분은 대부분의 결정이 다른 관점을 완전히 만족시킬 수는 없다는 것이다.

■ 핵심 요점

- 시스템 이론은 가족기업을 이해하는 데 유용한 관점을 제공한다. 가족기업을 이해하기 위해서는 가족기업에 영향을 끼칠 수 있는 다른 시스템을 이해하는 것이 중요하다.
- 모든 사업이 다른 시스템의 영향을 받지만 가족기업은 더 복잡한 경향이 있다. 일반 상장기업은 주로 경영 의사결정에 중점을 두는 반면 가족기업은 경영, 소유권 및 가족 문제에 관심이 있다.
- 가족기업을 경영할 때 다양한 시스템이 의사결정에 미치는 영향을 인지하는 것이 중요하다.
- 가족기업을 바꾸기 힘든 경우는 잘못된 시스템에 영향을 줄 수도 있다는 생각 때문이다.

■ 복습

이 연습 이후 실제 가족기업이 직면해 있는 현안에 대해 서로 다른 가족 체계의 관점으로 토론해 볼 수 있다. 참가자가 가족기업환경에서 자랐다면 자신의 가족기업에서 이러한 문제를 고려해 보도록 한다.

■ 교육 팁

- 참가자는 '사장의 배우자'와 같은 몇몇 역할을 완벽히 수행하는 데 어려움을 느낄 수 있다. 팀별로 토론이 진행되는 동안 돌아다니면서 토론을 들어 보고, 자신의 생각이나 의견이 아닌 자신이 맡은 역할의 관점에서 생각해야 한다고 상기시켜 주어야 한다.
- 종종 서로 다른 역할을 맡은 팀이 우려하는 부분이 겹칠 수도 있다. 이때 문제사항이 비슷하더라도 그 이유는 대개 다르다는 점을 지적

해 준다. 예를 들어, 관리자와 사장은 모두 회사의 재정적인 미래를 걱정할 수 있지만 관리자는 고용의 관점에서, 사장은 개인적인 위험과 부의 관점에서 생각할 수 있다. 드러난 문제사항의 이유를 살펴보면서 이런 미묘한 차이를 확인할 수 있다.

▪ 비즈니스 사례

묘사된 상황은 강의실 사정에 따라 다양한 방법으로 적용될 수 있다.

- 해당 가족기업은 재정적으로 어려움을 겪고 있는 소규모 회사(제조업 회사)이다.
- 6개월간 지출이 소득을 초과했다.
- 현금 보유액은 3개월 이내에 없어진다.
- 경기 침체로 인해 최소한의 부채만 사용 가능하다.
- 수요는 평균 이하로 떨어져 회사가동능력은 57%에 불과하다.
- 수요 감소에 대해 생산량을 줄이는 것 외에 주요 예산 삭감, 정리해고와 같은 특별 조치는 아직 하지 않았다.
- 오늘날 대부분의 비즈니스 환경과 마찬가지로 수요가 언제 개선될지 알 수 없다.
- 직원의 우려가 커지고 회사 전체에 동기부여가 되지 않아 성과, 품질 및 고객서비스가 저하된다.

▪ 팀 역할 업무

이 역할 목록은 완전하지 않으며 토론하면서 필요시 역할을 추가하거나 대체할 수도 있다.

- 사장: 회사 대부분의 지분을 소유한 사람
- 관리자: 조직 내 직원 관리를 담당하는 관리자
- 사장의 배우자: 사업에 개입하지 않고 회사의 주식을 소유하고 있지 않은 배우자
- 직원: 주식을 소유하고 있지 않고 다른 직원 관리를 담당하지 않는 직원

정부의 기업가적 측면 이해하기 (Understanding the Entrepreneurial Side of Government)

저자_ JULIAN LANGE AND BENSON CRAIG

▪ 개요

이 연습은 공공부문에서 우수한 고객서비스를 제공하는 과제에 기업가적 사고를 적용하는 과정을 보여준다. 토론을 통해 정부가 상대하는 사람을 고객으로 대한다는 의미를 분석한다. 또한 민간과 공공 부문 이해당사자에게 영향을 주는 프로세스와 동기부여 측면의 유사점과 차이점을 살펴본다. 이와 함께 소도시 정부의 주요 고객층을 알아보고 이러한 다양한 그룹에 우수한 서비스를 제공하면서 나타나는 기회와 도전을 발견한다. 그다음 교육생을 나누어 팀을 만들고, 각 팀에는 소도시 정부의 고객서비스 팀 역할을 부여한다. 팀은 우수한 고객서비스를 제공하고 이를 더 향상시키기 위해 권장사항을 발전시키고 이런 권장사항을 강의에서 소개하여 전체 회의에서 논의해 본다. 마지막으로 자원 보유 상황, 고객 피드백, 측정항목 개발과 같은 시행 문제를 분석해 본다.

▪ 적용대상

이 연습은 경영학 석사, 학부생, 경영자 등 다양한 교육생을 대상으로 한다. 경영학 석사 및 학부생이 적어도 하나의 핵심 기업가정신 수업을 수강했다면 도움이 되지만 필수적인 것은 아니다. 이 연습은 기업가정신 기본 개설 강의의 특별 주제로 추천한다. 마케팅 과정에서 한 주제로 활용하거나 초대 연사나 공공부문의 연사가 있는 공공정책 기업가정신과정에서 기업가적 접근법에 대한 사례로 활용할 수 있다.

■ 학습목표

- 공공부문 환경에서의 기업가적 접근 방식을 알아본다.
- 민간부문 '고객'과 공공부문 '고객'의 유사점과 차이점을 비교한다.
- 기업가적 정부계획의 주요 주체, 이해당사자 및 의사결정권자를 정의한다.
- 정부의 고객서비스계획 실행과 관련된 기회와 도전을 살펴본다.

■ 준비물

없음

■ 선수학습

다음을 과제로 부과하거나 발췌할 수 있다.

Blanchard, Kenneth H. and Bowles, Sheldon(1993). *Raving Fans: A Revolutionary Approach to Customer Service.* New York: William Morrow.

■ 이론적 근거

- Case: Lange, Julian E. and Benson, Craig R. (2013). *Entrepreneurial Thought and Action® in Wellesley: Customer Service.* Wellesley, MA: Babson College.
- Baumol, W. J. (1990). Entrepreneurship: Productive, unproductive, and destructive. *Journal of Political Economy,* 98(5), 893-921.
- Minniti, Maria. (2008). The role of government policy on entrepre-

neurial activity: Productive, unproductive, or destructive. *Entrepreneurship Theory and Practice,* 32(5), 779-90.

- Davenport, Tom and Lange, Julian. (2011). Prediction logic: Analytics for entrepreneurial thinking. In Danna Greenberg, Kate McKone-Sweet, and James Wilson (eds.), *The New Entrepreneurial Leader: Developing Leaders Who Shape Social and Economic Opportunity* (pp. 62-76). San Francisco: Berrett-Koehler.

▪ 시간 계획 (90분)

이 연습은 90분 동안 진행되지만 좀 더 짧게 할 수도 있다. 강의를 시작하기 전까지 고객서비스에 대하여 읽기를 완료해야 한다. 연습 준비를 위해 고전 《열광하는 팬(*Raving Fans*)》(Blanchard and Bowles, 1993)을 미리 읽어두면 좋지만, 교육자 재량껏 고객서비스 원칙에 대한 다른 책으로 대신해도 된다.

1단계 _ 0:00-0:20 (20분)

교육자는 "예로부터 어디에서든 공무원은 자신이 상대하는 사람을 고객으로 생각하지 않았습니다. 이런 견해는 타당한가요?"라고 질문하며 연습을 시작한다. 교육생에게 '예' 또는 '아니오'로 투표하도록 하고 결과를 확인한다. 투표 후 다음과 같이 토론할 수 있다.

- 투표한 교육생 중 일부를 선정하여 투표에 대해 설명하도록 한다. 이어지는 토론에서 교육자는 교육생이 '네' 또는 '아니오'라고 투표한 이유를 게시판에 작성한다.
- 다음으로 교육자는 "효과적인 고객서비스의 주요 요소는 무엇인가요?"라고 질문한다. 그리고 이에 대한 답을 게시판에 작성한다.

• 교육자는 다음 사항을 질문하면서 '민간 및 공공 부문의 고객서비스 비교' 주제로 전환한다.

- 공공부문 활동에 참여한 적이 있는가?
- 있다면 소매업 고객과 지방자치 또는 정부 고객 간의 차이는 무엇인가?
- 민간부문과 공공부문에서 제공하는 훌륭한 고객서비스의 유사점과 차이점은 무엇인가?
- 더 큰 장기 프로젝트를 만들어 내기 위해, 소규모 프로젝트에서 '신속한 성공들'을 목표로 하는 전략은 타당한가?

2단계 _ 0:20-0:50 (30분)

교육자는 각각 5~6명의 그룹으로 나누어 다음 팀 과제를 소개한다.

• 중앙집중식 고객서비스 팀(Centralized Customer Service Team)의 일원으로서 소도시 정부 고객서비스 개선을 위한 권장사항 목록을 작성한다.
• 이 목록에서 '가장 중요한 권장사항 5가지'를 선택한다.
• 권장사항 발표를 준비한다.

이 시간 동안 각 그룹은 서기를 선정하고 권장사항을 개발해야 한다.

3단계(그룹 보고 및 토론) _ 0:50-1:15 (25분)

교육자는 하나의 그룹을 선택하여 게시판에 권장사항을 적도록 하고 이를 발표시킨다. 다른 그룹에게도 권장사항을 각각 하나씩 목록에 추가하도록 한다.

이 시점에서 교육자는 다음 질문을 한다.

- 효과적인 고객서비스를 실행하는 데 필요한 주요 자원은 무엇인가?
- 각 도시는 고객서비스에 대한 피드백을 어떻게 받는가?
- 고객서비스 효과를 어떻게 측정하는가?

4단계(마무리) _ 1:15-1:30 (15분)

첫 질문에 대한 투표를 다시 진행한다. '정부가 상대하는 사람을 고객으로 생각해야 하는가?' 투표를 집계하고 이 투표와 첫 투표 간의 유사성과 차이점에 주목하도록 한다. 그리고 교육생에게 투표 결과가 동일하거나 변경된 이유를 설명하도록 한다. 마지막으로, 정부에서 훌륭한 고객서비스를 실행하면서 나타나는 첫 번째 행동이 무엇인지 질문하고, 첫 번째 작은 행동이 우수한 고객서비스를 장기적으로 실행하는 데 중요한 요소가 될 수 있음을 관찰하도록 한다.

▪ 복습

교육자의 판단에 따라 공공부문의 우수한 고객서비스에서 배운 점을 논의하는 보고서를 작성하도록 할 수 있다. 500단어 이내 2장짜리 짧은 보고서가 적합하다.

▪ 핵심 요점

- 많은 사람들이 기업가적 정부는 모순적이라고 생각하지만 실제로 정부 활동에 기업가적 접근법을 적용할 수 있는 기회는 많다.
- 정부가 상대하는 사람을 고객으로 생각하면서 정부 의사결정권자가 우수한 고객서비스 제공의 중요성을 인식하도록 해준다.
- 효과적인 분석적 의사결정 프로세스는 공공 및 민간 부문 모두 유사하게 나타난다.

- 소규모 프로젝트에서 '신속한 성공들'을 달성함으로써 장기 프로젝트를 만들어 낼 수 있는 역량을 길러 이를 효과적으로 실행할 수 있다.

▪ 교육 팁

- 세세한 내용에 집착하거나 정치적으로 빠지지 말고 토론의 비정치성을 유지한다.
- 교육생에게 아이디어를 실행하는 방법에 대한 후속 질문을 한다.
- 교육생이 기업가적인 사고와 행동에 대한 민간부문과 공공부문에서의 유사점과 차이점에 집중하도록 한다.

고객 페르소나 창조 (Creating Customer Personas)

저자_ DONNA KELLEY

■ 개요

기업가정신의 초기 단계에서는 새로운 기회와 그 기회의 가치를 아는 고객이 연결되어야 한다. 그렇다면 기업가는 어떻게 상상력을 발휘하고, 이미 존재하는 것 이상으로 생각하며, 실제로 사람들이 사고 싶어 할 무언가를 만들어 낼까? 정답은 고객을 학습시키는 것이다. 이 연습을 통해 교육생은 고객의 입장이 되어 고객에 대한 공감적 이해를 높이게 된다. 즉 자신이 누구이고, 어떻게 생각하며, 무엇을 하고, 또 언제 어디로 가는지, 그리고 궁극적으로 기회를 가져다줄 문제가 무엇인지를 이해하게 되는 것이다.

■ 적용대상

이 연습은 학생, 창업가, 관리자에게 유용하다. 타당성 평가나 창업교과과정, 기업가정신 워크숍 등에 적합하다. 특히 (전통적인 기업 마케팅 실습과 달리) 높은 불확실성하에 제품과 마케팅믹스에 대한 새로운 시장통찰력을 개발하는 데 초점을 맞춘 초기 단계 기법이기 때문에 기업 마케팅 강의나 세미나에도 적합하다. 지금까지 배운 모든 것을 토대로 고객의 모습을 구체화하기 위해 인류학적(에스노그라피) 또는 관찰 연습과 고객 인터뷰 이후에 사용될 수도 있다. 또한 목표 시장에 대한 검증 가능한 가정을 세우는 데에도 도움이 된다.

특히 세계 여러 지역에서 사업을 하는 내용을 다루는 글로벌 기업가정신 교육과정에 효과적이다. 교육생은 서로 다른 생활방식, 음식, 관습 등을 가진 전혀 다른 장소에 사는 사람의 입장이 되어 보면서 이 낯선 이들과 공감하는 능력을 개발할 수 있다.

▪ 학습목표

- 고객주도형 기회를 만들기 위해 고객학습적 관점을 채택한다.
- 초기 단계 시장조사 기법을 사용한다.
- 사업적 기회에 관한 고객명세서를 만든다.
- 핵심 고객 세분화를 시각화한다.

▪ 준비물

고객 페르소나 연습문제지(연습 마지막 부분 참고)

▪ 선수학습

교육생이 이전 강의에서 에스노그라피나 관찰 연습 또는 고객 인터뷰를 한 적이 있는 경우 현장기록노트, 서면 과제 또는 발표 자료를 참조한다. 그렇지 않은 경우 고객 또는 고객을 대표하는 사람과 이야기해 보면 도움이 된다. 이들과 이야기를 나누는 간단한 예습 과제를 내줄 수도 있다. (선호하는 방식에 따라) 직접 만나거나 전화통화를 하면 되며 30분 이내로 실시한다.

인터뷰는 새로운 기회와 관련하여 고객의 행동 및 선호도를 이해하는 데 중점을 둬야 한다. 이 과제는 학습하고 탐구하는 것이지 검증하는 것이 아님을 주지시킨다. 그러므로 어떤 개념을 제시하거나 고객에게 그것을 좋아하는지, 어떻게 변화시키거나 향상시킬 것인지, 언제 사용할지,

얼마나 지불할 의향이 있는지 등을 물어서는 안 된다. 이러한 질문은 이후 단계에서 필요한 것으로 기회를 형성하는 초기 단계에서는 신뢰성이 떨어지고 불필요하다.

고객 의사결정 지도로 잠재적 고객과 30분 정도 인터뷰하는 방법 역시 가능하다. 사용 상황이 기록된 '일상' 지도를 통해 고객의 입장이 되어 볼 수 있다(고객의 의사결정과정, 구매과정, 사용과정을 경험해 본다. 최근 있었던 실제 상황이라면 이상적이다). 교육생은 문제점, 특정 행동, 고객인식, 그리고 이 과정에서 일어난 예상치 못한 발언 등을 발견할 수도 있다. 이러한 것을 통해 고객의 행동 및 선호도에 대한 이해를 높일 수 있다.

인터뷰 또는 의사결정 지도는 각자 수행하는 것이 가장 좋다. 고객과 대화하는 법을 배우고 그룹 토의에서 다양한 경험을 공유할 수 있기 때문이다.

▪ 이론적 근거

- Cooper, Alan. (2004). *The Inmates Are Running the Asylum: Why High Tech Products Drive Us Crazy and How to Restore the Sanity.* Indianapolis, IN: Sams Publishing.
- Kelley, Donna. (2013). *Conducting an Early-Stage Feasibility Analysis for an Entrepreneurial Opportunity.* Wellesley, MA: Babson College.
- Pruitt, John, and Grudin, Jonathan. *Personas: Practice and Theory,* http://research.microsoft.com/en-us/um/redmond/groups/coet/grudin/personas/old%20versions/pruitt-grudinrev2.pdf; http://research.microsoft.com/en-us/UM/People/jgrudin/publications/personas/DesignChapter.pdf

• Seiger, Alicia, and Chess, Robert. (2003). *Stanford Note on Market Research*. E-165. Stanford University.

■ 시간 계획 (60-70분)

일반적으로 교육생은 비즈니스 콘셉트에 대한 강의를 들어 보았을 것이다. 세미나 혹은 단기 교육과정이라면 이 연습은 현재 사업이나 익숙한 사업에 적용해 볼 수 있다(예를 들어, MBA 또는 최고경영자 과정). 이 연습은 고객에 대해 학습하고 지식을 쌓는 데 도움이 되며, 에스노그라피나 관찰, 고객 의사결정 지도, 고객 인터뷰 등의 이전 강의나 연습에서 사용되었을 수도 있다. 이 연습은 팀을 이루어 하는 것이 가장 좋은데, 토론 전에 소그룹으로 스토리보드 요소에 관해 그룹끼리 교류할 수도 있다.

1단계 _ 0:00-0:10 (10분)

스토리보드를 소개하고 연습문제지를 나눠 준다. 연습목표가 이 과정의 특정 프레임워크에 어떻게 적합한지 검토한다. 이 연습에서 무엇을 얻을지 또는 얻어야 하는지를 알려준다. 예컨대 글로벌 기업가정신과정이라면, 다른 문화권 고객 입장에서 기회를 볼 수 있어야 한다. 즉 매우 낯선 사람의 상황과 관점으로 일종의 공감능력을 발전시켜야 한다. 아울러 교육생이 수행한 다른 연습과의 관계를 토의한다. 예를 들어 학습한 것을 총동원하여 고객명세서를 작성하는 방법에 대해 논의한다. 다음 단계에서 이것이 어떻게 적합할지, 그리고 어떻게 알릴지를 언급한다.

2단계 _ 0:10-0:30 (20분)

이번 연습의 구성요소를 소개한다. 구성요소 전체를 한 번에 소개할 수 있는데, 그러고 나서 강의실을 돌아다니며 팀워크를 관찰하고 질문을 받는다. 구성요소를 한 번에 하나씩 소개할 수도 있다. 몇몇 팀이 발전시킨 것을 공유하는 동안에는 모두 하던 것을 잠시 멈춘다. 어떤 팀은 일부 과정을 더 빠르게 수행하고 특정 단계에서 더 많은 시간을 사용하려 할 수도 있으므로 유의해야 한다. 교육생이 강의실 밖에서 함께 할 수 있는 기회가 있다면, 교육자는 이 과정을 팀 과제로 내줄 수 있다. 이 경우 남은 시간을 결과와 영향에 대해 토론하는 데 집중하는 것이 좋다.

플립 차트를 벽이나 칠판에 붙이면 유용하다. 교육생은 고객을 하나의 큰 그림으로 나타낼 수 있어 좋고, 각각의 고객명세서를 둘러보는 것 역시 재미있는 과정이다. 각 팀별로 스토리보드를 발표하는 것도 좋다(팀이 많은 경우, 각자 스토리보드에서 다른 팀과 다른 부분만 발표한다).

3단계 _ 0:30-0:50 (20분)

보고서를 제출하고 토론을 시작한다. 다음 질문을 제시한다.

① 지금까지 고객에 대해 무엇을 배웠는가? 고객에 대한 관점이 어떻게 바뀌었는가?
② 어떤 점에 놀랐는가? 예상하지 못한 것은 무엇이었는가? (교육생은 선입관에서 벗어나 객관적인 관찰력과 통찰력을 얻고 예기치 못한 상황을 포착해야 한다.)
③ 어떤 가정을 설정하였는가? 그 가정을 뒷받침할 증거는 무엇인가? 가정을 검증하는 방법을 찾을 수 있는가?
④ 여기에는 어떤 문제 또는 불확실성이 있는가? 고객을 더 자세히 조사하면서 타당하고 신뢰성 있는 답변을 얻기 위해 어떤 질문을 하겠는가?
⑤ 고객을 계속 이해하기 위해 가장 논리적인 다음 단계는 무엇인가?

⑥ 고객이 찾고 있는 이점은 무엇인가? (편의, 단순성, 상태, 내구성, 속도 등) 이 중 무엇이 더 중요한가?

교육자는 다른 교육생이 각 팀의 스토리보드에 참여하도록 유도한다. 이를 통해 각 팀은 피드백을 얻을 수 있고, 더 넓은 관점으로 더 많은 기회를 얻게 된다. 그리고 다양한 고객 이야기와 기회를 통해 학습하게 된다. 교육생이 다른 스토리보드에서 배운 것을 각자의 기회나 사업에 적용하는 것은 이상적인 모습이다.

요약 및 마무리 _ 0:50-1:00/1:10 (10-20분)

교육생에게 기회에 대해 학습한 것을 알아보도록 하고 접근 방식에 어떤 변화를 주는지 물어본다. 나아가 다음 조사에서 해야 할 일을 파악하거나, 다음 수업에서 배운 내용을 사용할 수 있다. 교육자는 내용을 요약하면서 마무리한다.

▪ 복습

교육생은 학습한 내용을 사용하여 검증할 가설을 확인하고 추가적인 질문을 알아본다. 가설 검증을 위해 시장 테스트 연습을 과제로 부여할 수 있다(예를 들어, 하루 중 여러 시점에 서로 다른 위치에서 자전거 교통량 계산하기, 개략적인 프로토타입 테스트 설정하기 등).

이와 함께 교육생이 타당성 분석, 마케팅 분석, 사업계획 등에 이러한 질적 요소를 통합하도록 해야 한다. 특히 사업계획은 시장의 양적 데이터에 초점을 맞추는 경향이 있기 때문에, 교육생이 고객에 대해 설명하기가 쉽지 않다. 교육생에게 이러한 질적인 묘사까지 포함하도록 지도하면, 누구를 기회의 대상으로 삼고 있는지에 대해 심도 깊게 이해하는 데 도움을 줄 수 있다.

■ 핵심 요점

- 설문조사 및 콘셉트 테스트와 같은 기존의 시장조사 기법은 초기 단계의 기회 개발과 관련성이 떨어진다. 고객 페르소나 창조와 같은 심층적이고 질적인 기법은 기업가가 고객에 대해 보다 정교한 '직감'을 갖도록 해준다. 또한 기존 또는 잠재적 고객의 요구를 보다 효과적으로 해결할 수 있는 기회를 만들어 준다. 기업가가 (혼자) 개발한 기회가 고객에게 가치 있다고 설득하거나 시장의 흐름을 놓치는 것보다는 이 방법이 훨씬 효과적이다.
- 이러한 유형의 연구를 통해 고객에 대한 이해를 높이는 것은 잠재적 고객(예를 들면 비즈니스계획 검토자, 회의나 미팅에서의 투자자 또는 이해관계자 등)에게 기회에 대한 설득력 있는 사례를 만드는 데에도 유용하다. 따라서 고객에 대한 질적인 묘사를 숫자, 차트와 함께 제시하는 것이 중요하다.
- 고객 이해는 학습 가능한 기술이며 실습을 통해 가장 잘 배울 수 있다. 이 페르소나 연습은 고객과 실제로 대면하여 막연하고 추상적이었던 과정을 구체적 실제로 만들어 낼 수 있다.
- 이 연습에서는 가정이 틀렸음을 입증하고 어떤 가능성이든 열어 두는 것이 중요함을 강조한다. 이 과정을 통해 가정을 수정해야 하며 기회를 개발하고 조사할 다음 단계의 계획을 세울 수 있다.

■ 교육 팁

교육생은 이 연습의 창의적인 특성(가상의 고객 설정하기) 때문에 불안해할 수도 있다. 이 과정은 팀으로 수행하기 적합하며, 팀원 중 예술적이고 창조적인 측면에 보다 익숙한 교육생이 있을 수 있다. 교육자는 초기 진행 상황을 파악하여 팀을 구성함으로써 시작을 도와줄 수 있다. 또한 교육생이 이 연습을 사전에 숙지하도록 하여 스토리보드에 반영될 다른 연습(에스노그라피, 인터뷰 등)을 수행할 때, 이 과정에 대해 생각해 보도록 하는 것도 도움이 된다.

또 다른 어려움은 고객명세서와 사용 패턴을 문제에 연결하는 데에만 집중한다는 점이다. 이상적으로는 고객이 누구이며 어떻게 행동하는지 이해함으로써 문제가 제기되어야 한다. 교육생에게 실제 보이는 것과 연결되지 않는 잠재적 문제가 있을 수도 있다. 따라서 교육자는 교육생이 특정 문제에 대해 넓은 시야로 보도록 하고, 문제를 바꾸거나 진전시켜 해결할 수 있도록 도와준다. 이와 함께 그룹 작업이나 토론 수업에서 교육자는 고객명세서 또는 사용법과 문제 사이의 연관성을 검증해 볼 수 있다(예를 들어, 사용 중 어떤 시점에서 고객에게 이 문제가 발생하는가? 이유는? 고객은 어디에 있는가? 누구와 함께 있는가?).

교육생은 고객명세서와 그 사용법에서 발생하는 문제를 확인하는 데 어려움을 겪기도 한다. "고객이 우리가 제안한 상품을 갖고 있지 않아요" 등의 어려움을 토로한다. 그러나 이것은 진짜 문제가 아니다. 교육자는 사용 상황 속에서 문제를 구별해 내도록 지도해야 한다(실제 문제 또는 인식한 문제는 어느 과정에 있었는가? 고객이 다른 제품이 아니라 바로 그 제품을 사용하는 이유는 무엇인가? 고객이 사용법을 수정하거나 변형해서 사용하기도 하는가?).

▪ 고객 페르소나 연습문제지

전형적인 고객을 설명해 보자. 이름은 무엇인가? 나이는? 어디에 살며 가족 구성은 어떠한가?	
고객의 직업은 무엇이며 소속은 어디인가(직장, 학교 등)? 고객의 배경(경험, 교육수준)은 어떠한가? 고객이 특정 관심사 또는 취미를 가지고 있는가? 고객의 종교는 무엇인가? 그 외 고객에 대해 추가할 다른 사항이 있는가?	
고객은 기회와 관련된 시간을 어떻게 보내는가? 일반적인 사용 상황에 대해 서술해 보자.	
고객은 당신의 기회와 관련하여 어떤 문제가 있으며, 그 이유는 무엇인가?	고객이 이 문제를 해결할 다른 방법은 무엇인가? 서로 이러한 다른 해결책을 어떻게 느낄까?

제8장 창의 실습 연습 (Exercises to Practice Creation)

아이디어 창출을 위한 마인드 덤핑 (Mind Dumping)

저자_ HEIDI NECK AND DENNIS CERU

▪ 개요

마인드 덤핑 연습은 기업가적 과정(entrepreneurial process)에서 창의적인 아이디어를 창출해 내는 것에서 시작한다. 특히 아이디어 창출(ideation)은 아이디어가 좋고 나쁨을 평가하지 말고, 아이디어를 많이 내도록 하는 것이 중요하다. 실현가능성이 없어 보이는 아이디어라도 새로운 사업을 위한 잠재적인 아이디어로 남겨둘 수 있다. 또한 이러한 아이디어는 사내혁신의 새로운 아이디어가 될 가능성이 있을 수 있다.

▪ 적용대상

이 연습은 학부생, 대학원생에서 실무자에 이르기까지 다양한 참여자를 대상으로 한다. 또한 창업과 기업가정신 관련 교육과정, 워크숍 등에서 적절히 시행될 수 있다. 아이디어 창출과 기업가적 사고 프로세스에 대한 심층 탐구에 선행하여 첫 번째 연습, 아이스 브레이커(ice-breaker), 준비과정(warm-up exercise predecing) 등으로 활용될 수 있다.

▪ 학습목표

- 새로운 아이디어를 만들고 발전시키는 기법을 연습한다.
- 창의적 프로세스를 위해 필요한 자유로운 연상기술을 익힌다.
- 큰 기회를 만들어야 한다는 압박에서 벗어나 기본적인 아이디어(raw or seed ideas)로 편하게 시작한다.

▪ 준비물

- 교육생 1명당 '교육생용 마인드 덤프 연습문제지'(그림 8-1 참조)를 최소 3장씩 준비한다.
- 작은(2.5cm×5cm) '포스트잇'을 다양한 색상으로 한 명당 한 통씩 준비한다.

그림 8-1
교육생용 마인드 덤프 연습문제지

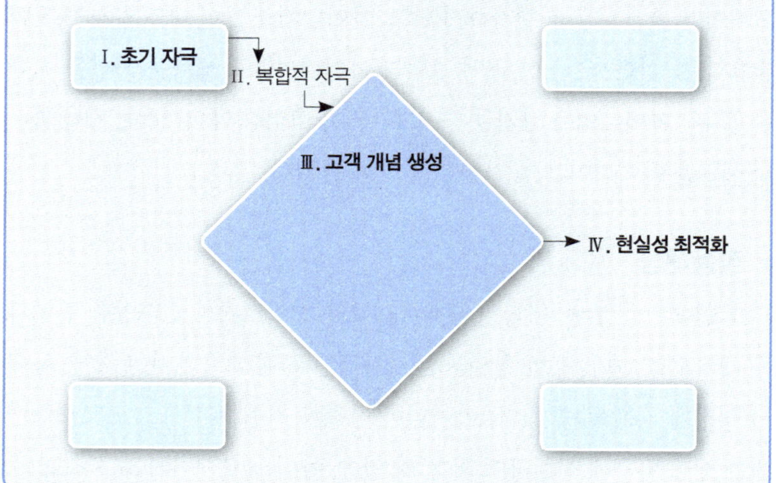

출처: Hall(2001) 수정.

■ 선수학습

없음

■ 이론적 근거

- Hall, D. (2001). *Jump Start Your Business Brain.* Cincinnati, OH: Clerisy Press.

■ 시간 계획 (2시간)

6개 파트로 구성(① 도전 과제 설정, ② 자극 수집, ③ 자극 증대, ④ 기초 아이디어 개발, ⑤ 단일 해결책 생성, ⑥ 정리 보고)

도전 과제 설정 _ 0:00-0:15 (15분)

교육자가 하나의 과제를 전체 교육생에게 부여할 수 있으며, 교육생마다 각기 다른 과제를 제시할 수도 있다. 모든 교육생이 할 수 있는 과제의 예를 살펴보자. 어떻게 비즈니스 교육을 재구성할 수 있을까? 어떻게 교내 쓰레기 문제를 해결할 수 있을까? 어떻게 더 나은 머그잔을 만들 수 있을까? 어떤 과제가 되었든 교육생은 그 과제를 포스트잇에 적어 앞에다 붙여 두도록 한다. 모든 교육생이 포스트잇에 목표를 쓰고 나면, '교육생용 마인드 덤프 연습문제지'를 각각 3장씩 나눠 준다.

자극 수집 _ 0:15-0:25 (10분)

① 자극의 유형과 그것이 아이디어 생성 프로세스에서 갖는 중요성을 알려준다.
- 자극의 역할은 무엇이며 왜 중요한가?
- 새로운 머그잔을 개발한다면 어떤 자극이 있을 수 있겠는가?: 커

피 매장에 앉아 있기, 커피 마시기, 다양한 머그잔 살펴보기, 커피 무역 관련 출판물 읽기 등의 대답이 가능할 것이다.

② 자극의 목적은 주위에 인위적 산물을 두어 새로운 아이디어를 떠올릴 수 있게 도와주는 것이다. 인위적 산물은 사물이나 사람일 필요는 없다. 단어도 괜찮다.

③ 단어 연상 게임을 빠르게 실시한다. "남자 아이라고 하면 무엇이 떠오르는가? 고양이는? 빨간색은?" 이런 식으로 하는 것이 단어 연상이며, 앞서 나온 단어가 다음 단어를 떠올리게 자극해 준다. 이와 유사한 방법으로 이번 연습을 해볼 것이다.

④ 3분간 포스트잇에 적혀 있는 과제에서 떠오르는 하나의 단어 또는 매우 짧은 구를 적는다. '아이디어에 대해 생각하는 시간은 아니다. 그냥 단어를 떠올려 보자. 과제에 대해 자유롭게 연상하면 된다. 설령 과제와 관련이 없는 것 같아도 머릿속에 떠오르는 것은 무엇이든 적어 본다. 중요한 것은 각 하나의 포스트잇에는 하나의 단어나 구만 쓰도록 한다(다시 한번 머그잔 과제를 생각해 보자. 새로운 머그잔을 개발한다고 할 때 어떤 단어가 머릿속에 떠오르는가? 뜨거운, 출근, 쏟음, 환경, 맛, 휴식, 집 등 각각의 포스트잇에 하나의 단어를 쓰면서 더 많은 포스트잇을 만들어 보자).

⑤ 주의: 포스트잇을 많이 만들지 못하는 사람은 생각이 너무 많아서 그렇다. 이런 사람은 주로 자신의 생각을 스스로 판단하는 좌뇌형 인간이다.

⑥ 3분 후 작성을 멈추고 포스트잇의 수를 세어 본다. 가장 많은 수와 가장 적은 수를 확인하여 그 범위를 알아본다. 아마 가장 많은 수는 30개 정도, 가장 적은 수는 8개 정도일 것이다. 이 범위를 칠판에 쓰고 교육생의 생각을 물어본다.

자극 증대 _ 0:25-0:40 (15분)

① 위에서 사용한 자유 연상은 많은 사람이 '습관'처럼 사용한다. 이는 브레인스토밍 중 가장 흔히 사용되는 방법으로 그룹으로든 개인별로든 모두 사용된다. 하지만 다음 단계는 자극을 증대시키는 독특한 연습이다. 자극을 증대시키는 것은 습관이 아니다. 이전 단계에서 했었던 것과 유사하게 자유 연상을 해보는데, 과제에 대해 연상하는 것이 아니라 연상했던 것을 연상하는 것이다. 몇 차례 반복해 주어야 한다. 여기서 핵심은 연상한 것을 다시 연상하는 것이다.

② 임의로 네 개의 포스트잇을 뽑은 후 연습문제지 네 모서리에 각각 붙여 둔다.

③ 이 네 가지에 대해 1~2분간 자유 연상을 한다.

④ 다양한 방법으로 최소한 3번(다른 연습문제지 3장을 사용) 반복해 본다. 다음 방법을 참고한다.

- 한 개당 30초씩 자유 연상을 한다.
- 네 개 모두 자유 연상을 한다. 하나씩 해보도록 하자(장당 2분).
- 주위 사람과 연습문제지를 바꾸어 각 코너의 단어를 자유 연상해 본다.

⑤ 방법에 관계없이 참가자는 포스트잇이 아닌 연습문제지에 단어를 직접 써야 한다. 가운데 다이아몬드 안쪽을 제외하고는 어디에든 괜찮다. 다이아몬드 안쪽은 다음 단계에서 사용할 것이다.

기초 아이디어 개발 _ 0:40-0:55 (15분)

① 이제 기초 아이디어를 만들어 보자. 목표는 가능한 한 많은 아이디어를 만들어서 원래 과제를 만족시키는 것이다. 아이디어가 완전할

필요는 없으며 실현할 수 없는 것이어도 괜찮다. 크든, 작든, 지루하든, 신나든, 대담하든, 비상식적이든, 공상적이든 다 괜찮다. 많은 아이디어를 만들 수만 있다면 상관없다.

② 단어가 작용해서 아이디어 생성과정에 기여해야 한다. 시작 전에 생각했던 아이디어는 적지 않는다. 기초 아이디어는 종이 위에 있는 단어에서 연상되어야 한다. 다시 머그잔 예를 살펴보자. 어떤 단어가 떠오르는가? 뜨거운, 오전 출근길, 쏟음, 교통, 졸림, 라디오 토크쇼, 스타벅스, 콜롬비아, 자동차, 컵 홀더, 설탕, 달달함, 칼로리, 아이스크림 등의 단어에서 새로운 머그잔에 대한 어떤 아이디어가 떠오르는가? 컵 홀더와 일체형인 머그잔이 하나의 기초 아이디어가 될 수 있다. 이는 머그잔을 두는 공간 문제를 해결해 줄 수 있다. 또 다른 아이디어로 100% 평생 보증되는 쏟음 방지 뚜껑이 달린 머그잔을 떠올려 볼 수 있다. 괜찮은 아이디어인가? 아니겠지만, 일단 이렇게 시작해 본다. 다음 단계에서 아이디어를 결합하고 다듬어 진정한 기회로 만들어 볼 수 있다. 이 단계에서는 기초 아이디어를 만드는 데에만 집중하자.

③ 타당성을 생각하지 않는다. 떠오르는 아이디어에만 집중하자. 이건 단지 예비 아이디어일 뿐이다.

④ 최소한 3장의 연습문제지를 완성할 때까지 이 과정을 계속 진행한다.

단일 해결책 생성 _ 0:55-1:40 (45분, 휴식 포함)

시간이 된다면 교육생은 더 강력한 개념을 함께 발전시켜 나갈 수도 있다. 이 단계로 넘어가기 전에 교육생에게 잠시 휴식 시간을 주는 것이 좋다.

① 4~5명으로 그룹을 나눈다. 팀원들끼리 자신이 가장 좋아하는 아이디어를 공유한다.

② 아이디어를 공유한 후 이를 좀 더 혁신적이고 구체적으로 만들기 위해 팀 전체가 함께 기초 아이디어를 통합한다. 각 아이디어에서 가장 좋은 점만을 결합할 수 있도록 지도하자. 주의할 점은 이 연습은 교육생이 개별적으로 진행해서는 안 된다는 것이다. 참가자 전체가 하나의 과제를 공유하여 함께 진행해야 한다.

③ 각 그룹은 최종 아이디어를 1분간 소개한다.

④ 교육자는 각각의 '해결책'을 칠판에 적는다. 모든 발표가 끝나면 투표를 통해 다음 단계에서 개념을 발전시킬 하나의 아이디어를 선정한다. 그리고 이 '다음 단계'에 대해 논의해 본다. 이는 아이디어에 대해 행동을 이끌어 낸다는 점에서 중요한 부분이다.

마무리-무엇을 배웠는가? _ 1:40-2:00 (15분)

① 앞의 과정을 뒤돌아 보자. 어떤 부분이 쉽고 어려웠는가?

② 기업가정신에서 창의성의 역할은 무엇인가? 기업가적 사고방식에서 창의성은 얼마나 중요한가? 창의성에서 구조와 프로세스의 역할은 무엇인가? 구조와 프로세스는 창의성을 억누르는가 아니면 도움을 주는가?

■ 복습

다음 단계에서는 이번 연습 결과를 예비 타당성 분석이나 '빠른 적합도 심사'에 이용해 본다. 이를 통해 기업가적 프로세스에 내재된 질적, 양적 그리고 더 많이 탐색할 수 있다.

▪ 핵심 요점

- 창의적 프로세스에 대한 판단은 미루거나 멈춘다. 평가도 마찬가지이다. 새롭고 신선한 사고를 위해 마음을 열자.
- '엉뚱한 생각'은 보다 실용적인 아이디어를 만들어 내는 기초가 되며, 수평적 사고를 하는 데 필요하다. 이는 창의적 문제해결의 기초가 된다.
- 아이디어 창출은 초기 아이디어가 최종적으로 '실용적 가능성을 가진' 개념으로 탈바꿈하는 반복적인 프로세스이다. 이는 기업가적 사고와 행동, 혁신의 바탕이 된다.

▪ 교육 팁

- 적절한 타이밍에 유의하자. '마인드 덤핑'을 통해 교육생이 빠르게 중립적인 아이디어를 창출하도록 하는 것이 중요하다.
- 첫 단계에서 만든 '포스트잇'의 수는 연습과정에서 만들어 내는 아이디어의 수와 직접적이고 긍정적인 관계가 있다. 만약 시간의 제약이 없다면 스티커를 다 쓸 때까지 교육생이 연습문제지를 채워 나가도록 하자.
- 교육생이 함께 단일 해결책을 만들고 있을 때 '엉뚱'하고 '독특한' 해결책을 만들도록 지도하여 아이디어 창출 프로세스의 범위를 보여주자.

▪ 출처

Hall, D. (2001). *Jump Start Your Business Brain.* Cincinnati, OH: Clerisy Press 수정

아이디어 스페이스 (Ideaspace)

저자_ HEIDI NECK

■ 개요

아이디어 스페이스 연습은 새로운 아이디어를 가다듬어 보다 창조적이면서도 흥미로운 기회를 만들 수 있도록 고안되었다. 이 연습에는 세 가지 유형 또는 범주의 아이디어가 있다. 그라운드 아이디어, 푸른 하늘 아이디어, 우주 밖 아이디어 이렇게 세 가지이다. 그라운드(grounded) 아이디어는 안전한, 분명한, 모방할 만한, 숨김없는, 예측 가능한 등의 개념을 갖고 있다. 한마디로 그저 그런 아이디어라 생각할 수 있다. 푸른 하늘(blue sky) 아이디어는 진취적인, 참신한, 다른, 독특한, 흥분되는, 위험한, 진보적인, 진지한 등의 개념을 갖고 있다. 즉, 참신하고 우수한 아이디어라고 할 수 있다. 우주 밖 아이디어(spaced-out)는 정상이 아닌, 황당한, 괴짜의, 마술 같은, 터무니없는 등의 개념을 갖고 있다. 즉 우주 밖 아이디어는 불가능한 개념이다(적어도 단기적으로는 그렇다).

아이디어 스페이스는 수평적 사고에 관한 연습이다. 수평적 사고에 대한 구체적인 원칙은 연습과정에서 살펴보겠다.

- 창의적인 문제해결을 위해서는 사고의 방향을 바꾸거나 비선형적인 사고가 필요하다.
- 절차가 순차적이지 않으며 반복적이다.
- 불확실하고 뻔하지 않은(우주 밖 아이디어와 같은) 것을 탐구할 때 유용하고 참신한 아이디어를 찾을 수 있다.

▪ 적용대상

이 연습은 일반인, 학부생, 대학원생, 전문가 등 누구나 참여 가능하다. 아이디어 스페이스는 일반적인 브레인스토밍 또는 다른 종류의 기초 아이디어를 만드는 과정 이후에 실시하는 것이 가장 적절하다. 이는 브레인스토밍 단계에서 아이디어의 양적 생성에 집중한 것과 달리 아이디어의 질에 중점을 두는 후속 연습으로서 중요한 의미를 가진다. 이 연습은 작은 그룹 단위로 진행되어야 한다.

▪ 학습목표

- 아이디어를 다듬고 발전시켜 더 좋은 기회로 만든다.
- '비정상적'인 아이디어를 편안하게 받아들인다.
- 수평적 사고를 연습한다.

▪ 준비물

- 아이디어 스페이스 그림(그림 8-2 참고, 유인물로 준비되어야 한다.)
- 플립 차트 또는 화이트보드
- 포스트잇
- 펜 또는 마커

그림 8-2

아이디어 스페이스(Ideaspace)

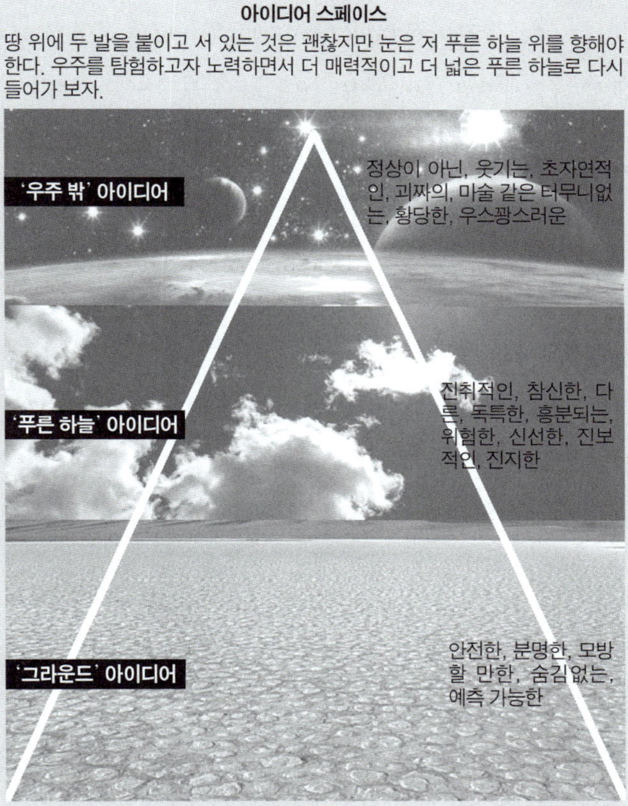

▪ 선수학습

교육생은 일반적 아이디어 창출 연습을 해보는 것이 좋다. 아니면 적어도 위의 세 가지 아이디어를 다듬어 보는 연습을 해본다.

예를 들어, 아이디어 창출을 위한 마인드 덤핑 연습(p. 245)을 먼저 해볼 수 있다.

▪ 이론적 근거

- Bono, E. de. (1970). *Lateral Thinking*. New York: Harper & Row.
- Bono, E. de. (1993). *Serious Creativity: Using the Power of Lateral Thinking to Create New Ideas*. New York: Harper Business.

▪ 시간 계획 (40분)

최소 40분이 필요하지만('시간 계획' 기준) 실습에 보다 몰입하기 위해 60분을 권장한다.

소개 및 연습 준비 _ 0:00-0:10 (10분)

아이디어 스페이스 그림(그림 8-2)을 보여주며 본 연습을 소개하고, 그림을 유인물 형태로 나눠 주거나 파워포인트 형태로 보내 준다. 아이디어의 세 범주를 설명하고 목표 공간은 푸른 하늘임을 강조한다. 연습이 진행되는 과정을 예시를 통해 보여주는 것이 중요한데, 이 연습은 아이디어를 생성하는 것이 아닌 정제하는 과정이기 때문이다.

다음 예시를 교육생에게 공유하도록 한다.

- 문제점: 사례 연구가 너무 길면 교육생이 읽지도 분석하지도 않는다.
- 그라운드 아이디어: 영상 사례

  그라운드 아이디어가 나쁜 아이디어가 아니듯이 영상 사례가 나쁜 아이디어는 아니다. 다만 전혀 혁신적이지 않고 이제는 낡은 방법이다. 그라운드 아이디어를 푸른 하늘 아이디어로 전환하기는 매우 어렵기 때문에 먼저 우주 밖 아이디어로 전환하도록 한다.
- 그라운드 아이디어에서 우주 밖 아이디어로 전환: 결정된 결과로 순간이동

사례 연구에서 중요한 부분은 교육생이 주어진 사례의 정보를 분석해야 하고 결정을 내려야 한다는 점이다. 여기서 문제는 교육생은 자신이 내린 결정이 적용되는 것을 절대로 보지 못한다는 점이다. 황당한 이 우주 밖 아이디어에서는 미래로 가서 그 결정의 실제 결과를 보게 된다. 즉, 우주 밖 아이디어는 '결정된 결과로 순간이동하는 것'이다(〈스타트랙〉의 홀로덱[holodeck]처럼). 실제로는 불가능한 이야기이지만 여기에서 훌륭한 핵심 아이디어를 찾을 수 있다. 결정을 내리고 어떻게 그 영향을 실제로 '볼' 수 있는가? 이 문제에 대한 사례 연구를 지금 재창조할 필요는 없다. 대신에 교육생이 결정의 영향을 보고 느낄 수 있는 새로운 방법을 찾아야 한다.

- **우주 밖 아이디어에서 푸른 하늘 아이디어로 전환**: 대규모 멀티플레이어 비디오게임, 수많은 아바타와 실시간 상호작용하는 가상세계가 있는 비즈니스 비디오게임을 상상해 보자.

  이 연습의 목적이 아이디어를 옮기고 가다듬어 푸른 하늘 아이디어로 만드는 것임을 다시 한번 강조한다. 예시에서 설명했듯이 아이디어는 그라운드(비디오 사례)에서 우주 밖(순간이동)으로 이동했다가 푸른 하늘(비디오게임)로 내려온다.

연습 _ 0:10-0:30 (20분)

연습을 시작하기 전에 교육생에게 문제를 해결하기 위해 진행 중인 아이디어가 몇 개 있다고 가정한다. 아이디어 스페이스를 이용하는 다양한 접근법이 있지만 다음 지침을 따르도록 한다. 교육생에게는 유인물을 나눠 주도록 한다. 이 연습은 4~5명이 팀을 이루는 것이 가장 적절하다.

교육생 지시사항

1단계

각 팀은 정리하고 싶은 아이디어를 1~3개 결정해야 한다. 각 아이디어를 제공된 포스트잇에 적는다. 이 단계에서 절대로 자신의 아이디어를 평가하지 말자. 단지 아이디어일 뿐이며 그렇게 되어야 하는 것이다. 작은 아이디어일 수도 있고, 큰 아이디어, 부분적 아이디어, 완전히 정신 나간 아이디어일 수도 있다. 가능하다면 정신 나간 아이디어를 찾아보자. 이 단계에서 아이디어의 타당성은 중요하지 않다. 중요한 것은 아이디어가 갖고 있는 특별함이다. 즉, 단순히 '레스토랑을 연다'라고 쓰는 것은 재미가 없다. '케임브리지(Cambridge)에 비건(Vegan, 극단적 채식주의) 패스트 캐주얼 레스토랑(fast-casual restaurant)■을 열자'라고 써야 특별함이 생긴다.

2단계

제공된 플립 차트에 삼각형을 그리고 아이디어 스페이스 유인물(그림 8-2)과 유사하게 세 영역으로 나눈다. 아이디어에 대해 간단히 이야기하고서 세 영역에 아이디어를 하나씩 배치시킨다. 팀별로 각각의 아이디어가 그라운드 아이디어, 푸른 하늘 아이디어, 우주 밖 아이디어 중 어디에 위치하는지를 결정해야 한다.

참고로 이 단계의 아이디어 대부분은 그라운드 아이디어 또는 우주 밖 아이디어이다. 만약 이 단계에서 누군가 푸른 하늘 아이디어가 있다고 한다면 비판적으로 이의를 제기해 보자.

■ 패스트 캐주얼 레스토랑(fast-casual restaurant): 고급 패밀리 레스토랑보다는 저렴하고 패스트푸드점보다는 음식이나 서비스의 질이 좋은 중간 형태의 레스토랑

3단계

이제부터가 재미있다. 아이디어 스페이스 연습을 전통적인 브레인스토밍 접근법과 분리시킨다. 이 단계에 가장 많은 시간을 투자해야 한다! 아이디어를 다양한 계층(땅, 하늘, 우주) 사이에서 이동시켜 준다. '그라운드' 아이디어를 가다듬어 '우주 밖' 아이디어로 만들고, 마술 같은 아이디어를 보다 혁신적인 아이디어인 '푸른 하늘' 아이디어로 바꿔 준다. 아니면 이미 우주 밖 영역에 있던 아이디어를 변형하여 푸른 하늘 영역으로 옮겨 준다. 이처럼 아이디어의 영역을 옮기는 것이 이 연습에서 필수적이다.

발표 _ 0:30-0:40 (10분)

팀별로 새로운 푸른 하늘 아이디어를 발표하고 어떻게 정리했는지 설명하도록 한다.

▪ 핵심 요점

- 수평적 사고는 보다 분명하고 혁신적인 해결책을 만들어 내는 방법이다.
- 수평적 사고는 연습이 필요하다. 비선형적 프로세스와 삼각형 위아래로 움직이기는 쉽지 않으며 시간이 필요하다.
- 우주 밖 아이디어를 찾기가 매우 어려울 수도 있지만 이는 연습을 성공하기 위한 핵심 요소이다.

▪ 교육 팁

이 연습은 쉽지 않다. 그러므로 교육자는 각 팀과 계속해서 소통하며 아이디어를 이동시킬 수 있도록 도와주어야 한다. 푸른 하늘 아이디어를 만드는 과정은 쉽지 않다. 이것이 이 연습이 중요한 이유이다. 우주 밖 아이디어를 푸른 하늘로 내려오게 하는 것보다 그라운드 아이디어를 푸른 하늘 아이디어로 변환시키기가 훨씬 어렵다. 이 연습에서 가장 중요한 부분은 그라운드 아이디어를 우주 밖 아이디어로 변환한 후 이걸 다시 푸른 하늘 아이디어로 바꿔 주어야 한다는 것이다. 교육자는 처음 아이디어를 두는 위치에 특별히 신경 써야 한다. 교육생은 외견상 그라운드 아이디어로 보이는 것도 푸른 하늘 아이디어로 분류하는 경향이 있다.

미래 트렌드와 기업가적 기회 (Future Trends and Entrepreneurial Opportunities)

저자_ CAROLINE DANIELS

▪ 개요

창업을 준비하는 많은 교육생이 현재 소비자와 시장에 초점을 맞춰 사업을 진행한다. 창업가가 기회를 만들고, 자원을 모으고, 역동적인 팀원을 모으는 데는 시간이 필요한데, 보통 초기 사업계획을 구체화시키는 과정은 1년에서 3년 정도 걸린다. 이 기간 동안 소비자의 욕구와 시장 상황은 변할 수 있다.

이 연습을 통해 현재 소비자와 시장에 집중하고 있는 교육생의 시점을 몇 년 뒤, 10년 뒤, 그 이상 미래의 소비자와 시장으로 돌리고자 한다. 미래에 초점을 맞추면서 창업가는 기회를 발전시키는 데 보다 창조적으로 접근하게 되고 기존 시장과 달리 경쟁이 치열하지 않은 기회를 찾을 수 있다.

이 연습의 목표는 일반적인 기업가적 활동, 특히 개념에서 출발하는 교육생의 사업 아이디어에 시장과 트렌드가 어떤 영향을 주는지를 살펴보는 것이다. 또한 연습과정에서 내셔널 지오그래픽(National Geographic) 영상을 활용하여 세계의 인구가 2050년까지 어떻게 이동할지, 이로 인해 우리 삶에는 어떤 변화가 일어날지를 살펴본다. 이 영상은 교육생의 시각을 미래로 돌려, 이를 바탕으로 미래 추세에 대한 교육생의 예상을 들어 보면서 그것이 소비자와 시장에 미칠 영향에 대해 논의할 수 있다.

■ 적용대상

이 연습을 통해 모든 교육생(대학원생, 학부생, 전문가 등)은 트렌드가 어떻게 기회를 확대시키고, 핵심 고객 세분화 결정에 영향을 주며, 제품과 서비스를 만드는 데 집중하게 하는지를 새로운 방식으로 생각하게 된다.

이 과정은 아이디어 생성 연습 후 교육생이 추구해 나가는 기회에 대한 아이디어가 명확해졌을 때 실행하기에 적합하다.

■ 학습목표

- 미래 트렌드와 경쟁자에 대한 시각을 갖고서 기회를 만들고 접근한다.
- 사업 기회에서 미래 트렌드가 갖는 의미를 비판한다.
- 교육생이 전혀 알지 못하는 환경에서 활동하게 한다.

■ 준비물

- 화이트 보드
- 마커
- 테이프

■ 선수학습

- 교육자는 내용과 시기가 적절한 짧은 기사와 영상을 미리 알려준다.
- 읽을거리: Landry, Laura(2012). Revolutionary technologies that have spun out of MIT's Media Lab. June. ***BostInno.com,*** Boston, https://www.americaninno.com/boston/10-revolutionary-technologies-that-have-spun-out-of-mits-media-lab/#ss__170 540_1_4__ss
- 영상: Changing the way we live: Designed by nature, biomimicry. ***Innovators Program,*** Bloomberg TV, April 29, 2010, New York.

▪ 이론적 근거

- Geus, Arie de. (2002). *The Living Company*. Boston, MA: Harvard Business Review Press.
- Schwartz, Peter (1991). *The Art of the Long View: Planning for the Future in an Uncertain World*. New York: Doubleday.
- Toffler, Alvin (1970). *Future Shock*. New York: Bantam Books.

▪ 시간 계획 (90분)

이 연습은 다양한 시간 계획에 맞춰 시행 가능하다. 강의의 목적에 맞춰 90분으로 계획되었지만 상황에 따라 수정될 수 있다.

1단계(소개) _ 0:00-0:15 (15분)

- 이 소개를 통해 아이디어 창출 연습과 이번 연습을 이어 준다. 교육생은 해결 방안을 제안하고 이를 테스트하기 위한 아이디어를 발표한다. 이것은 기업가적 프로세스에서 핵심적인 부분으로 교육자의 피드백이 필요하다. 교육생이 보다 진보적인 해결 방안을 만들어 내고 이를 실제 테스트하도록 이끌어 나간다.
- 교육자는 브레인스토밍 연습과 이 과정을 연결시킬 것이다.

2단계(트렌드와 시장) _ 0:15-0:35 (20분)

트렌드는 일반적으로 우리가 살아가는 방식에 따라 바뀌어 간다.

- 내셔널 지오그래픽의 〈70억(*7 Billion*)〉 영상을 보여주며 우리 삶의 방향에 영향을 미칠 강력한 변화와 필요한 상품 및 서비스에 대해 생각해 보도록 한다. 그리고 이러한 상품과 서비스를 제공하기 위해 사업 프로세스는 어떻게 변화할지도 함께 생각해 보자. 〈70억〉 영상과 함

께 MIT 미디어 랩(Media Lab)에 대한 랜드리(Landry, 2012)의 기사에서 제공되는 트렌드를 살펴보고서 교육생이 생각하는 앞으로의 트렌드에 대해 논의한다. 영상은 다음 주소를 참고한다(https://video.nationalgeographic.com/video/news/7-billion/ngm-7billion).

- 다 함께 트렌드 목록을 만들어 보자. 제대로 된 목록을 만들어 두는 것이 중요하다. 전형적인 목록의 예는 세계 자원의 재조정, 모바일, 대체에너지 자원, 유비쿼터스 전달, 언제 어디서나 가능한 3D통신, 식량 자원 다원화, 소셜미디어, 인터넷을 통한 학습도구 확산, 홀로그램 출력, 소형화, 로봇공학 등이 있다. 목록에 중복되는 것이 있겠지만 괜찮다. 중요한 것은 5년, 10년, 20년 뒤의 미래에는 어떤 상품과 서비스를 필요로 할지에 대해 함께 생각해 보는 것이다. 이를 통해 더 많은 기회를 찾게 될 것이다.

3단계(교육생 연습) _ 0:35-1:10 (35분)

- 각 팀은 생성된 트렌드 목록에서 3가지 트렌드를 각각 선택하고, 이를 바탕으로 가능한 미래 시나리오를 논의한다. 그리고 미래 세계의 모습은 어떨지 생각해 보도록 한다. 교육생은 그 미래 시나리오상에 어떤 기회가 있을지를 생각하면서 어떻게 하면 그 기회를 잡을 수 있을지 논의한다. 그리고 트렌드가 고객 세분화 및 고객 관계, 제품과 서비스 디자인, 사업 프로세스를 조직하는 새로운 방법에 어떤 영향을 미칠지 생각해 본다. 예를 들면 제품과 서비스의 유통에는 어떤 영향을 미치겠는가? 교육생은 생각했던 미래 시나리오를 화이트 보드에 그림으로 그려 본다.
- 팀별로 3가지 트렌드와 미래의 상황과 함께 새로운 트렌드가 기회에

어떠한 영향을 미칠지(즉, 트렌드가 변화하면서 기회에 대한 생각이 어떻게 변화할지) 발표한다.

4단계(마무리) _ 1:10-1:30 (20분)

- 트렌드가 시장을 만든다는 사실을 확실히 이해하는 것이 중요하다. 시장에 대해서는 미래과정에서 보다 자세히 설명할 것이다.
- 교육생에게 미래를 만드는 것이 어떤 기분이었는지 설명하도록 한다.

▪ 핵심 요점

- 오늘날 사업을 만들어 가는 기업가는 소비자와 시장이 미래에 필요로 하고 원하는 것을 고려해야 한다.
- 트렌드는 우리가 살아가는 방향에 따라 변화해 가면서 소비자와 시장에 영향을 미친다.
- 미래 트렌드를 주시하고 사업의 상품 및 서비스를 위한 시나리오를 발전시키면서 혁신적 사업과 새로운 시장에 집중한다.

▪ 교육 팁

- 강의실을 돌아다니며 교육생이 선택한 트렌드에 대해 물어본다. 10분도 채 안 되는 짧은 시간 안에 집중할 트렌드를 선택하는 것은 교육생에게 중요한 부분이다. 이를 통해 미래와 그 트렌드의 영향을 상상해 볼 수 있고, 어떻게 기회를 만들지 생각해 볼 수 있다. 만약 교육생이 3개 이상의 트렌드에 대해 생각해 보고 싶다면 이후에 혼자서도 이러한 연습을 해볼 수 있음을 다시 말해 준다.
- 시간을 잘 확인한다. 모든 팀이 각자 만든 결과물을 공유할 수 있도록 충분한 시간을 주어야 한다.

자기이해를 통한 기회 창출 (Self-Understanding for Opportunity Creation)

저자_ ANDREW CORBETT AND CANDIDA BRUSH

▪ 개요

자신을 잘 이해하는 것은 기업가에게 중요한 부분이다. 단순히 인식하는 능력뿐만 아니라 흥미, 욕구, 기술, 관계 등을 종합하는 능력은 기업 활동에 있어 중요한 구성요소이다(Fiet, 2002; Nixon et al., 2006). 교육생은 이 연습을 통해 자기성찰의 기회를 갖게 되고, 무엇이 지금의 자신을 만들었고 기업가로서 무엇을 할 수 있는지를 되돌아본다. 이는 팀 단위로 한 학기 동안 사업계획이나 타당성을 모색하는 사업 개념을 연구하기에 적합하다. 또한 사업 개념 또는 팀 프로젝트 수업의 첫 시간에 실시하는 것이 이상적이다.

▪ 적용대상

이 연습은 아이디어를 찾는 예비 창업가, 학부생, 대학원생, 경영진 등 모두를 대상으로 한다. 학기 초에 실시하기에 적합하며 어떠한 기업가정신 교육과정에서도 가능하다. 특히 창의성, 타당성, 창업 등에 초점을 맞춘 수업에 알맞다. 또한 부트캠프, 워크숍, 그 외 기업가정신 집중훈련 프로그램 초반부에 실시할 수 있다.

▪ 학습목표

• 자신의 자랑스러운 성과를 되돌아보고 그 성과를 통해 어떤 지식, 기

술, 능력을 얻었는지 생각해 본다.

- 그러한 성과를 결정하는 과정에 대해 논의한다.
- 자신의 지식, 능력, 욕구를 연결시켜 사업 아이디어의 토대로 삼는다.

▪ 준비물

교육자는 비교적 짧은 분량의 워크시트 두 장을 준비한다. 한 장은 개인적 성과에 대한 것이며 다른 한 장은 지식, 기술, 능력에 관한 것이다. 자세한 내용은 아래를 참고하자.

1. 성과

개인적으로 달성한 가장 중요한 성과를 적어도 다섯 가지 작성한다. 해당 성과는 기업가적 아이디어를 생성하는 기초로서 잠재적인 미래 사업에서 사용될 것이다. 그러므로 모든 성과는 ① 성과를 내어서 자랑스러운 것, ② 성과를 달성하며 즐거웠던 것, ③ 매우 잘 했다고 생각하는 것을 기반으로 작성한다.

성과가 꼭 업무와 관련된 것(새로운 상품을 개발하거나 대규모 소프트웨어 업그레이드를 출시)일 필요는 없으며, 취미나 그 외 흥미를 갖고 있는 것(걸스카우트에게 판매 방법 가르치기, 마라톤 완주하기)도 괜찮다. 최근 일이든 어린 시절 일이든 상관없지만, 위에서 언급한 세 기준은 만족시켜야 한다.

교육생이 성과 작성을 마치면, 자신에게 중요한 정도(남들이 생각하는 기준이 아닌)에 따라 순위를 매기도록 한다. 가장 중요한 성과가 1번이 될 것이며 뒤이어 2번, 3번 순이다.

2. KSA

지식(Knowledge), 기술(Skills), 능력(Abilities)은 경영 교육 및 훈련 전반에 걸쳐

분석하고 사용해 온 대표적인 개념이다. 여기서는 앞서 작성했던 성과에서 핵심 역할을 했던 이 세 개념의 역할을 정리하고자 한다. 각 교육생이 첫 번째 워크시트에서 작성한 성과를 바탕으로 두 번째 워크시트에서는 이 성과를 이루는 데 필요했던 지식, 기술, 능력에 대해 상세히 기록한다. 교육생은 성과 각각에 대해 이를 작성해야 한다.

KSA는 성과를 내는 데 가장 큰 영향을 미치는 요소로서 매우 중요하게 평가되어 왔다. 이제 교육생은 이 성과와 KSA에 대해 반성해 보는 시간을 가진다.

두 연습의 결과를 자세히 살펴보자. 중첩되고, 연결되고, 흥미롭게 조합되었음을 볼 수 있을 것이다. 독특한 경험이었다고 생각하는 범주의 지표가 있는가? 성과를 내는 과정에서 반복되었던 특정한 활동 또는 일련의 활동 집합, 구체적인 지식의 범주에 대해 제대로 이해하였는가?

여기서 교육생은 3개 혹은 4개의 주제로 리스트로 만든다. ① 소셜미디어 전문지식, ② 창의적 글쓰기, ③ 빡빡한 일정 속 업무처리능력, ④ 리더로서의 자질 등이 그 예이다. 교육생은 이 리스트와 연습문제지를 모두 작성하여 함께 가져오도록 한다.

▪ 선수학습

위에서 설명한 자기이해 워크시트를 강의 시작 전까지 모두 작성해야 한다. 자신이 누구인지, 무엇을 할 수 있는지, 무엇을 원하는지를 토대로 기업가적 아이디어 개발을 시작할 수 있는 기초가 준비되어 있어야 한다. 모든 연습문제지를 빠짐없이 작성하도록 한다.

▪ 이론적 근거

- Fiet, J. (1996). The informational basis for entrepreneurial discovery. *Small Business Economics,* 8, 419-30.
- Fiet, J. (2002). *The Systematic Search for Entrepreneurial Discoveries.* Westport, CT: Quorum Books.
- Kiefer, C., Schlesinger, L., and Brown, P. (2012). *Just Start: Take Action, Embrace Uncertainty and Create the Future.* Cambridge, MA: Harvard Business Press
- Nixon, R. D., Bishop, K., Clouse, Van G. H., and Kemelgor, B. (2006). Prior knowledge and entrepreneurial discovery: A classroom methodology for idea generation. *International Journal of Entrepreneurship Education,* 4, 19-36.
- Sarasvathy, S. D. (2001). Causation and effectuation: Toward a theoretical shift from economic inevitability to entrepreneurial contingency. *Academy of Management Review,* 26(2), 243-63.

▪ 시간 계획 (75분)

소개 _ 0:00-0:05 (5분)

교육의 목표를 소개하며 연습을 시작한다. 먼저 2~3분 정도 자신이 작성한 연습문제지를 개인적으로 다시 확인하도록 하면서 준비한다.

토론 _ 0:05-0:20 (15분)

토론이 시작되면 각자 검토하면서 확인한 것을 공유하도록 한다.

- 이 과정이 어렵게 느껴진 사람은 누구인가? 왜 그런가?
- 쉽게 느껴진 사람은 누구인가?
- 재미있었는가?
- 어떤 식으로 접근하였는가?
- 기술, 능력, 지식을 구분하는 것이 어려웠는가? 어떤 기준으로 각각을 구분하였는가?
- 연습 결과를 다시 검토하면서 발견한 패턴이 있는가?
- 놀라운 사실을 발견했는가?
- 누가 자신이 발견한 것을 공유하고 싶어 했는가?

전이 _ 0:20-0:25 (5분)

자기이해와 기업가정신을 연결하기 위해 둘 사이에 어떤 연결점이 있는지를 질문해 본다.

그룹 활동 _ 0:25-0:45 (20분)

그룹으로 나누어 자신의 주제, KSA 등을 공유한다. 많은 기업가정신 교육과정에서 타당성 조사와 사업계획을 검토하기 위해 그룹으로 나누어 진행한다. 이 강의를 통해 그룹 활동을 해봄으로써 '그룹의 의미'를 발전시키는 방법을 배울 수 있다. 그룹을 임의로 구성할 수도 있지만, 만약 사전에 교육생이 각자 주제를 이메일 등으로 보내온다면 KSA의 공통점을 바탕으로 그룹을 미리 나누어 줄 수도 있다. 다음 사항을 그룹에서 함께 다루어 보자.

- 주제에 대해 토론하고, 전문지식과 기술 분야에서 공통점을 찾는다.
- 각자 관심 있는 한두 가지 기술이나 주제를 알아본다.

• 자신의 전문지식, 지식 또는 기술을 토대로 생각해 본 새로운 사업이나 계획에 대한 어떤 아이디어가 있는가?
• 가장 마음에 드는 아이디어 두 개를 골라 발표할 준비를 한다.

그룹 활동 발표 _ 0:45-1:05 (20분)

그룹 발표 시 아래 활동이나 질문이 포함될 수 있다.

• 모든 그룹은 논의 없이 자신들의 아이디어를 발표하도록 한다.
• 유사점과 차이점을 구별하는 데 소요된 시간을 물어보고 프로세스를 보고하도록 한다.
• 사업 아이디어를 어떻게 확인하였는가? (교육, 경험, 취미, 재능 등)
• 해당 사업 아이디어가 좋다고 생각한 이유는 무엇인가?
• 해당 아이디어를 실행할 수 있다고 생각한 이유는 무엇인가? (팀 능력)

마무리 _ 1:05-1:15 (10분)

최종 마무리 시 다시 한 번 자기이해의 중요성을 강조하고 사업 아이디어 개발 등과 같은 기업가적 활동의 기초를 어떻게 쌓았는지에 초점을 맞춰야 한다. 강의 마지막에는 짧은 영상이나 TED 영상 등을 통해 KSA를 바탕으로 사업을 성공한 기업가의 예를 살펴볼 수 있다.

▪ 핵심 요점

• 이 연습을 통해 교육생은 기업가적 활동에서 자기이해가 얼마나 중요한지를 다시 살펴볼 수 있다.
• 삶의 성과와 관련된 기본적인 주제와 패턴은 예비 기업가에게 적합한 새로운 사업 아이디어를 제공할 수 있다.

▪ 교육 팁

강의 전에 교육생이 교육자에게 세 가지 성과를 이메일로 보내는 것이 이상적이다. 이를 토대로 그룹을 구성할 수 있고 (공통 KSA를 기반으로) 보다 생산적인 연습이 가능해진다.

자기이해와 기업가의 사업을 연결시킬 때, 기업가는 자신이 가진 것으로 시작한다는 사라스바시(Sarasvathy, 2001)의 이펙추에이션 연구에 소개된 버드 인 핸드(bird-in-hand) 원칙을 간단히 설명해 주면서 교육생의 이해를 돕는다. 누구든지 '내가 누구지? 내가 무엇을 알고 있지? 내가 누구를 알고 있지?'와 같은 자신이 갖고 있는 것만으로 사업을 시작하고 발전시킬 수 있다는 개념을 강화하는 것이 목표이다.

교육생이 연습문제지를 작성하기 전에 단순히 상을 받은 것은 성과가 아님을 다시 알려줘야 한다. 성과에 대해 생각해 볼 때 업무를 달성하고 받은 보상보다는 달성한 업무에 집중한다. 유사하게 KSA에 대해 논의할 때 성격적 특징은 지식, 기술, 능력이 아님을 상기시켜 준다.

보다 성숙한 교육생이 좀 더 나은 성과를 낸다는 사실을 알아 두자. 좀 더 많은 인생 경험이 있고 보통은 더 많은 성과가 있기 때문이다(그리고 성과의 정확한 개념을 좀 더 잘 이해한다). 그러므로 학부생은 이 과정에서 좀 더 어려움을 겪을 수도 있으며, 고등학생에게 이상적인 과제는 아니다.

▪ 출처

Candida Brush, Heidi Neck, and Andrew Corbett from: R. D. K. Bishop, Van G. H. Clouse, and B. Kemelgor, Prior knowledge and entrepreneurial discovery: A classroom methodology for idea generation, *International Journal of Entrepreneurship Education* (2006), 4, 19-36 수정.

자원 획득 게임 (Resource Acquisition Game)

저자_ MATT ALLEN AND CANDIDA BRUSH

▪ 개요

간단한 쌍방향 연습을 통해 자원 획득 접근법을 발전시키는 기회를 가져 보고자 한다. 교육생은 자원의 여러 유형과 특징, 자원개발전략에 대해 생각해 볼 것이다. 이 연습은 자원기반이론을 바탕으로 하는데, 이는 기업이 효율성 및 효과성 증대를 위해 전략을 고안하고 실행함으로써 모든 자산, 역량, 조직 프로세스, 기업 특성과 같은 기업의 자원을 통제함을 의미한다(Barney, 1991). 자원의 유형에는 인적 · 사회적 · 재무적 · 물리적 · 기술적 · 조직적 자원이 있다(Brush et al., 2001). 가치 있고, 희소성 있고, 독창적인 자원은 기업이 경쟁우위를 구축하는 원천이 된다. 새로운 사업을 시작할 때 기업가적 팀과 인적 · 사회적 자본 등 소규모의 일반적 자원이 필요하다. 이때, 경쟁우위를 구축하는 데 필요한 자원을 확인하고 획득해야 하며, 이 자원을 활용하고 결합하고 거래할 수 있어야 한다.

▪ 적용대상

이 연습은 일반인, 학부생, 대학원생, 경영진 및 전문가 등 모두를 대상으로 하며, 창업 교육과정, 기업가정신 캠프 또는 워크숍에 적합하다. 사업의 개념, 프로젝트, 또는 가족이나 기업이 추구하는 초기 활동에 대한 인식을 갖춘 후 실시하는 것이 가장 효과적이다.

■ 학습목표

- 자원 획득을 위한 접근법을 이해시킨다.
- 다양한 자원의 가치와 희소성을 평가한다.
- 자원개발전략의 기초를 알아본다.

■ 준비물

- 자원 목록 유인물 (연습 마지막 부분 '강의실 연습용 자원 획득 유인물' 참조)
- 각 자원은 유형(인적, 사회적, 기술적, 재정적, 조직적, 물리적) 또는 정도(가치, 상품성, 희귀성, 모방성)에 따라 범주화될 수 있다.

■ 선수학습

참가자에 따라 '이론적 근거' 자료를 미리 읽어 볼 필요가 있다.

■ 이론적 근거

- Barney, J. (1991). Firm resources and sustained competitive advantage. *Journal of Management,* 17(1), 99-120.
- Brush, C. G., Greene, P. G., and Hart, M. M. (2001). From initial idea to unique advantage: The entrepreneurial challenge of constructing a resource base. *Academy of Management Executive,* 15(1), 64-80.

■ 시간 계획 (30분)

연습을 시작하며 사업 시작에 필요한 두 가지 핵심 자원을 작성하도록 한다.

토론 _ 0:00-0:10 (10분)

- 자원이란 무엇을 의미하는가?
- 어떻게 정의 내릴 수 있는가?

자원 연습 지침(자원 목록 유인물을 나눠 준다) _ 0:10-0:15 (5분)

- 목록의 자원 중 하나를 가지고 있는 교육생을 찾는다.
- 자신이 가지고 있는 자원 옆에 이름을 쓰도록 한다.
- 한 사람의 이름을 여러 자원에 사용할 수 없다. 하지만 동일한 자원에 대해 동일한 사람을 여러 리스트에서 사용할 수는 있다.
- 교육생 자신도 한 가지 자원에 사용할 수 있다.
- 3분이 주어진다.

연습이 진행되는 동안 한 사람은 강의실 안에서 가만히 앉아 있도록 지시한다. 그 교육생은 연습에 참여하고는 있으나 강의실 안을 돌아다니지 않는다.

연습 보고 _ 0:15-0:30 (15분)

- 연습 중 어떤 일이 있었는가?
- 몇몇 자원은 좀 더 얻기 쉬웠는가? 더 어려웠는가?
  - 어느 것이 더 어려웠는가? 이유는?
  - 가장 쉬운 것은 가장 일반적인 것인가?
  - 가장 어려운 것은 전문적이고, 문화적으로 중요하고, 가장 가치 있는 것인가?
- 무엇이 가장 가치 있는가?

– 자원이 가치 있고 희귀하다고 판단하는 기준은 무엇인가?

– 가치 있는 것: 웹사이트가 있다, 링크드인(LinkedIn)에 500명 이상의 1촌이 있다.

– 희귀한 것: 특허가 있다, 4개 이상의 언어를 할 수 있다.

– '가치'는 분명한가?

- 자원 획득을 위한 전략은 무엇인가?
  – 처음에 쉬웠는가? 어려웠는가? 복합적이었는가?
  – 자원을 가지고 있다는 것을 알고 있던 사람에게 갔는가?
  – 거래를 했는가?
  – 홍보를 했는가?
  – 다른 사람의 홍보를 들었는가?
  – 강의실 안 어디에 있었는가?
  – 이번 연습에서 소문처럼 퍼져 나가는(사람이 움직이면서 말이 퍼져 나가는) 측면이 있었는가?
  – 시간의 경우 3분이라는 제한시간이 접근법에 영향을 주었는가?
- 자원의 유형
  – 이 항목 중 어떤 유형의 자원이 나타나는가?
  – 어떤 유형의 자원에게 가장 먼저 갔는가? 자원을 취득할 수 있었는가?
- 총 획득 자원
  – 총 획득한 자원은 몇 개인가?
  – 이러한 자원에 가격이 있다면 어떤 차이가 있겠는가?
  – 한 사람은 가만히 앉아 있었다. 이 사람은 얼마나 많은 자원을 얻었는가? (이 사람은 주로 아주 적은 자원만을 획득하는데, 자원을 획득하는 역할이 아

니기 때문이다.)

• 자원개발전략

■ 핵심 요점

• 새로운 사업을 시작할 때 자원평가가 실시되어야 한다. 무엇을 가지고 있는지, 무엇이 필요한지(인적, 사회적, 조직적, 기술적, 물리적, 재정적), 어디서 이러한 자원을 얻을 수 있을지 등을 고려한다.
• 자원의 수량과 가용성이 다르다.
• 자원의 식별 용이성이 다르다.
• 자원 획득은 사회적 과정이며, 공급원과 가용성을 알아내는 데는 시간이 걸린다.
• 자원 획득에 필요한 활동이 있다(기업가적 사고와 활동).

■ 복습

사업과 관련하여 어떤 자원을 보유하고 있는지, 어떤 자원이 필요하며 그 공급원은 무엇인지를 평가하기 위해서는 그룹 활동이 필요할 수 있다. 획득 전략과 획득 일정을 위한 초안을 작성할 수도 있다. 자원을 빌려주고, 거래하고, 결합하는 전략이 고려될 수 있다.

■ 교육 팁

처음에는 교육생이 활발하게 돌아다니지 않고 가만히 있을 수도 있다. 이때는 시간제한이 있음을 알려 활발히 움직이도록 지도하자. 몇몇 교육생은 매우 경쟁적으로 참여하고 소리를 지르기도 하지만, 나머지는 거의 움직이지 않는다. 교육자 역시 연습에 참여하고 있으며 주로 희귀하고 독특한 자원을 가지고 있다는 사실을 잊는 경우가 많다. 필요한 자원이 외부에 있더라도 절대로 강의실 밖으로는 나갈 수 없다. 모든 자원은 무료이며 가격이 없다.

자원 목록은 필요에 따라 수정할 수 있다. 경영자가 참여한 경우 이런 항목을 추가할 수도 있다. 특허 또는 상표가 등록된 것이 있다(기술적 자원–가치 있고 희귀하며 모방하기 힘든), 20명 이상의 인원을 관리한다(인적 자본–가치 있는), 4번 이상 직업을 바꾼 경험이 있다(사회적–가치 있는).

▪ 출처

이 연습은 온라인상에서 다양한 형태로 존재하는 일반적인 아이스브레이커 게임이다. 하지만 여기서는 다양한 자원을 보여주기 위해 일부 수정하였다. 이것은 강의실에서 공유되고 활용될 수 있다.

▪ 자원 획득 유인물

다음 자원을 가진 사람을 찾아 자원 우측에 이름을 쓴다. 가능한 많은 자원을 획득할 수 있도록 해보자. 한 사람은 하나의 자원에만 이름을 쓸 수 있다. 본인의 이름도 하나의 자원에 쓸 수 있다.

① 웹사이트가 있다.
② 아시아로 출장을 간 적이 있다.
③ 4개 이상의 언어를 할 수 있다.
④ 가족기업에 참여하고 있다.
⑤ 골프를 잘 친다.
⑥ 지갑에 100달러가 있다.
⑦ 투자 경험이 있다.

⑧ 심리학 학위가 있다.

⑨ 클럽 또는 회원제 기구에 소속되어 있다.

⑩ 부동산을 소유하고 있다.

⑪ SNS에 1촌이 500명 이상 있다.

⑫ 태블릿을 갖고 있다.

⑬ 체스를 둔다.

⑭ 오토바이를 갖고 있다.

⑮ 미술이나 디자인 대회에서 수상한 적이 있다.

⑯ 악기를 연주한다.

⑰ 개를 기른다.

⑱ 신문에 기사가 실린 적이 있다.

⑲ 스카이다이빙을 해본 적이 있다.

전략적 네트워크 구축하기 (Building a Strategic Network)

저자_ CANDIDA BRUSH AND PATRICIA GREENE

▪ 개요

네트워크는 정보와 자원을 교환해 주는 배관 역할을 해주어 개인적인 성공이나 생존을 도와줄 뿐만 아니라 사업의 성공에도 기여한다. 기업가는 네트워크를 통해 기존에는 불가능했던 기회와 자원에 접근하고, 시간을 절약하며, 조언과 도덕적 지원을 받을 수 있다. 네트워크는 기업가의 사회적 · 감정적 · 물질적 행복에 영향을 줄 수 있다(Ibarra, 1996). 기업가는 기존의 네트워크를 사용할 뿐만 아니라, 새로운 네트워크를 만들어 정보와 자원을 얻는다(Dubini and Aldrich, 1991). 네트워크는 기업가적 활동과 개인적 발전을 달성하는 데 중요한 관계 집합이다(Uzzi and Dunlap, 2005). 네트워크는 일반적으로 3가지 유형으로 나뉜다. 업무 네트워크는 직무 관련 정보자원을 교환하는 것과 관련이 있다. 직업 네트워크는 직업 및 기업가적 방향과 지침을 알려줄 수 있는 다양한 사람과의 관계로 구성된다. 사회적 네트워크는 좀 더 높은 단계의 친밀감과 신뢰로 특징지어지는 직업 외적인 네트워크이다(Ibarra, 1996). 네트워킹 행동은 공식적인 또는 비공식적인 환경에서 관계가 발전시키고 정보를 교환하는 쌍방향 소통 활동이다. 이 연습을 통해 교육생이 네트워크의 중요성을 개괄적으로 이해하고, 현재 네트워크 구성을 평가하며, 네트워킹 기법을 연습하고, 어떻게 자신의 네트워크를 넓힐지 생각해 볼 수 있도록 도움을 주고자 한다. 네트워크를 넓히려면 어떤 것을 제공할 수 있고 어떤 것이 필요한지를 간단히 '홍보'할 수 있는 능력이 필요하다.

▪ 적용대상

이 연습은 기업가정신과 관련된 강의, 워크숍, 교육과정에서 사용할 수 있으며, 학부생에서 실무자까지 모든 교육생이 참여할 수 있다. 사업 타당성 평가과정, 시장조사, 자금 조달, 경영진 구축 등을 도와주기 때문에 기업가정신 교육과정의 초반부에 실시하는 것이 가장 적절하다.

▪ 학습목표

- 자신의 현재 네트워크를 평가한다.
- 네트워킹 기법을 연습한다.
- 전략적 네트워크를 설계한다.

▪ 준비물

- 네트워킹 평가 양식 (연습 마지막 부분 참고)
- 네트워킹 개발 양식 (연습 마지막 부분 참고)

▪ 선수학습

네트워킹 평가 양식 작성을 완료한다.

▪ 이론적 근거

- Dubini, P., and Aldrich, H. (1991). Personal and extended networks are central to the entrepreneurial process. *Journal of Business Venturing,* 6, 305-13.
- Greve, J. W., and Salaff, A. (2003). Social networks and entrepreneur-

ship. *Entrepreneurship Theory and Practice,* 28(1), 1-22.

- Ibarra, H. (1996). *Managerial Networks*. Cambridge, MA: Harvard Business School Publishing.
- Santinelli, A., and Brush, C. (2013). *Designing and Delivering the Perfect Pitch*. Wellesley, MA: Babson College Case Collection.
- Uzzi, B., and Dunlap, S. (2005). *How to Build Your Network*. Cambridge, MA: Harvard Business School Publishing.

▪ 시간 계획 (80분)

이 과정은 몇 개의 부분으로 나누어지며, 일부는 토론기반 활동이고 나머지는 경험적인 활동이다. 1시간 20분이 소요되지만 그룹 크기에 따라 시간은 조절 가능하다.

소개 _ 0:00-0:15 (15분)

주제와 강의 목적을 소개한다. 또한 네트워킹의 정의에 대해 토론하고 네트워킹이 중요한 이유를 살펴본다(온라인에 사용 가능한 통계 자료가 있다. '네트워킹 통계[networking statistics]'를 검색해 보자).

좋은 네트워킹과 좋지 않은 네트워킹의 사례 _ 0:15-0:25 (10분)

네트워크는 무엇이며 어떤 유형의 네트워크가 있는가? 네트워크와 네트워킹은 어떻게 연결되는가? 네트워킹의 전략적 프로세스는 무엇인가?

① 네트워크 평가
② 접근법 생성
③ 홍보 개발

④ 연습

⑤ 지원 및 후속 조치

자신의 네트워크 평가 결과 논의(사전 작업) _ 0:25-0:35 (10분)

- 네트워크 구성: 어떤 특징이 있는가?
- 특정한 패턴이 있는가?
- 네트워크에서 남성과 여성의 비율은 어떻게 되는가?
- 얼마나 자주 도움을 청하는가?
- 네트워크를 만들 기회를 찾았는가?

네트워크 개발 양식 작성 _ 0:35-0:45 (10분)

파트너를 이루어 서로에게 홍보 _ 0:45-1:00 (15분)

최종 보고 _ 1:00-1:15 (15분)

- 1분 이내에 자신을 홍보할 수 있는가?
- 간결한가? 인상적인가?
- 돌아가며 각자 자신을 '홍보'하고, 그룹별로 피드백을 한다.

■ 복습

누군가 만날 계획을 세우고 약속 시간을 정한다. 다음 시간에 만남의 결과를 물어보자. 교육생은 자신의 네트워크 발전 '일기'를 쓰고, 이런 과정을 거치며 자신의 홍보 전략도 수정해 나간다.

■ 핵심 요점

- 네트워크 평가를 통해 사업에 도움을 주고 직업적 · 정신적 지원을 해주는 사람에 대한 통찰력을 갖게 된다.

• 네트워크 개발은 전략적으로 이루어져야 한다.

■ 교육 팁

유튜브를 통해 네트워킹의 좋은 예와 나쁜 예를 볼 수 있다. 실제 생활에서 관계가 '끊어'졌거나 좋게 발전된 경험을 물어보는 것도 좋은 방법이다. 롤플레잉 상황을 만들어 보는 것도 한 가지 방법이 될 수 있다.

■ 네트워킹 평가 양식

자신의 개인적 네트워크에 대한 아래 항목을 완성한다.

이름	성별	알아온 기간	연락 빈도	배경(어디서, 어떻게, 자주 연락하는지)	이야기 주제
1					
2					
3					
4					
5					
6					

■ 네트워킹 개발 양식

현재 진행 중이거나 계획 중인 프로젝트, 기회, 활동을 작성한다.

프로젝트에 도움을 줄 수 있는 사람 5명	현재 네트워크에서 소개를 해줄 수 있는 사람은 누구인가?	그 사람을 어떻게 도울 수 있는가?	홍보 전략은 무엇인가?

예술가로서 창조하기 (Creating as an Artist)

저자_ PHYLLIS SCHLESINGER

■ 개요

이번 연습은 예술가적인 사고와 프로세스를 경험하고 배울 수 있는 시리즈 강의로 예술가가 컨설턴트로 참여한다. 한 팀은 10~12명으로 구성되며, 전체 교육생 수 제한은 없다. 각 팀은 다양한 분야(인형극, 회화, 조각, 혼합 매체, 시, 음악, 즉흥 공연 등)를 대표하는 예술가와 짝을 이루어 기본적인 교육을 받게 된다. 예술가와 교육생은 적어도 일주일에 한 번은 만난다. 교육생은 몇 주간의 공동 작업 후 자기 분야의 공연을 펼친다. 각 공연 후 이어지는 질의응답 시간을 통해 창조과정을 알아보고 기업가정신과 관련된 특별한 연결점이 있는지 살펴본다.

■ 적용대상

학부생, 대학원생, 실무자 모두 참여 가능하다. 이 연습은 교육과정이나 프로그램을 시작하는 단계에서 실시해야 하는데, 우리는 이를 뱁슨 MBA 2년과정을 시작할 때 이용한다. 먼저 팀을 배정하고 오후 첫 번째 시간에 각 팀별로 담당 예술가를 만난다. 전체 과정은 3주 정도에 걸쳐 진행되며 발표는 하루 동안 진행된다(물론 팀 수에 따라 달라진다). 각 발표에 모두 참석하도록 한다. 이 과정은 참가자가 보다 적극적으로 참여하도록 고안되었으며, 최소 4번의 세션으로 구성된다. 참가자는 팀원과 친해지고 자신의 분야를 숙지해야 하며, 여러 아이디어를 실험해 보도록 한다.

시간제한이 있다면 프로세스를 최소화하도록 한다.

▪ 학습목표

- 각자 타고난 창의성을 발견한다.
- 위험에 대처하는 능력을 평가한다.
- 팀 프로세스와 관계 형성 기술을 개발한다.
- 모호성에 적응하고 대처하는 능력을 키운다.
- 공연을 만든다.
- 예상치 못한 곳에서 자원을 얻기 위해 창의적 전략을 세운다.
- 창의적 프로세스와 기업가정신 방법론을 연결한다.

▪ 준비물

예술가는 일반적으로 필요한 물품을 직접 들고 다닌다. 이 과정에서는 리허설 무대와 시간 외에는 아무것도 지원하지 않는다.

▪ 선수학습

없음

▪ 이론적 근거

- Csikszentmihalyi, M. (1996). Creativity: *Flow and the Psychology of Discovery and Invention.* New York: HarperCollins.
- Dewey, J. (1934). *Art as Experience.* New York: Minton, Balch & Company.
- Eisner, E. W. (2002). *The Arts and the Creation of Mind.* New Haven, CT: Yale University Press.

• Levy, J. (2005). Reflections on how the theatre teaches. *Journal of Aesthetic Education,* 39(4), 20-30.

▪ 시간 계획 (3주)

세션 1

교육자는 교육생에게 프로젝트를 소개하고 팀, 분야, 예술가를 각각 배정해 준다. 소개가 끝난 즉시 각 팀은 자신의 예술가와 만나 3시간 동안 소개하는 시간을 갖는다. 예술가가 이 교육 세션을 만들고 이끌어 간다. 교육생에게는 몇 가지 지시사항이 주어지는데, 다음은 MBA 교육생에게 주어진 지시사항의 예이다.

창조는 기업가적 사고와 행동의 첫 단계이다. 이러한 측면에서 앞으로 몇 주간 창조 활동을 탐구하고 경험하고 공유해 보고자 한다. 위험감수하기, 차이 만들기, 혁신적이고 색다르게 사고하기, 새로운 방식으로 보기 등의 과정을 거칠 것이다. [날짜]에는 MBA 동기, 교수진, 뱁슨 커뮤니티 앞에서 창작물을 발표한다.

첫째 날은 창조 컨설턴트, 즉 예술가 혹은 다양한 예술 분야의 전문가를 배정받게 된다. 분야는 인형극, 행위예술, 음악에 대한 새로운 접근, 극작, 즉흥공연, 혼합매체, 그림 등으로 다양하다. 예술가는 해당 분야의 기본 원칙을 소개하고, 이를 어떻게 적용시킬지 제시해 주며, 창의적 프로세스에 대한 일반적 지침을 제공한다. 하지만 교육생은 일련의 과정에 책임감을 갖고서 창의적 결과물을 만들어 내고, 다듬고, 정리하고, 리허설하고, 발표까지 진행해야 한다. 교육과정 마지막에 발표가 끝난 후, 자신과 팀원을 평가하고 그룹으로서 담당 컨설턴트의 평가를 받게 될 것이다. 이는 과제 통과 여부를 판단하는 기준이 된다. 컨설턴트와 함께 평가에 대해 논의해 보도록 하자. 다음 지침은 프로젝트와 창의적 프로세스에 대한 사고방식을 제시해 준다.

- 새로운 방식으로 본다. 즉, 익숙한 것과 익숙하지 않은 것에 대한 새로운 맥락을 설정한다.
- 자신과 타인을 이해한다.
- 프로세스, 동료를 신뢰하고 뜻밖의 상황도 즐긴다.
- 모호성을 경험하고 매사에 호기심을 갖는다.
- 혁신적이고 색다른 것을 추구하며 위험을 감수한다.
- 구체적인 결과에 책임진다.
- 팀원의 창의력과 재능을 신장시킨다.
- 가치를 더하고 학습 경험을 제공한다.

지시사항

20분의 발표 시간이 주어지며, 발표 후 10분간 질의응답 시간을 가진다. 발표 날 시간을 미리 비워 두도록 하자. 모든 발표에 참석하는 것이 좋다. 동료의 발표를 적극적으로 보는 것 역시 학습과정에서 중요한 부분을 차지한다. 마침내 모든 발표가 끝나면 그룹별로 컨설턴트와 함께 경험한 것에 대해 토론하고 평가를 작성한다. 컨설턴트와 회의가 끝나면 모든 인원은 다시 강당에 모여 최종 보고를 할 것이다.

첫째 날 오후에 창조 컨설턴트와 만나면서 창조 프로세스를 위한 여정이 시작되었다. 오늘 이후 최소 두 번은 컨설턴트와 만나야 하며, 필요한 만큼 최대한 많이 만나는 것이 좋다. 창조 작업을 위한 정해진 시간이 일정표에 있으니 목적에 맞게 잘 활용하도록 하자. 발표 전 주에는 추가로 리허설을 해볼 수 있다.

매주(세션 2, 3, 4)

교육생은 일주일에 약 5시간 동안 예술가와 만날 예정이며, 효과적인 공연을 위해 필요에 따라 더 많이 만날 수도 있다. 예술가는 적합한 수준까지 '가르칠' 것이다.

마지막 공연일(4주차 첫날)

각 팀은 모든 교육생과 커뮤니티 앞에서 준비한 공연을 하게 된다. 각 공연은 약 20분 동안 진행되며, 관객의 질문 시간이 포함된다.

▪ 핵심 요점

- 모든 사람은 창의적이다. 질서를 만들고 삶을 살아가며 즐거움을 찾는다. 흔히 예술가는 창조적인 존재로 여겨지지만, 창조의 행위는 사실 누구나 갖고 있는 인간 본래의 충동이다.
- 창조는 다양한 요소와 경험을 포함하는 과정이다. 예를 들면 감각의 사용, 상상, 신뢰, 직관, 욕구, 위험감수, 장난, 용기, 취약함, 실수, 다르고 깊게 보는 능력 등이 창조 활동에 수반된다.
- 창조하기 위해서는 단순히 읽고 듣는 것보다는 직접 경험해 보아야 한다. 왜냐하면 창조를 경험할 기회는 개인에게나 그룹에게나 아주 드물기 때문이다. 특히 오늘날 비즈니스 환경에서는 더욱 드물다. 게다가 자극받고 도전하는 것은 창조의 특성이기 때문이다.
- 사업과 예술, 기업가와 예술가 간의 연계는 매우 흥미롭고 다채로운 결과를 만들어 낸다. 예술가는 창업과정에서 표현력과 열정에 대한

독특한 시각을 제공할 수 있다.
- 창의력은 기업가적 사고와 행동의 시작점으로 개인적 참여와 타인에 대한 이해를 바탕으로 한다.

▪ 복습

교육생은 아래 질문에 대한 (최소) 2장 분량의 보고서를 제출한다.

- 시작하기 전에 이 예술적 매체에서 작업하는 것에 대해 어떤 추정을 하였는가? 이제 이 매체에서 작품을 만드는 것에 대해 어떻게 생각하는가?
- 창조과정에서 어려움을 겪은 어떤 부분 또는 순간을 설명한다.
- 이러한 예술적 경험이 기업가적 사고와 행동에 어떤 관련이 있다고 생각하는가?

▪ 교육 팁

- 교육생은 연습 시작 단계에서는 다소 회의적이지만 창의적인 경험을 하며 자극을 받고 적극적으로 변한다. 교육자는 이 프로세스를 신뢰해야 하며, 교육생이 똑같이 할 수 있도록 지도할 준비가 되어 있어야 한다. 강의를 하면서 교육생의 풍부한 재능과 자원에 놀랄 것이다.
- 컨설턴트에게 사례비를 지급할 수 있다. 컨설턴트는 지역예술 커뮤니티 출신일 수도 있고 전문성을 갖춘 이전 참가자, 다른 대학의 교수, 아니면 같은 학교의 교수일 수도 있다. 연습의 본질과 결과를 각 컨설턴트에게 설명해 주어야 한다. 컨설턴트는 일반적으로 설명지침 범위 내에서 독립적으로 활동한다.

• 이 연습은 시간이 촉박한 경우에 그 목적을 제대로 달성하기 어렵다. 참가자는 아이디어를 만들고, 돌아볼 시간이 필요하다. 시간이 부족할수록 아이디어에 제한이 생기며, 결과적으로 연습의 목적을 만족시키지 못할 것이다.

▪ 출처

Phyllis Schlesinger, Mary Pinard, J. B. Kassarjian, and Kate Buckman at Babson College.

제한된 자원으로 도전 (The Resource Challenge)

저자_ HEIDI NECK

■ 개요

이번 연습에서는 교육생이 팀(5~7명)을 이루어 2시간 동안 5달러로 최대한 많은 수익을 내는 것을 목표로 한다(Seelig, 2009). 이 과제는 아무것도 없이 어떻게든 무언가를 시작하는 경우, 즉 부트스트랩의 좋은 교훈이 된다. 그러나 교육생은 돈이 가장 큰 자산은 아니며, 필요한 것보다는 가지고 있는 것으로 시작하는 것이 성공 확률을 높여 준다는 사실을 즉시 알게 된다(Sarasvathy, 2008).

■ 적용대상

이 연습은 학부생 및 대학원생을 대상으로 한다. 특히 자원 습득 문제를 다루고 부트스트랩을 할 때 유용하지만, 기업가적 사고를 자극하기 위해 교육과정 초반에 실시할 수도 있다.

■ 학습목표

- 가치는 거의 생겨나지 않음을 보여준다.
- 자원 획득을 위해 기업가적 사고방식을 적용한다.
- 예비 기업가에게 '돈은 마지막에 생각하라'고 장려한다.

■ 준비물

- 팀당 봉투를 하나씩 준비하여 그 안에 5달러 지폐 한 장과 21.5cm×

28cm크기의 종이를 접어 넣는다. 종이에는 "아무것도 없이 어떻게 시작하겠는가?"라는 문장이 적혀 있다.

- 자원에의 도전 지시사항(팀당 한 세트를 봉투 표면에 붙여 둔다)을 준비한다(표 8-1 참고).

▪ 선수학습

없음

▪ 이론적 근거

- Godin, S. (2013). *The Bootstrapper's Bible.* August. Retrieved from http://www.sethgodin.com/sg/docs/bootstrap.pdf.
- Sarasvathy, S. (2008). *Effectuation: Elements of Entrepreneurial Expertise.* Cheltenham, UK and Northampton, MA, USA: Edward Elgar Publishing.
- Seelig, T. (2009). *What I Wish I Knew When I Was 20: A Crash Course on Making Your Place in the World.* New York: HarperOne.

▪ 시간 계획 (60분)

- 과제: 자원에의 도전 과제를 2~5일 전에 교육생에게 내준다(표 8-1 참고). 지시사항을 첨부하여 봉투('준비물'에 설명되어 있음)를 각 팀에 하나씩 전달한다.
- 수업: 약 1시간, 팀 인원에 따라 달라진다.

발표 _ 0:00-0:35 (35분)

각 팀은 3분 동안 파워포인트로 발표를 하고 3분 동안 교육생과 교육자

표 8-1 제한된 자원으로 도전(Resource Challenge)

2시간 동안 5달러로 얼마나 많은 수익을 얻을 수 있겠는가? 이 봉투에는 초기 투자자금이 들어 있다. [날짜] 수업 시작 전까지 계획을 세우는 데는 원하는 만큼 시간을 쓸 수 있지만, 일단 봉투를 열면 2시간 안에 최대한 많은 돈을 벌어야 한다(주어진 초기 투자자금만을 사용해야 한다).

봉투에 돈이 얼마나 있는가?
- 5달러

다른 곳에서 추가로 얻은 돈으로 시작할 수 있는가?
- 절대로 안 된다. 5달러가 유일한 초기 투자자금이다. 그게 전부다.

허용되지 않는 것이 있는가?
- 불법적인 활동에 참여할 수 없다.
- 경품 추첨은 허용되지 않는다.
- 복권도 구입할 수 없다. 너무 게으르다.
- 도박 역시 허용되지 않는다. 이런 것은 절대 안 된다.
- 주어진 2시간 이내에만 현금을 수령할 수 있다.
- 2시간이 지난 후에는 아무것도 할 수 없다.

결과

다음 질문에 대한 파워포인트를 준비하여 [날짜]에 발표한다.
- 무엇을 했는가?
- 얼마만큼의 수익을 냈는가? (기억할 것: 이익=수익-비용)
- 자원에 대해 무엇을 배웠는가?

발표 시 현금으로 들고 있는 것만이 수익이다. 발표 이후에 얻게 되는 것은 인정하지 않는다.

채점

성적은 ① 수익금 ② 창의성으로 결정된다.
이익을 낸다고 가정하면, 초기 투자자금 5달러를 [교육자 이름]에게 갚고서 남는 돈은 가질 수 있다. 이자가 없는 대출이며 주식 투자도 아니다. 이익을 내지 않으면, [교육자 이름]의 손실이다.

에게 질문을 받는다. 각 발표 이후에 교육자는 아이디어와 수익을 게시판에 기록한다.

결과 보고 _ 0:35-0:55 (20분)

다음의 두 가지 측면이 있다.

① 과제에 대한 전반적인 토론과 반등

- 과제를 받았을 때 어떤 기분이었는가?
- 구현할 '아이디어'를 찾기 위해 팀이 사용했던 프로세스를 설명한다. 5달러는 어떤 역할을 했는가?
- 실험에서 가장 놀랐던 점은 무엇이며 그 이유는 무엇인가?

② 부트스트랩에 대한 토론

경험한 과정이 전형적인 부트스트랩이라고 교육생에게 설명해 주도록 한다. 부트스트랩은 최소한의 자본으로 새로운 사업을 시작하는 것으로, 그렇게 하기 위해 더 많은 자원이 필요하다. 교육자는 팀에 나타난 부트스트랩의 다양한 방법을 요약해야 한다. 예를 들어, 교육생은 무료 물품을 요청하거나, 다른 사람을 등록시켜 실행을 돕고, 돈이 생길 때까지 대금 지급을 연기하고, 심지어 다른 팀과 협력하기도 한다. 세스 고딘(Seth Godin)의 〈*Bootstrapping Bible*〉은 부트스트랩에 대한 좋은 자료이다('이론적 근거' 참고).

시상식 _ 0:55-1:00 (5분)

가장 수익이 높은 팀이 상을 받게 된다. 교육자는 가장 창의적인 팀(차이가 있는 경우)에게도 상을 부여한다. 가장 창의적인 팀은 교육생 투표로 결정된다(자기 팀에는 투표하지 않는다).

■ 핵심 요점

- 기업가의 자원기반은 기업가가 누구인지, 아는 것은 무엇인지, 현재 가지고 있는 것은 무엇인지, 그들이 알고 있는 사람은 누구인지에 따라 처음에 결정된다. 돈은 새로운 것을 시작하는 데 반드시 필요한 자산은 아니다.
- 일반적으로 가장 성공한 팀은 5달러를 전혀 사용하지 않는다. 임기응변능력과 창의성으로 완전히 다른 수준에서 경쟁할 수 있다. 대부분의 팀은 실제로는 돈이 방해물임을 경험하게 될 것이다
- 5달러가 실질적으로는 아무것도 아니라는 것을 이해하였고, 문제를 더 폭넓게 재해석할 수 있었다. 우리에게 아무것도 없는 상태라면 돈을 벌기 위해 무엇을 할 수 있겠는가? 관찰 기술을 향상시키고, 재능을 발휘하며, 창의성을 동원하여 문제를 찾아낸다. 이 문제는 내가 경험했던 것일 수도 있고 다른 사람이 경험한 것을 본 것일 수도 있으며, 예전에 보았을 때는 해결할 거라고 생각조차 하지 않았던 그런 문제이다(Seelig, 2009, p. 2).

■ 교육 팁

이 연습은 스탠포드 대학(Stanford University)의 티나 실리그(Tina Seelig) 교수가 채택하였다. 티나는 교육생에게 거의 지시를 하지 않는다. 수정된 이 버전에는 시행착오를 통해 만들어진 특정한 지침이 있다. 과제에 채점을 도입하면서, 더 많은 지침이 필요해졌다. 자원 과제는 티나의 방식처럼 지시를 하지 않으면서도 훨씬 더 이해를 돕고 재미있게 할 수도 있다.

티나 실리그의 비디오를 수업 준비에 활용하거나 수업시간에 교육생에게 보여줄 수 있다.

참조 http://ecorner.stanford.edu/authorMaterialInfo.html?mid=2268

▪ 출처

Tina Seelig, Professor of Practice, Stanford University

전략적 제휴 (Your Strategic Alliance)

저자_ EDWARD MARRAM AND LESLIS CHARM

▪ 개요

제휴는 성장 중인 회사가 성공할 수 있는 잠재적인 능력에 영향을 미칠 수 있다. 이 연습을 통해 전략적 제휴 관계를 탐구하고 기업성장에 대해 이해해 간다. 참가자는 자신의 회사를 이용하여 가능성 있는 전략적 파트너를 결정한다. 교육생은 전략적 제휴에 어떤 특징이 있으며 협력사가 가진 장점과 단점이 무엇인지를 알아본다. 또한 현실적인 제휴인지, 실현 가능한지 여부를 토론해 본다.

▪ 적용대상

이 연습은 직장 경험이 있는 교육생과 경영자를 대상으로 한다. 대략 1시간 30분이 소요될 것이다.

▪ 학습목표

- 전략적 파트너의 가치를 평가하고 소규모 회사가 어떻게 큰 회사와 협력하는지를 배운다.
- 기업이 성장하는 데 있어 전략적 파트너의 중요성을 평가한다.
- 훌륭한 전략적 파트너의 요건을 분석한다.
- 전략적 파트너를 관리하는 방법을 연습한다.

▪ 준비물

각 그룹에게 플립 차트와 마커를 제공한다.

▪ 선수학습

없음

▪ 이론적 근거

- Evora Software Case, prepared by Sheryl and Larry Overland under the direction of Edward P. Marram with the assistance of Glenn Kaplus.
- Kanter, R. (1994). Collaborative advantage: The art of alliances. *Harvard Business Review,* 99(7/8), 102-07.
- Lambert, D. M., and Knemeyer, A. M. (2004). We're in this together. *Harvard Business Review,* 82(12), 114-22.

▪ 시간 계획 (60분)

그룹 편성 _ 0:00-0:02 (2분)

전체를 4~5명으로 이루어진 그룹으로 나눈다.

전략적 파트너 확인 _ 0:02-0:10 (8분)

각 그룹은 기업 하나를 선택하고 가능성이 있는 전략적 파트너를 알아본다.

제휴 체결 _ 0:10-0:30 (20분)

파트너사를 선정하여 제휴를 맺으면서 플립 차트에 '준다'와 '받는다'

를 나타낸다.

결과 보고 _ 0:30-1:00 (30분)

다 함께 강의실로 돌아와 플립 차트를 게시하고 성장하는 회사에게 전략적 파트너가 필요한 이유에 대해 논의한다. 아래 질문을 참고하여 토론을 진행하자.

- 만족스러운 전략적 제휴를 맺기 위해 필요한 사항은 무엇인가?
- 양 당사자의 전략을 무엇으로 결정하는가?
- 전략적 제휴가 잘 이루어지도록 하는 매개 변수는 무엇인가?

▪ 복습

없음

▪ 교육 팁

다음 질문을 함께 생각해 보자.

- 전략적 제휴는 대기업에게도 중요한가?
- 파트너를 어떻게 관리할 것인가?
- 지적 재산권은 누가 소유하는가?
- 제휴 형성하는 데 기간은 얼마나 오래 되었는가?
- 결론
  - 회사는 독점에 대한 관점을 정해야 한다(변경될 것이다).
  - 전략적 파트너에게 접근하기 전에 "상대에게 무슨 이득이 생기는가?"를 스스로에게 물어본다.

제9장 실험 실습 연습 (Exercises to Practice Experimentation)

타당성 계획 (Feasibility Blueprint)

저자_ HEIDI NECK

▪ 개요

타당성 계획 연습은 새로운 사업 개념과 관련한 초기 생존능력을 논의하고 이에 대해 10~12장 분량의 슬라이드를 만드는 최종 팀 과제이다. 이 과정에서 시장 및 고객의 요구사항 분석, 산업 데이터 수집, 경쟁력 있는 정보 사용 등을 실습한다. 사용할 수 있는 데이터가 없는 경우(일반적으로 새로운 아이디어가 있는 경우) 교육생은 행동하고 실험하며 자체 데이터를 수집해야 한다.

▪ 적용대상

이 연습은 모든 일반인, 학부생, 대학원생 및 실무자를 대상으로 한다. 또한 기회를 평가하고 발견하는 교육과정에 가장 유용하며, 다소 빠르게 완료되도록 만들어졌다. 여기 제시된 과제는 MBA 프로그램에서 사용하는 종합적이고 통합적인 과제이다. MBA 교육생 팀(팀당 6~7명)은 대략 4주 안에 이 연습을 끝낸다.

▪ 학습목표

- 관련 데이터를 수집하고 평가한다.
- 새로운 사업 개념의 초기 생존 가능성을 평가한다.
- 새로운 사업 개념을 분명하게 나타낸다.

▪ 준비물

과제('타당성 계획 지침' 참조)

▪ 이론적 근거

- Mullins, J. (2010). *The New Business Road Test: What Entrepreneurs and Executives Should Do before Writing a Business Plan,* 3rd edn. New York: FT Press.
- Osterwalder, A., and Pigneur, Y. (2010). *Business Model Generation.* Hoboken, NJ: Wiley.

▪ 시간 계획 (4~5주)

교육생은 교육자가 기대하는 결과의 정도에 따라 최소 일주일 안에 타당성 계획을 완성한다. 일반적으로 과제를 완료하는 데 4~5주가 주어진다. 다음 지침을 참고하도록 한다.

타당성 계획 지침

결과물

각 팀은 교육자에게 타당성 계획을 완성하여 제출해야 한다. 발표에 15분, 질의응답에 15분씩 시간이 주어진다.

여기서 설명하는 내용을 10~12개 파워포인트 슬라이드로 만들어 발표한다.

- 문서의 '참고' 부분에 지속적으로 개발된 일련의 요점을 포함시키고, 가장 중요한 정보를 상세히 작성하여 근거를 설명한다.
- 그래프 및 도표와 같은 시각 자료를 사용하여 주제를 보여준다. 단순히 중요 항목을 연속적으로 보여주어서는 안 된다.
- 발표 전체의 흐름을 명확히 보여주는 소개, 처음부터 끝까지 일관된 서술, 매끄러운 주제 전환, 명료한 발표와 전달력, 팀워크, 주제를 효과적으로 강화해 주는 결론 등을 통해 전체 발표의 질이 평가된다.

발표 내용과 발표 자체의 질을 함께 평가한다. 질의응답 시간에는 모든 팀원이 계획을 완전히 이해하고 있고, 적극적으로 참여하고 있음을 보여주어야 한다.

목표

제안된 사업 개념의 성공 가능성을 평가하는 것이 타당성 계획의 목표이다. 그리고 시장과 고객의 요구사항 분석, 산업 데이터 수집, 경쟁력 있는 정보 사용에 대한 경험을 제공하는 것이 이 연습의 목적이다. 사용 가능한 데이터가 없을 경우(보통 혁신적인 아이디어의 경우) 직접 데이터를 수집한다. 분석 결과는 사업 개념을 계속 진행해야 하는지를 결정해 주는 근거가 되며, 만약 계속한다면 어떤 사업 모델이 적합한지를 알려준다. 타당성 계획을 개발하는 이 실습은 불확실성을 줄여 주고 앞으로 사업을 계속 진행할지 여부에 대한 판단 근거를 제시해 줄 것이다.

타당성 개요와 요구사항

타당성 계획은 사업 초기 개념화과정에서 고려해야 할 가장 중요한 요소를 다룬다. 이를 달성하기 위하여 기업가는 (사업■, 계획의 유형에 관계없이) 모든 새로운 계획(initiative)에 내재된 근본적 질문에 답해야 한다.

- 이 개념이 해결해야 할 핵심 문제 또는 요구사항은 무엇인가?
- 어떻게 이 문제를 해결할 것인가 또는 어떻게 자신의 제품과 서비스로 요구사항을 만족시킬 것인가, 그리고 누구를 위해 할 것인가?
- 어떤 고객가치 제안이 있는가(고객을 위한 가치창출 제안을 어떻게 할 것인가)?
- 사업의 경쟁적 위치는 어떠한가?
- 고객에게 가치를 전달하기 위해 어떻게 제안할 것인가?
- 현재와 미래에 제품 및 서비스 아이디어의 시장 규모나 범위는 얼마나 되는가?
- 매출과 수익 모델은 무엇인가?
- 팀은 사업을 수행하기에 필요한 능력을 가지고 있는가?

위 질문에 답하면서 이 기회가 실현 가능하고 가치가 있는지를 결론 내려야 한다. 그렇지 않다면, 무엇이 주요 원인인지 설명한다. 사업계획과 달리 타당성 계획에서는 기업가 '자신'을 설득하는 것이다. 가능한 솔직하게 제안된 사업이 추가 조사할 가치가 있는지 여부를 논의한다. 그리고 각 기업가 고유의 욕망이나 열망을 바탕으로 이 결정이 내려진다. 결정이 '진행'이든 '진행 안 함'이든 그 이유를 설명한다.

■ 뱁슨은 다양한 배경의 기업가정신을 지원하고 있다. '새로운 사업'은 영리기업, 비영리조직, 새로운 사업의 기반으로서의 기술라이선싱, 기존 조직 내부의 새로운 사업 등 다양한 형태일 수 있다.

'진행' 결정은 다음 단계에서 착수계획 개발을 시작한다는 의미이며, 프로토타입 개발 및 시험, 경영 팀 충원, 필요한 자금 조달, 내부와 외부 자원 및 지원 확보 등의 과정을 거친다.

'진행 안 함' 결정 역시 타당성 계획을 통한 타당하고 가치 있는 결과이며, 성공할 만한 잠재력이 없는 개념을 포기하여 기업가의 시간과 비용을 절감할 수 있다.

타당성 프로세스

정보 수집 및 분석은 타당성 프로세스에서 매우 중요한 활동이다. 초기 단계에는 불확실성이 매우 크므로, 이 불확실성을 줄이고 기회와 접근 방식에 더 큰 신뢰를 얻는 것을 목표로 한다. 시간이 지나 기회를 정의하고, 시험하고, 형성하는 과정이 반복되면서 세 가지 핵심 단계를 구성하게 되고, 이를 통해 프로세스가 개념화된다. 세 가지 핵심 단계는 ① 해결 중인 문제가 무엇인지 그리고 누구를 위한 것인지를 이해, ② 문제해결을 위한 아이디어 생성, ③ 가정을 시험하고 더 많은 데이터를 수집하며 이를 반복하는 것으로 구성된다.

이러한 단계는 순차적으로 나타나지만 선형 프로세스와는 거리가 멀다. 반복적으로 이루어지지만 반드시 순서대로일 필요는 없다. 하지만 사전에 정보를 수집하고 분석하면서 항상 정보가 제공된다. 각 반복 단계마다 새로운 정보를 필요로 하기 때문에 이 프로세스를 사업에 대한 이해를 더 높여 가는 과정이라고 생각해 보자. 그러나 타당성 검토를 시작할 때 기회를 너무 좁게 정의하지 않는다. 프로세스를 이용해 아이디어와 사업을 형상화한다. 명시적인 예상이나 예측을 하기보다는 여러 시나리오를 탐구하고 사업에 잠재적으로 실행 가능한 접근 방식을 알아 가는 것이 목표이다.

행동하는 것이 무엇보다 중요하다. 의사결정과정에서 보조 데이터에만 의존하지 않는다. 아이디어의 타당성과 실행 가능성을 파악하기 위해 실제 행동에 옮기는 것은 매우 중요하다. 일부 이론 연구의 경우 기본적인 자료로는 괜찮지만 데이터에 너무 의지하면 기업가정신 맥락에서는 잘못된 의사결정을 내릴 수도 있다.

고려해야 할 요소

다음은 타당성 계획에서 필요한 기본적인 문제해결을 도와주는 몇 가지 요소 또는 지침이다.

- 아이디어를 시험하고 다듬기 위한 초기 행동과 실험
- 고객 이해를 보여주는 1차, 2차 연구
- 백분율 손익계산서와 비교손익계산서를 사용한 재정적 벤치마킹
- 잠재적인 경제적 실행 가능성을 보여주고 주요 수익 및 원가 동인을 설명해 주는 1년간의 손익계산서
- 손익분기점 분석
- 산업 매력도
- 가치 창출, 전달 및 캡처 분석
- 팀 및 개인의 자기평가

■ 핵심 요점

- 타당성 계획은 설득력 있는 문서가 아니라 평가를 내리고 다음 단계 진행을 위해 빠른 결정을 도와주는 과정이다.
- 새로운 개념을 초기에 검증하기 위해 주요 데이터를 수집하는 것은

매우 중요하다. 조치를 취할 '계획'이 마련될 때까지 기다려서는 안 된다.

- 타당성 계획을 실행하면서 통합적이고 종합적인 경험으로서의 기업가정신을 학습한다.

▪ 교육 팁

타당성 계획이 사업계획이 아님에도 불구하고 일부 교육자는 그렇게 간주하는 경향이 있다. 모든 것은 개략적이지만 데이터에 근거를 둔다. 타당성 계획을 냅킨 그리기의 다음 단계로 생각해 본다. 손익계산서 자료의 범위는 1년 이내여야 하며 이 단계에서 현금 흐름은 예측하지 않는다. 교육생이 더 빨리 과제를 완성할수록 사업계획이 더 줄어들 것이다. 타당성 계획 서식을 사용하여 여러 아이디어를 빠르고 신속하게 분석하는 것이 좋다.

▪ 출처

이 과제에서는 여러 저자의 문헌을 참조하였다. 뱁슨 대학의 모든 교수진, 특히 도나 켈리(Donna Kelley), 데니스 세루(Dennis Ceru), 브래들리 조지(Bradley George)의 도움을 받았다.

컵 쌓기 시합 (Competitive Cup Stacking)

저자_ ERIK NOYES

▪ 개요

이 연습을 통해 기업 성장을 관리하며 겪는 운영상의 어려움을 경험해 볼 수 있다. 기업가는 회사가 빠르게 성장함에 따라 대개 사업 프로세스를 조정하고 완전히 새로운 시스템을 만들게 되며, 이를 바탕으로 기업이 확장된다. 기존 운영으로는 한계가 있고 제대로 성장하기 어렵기 때문이다. 컵 쌓기 시합을 통해 물리적인 도전을 연습해 보면서 새로운 프로세스 설계 방법을 배우고 이를 실행하며 성장하는 방법을 학습한다.

▪ 적용대상

이 연습은 현직 기업가, 학부생, 대학원생 등 모두를 대상으로 한다. 기업가정신 교육과정의 다양한 시점에 적용할 수 있지만 교육생이 성장 전략, 운영 전략, 사업 확장을 고려할 때 더 큰 가치를 지닌다.

▪ 학습목표

- 기업 성장 관리에서 발생하는 운영상의 어려움을 경험한다.
- 경쟁 상황에서 시스템과 프로세스의 중요성을 평가한다.
- 실무적 경쟁 시뮬레이션에서 새로운 프로세스를 분석하고 실행한다.

▪ 준비물

어느 슈퍼마켓에서든 구할 수 있는 큰 플라스틱 컵 182개

▪ 선수학습

없음

▪ 이론적 근거

경영전략 문헌을 바탕으로 동적 역량(dynamic capability)과 조직 학습에 대해 학습한다. 다음 참고문헌 몇 가지를 추천한다.

- Levitt, B., and March, J. G. (1988). Organizational learning. *Annual Review of Sociology,* 14, 319-40.
- March, J. (1990). Exploration and exploitation in organizational learning. *Organization Science,* 3, 71-87.
- Nelson, R., and Winter, S. (1982). Skills. In *An Evolutionary Theory of Economic Change* (pp. 72-95). Cambridge, MA: Belknap Press of Harvard University Press.
- Nelson, R., and Winter, S. (1982). Organizational capabilities and behavior. In *An Evolutionary Theory of Economic Change* (pp. 96-136). Cambridge, MA: Belknap Press of Harvard University Press.
- Porter, M. (1996). What is strategy? *Harvard Business Review,* November-December, 61-78.
- Teece, D. J., Pisano, G., and Shuen, A. (1997). Dynamic capabilities and strategic management. *Strategic Management Journal,* 18, 509-33.

▪ 시간 계획 (45분)

권장 실행 시간은 45분이다. 그러나 결과 보고와 컵 쌓기 시합 횟수에 따라 35분 정도로도 가능하다.

그림 9-1

컵 쌓기

1단계(4인 컵 쌓기 시합) _ 0:00-0:10 (10분)

4명의 교육생을 선발하여 28개의 컵을 이용해 한 층씩 올라갈수록 컵 수가 하나씩 줄어드는 피라미드 구조물을 쌓고 다시 무너뜨리는 시합을 한다(그림 9-1 참조). 한 명씩 테이블 위에서 '하나의' 28개 컵 기둥으로 시작한다. 각 참가자는 적절한 구조로 컵을 쌓고 가장 빨리 다시 '하나의' 기둥을 만들면 시합에서 승리한다.

4명이 28개의 컵으로 시작할 수 있도록 미리 준비해 둔다. 교육자는 그림 9-1 과 같이 정확한 피라미드 형태를 만드는 일반적인 프로세스를 보여주고, 반드시 이 피라미드 형태로 쌓아야 한다고 알려준다. 또한,

'이것은 창의적인 설계 과제가 아니라' 각자 구조물을 세우고 다시 무너뜨리는 속도가 중요함을 강조한다. 제대로 피라미드를 만들면 7층 높이가 된다(7+6+5+4+3+2+1=28).

참고 필요하다면 경쟁자에게 천막 대여 서비스를 운영한다고 상상해 보도록 한다. 더 많은 천막를 대여하고 인건비를 최소화시키기 위해 '천막'을 정확하고 빠르게 세운 다음 규칙적인 방식으로 다시 천막을 철거하는 것이 목표이다.

다음의 중요한 규칙을 적고 검토한다.

- 최단 시간에 피라미드를 세우고 하나의 기둥으로 다시 만들어야 이길 수 있다.
- 컵을 '전부' 사용해야 한다.
- 각 층의 컵은 아래층보다 하나씩 적어야 한다.
- 모든 컵이 한 줄에 있어야 한다(곡선 또는 3D 피라미드 불가).
- 피라미드는 하나의 꼭지만 있다.

28개 컵으로 만든 피라미드 높이는 사용하는 컵에 따라 0.7~0.9미터 정도 된다. 눈에 띄는 참가자를 선택하고 참가자가 규칙을 확실히 이해하면 시합을 시작한다. 우승자를 정한다. 다른 참가자에게 전략, 결과, 속도에 대해 간략히 설명한다.

2단계(수업 결과 보고) _ 0:10-0:20 (10분)

다음 질문을 한다.

- '우승자'가 승리한 이유는 무엇인가?
- 가장 빠른 프로세스는 무엇인가?
- 접근 방식에 대해 알게 된 것이 있는가?

• 피해야 할 접근 방식은 무엇인가?

다른 도전자에게 질문한다. "다시 경쟁하면 어떤 부분을 달리 하겠는가?"

경쟁심을 부추기고 시간이 있다면 다시 경쟁을 하면서 다른 경쟁자가 속도를 향상시키기 위해 어떤 전략을 사용하는지 보도록 한다. 효과적으로 피라미드를 쌓고 무너뜨리기 위해 무엇이 필요하였는지 전체 참가자의 의견을 듣고서 아주 간단히 플립 차트에 작성한다. 몇몇 중요한 활동이 있는가? 피해야 하는 결정적인 실수가 있는가? 가장 좋은 방법을 학습하고 실습하면 얼마나 빨리 할 수 있는가?

3단계(팀[2~4명] 대항 컵 쌓기 시합) _ 0:20-0:30 (10분)

가장 빠르게 컵을 쌓은 2명을 선정해 대결하도록 하는데 팀 대항전으로 진행한다. 각자 팀원을 고르도록 한다. 개인전에 참여한 다른 참가자 중 한 명을 선택하거나 그 외 다른 사람을 선택할 수도 있다. 피라미드 구조물을 쌓고 무너뜨리는 동일한 시합을 할 거라고 알려준다. 모든 컵을 빠르게 쌓고 다시 무너뜨리는 팀이 승리할 것이라고 다시 한번 설명한다. 규칙을 다시 확인시켜 준다. 시합에 대해 질문이 있는지 물어본다. 다시 한번 이것은 창의적인 설계 과제가 아니라 각 개인이 동일한 피라미드를 세우고 무너뜨리는 속도가 중요함을 알려준다.

질문에 대답한 후, 각 팀에게 규칙에 따라 91개의 컵(개수를 미리 세어 놓는다)으로 가능한 한 가장 높은 피라미드를 쌓고 무너뜨리도록 한다(즉 모든 컵을 사용하며, 각 층의 컵 수는 그 아래층보다 하나 적고, 컵은 한 줄에 있고, 하나의 꼭지가 있는 피라미드다). 도전의 규모를 극적으로 변화시켰다. 설명 없이 가능한 한 빨리 진행시킨다.

컵 91개로 제대로 피라미드를 만들면 13층 높이다(13+12+11+10+9+8+7+6+5+4+3+2+1=91컵). 전체 높이는 1.8미터 정도이며 피라미드를 완성하고 무너뜨리기 위해 의자나 책상 위에 올라가야 할 수도 있다. 혼란스러울 것이다. 높이가 높고 전체적으로 구조가 복잡하여 피라미드를 세우고 무너뜨리는 과정에서 예상보다 훨씬 시간이 오래 걸릴 수도 있다. 한 팀이 91개의 컵을 하나의 구조물로 세워야 시합이 끝남을 강조한다.

4단계(수업 결과 보고 및 비디오 시청) _ 0:30-0:45 (15분)

다시 한 번 수업시간에 질문을 한다.

- '우승자'가 승리한 이유는 무엇인가?
- 가장 빠른 프로세스는 무엇인가?
- 접근 방식에 대해 알게 된 것이 있는가?
- 이 시합에 참여했다면 어떤 점을 다르게 했겠는가?
- **핵심 질문**: 91개와 28개에서 오는 차이는 어떤 영향을 미쳤는가? 연습에서 얻은 교훈은 무엇인가?

교육생은 도전 규모(91개 컵)가 달라짐에 따라 성공하려면 완전히 다른 프로세스가 필요하다는 사실을 지적해야 한다. 28개 컵에서 효과적인 부분도 91개 컵에서는 일부만 효과적이었다. 또한 팀 대항전에서 필요한 역동성과 협동성은 개인 시합과는 분명한 차이가 있다. 만약 교육생이 강의 중 사업계획을 작성한다면, 5배, 10배 또는 20배 규모로 성장할 경우 사업 또는 사업 프로세스가 어떻게 달라질 것인지 생각해 보도록 한다. 성장을 위해 기업 프로세스는 어떻게 진화해야 하는가?

재미를 더하면서 좀 더 알아보기 위해 컵 쌓기에 대한 다음 2개의 짤막한 영상을 보여주고 토론해 본다(컵 쌓기는 도전자가 빛의 속도로 컵을 쌓고 해체하는 새로운 특수 스포츠이다). 첫 번째 영상은 10살짜리 세계 챔피언 스티븐 푸루가난(Steven Purugganan)에 관한 것이다(Steven Purugganan Speed Stacking Champ, http://www.youtube.com/watch?v=LyU5v0ZYMjI). 프로세스에 대한 독특한 통찰력은 무엇인가? 두 번째 영상은 컵 쌓기 챔피언의 느린 동작을 보여준다(Slow Motion Cycle, http://www.speedstacks.com/videos/slow_motion_cycle-31). 가장 좋은 실습 방법과 기회를 이해하고 이를 향상시키기 위해 프로세스를 느리게 하여 분석하는 것이 어떻게 도움이 되는가?

위의 핵심 질문은 기업 성장에 대한 운영 문제를 고려하는 중요한 시작점이 된다. 특히 회사가 성장하면서 기존의 프로세스와 사업 운영이 제대로 작동하지 않을 수도 있다. 이전에는 효과적이었지만 더 이상 그렇지 않다. 시스템이 더 중요해지면서 다시 평가하고 설계해야 한다. 플립 차트에서 요점을 잡아 이를 연습에 이용하고 성장 전략, 운영 및 확장에 대해 논의한다.

▪ 복습

컵 쌓기 연습을 한 번 한 후, 교육생이 새로운 전략과 프로세스를 연습했는지 확인하기 위해 일주일 정도 뒤에 다시 시합을 해볼 수도 있다.

▪ 핵심 요점

이 연습을 요약하면 다음과 같은 핵심적인 기업가적 질문을 던져 준다.

- 사업 프로세스는 어떻게 진화해야 하는가?
- 기존 사업 프로세스는 어떻게 고객 가치를 창출(또는 파괴)하는가?

- 현재 사업 프로세스나 운영 규모가 성장할 수 있는가?
- 사업 프로세스를 충분히 이해함으로써 어떻게 비용을 절감하고 상품 및 서비스의 가격을 인상할 수 있는가?

▪ 교육 팁

신중하게 컵 쌓기 대회의 규칙을 검토하고 강화시킨다. 컵을 쌓기 전에 최소한 두 번 반복하여 규칙을 알려주고 규칙에 대한 질문에 답해 준다. 이것은 창의적인 도전이 아니며 단 하나의 피라미드 구조(우승)만 있음을 분명히 한다. 연습의 마무리로 컵 쌓기 전문가 영상을 활용하여 운영 프로세스에 대한 암묵적인 지식을 더 세밀하게 분석할 수 있다.

시장 테스트 확대 (Escalating Market Tests)

저자_ ANDREW ZACHARAKIS

■ 개요

새로운 사업을 시작하면 위험이 따른다. 그러한 위험을 줄이는 것이 이 연습의 목표이다. 이를 위해 저비용 실험을 연속적으로 실시하고, 이전 실험의 결과를 사용하여 비즈니스 모델을 형성하고 재구성하는 과정을 거친다. 각각의 시장 테스트는 계획, 실험, 학습, 재구성이라는 유사한 패턴으로 진행된다. 각 실험을 가급적 낮은 비용으로 실시하는 것이 핵심으로 첫 번째 실험은 100달러부터 시작하여 조금씩 액수를 늘린다. 각 실험이 끝나면 기업가는 사업의 비전을 재구성하여 더 크고 점진적인 실험을 진행한다.

■ 적용대상

이 기본 개념은 학부생, 대학원생, MBA교육생, 경영자 등 모든 교육 대상에게 적합하다. 일반적으로 이 연습은 수업시간 전체를 할애하며 기업가정신 교육과정 시작 단계의 핵심이다.

■ 학습목표

- 가능한 한 최저비용으로 기회의 측면을 시험한다(적당한 손실).
- 시험 결과를 측정하기 위해 지표를 설정한다. 지표에 대한 결과의 차이(긍정적이든 부정적이든)를 이해하는 것이 핵심이다.

- 실험을 통한 학습을 기반으로 기회와 사업 모델을 재구성하고, 다음 시험(시장 테스트 확대)을 계획한다.
- 기업가가 전반적인 위험을 어떻게 감소시키는지 학습한다.

▪ 준비물

시장 테스트 계획 연습문제지(연습 마지막 부분 참고)

▪ 선수학습

교육생은 수업 전에 자신이 진행하고 있거나 진행하고 싶은 아이디어를 준비해야 한다. 또한 배경지식을 위해 바이그레이브와 자카라키스(Bygrave and Zacharakis, 2011)의 저서 《기업가정신(*Entrepreneurship*)》 중 제3장 '기회의 인식, 형성 및 재구성(Opportunity Recognition, Shaping and Re-Shaping)' 등을 읽을 것을 제안한다. 또한 '이론적 근거'를 참고한다.

▪ 이론적 근거

- Bygrave, W., and Zacharakis, A. (2010). *The Portable MBA in Entrepreneurship,* 4th edn. (chap. 3). Hoboken, NJ: Wiley.
- Bygrave, W., and Zacharakis, A. (2011). *Entrepreneurship,* 2nd edn. (chap. 3). Hoboken, NJ: Wiley.

▪ 시간 계획 (60분)

1단계 _ 0:00-0:15 (15분)

교육생에게 가치가 있다고 생각하는 새로운 사업에 대한 기회를 파악하게 한다. 수업시간에 함께 참여해 온 기회일 수도 있으며, 그렇지 않으면 교육자가 강의 중 잠재적인 기회를 제공할 수도 있다.

2단계 _ 0:15-0:45 (30분)

시장 테스트 연습문제지 두 번째 테스트를 진행하면서부터 많은 것을 학습할 수 있다. 첫 번째 테스트에서는 목적성을 갖고서 중요한 통찰력을 학습한다. 교육생이 실시할 처음 세 개의 시장 테스트를 고안하도록 한다(첫 번째 테스트가 기대대로 되고 두 번째로 넘어갈 것이라 가정하면서). 핵심은 첫 번째 저비용 테스트를 제시하는 것이다. 이 연습은 그룹을 분류하는 데 적합하다.

3단계 0:45-1:00 (15분)

각 그룹은 돌아가며 첫 번째 저비용 시장 테스트를 상세하게 설명하고, 교육자는 이를 게시판에 작성해야 한다. 테스트 순서에 대해 활발히 토론하고 더 많은 비용 절감 방법을 알아본다. 가장 창의적이고 저비용인 테스트를 별도로 선정한다.

▪ 핵심 요점

- 저비용과 초기 실험은 기회 형성에 필수적이다.
- 기대에 대한 결과를 측정하는 지표를 적용한다.
- 시장 테스트는 위험을 줄이고 생존 가능성을 높여 나가는 반복적인 과정이다.
- 시장 테스트가 확대됨에 따라 진화하거나 중심이 되는 기회를 예상한다.

▪ 교육 팁

교육생은 시장 테스트를 시행하는 데 많은 돈이 필요하다고 가정하지만 큰 투자가 없더라도 많은 정보를 수집할 수 있다. 교육생이 고안한 실험 유형에 특별히 주의한다. 행동기반 실험과 넓은 데이터 수집 실험(예: 시장조사)에 대한 비교를 참고한다. 교육생이 행동하도록 유도하여 이 단계에서 학습할 수 있도록 한다.

▪ 시장 테스트 계획 연습문제지

시장 테스트에 대해 간단히 설명한다. 가능한 한 비용을 줄이는 것이 중요하다. 또한 이 테스트에서 학습하고 싶은 부분을 설명한다.

주요 업무(시장 테스트를 하기 위해 완료해야 하는 주요 업무 목록):	책임자:	마감일:
필요 자산(재무 및 비재무 자산 모두 나열. 사용에 따라 분류):	사용 방법:	
예상 결과(예상되는 주요 학습내용 나열):	지표(테스트의 상대적인 성공 여부는 어떻게 측정하는가? 예: 고객 수, 고객 반응 등)	실제와의 차이(결과가 예상보다 좋았는지 나빴는지 확인한다. 이유를 설명할 수 있는가?):

테스트의 전반적인 학습: 사업을 어떻게 재구성하여 다음 테스트로 이동할 것인가?

출처: Bygrave and Zacharakis (2011).

기회 평가 (Opportunity Screening)

저자_ ANDREW ZACHARAKIS

▪ 개요

모든 아이디어가 강력하고, 상업적인 기회로 이어지는 것은 아니다. 어떤 아이디어가 더 많은 잠재력을 가지고 있는지 어떻게 판단하는가? 하나의 방법은 기회 체크리스트(표 9-1)를 이용하여 여러 아이디어를 평가하는 것이다. 기회 체크리스트에는 여러 범주에 대한 측정지표가 있으며, 이 지표를 통해 어느 기회가 더 매력적인지 구별할 수 있다.

▪ 적용대상

이 기본 개념은 학부생, 대학원생, MBA교육생, 경영자 등 모든 대상에게 적합하다. 일반적으로 이 연습은 수업시간 전체를 할애하며 기업가정신 교육과정 시작 단계의 핵심이다.

▪ 학습목표

- 특정 아이디어가 갖고 있는 강점과 약점에 대한 기준을 정의한다.
- 측정지표로 기회를 평가한다.
- 특정한 지표로 아이디어를 측정하는 방법을 이해하기 위해 다른 연구 분야를 확인한다.

▪ 준비물

- 핵심 문제가 사업 기회 평가인 새로운 사업 생성 사례

표 9-1 기회 체크리스트

고객		나은 기회	약한 기회
인식 가능 여부		분명한 핵심 고객	불분명한 고객
인구통계학적 특성		명확히 정의되고 뚜렷함	불분명하게 정의되고 뚜렷하지 않음
심리학적 특성		명확히 정의되고 뚜렷함	불분명하게 정의되고 뚜렷하지 않음
트렌드	거시 시장	다양하고 집중적	소수, 이질적
	목표 시장	다양하고 집중적	소수, 이질적
	기회의 창	열림	닫힘
	시장 구조	새로 생겨나고 분열됨	성숙하고 쇠퇴함
시장 규모	수	큰 핵심 고객 그룹	작고 불확실한 고객 그룹
	요구	공급보다 큼	공급보다 적음
시장 성장	성장률	20% 이상	20% 미만
가격, 빈도, 가치	가격	매출총이익 40% 초과	매출총이익 40% 미만
	빈도	잦고 반복적	한 번
	가치	가격에 완전 반영	침투가격
	운영비용	크고 고정됨	낮고 가변적
	순이익률	>10%	<10%
	거래량	매우 높음	보통
유통	가치사슬에서 위치	높은 이윤, 강한 힘	낮은 이윤, 약한 힘
경쟁	시장구조	신흥	성숙
	직접 경쟁자 수	적음	많음
	간접 경쟁자 수	적음	많음
	대체재 수	적음	많음
	불분명한 경쟁자	아마도 없음	아마도 있음
	경쟁자의 힘	약함	강함
핵심 성공 요인	상대적 위치	강함	약함
판매사	상대적인 힘	약함	강함
	가치사슬에서 제어하는 매출총이익	낮음	높음

고객		나은 기회	약한 기회
정부	규제	낮음	높음
	세금	낮음	높음
글로벌 환경	고객	흥미 있으며 접근 가능	흥미 없고 접근 어려움
	경쟁	존재하지 않거나 약함	존재하며 강함
	판매사	열정적	사용불가

출처: Bygrave and Zacharakis(2011).

- 기회 체크리스트(표 9-1)

■ 선수학습

어떠한 사전 학습(주로 경영자 교육생) 없이도 가능하지만 바이그레이브와 자카라키스(Bygrave and Zacharakis, 2011)의 제3장 '기회의 인식, 아이디어 도출과 수정(Opportunity recognition, shaping and re-shaping)'을 읽고 배경지식을 학습할 수 있다('이론적 근거' 참조). 교육생은 사례를 읽고 체크리스트의 기준에 따라 기회를 평가해야 한다(표 9-1). 또한 체크리스트를 강의에 가져와 토론 준비를 해야 한다. 아니면 강의를 시작하며 교육생을 그룹으로 나누어 체크리스트를 완료하게 할 수 있다.

■ 이론적 근거 (인용문, 추가 참고문헌 제안)

- Bygrave, W., and Zacharakis, A. (2010). *The Portable MBA in Entrepreneurship*, 4th edn. (chap. 3). Hoboken, NJ: Wiley.
- Bygrave, W., and Zacharakis, A. (2011). *Entrepreneurship,* 2nd edn. (chap. 3). Hoboken, NJ: Wiley.

▪ 시간 계획 (45분)

1단계 _ 0:00-0:05 (5분)

① 먼저 어떻게 체크리스트를 작성했는지에 따라 기회가 매력적인지 아닌지를 결정하도록 한다. 체크리스트 각 행마다 큰 기회 또는 작은 기회 아래에 있는 텍스트에 동그라미를 한다.

② 교육생은 첫 번째 열(나은 기회)과 두 번째 열(약한 기회)의 동그라미 개수를 계산한다. 동그라미가 가장 많은 열이 현재 단계에서 기회가 크거나 약한지를 보여준다.

③ 모든 기준을 만족하는 기회는 없음을 상기시켜 주어야 한다. 약한 영역을 평가하고 사업 모델을 고안하여 이러한 기준을 '더 나은' 열로 옮기거나 강한 측면을 활용하여 약한 측면이 최대한 드러나지 않는 전략을 수립하는 것이 핵심이다.

2단계 _ 0:05-0:35 (30분)

강의의 일환으로 어떤 요소가 기회를 만드는지 토론한다.

- 매력적인 기회
- 매력적이지 않은 기회

적극적으로 토론에 참여시키자. 서로 다른 교육생이 동일한 기준에서 기회를 다르게 평가할 것이다. 예를 들어, 한 교육생은 '미국의 고령화 추세'를 위협으로 보고 다른 교육생은 기회로 볼 수 있다. 인식에 따라 의사결정과 행동이 어떻게 달라지는지에 대해 이야기해 보자.

3단계 _ 0:35-0:45 (10분)

체크리스트를 이용해 기회 평가의 어려움을 극복하고 더 연구하도록 격려한다. 기회 체크리스트는 주로 여러 아이디어를 나란히 두고 평가하기 위해 사용되므로 정보가 거의 없는 상태에서는 보다 신속하게 처리된다. 따라서 많은 의문이 있을 수 있다. 그리고 교육생은 사업을 시작하고 진행해 나갈 때 편안하게 느껴지는 정보가 어떤 것이 있는지를 생각해 본다.

▪ 핵심 요점

- 잠재적인 투자자의 눈으로 볼 때 어떤 아이디어가 더 좋은 기회인지 이해한다.
- 더 많이 연구하도록 한다. 현재 기회의 약점은 무엇인가?
- 초기에 아이디어를 확인하는 것은 기회가 형성되는 동안 기대와 해야 할 일의 양을 관리하는 데 중요하다.

▪ 교육 팁

교육생의 편견을 경계한다. 기업가는 자신의 아이디어를 무척 좋아하기 때문에 대개 선입견을 갖고 평가한다. 자연스럽게 생긴 편견을 극복하는 한 가지 기법이 체크리스트를 이용하여 서로의 아이디어를 평가하는 것이다. 두 그룹 간의 차이는 사업 모델을 추가로 연구하고 개발하는 시작점이 될 것이다.

실패에 대한 두려움 (Fear of Failure)

저자_ YASUHIRO YAMAKAWA AND HEIDI NECK

▪ 개요

이번 연습은 '실패에 대한 두려움'에 대한 의식을 높이는 기회가 될 것이다. 간단한 활동을 통해 각 개인이 갖고 있는 실패에 대한 개념과 위험을 감수하는 정도가 얼마나 다양한지를 살펴볼 것이다. 개인 수준에서의 두려움과 부끄러움을 논의할 뿐만 아니라(McGregor and Elliot, 2005), 그 의미(예: 유사점 및 차이점)를 국가, 지역, 사회 수준으로 확장해 본다.

전체적으로 이 연습에서는 위험을 감수하는 정도가 달라짐에 따라 기업가적 인식이 개인마다 어떻게 달라지고, 기업가정신 개발이 전 세계적으로 어떻게 달라지는지를 논의해 보며, 또한 실패를 두려워하는 것이 얼마나 일반적이고 보편적인지를 살펴보고자 한다. 정리 보고과정에서는 실패가 기업가정신 교육과 어떤 관련이 있고 얼마나 중요한지에 대해 논의해 볼 수 있다.

▪ 적용대상

이 연습에는 학부생, 대학원생, 실무자 등 누구나 참여할 수 있으며, 특히 다양한 국적의 참가자가 함께 하기에 적합하다. 모든 기업가정신 교육과정에 적용 가능하며 특히 창업 관련 과정에 적합하다. 그리고 교육 마지막에 실시하는 것이 가장 효과적인데, 실패에 대해 진솔하게 대화하기 위해 참가자 사이에 충분한 신뢰감이 형성되어야 하기 때문이다.

■ 학습목표

- 실패에 대한 두려움(위험감수 정도)을 개인적 수준에서 평가하고 국가적, 지역적, 사회적 수준에서도 함께 평가한다.
- 실패에 대한 두려움의 원인을 확인해 본다.
- 유사점(일반화)과 차이점(다양성)을 비교해 보고 그것이 기업가정신에 미치는 영향을 비교해 본다.
- 개인적 실패에 대한 두려움과 국가 수준의 그것을 대조해 본다.

■ 준비물

- 플립 보드, 평가지(연습 마지막 부분 참고), 원형스티커(한 명당 하나씩)
- 글로벌기업가정신연구(GEM) 리포트(http://www.gemconsortium.org/; Xavier et al. (2012))

■ 선수학습

없음

■ 이론적 근거

- Baumol, W. J. (1993). *Entrepreneurship, Management, and the Structure of Payoffs*. Cambridge, MA: MIT Press.
- Houston, B. K., and Kelly, K. E. (1987). Type A behavior in housewives: Relations to work, marital adjustment, stress, tension, health, fear of failure and self- esteem. *Journal of Psychosomatic Research*, 31(1), 55-61.
- Lee, S. H., Yamakawa, Y., Peng, M. W., and Barney, J. B. (2011). How do bankruptcy laws affect entrepreneurship development

around the world? *Journal of Business Venturing*, 26(5), 505-20.

- McGregor, H. A., and Elliot, A. J. (2005). The shame of failure: Examining the link between fear of failure and shame. *Personality and Social Psychology Bulletin*, 31(2), 218-31.
- Xavier, S. R., Kelley, D., Kew, J., Herrington, M., and Vorderwülbecke. (2012). *GEM 2012 Global Report* (Table 2.2, "Entrepreneurial attitudes and perceptions in the GEM countries in 2012 by geographic region"). Wellesley, MA: Babson College.

▪ 시간 계획 (25분)

1단계 _ 0:00-0:05 (5분)

교육생에게 평가지(1쪽)를 나눠 주면서 모두 작성하도록 한다. 9가지 항목에 대해 평가해야 하며(1: 매우 아니다, 6: 매우 그렇다) 마지막에 평균값을 구한다.

2단계 _ 0:05-0:10 (5분)

모든 교육생이 평균값 계산을 끝내면, 강의실 중앙의 플립 차트로 모이도록 한다. 그리고 플립 차트에서 평균값에 해당하는 위치에 스티커를 붙이도록 한다(그림 9-2 참고).

3단계 _ 0:10-0:15 (5분)

교육생에게 이 연습이 무엇에 관한 것인지 물어본다. 이 결과값은 무엇을 의미하는가? 어떻게 측정되었는가? 그 결과값은 실패에 대한 두려움, 위험을 감수하는 정도를 의미할 것이다.

4단계 _ 0:15-0:25 (10분)

결과가 의미하는 바를 논의한다. 그룹으로서 이 (스티커) 분포에 대해 어떻게 생각하는지 물어본다. 정규분포인가? 이상치는? 그룹으로서 위험 감수 정도 또는 회피 정도는? 개별적으로 실패에 대한 두려움의 원인은 무엇인가? 실패에 대한 두려움이 기업가정신에 어떻게 영향을 주는가? 개인 간, 그룹 간, 국가 간 차이가 존재하지만('추가 연습' 참고), 모든 사람이 실수하기를 두려워하고 이것이 기업가적 행동에 영향이 미친다는 보편적인 의미가 실패에 대한 두려움이라는 개념을 요약하고 정리하자.

그림 9-2

실패에 대한 두려움에 관한 분포표

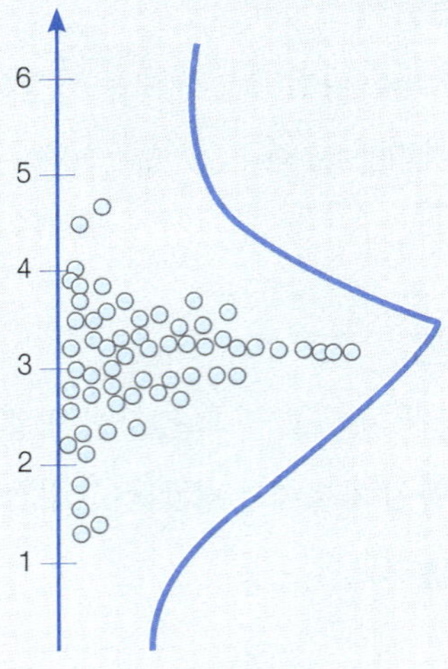

▪ 추가 연습

참가자의 인구통계학적 특징에 따라 국적 기준으로 그룹을 나누어 지역적, 문화적, 사회적 차이가 의미하는 바를 논의해 본다. 자신의 국가에서 나타나는 위험감수 정도는 어떠한가? 글로벌 기업가정신 연구에서 국가별 실패에 대한 두려움을 발표한 바 있다. 웹페이지 http://www.gem-consortium.org/에서 최신 보고서를 다운받을 수 있다.

▪ 복습

글로벌 기업가정신 연구를 사용하지 않았다면, 교육생에게 국가별 실패에 대한 두려움을 보여주는 통계자료를 검토하도록 한다.

▪ 핵심 요점

- 위험을 감수하는 정도, 실패에 대한 두려움의 정도는 사람마다 다양하다.
- 마찬가지로 그룹별, 팀별, 국가별, 사회별로도 다양하다.
- 개인별, 국가별 차이에도 불구하고 누구나 실패를 두려워하고 이것이 기업가정신 개발에 영향을 미친다는 점은 보편적인 사실이다.
- 실패에 대한 두려움은 예비 기업가를 가로막는 큰 방해물이다.

▪ 교육 팁

그림 9-2에서 살펴본 바와 같이 결과는 일반적으로 정규분포 형태로 나타난다. 이상점에서부터 연구를 시작하는 것이 자연스러울 수 있다. 그리고 실패에 대한 두려움은 보편적이며 배경, 경험 등에 관계없이 누구나 실패를 두려워한다는 사실을 공유한다.

▪ 평가지

다음 항목을 읽고 가장 적절한 평점을 표시한다. 각 항목 옆에 숫자(1~6)를 기록하고, 모든 평점을 합하여 총 평점을 구한 후 평균값을 계산하여 기록한다.

답	매우 아니다	아니다	약간 아니다	약간 그렇다	그렇다	매우 그렇다
평점	1	2	3	4	5	6

항	항목	평점
1	대개 나는 너무 어려울 것 같은 퍼즐보다 끝낼 수 있다고 확신하는 퍼즐을 맞추는 편을 선호한다.	
2	나는 못하는 것을 남들이 눈치 채지 못하게 하거나 덮어 버리려 한다.	
3	나는 때때로 어렵다고 느끼는 일을 대충 처리하곤 한다.	
4	나보다 더 잘하는 것처럼 보이는 상대와 경쟁하는 경우 포기하려는 성향이 있다.	
5	가끔씩 누가 자신의 성과에 대해 이야기하면, 내가 과거에 한 일을 과장해서 말하곤 한다.	
6	다른 사람이 웃지 않을까 봐 남들 앞에서는 잘 농담을 하지 않는다.	
7	내가 뭔가를 아주 잘하면, 주로 가족이나 친구에게 알린다.	
8	성공적인 기업가가 될 수 있을지 걱정할 때가 있다.	
9	어떤 활동에서 다른 사람과 비교해 내가 어떻게 할 수 있을지 확신이 없으면, 참여하기보다는 지켜보는 편이 좋다.	
	총합	
	평균값 = 총합 ÷ 9	

출처: Houston and Kelly(1987) 수정.

다리 그리기 (Drawing Bridges)

저자_ CANDIDA BRUSH

▪ 개요

이 연습은 예측적 사고와 창의적 사고의 차이점에 대한 이해를 돕기 위해 만들어졌다. 예측적 접근법은 넥과 그린(Neck and Greene, 2011)의 연구를 근간으로 하는데, 여기서 프로세스 접근법으로서 기업가정신은 기회 인식, 개념 개발, 자원평가 및 습득, 사업실행, 출구전략 등의 선형 방식이라 설명한다. 창의적 접근법은 창업과정과 사업 개발과정에서 손 안에 있거나 '손이 닿는 위치에 있는' 자원과 관계를 활용한다. 이는 미리 만들어진 계획으로 자원을 찾고 획득하는 과정과 대조된다(인적 자원, 재정적 자원, 물리적 자원). 창의적 사고에는 기업가적 실험과 선택지를 생성하는 과정이 포함되고, 획득한 경험을 바탕으로 이해관계자가 어떻게 사업을 재구성할지를 생각해 본다(Sarasvathy, 2001). 여기서 교육생은 다리를 그리고(예측적 접근법) 강을 건너기 위한 해결책(창의적 접근법)을 그리는 간단한 연습을 통해 두 가지 접근법을 경험한다.

▪ 적용대상

이 연습은 기업가적 사고를 소개하는 과정에 적합하며, 기업가, 청년층, 성인층, 학부생, 대학원생 등 모든 참여자를 대상으로 한다.

▪ 학습목표

- 예측적 사고가 어떻게 결과를 제한하는지 알아보고, 반면에 창의적 사고는 어떻게 보다 혁신적인 결과를 만들어 내는지를 살펴본다.
- 예측적 논리에서 분석, 명확한 논리, 알려진 결과가 어떻게 적용되는지 확인한다.
- 창의적 논리에서 실험, 과거 경험에 대한 반성, 불확실하지만 발전하는 결과가 어떻게 적용되는지 확인한다.

▪ 준비물

유인물 두 가지를 준비한다. 첫 번째는 강 위에 다리가 있는 그림이다. 그림의 절반만 출력시키고 나머지 반은 비워 둔다. 그림 위에는 "다리의 특징을 잘 살려 그림을 완성하시오"라는 지침을 적어 둔다. 두 번째는 비슷하지만 강 위에 다리가 없으며, 마찬가지로 절반만 출력한다. 그림 위에는 "강을 건너는 방법을 그리시오"라는 지침을 적어 둔다.

유인물을 충분히 준비해 둔다. 다만 [유인물 1, 2]는 반반씩 나누어 준다.

▪ 선수학습

없음

▪ 이론적 근거

- Kiefer, C., Schlesinger, L., and Brown, P. (2012). *Just Start: Take Action, Embrace Uncertainty and Create the Future.* Cambridge, MA: Harvard Business Press Books.
- Neck, H., and Greene, P. G. (2011). Entrepreneurship education: Known worlds and new frontiers. *Journal of Small Business Man-*

agement, 49(1), 55-70.

- Noyes, E., and Brush, C. (2012). Teaching entrepreneurial action: Application of creative logic. In J. A. Katz and A. Corbett (eds.), *Advances in Entrepreneurship, Firm Emergence and Growth, Vol. 14: Entrepreneurial Action* (pp. 253-80). Bingley, UK: Emerald Group Publishing.
- Sarasvathy, S. D. (2001). Causation and effectuation: Toward a theoretical shift from economic inevitability to entrepreneurial contingency. *Academy of Management Review,* 26(2), 243-63.

▪ 시간 계획 (40분)

그리기 시간 _ 0:00-0:10 (10분)

참가자 절반에게는 [유인물 1]을 나눠 주고 나머지 절반에게는 [유인물 2]를 나누어 준다. 교육생에게 기업가적 사고를 위한 연습임을 알려준다. 잠시 후 그림 그리기를 시작하면서 몇 가지 질문을 한다.

다리 그리기에 대한 질문 _ 0:10-0:20 (10분)

- 어떻게 시작하였는가? 무엇을 보았는가? (분석)
- 시작하면서 가능성들이 얼마나 되는지 명확히 알았는가?
- 재료, 디자인, 기능성에 대해 어떤 가정을 했는가?
- 정해진 방식대로 했는가? 곡선을 먼저 그렸는가? 규모를 보았는가? 선을 추가했는가?
- 과제는 명확했는가 아니면 불명확했는가?
- 따라야 할 모델이 있어 도움이 되었는가?
- 어디서 끝날지 알고 있었는가?

강 건너는 방법 그리기에 대한 질문 _ 0:20-0:30 (10분)

- 어떻게 시작했는가? 무엇을 보았는가?
- 다리에 대해 알고 있는 것을 생각했는가? (반성)
- 시작하면서 가능성들이 얼마나 되는지 명확히 알았는가?
- 재료, 디자인, 기능성에 대해 어떤 가정을 했는가?
- 정해진 방식대로 했는가? (아니다, 왜냐하면 모델이 없기 때문이다.)
- 어떤 유형의 다리를 만들었는가? 사람, 동물, 차, 기차용 다리인가?
- 어떤 가정을 했는가?
- 한 번 이상 시도했는가? (실험)
- 과제는 명확했는가 아니면 불명확했는가?
- 따라야 할 모델이 없어 어려웠는가?
- 결과를 알고 있었는가? 즉, 처음 시작할 때 어떤 다리가 어떤 모양일지 알았는가?

마무리 _ 0:30-0:40 (10분)

예측적 사고와 창의적 사고의 차이점과 이와 관련된 논리를 요약해 둔 두 슬라이드를 사용한다(Neck and Greene, 2011; Kiefer et al., 2012).

기업가적 사고에 대한 '예측적' 접근법

활동	가정
1. 기회를 확인한다.	알려진 입력
2. 필요한 자원을 확인하고 수량화한다.	확인된 절차
3. 계획을 짠다.	정밀한 접근
4. 결과를 실행하고 평가한다.	예상되는, 선형적인, 검증된

기업가적 사고에 대한 '창의적' 접근법

활동	가정
1. 자기평가 및 이해	개인의 기술과 능력, 미확인된 독특한 입력
2. 관찰 및 반응	기회는 만들어지거나 창조될 수 있음
3. 실험	상호적인, 반복적인
4. 결과 만들기	방법 중심의

▪ 복습

없음

▪ 핵심 요점

- 문제해결과 기업가적 행동을 위한 두 가지 접근법
- 상황과 맥락에 따라 기업가적 활동에서 두 접근법은 모두 필요하다.

▪ 교육 팁

이 연습의 요점은 확실하다. [유인물 1]을 받은 교육생은 자신이 예술적이지 않다고 생각한다면 좌절할 수도 있다. 이것은 논의의 요점이기도 한데, 창업에서 정해진 방식대로 따르는 것은 불가능하거나 바람직하지 않을 수 있다. [유인물 2]를 받은 교육생은 몇 차례 다시 시도하고 여러 개의 다리를 만들 수도 있다. 구글에서 검색한 수로교, 자연암석교, 지붕이 있는 다리, 철도교 등과 같은 독특한 다리 사진을 보여주며 마무리하는 것도 좋다.

5달러, 50달러, 500달러 실험 ($5, $50, $500 Experiments)

저자_ ERIK NOYES

■ 개요

이 연습을 통해 교육생은 강의실 밖에서 창의적 '실험'을 하며 기업가적 기회를 탐구한다. 교육생은 세 개의 순차적 시장 실험, 즉 5달러, 50달러, 500달러 실험(또는 다른 방식의 점점 증가하는 투자)을 구상하고 실시해야 하며, 이를 통해 기업가적 기회에 대한 이해를 넓혀 간다.

잠재적 고객을 직접 만나기 위해 대중교통을 타는(5달러) 간단한 실험을 할 것이며, 이후에 상품 개념의 시제품을 만드는 것(500달러)과 같은 좀 더 큰 규모가 큰 실험을 실시하여 다른 이해관계자(예: 있을 수 있는 고객, 투자자, 공급자)에게 피드백을 받는다. 주요 목표는 허용되는 최대 투자자금 또는 가능한 수준의 손실을 사전에 확인하여 각 단계마다 창의적인 행동을 통해 기업가적 기회를 추가적으로 조사하는 것이다.

이 연습은 실습을 통한 경험적 연구를 토대로 한다(Sarasvathy, 2001; 2008). 여기서는 기업가가 보유하고 있는 가용 자원을 이용해 행동하고, 기회 개발 프로세스에서는 주로 직접 선정한 이해관계자와 협력한다. 시장 실험을 위해 미리 설정한 최대 투자의 개념은 사라스바시(Sarasvathy)의 합리적인 손실 개념과 일치하는데, 이는 가능 손실액(예: 5달러, 50달러, 500달러)이 있거나 있는 곳에서 기업가가 앞으로 나아가기로 결정하는 개념이다. 이 창의적 논리와 실험은 예측적 논리를 기반으로 한 기업가적 행동과 대치되는데, 이곳에서는 긍정적 추정 수익과 미리 설정된 매력도 기준의 분석에 근거하여 기업가적 기회를 추구한다.

▪ 적용대상

이 연습은 학부생, 대학원생, 기업가 등 다양한 계층에 적합하다. 개인별로든 팀으로든 모두 실행 가능하다. 교육생은 기업가적 기회에 대한 대략적인 아이디어라도 가지고 있어야 하며, 이것을 개발하고 평가하게 될 것이다.

이 연습은 특히 (알려지지 않은) 잠재적 고객 및 이해관계자와의 만남을 불안해할 가능성이 큰 학부생에게 특히 유용하다. 세 단계로 구성된 연습을 통해 기회 평가 또는 타당성 분석, 아이디어 생성 초기 단계, 기회 개발 후기 단계를 포함한 기업가적 프로세스의 여러 측면을 안내하고 알려줄 수 있다. 이 연습은 기업가정신 교육과정에서 폭넓게 사용될 수 있는데, 기업가정신 소개, 창업, 기업 성장 관리, 기업 마케팅 등이 그 예이다.

▪ 학습목표

- 기업가적 행동과 학습 과제에 합리적 손실의 논리를 적용한다.
- 높은 불확실성 속에서도 편안하게 행동하도록 한다.
- 세 가지 접근법으로 이해당사자(예: 목표 고객, 사용자, 공급자, 잠재적 파트너)를 직접 참여시킨다.
- 특히 미래 기업 활동을 이끌어 가기 위해 고정된 예산을 염두에 두고 시장 실험을 설계한다.

▪ 준비물

'실험 연습지'(연습 마지막 부분 참고)를 통해 각 시장 실험을 요약하기 위한 서식을 제공한다. 여기에는 근거, 방법론, 결과, 의미 등이 포함된다. 연습을 실시하는 데는 기본 자금이 필요하다. 하지만 자금 액수는 해당 기업가정신 프로그램의 길이, 특성, 예산 등에 따라 달라질 수 있다. 프로그램이나 교육생들이 모은 5달러에서 25달러 정도의 많지 않은 기금으로도 중요한 활동과 성찰을 하고 이를 통해 학습할 수 있다.

▪ 선수학습

언급한 바와 같이 연습을 진행하기 위해 교육생은 기업가적 기회에 대한 대략적인 아이디어라도 가지고 있어야 하며, 이것을 개발하고 평가하게 될 것이다. 이러한 아이디어를 통해 핵심적인 질문을 위한 맥락이 만들어진다.

- 참여시키고 이해하고자 하는 핵심 이해관계자는 누구이며 왜 그런가?
- 이해관계자에게 의견과 피드백을 구하는 잠재적 행동 및 전략은 무엇인가?
- 기업가적 기회 또는 기회 개념을 이해관계자에게 어떻게 제시하겠는가? (예: 서면 기회 성명서, 하드보드지에 그린 사업 스케치, 시뮬레이션, 롤플레이 등)

▪ 이론적 근거

- Sarasvathy, S. (2001). Causation and effectuation: Towards a theoretical shift from economic inevitability to entrepreneurial contingency. *Academy of Management Journal,* 2, 243-63.
- Sarasvathy, S. (2008). *Effectuation: Elements of Entrepreneurial Expertise.* Cheltenham, UK and Northampton, MA, USA: Edward Elgar Publishing.

▪ 시간 계획 (1~2주)

일반적으로 교육생은 1~2주 동안 유인물을 사용하여 하나의 실험을 신중하게 실행하고 이를 문서화한다. 좀 더 비용이 많이 드는 실험(예: 500달러 실험)을 하기 위해서는 더 많은 시간을 들여 계획을 짜고 실행한다.

1단계(넓은 틀)

교육생은 3가지 시장 실험(5달러 실험부터 시작하여 50달러, 500달러까지)을 순차적으로 진행하면서 목표 고객의 요구와 욕구를 이해하고, 무엇보다도 이에 알맞은 기업가적 기회를 함께 발전시킨다. 교육생은 단순히 자신의 사업 아이디어를 검증하거나 무효화하는 것이 아니라 놀라움과 통찰력을 만들어 내는 진정한 잠재력을 갖고서 이해관계자와 창의적인 관계를 만들어가야 할 책임이 있음을 이해해야 한다. 연습지 유인물을 나누어 주고 발전적인 실험과 이에 대한 결과를 기대한다.

2단계(5달러 실험)

다음 단계로 단 5달러만 가지고서 간단한 실험을 구상하고 실시해 본다. 이를 통해 기회나 공간에 대한 아이디어와 가정을 시험해 볼 수 있다. "자신의 개념을 탐구해 보거나 시험해 보려는 소규모 창의적 투자나 새로운 시장조사 유형은 무엇인가요? 단 5달러만으로 무엇을 탐구하고 확인하고 도전해 볼 수 있나요?"라고 질문해 보자. 처음에는 2차원 스케치로 구현된 간단한 상품이나 서비스 개념을 시험해 보려 할 것이다. "단 5달러만으로 어떻게 1만 달러 이상의 학습을 할 수 있겠는가?"라는 의문이 생길 수 있다. 교육자에게 이 연습의 최종 목적이 각 단계마다 자신의 기업가적 기회를 다시 만들고 강화하기 위하여 이해관계자를 참여시키는 것이라고 알려준다.

3단계(50달러 실험)

교육생이 첫 번째 실험을 마치고 연습지를 제출하고 나면(점수를 매겨야 할 수도 있다) 이번에는 50달러를 가지고서 기회에 대한 (수정된) 아이디어와 가정을 시험해 보는 실험을 구상하고 실시한다. 2차 실험을 실시할 수 있지만 50달러를 사용하여 잠재적 고객을 직접 참여시키고 고객들로부터 중요한 의견을 구해야 한다고 강조한다. 이번에도 "단 50달러만으로 어떻게 10만 달러 이상의 학습을 할 수 있을까요?"라고 물어볼 수 있다.

4단계(500달러 실험)

교육생이 두 번째 실험 역시 마치고 50달러 실험이 의미하는 바를 나타낸 연습지를 제출하고 나면(점수를 매겨야 할 수도 있다) 500달러 실험을 구상하고 실시하도록 한다. "단 500달러만으로 어떻게 100만 달러 이상의 학습을 할 수 있을까요?"라고 물어보자. 중요한 것은 학습의 가치를 돈으로 정량화하는 것이 아니라 교육생이 잠재적인 고객 및 이해관계자와 실험에 참여하고 이 과정에서 얻게 되는 피드백과 자원을 바탕으로 아이디어를 수정해 나가는 것임을 명심한다. 또한 실패할 사업을 시작하지 않는 결정은 매우 중요하다.

▪ 핵심 요점

- 실험에서 특히 창의적으로 활동하는 것은 기업가적 기회를 학습하는 데 큰 도움이 된다.
- 합리적인 손실 정도를 사전에 설정하면 투자수익의 모든 요소를 산출(즉, 예측적 논리)하지 않고도 기업 활동을 펼칠 수 있다.
- 합리적 손실의 개념을 바탕으로 시장 실험을 확대하는 것은 기업가적 기회를 탐구하고 평가하는 저비용 고효율 접근법이다.

▪ 교육 팁

이 실험은 교육생이 기회에 대한 가정과 의문을 구체적으로 탐구할 때 가장 효과적이다. 즉 좁은 범위의 주제를 신중하게 실험할 필요가 있다(실험 연습지 참고). 또한 각 실험을 연속적으로 실시하고 평가할 때 가장 효과적이다. 실제 기업가는 수많은 실험과 활동을 동시에 효과적으로 처리하지만, 기업가정신 교육생은 이러한 단계적 접근법을 적용하는 것이 보다 유용할 것이다. 유인물을 이용하여 각 실험에서 최대의 가치를 얻어낼 수 있도록 해야 하며, 그 후 더 높은 단계의 투자 활동을 구상해야 한다. 경우에 따라 초기의 간단한 실험(5달러 실험)에는 유인물이 필요하지 않을 수도 있지만, 더 높은 수준의 실험(50달러, 500달러 실험)에서는 학습하고 반성하는 데 유인물을 활용해야 한다.

▪ 출처

이 실험에 대한 핵심적 접근법과 방법론은 UC 데이비스 대학(UC Davis)의 앤디 하르가든(Andy Hargadon)의 연구에 기초한다. 하르가든은 UC 데이비스 대학의 기업가정신 센터를 운영하고 있다.

▪ 실험 연습지

팀원 이름:

실험 단계(동그라미 표시): 5달러 50달러 500달러

개요

실험에 대한 근거, 방법론, 결과를 담은 개요를 한 단락으로 작성한다. 가능하다면 실험의 특성을 잘 보여주는 그림 1~2장을 간단한 설명과 함

께 첨부한다.

소개

이 실험에서 더 넓은 수준의 맥락은 무엇인가? 실험은 언제, 어디서 실시하였는가? 실험을 위해 어떤 준비를 했는가?

근거

실험에서 다룬 핵심 문제와 가정은 무엇인가? 기회의 어떤 부분을 명확히 했는가? 어떤 결정으로 기회를 형성하고 팀원을 설득하여 진행했는가? 불확실성의 중요성과 그 요인을 보여주어 실험에서 보다 확신을 갖도록 한다. 각 실험에 대해 실험 비용을 정리하고 투자수익금을 간단히 보여준다.

방법론

실험은 어떻게 실행되고 평가되었는가? 해당 실험을 위한 계획, 준비, 세부사항은 무엇이었는가? 어떤 다른 유형의 실험을 고려했는가?

결과

실험을 통해 얻은 결과를 상세히 작성한다. 어떤 구체적인 결과와 통찰력을 얻었는지 함께 작성한다.

토론

기업가적 기회 형성을 위하여 필요한 의사결정의 맥락에서 결과를 반성한다. 그 결과를 통해 기회와 관련된 선택을 하는 데 어떤 영향을 주었는가? 실험의 효과에 대해 의견을 말한다. 같은 방식으로 실험을 다시 한다면 어떻게 하겠는가? 왜 그런가? 결과를 바탕으로 다음에는 어떤 실험을 해야 하겠는가? 이유는?

부록

관찰 결과, 인터뷰 녹취록, 실험 사진, 설문 결과 등 도움이 되는 기초 데이터의 세부사항을 첨부한다.

제10장 성찰 실습 연습 (Exercises to Practice Reflection)

성찰 실습 개발 (Developing a Reflective Practice)

저자_ PATRICIA GREENE

■ 개요

여러 단계로 구성된 이번 연습은 다양한 시간 구성으로 실시할 수 있다. 최대로는 한 학기 동안 30분씩 7차례에 걸쳐 진행할 수 있으며, 마지막 연습은 본 교육과정 마지막에 실시한다. 첫 번째 세션에는 성찰할 때 고려해야 할 여러 관점을 성찰 프레임워크와 함께 소개한다. 각각의 관점은 콘텐츠 안내 역할을 하고, 이어서 프로세스를 안내한다. 처음 몇 개의 세션에서는 성찰 연습을 위한 다양한 프로세스를 소개한다. 30분 동안 교육생은 지정된 프레임워크 관점과 그날의 프로세스를 이용하여 그 시점까지의 학습과정에 대한 성찰을 실시한다. 마지막 시간에는 성찰 경험을 반영하여 콘텐츠 과제가 변경된다. 이를 통해 어떤 콘텐츠 프레임워크의 관점과 어떤 성찰 프로세스가 학습 방식에 가장 잘 맞는지를 고려해 볼 수 있다. 그리고 다양한 촉각 및 인지적 접근법에 걸쳐 각각의 교육생이 성찰 실습을 보다 적극적으로 할 수 있도록 해준다(콘텐츠 프레임워크 관점 및 프로세스는 5장의 표 5-3 을 참조한다).

좀 더 짧게 연습을 실시할 수 있다. 콘텐츠 프레임워크 관점의 하위 요소 일부만을 선택하고 성찰 프로세스 수를 줄여 시간을 조절한다.

교육에서 성찰의 장점은 주로 존 듀이(John Dewey, 1916; 1985)와 알프레드 노스 화이트헤드(Alfred North Whitehead, 1938; 1966)의 초기 연구를 기반으로 하고 있지만, 최근으로 보면 실습 후 성찰과 실습 중 성찰에 관한 숀(Schön, 1983; 1987)의 연구를 통해 더욱 견고한 이론적 토대와 실용적 지침을 얻을 수 있다.

▪ 적용대상

이 연습은 언제든 사용할 수 있고 고등학생부터 숙련된 실무자까지 다양한 교육생을 대상으로 사용할 수 있다. 수강생의 나이가 많을수록 성찰 실습을 통한 진정한 탐구에 거부감을 느낄 가능성이 크기 때문에 더 세심한 지도가 필요하다.

▪ 학습목표

- 진행 중인 비판적 사고와 학습을 지원하기 위한 성찰 연습을 개발한다.
- 다양한 방식의 성찰 실습에 참여한다.
- 다양한 성찰 실습을 평가하여 가장 잘 맞고 원하는 학습 유형을 결정한다.
- 성찰이 지식기반을 확장하고 학습하는 데 갖는 중요성을 설명한다.

▪ 준비물

- 각자 트위터 계정에 접근할 수 있도록 준비하고, 교실별 해시태그를 정한다.
- 각 테이블 또는 소그룹별 제작 재료(판지, 마커, 색연필 또는 크레파스, 접착제,

모루(pipe cleaner), 스티커 등)

- 휴대폰의 비디오 기능
- 성찰 관점 유인물(5장의 표 5-3, 교육생당 하나씩)

▪ 선수학습

없음

▪ 이론적 근거

- Brockbank, A., and McGill, I. (2007). *Facilitating Reflective Learning in Higher Education,* 2nd edn. New York: McGraw-Hill and Open University Press.
- Dewey, J. ([1916] 1985). *Democracy and Education,* ed. Jo Ann Boydston and Patricia Baysinger. Carbondale: Southern Illinois University Press.
- Schön, D. (1983). *The Reflective Practitioner.* New York: Basic Books.
- Schön, D. (1987). *Educating the Reflective Practitioner.* London: Jossey-Bass.
- Whitehead, Alfred North ([1938] 1966). *Modes of Thought.* New York: Free Press.

▪ 시간 계획 (각 세션당 30분 - 한 학기 과정에 7개 세션)

일반적으로 성찰은 강의 마지막 부분에 실시하며, 모든 유형의 학습 활동에 대해 실시할 수 있다. 그날의 질문과 프로세스에 대한 짧은 소개와 함께 각각의 성찰 연습을 시작한다(참고: 콘텐츠 차원에 대한 개요를 제시할지 여부는 교육자의 재량이다. 별도의 논의 없이 간단하게 질문을 하고 마지막 날 주제를 '공개'하고 프레임워크(표 5-3)를 공유하는 것도 한 가지 방법이다). 각 연습 세션은 일반적으로 소개 5분, 성찰 연습 20분, 토론 및 발표 5분으로 진행된다. 세션 1과 세션 7은 약간 다르게 구성된다. 세션 1에서는 전반적인 프레임워크를 소개하는 데 15분, 성찰 연습에 15분씩 소요되며 발표는 없다. 세션 7은 콘텐츠 소개에 중점을 두고서 아주 간략히 소개를 하고 성찰 연습에 15분, 최종 보고에 15분을 할당하는 것이 가장 좋다.

세션 1

소개 _ 0:00-0:15 (15분)

실천을 통한 기업가적 학습이 적용되는 전반적인 개념을 소개한 후, 학기 중 실시할 성찰 연습에 대해 전반적으로 설명한다. 교육자는 사용할 모든 프로세스를 소개할지 또는 사용하는 날마다 소개할지 상황에 맞게 결정한다.

교육생 성찰 시간 _ 0:15-0:30 (15분)

"각자 편리한 공책, 앱 등에 일기를 써보며 성찰해 볼 거예요. 다음 질문에 대해 답해보세요." (서술적 관점의 질문을 사용한다.)

세션 2

소개 _ 0:00-0:05 (5분)

"오늘은 하이쿠를 사용하여 성찰해 볼 거예요." (감정적 관점의 질문을 사용한다.)

참고 하이쿠에 대한 설명은 http://www.wikihow.com/Write-a-Haiku-Poem 참조

성찰 실습 _ 0:05-0:25 (20분)

발표 _ 0:25-0:30 (5분)

세션 3

소개 _ 0:00-0:05 (5분)

"창조적 활동을 통해 성찰해 볼 거예요. 테이블 위에 있는 판지, 스티커 등을 사용해서 다음 질문에 답해 보세요." (통찰적 관점의 질문을 사용한다.)

성찰 실습 _ 0:05-0:25 (20분)

발표 _ 0:25-0:30 (5분)

세션 4

소개 _ 0:00-0:05 (5분)

"파트너와 함께 성찰해 볼 거예요. 잘 모르는 사람을 선택해서 다음 질문에 대해 토론해 보세요." (분석적 관점의 질문을 사용한다.)

성찰 실습 _ 0:05-0:25 (20분)

발표 _ 0:25-0:30 (5분)

세션 5

소개 _ 0:00-0:05 (5분)

"만화를 이용해서 성찰해 볼 거예요. 앞에 있는 종이와 크레파스를 사용해서 다음 질문에 답하는 연재만화를 그려 보세요." (평가적 관점의 질문을 사용한다.)

성찰 실습 _ 0:05-0:25 (20분)

발표 _ 0:25-0:30 (5분)

세션 6

소개 _ 0:00-0:05 (5분)

"트위터를 이용해서 성찰해 볼 거예요. 수업용 해시태그를 사용해서 트윗을 보내 보세요." (비판적 관점의 질문을 사용한다.)

성찰 실습 _ 0:05-0:25 (20분)

발표 _ 0:25-0:30 (5분)

세션 7

소개 _ 0:00-0:00 (매우 짧게)

"오늘은 지금까지 사용한 프로세스 또는 시도하고 싶은 어떤 프로세스든 선택할 수 있습니다. 각자의 콘텐츠에 맞춰 어떤 질문이든 원하는 대로 사용할 수 있어요."

성찰 실습 _ 0:00-0:15 (15분)

발표 _ 0:15-0:30 (15분)

최종 발표 보고는 전반적인 성찰 실습과 교육생이 기업가적 사고방식과 기술을 발전시키는 데 어떤 도움이 되었는지를 살펴보는 데 초점을 맞춘다. 교육자가 이전에 콘텐츠 관점의 개요를 공유하지 않은 경우, 차트를 공유하여 이론이 실제로 잘 맞는지를 살펴본다.

▪ 교육 팁

교육생 중 일부는 아이디어를 그리고 만들고 트윗하는 등의 활동에 적극적이지 않을 수 있다. 교육자는 강요하기 전에 내키지 않더라도 해 보라고 권하는 것이 도움이 된다.

이 과정은 어떤 순서로든 진행될 수 있으며 휴대폰으로 자신을 촬영해 보는 등 다양한 방법을 활용할 수 있다. 교육생이 자신에게 익숙한 방법과 익숙하지 않은 방법을 섞어서 해보는 것도 좋다. 먼저 익숙한 것부터 시작하여 계속해서 점점 압박하는 것도 좋은 방법이다.

▪ 핵심 요점

- 무엇을 했고 무엇을 해야 하는지를 비판적으로 성찰하고 생각하는 데는 시간이 걸린다는 학습은 '행동'을 강조할 때 특히 중요하다.
- 성찰(사고)은 실천의 한 형태이다.

기업가적 경험 성찰 (Reflecting on Entrepreneurial Experience)

저자_ ANNE DONNELLON

▪ 개요

이번 과제는 교육생이 기업가적 경험(기회 식별 또는 자원 획득에 관한 연습 등)을 성찰하고 분석하도록 한다. 경험적 학습 이론에 기초하고 있으며, 이에 따르면 특히 성인 학습자는 경험을 수행하고 성찰함으로써 가장 효과적으로 학습할 수 있다고 한다. 기업가적 학습에 대한 최신 연구는 성찰 실천과 결합된 기업가정신 교육을 경험하며 기업가에게 필요한 자기통찰력, 자신감, 향상된 대인관계 기술을 실제 경험이나 배경 없이도 습득할 수 있다고 강조한다.

▪ 적용대상

이 연습은 학부생, 대학원생, 초기 사업가 등 다양한 교육생을 대상으로 한다. 경험 학습 활동에 관련된 모든 기업가정신과정에 적합하지만, 특히 새로운 창업과정, 기업가정신 캠프 또는 워크숍에 적합하다. 그리고 어떤 유형의 기업 활동을 완료한 뒤, 특히 다른 활동과 연관 있는 활동을 한 후에 실시하는 것이 좋다. 추후 개별 과제로 활용할 수도 있고, 교실 내에서 이러한 성찰을 토론하는 과정과 결합하여 활용할 수도 있다.

▪ 학습목표

- 기업가적 경험을 하는 동안 자신의 행동, 감정 및 생각에 대한 성찰 실습을 발전시킨다.

- 더 심도 깊은 학습 경험을 위해 지식을 정리한다.
- 자신의 역량, 숙련도, 기업 활동에 대한 노력을 평가한다.

▪ 준비물

기업가적 경험 성찰 유인물(연습 마지막 부분 참고)

▪ 선수학습

없음

▪ 이론적 근거

- Cope, J., and Watts, G. (2000). Learning by doing: An exploration of experience, critical incidents and reflection in entrepreneurial learning. *International Journal of Entrepreneurial Behaviour and Research,* 6(3), 104-24.
- Kolb, D. (1984). *Experiential Learning: Experience as a Source of Learning and Development.* Englewood Cliffs, NJ: Prentice-Hall.
- Neck, H., and Greene, P. (2011). Entrepreneurship education: Known worlds and new frontiers. *Journal of Small Business Management,* 49(1), 55-70.
- Rasmussen, E. A., and Sorheim, R. (2006). Action-based entrepreneurship education. *Technovation,* 26(2), 185-94.
- Schön, D. A. (1983). *The Reflective Practitioner.* New York: Basic Books.

▪ 시간 계획 (50분)

이 과제는 기업 활동(기회 식별 또는 자원 확보 등)에 맞추어 설계되었으며, 강의시간에 실시할 수도 있고 추후 등급별 과제로 내줄 수도 있다. 성찰 경험에 대한 토론에 이어 실시할 수도 있다. 아래 계획은 상황에 따라 조정될 수 있다.

과제 부여 _ 0:00-0:30 (30분)

앞서 언급하지 않았다면, 기업가정신은 불확실성, 모호성, 도전, 상호의존성으로 가득한 영역을 탐구하는 것이라고 설명해 준다. 동시에 그렇기 때문에 강렬한 감정, 중요한 자기평가, 타인과의 깊은 상호작용, 학습 및 자기계발을 위한 훌륭한 기회를 만들어 낼 수 있다는 것 또한 설명한다. 성찰 활동은 즉시 교육생에게 어떤 일이 일어났는지, 어떻게 행동하고 느꼈는지를 탐색하고 그 경험이 기업가로서 자신에게 무엇을 의미하는지 생각하게 해준다. 교육생이 과제를 읽고 유인물대로 자신의 성찰을 기록하도록 20~25분 정도 시간을 준다.

토론 _ 0:30-0:45 (15분)

교육자는 다양한 방법으로 이 연습을 발표할 수 있다. 모두가 모인 자리에서 강의를 하거나, 짝을 지어서 혹은 그룹을 만들어서 교육생의 반응과 학습에 대해 토론할 수도 있으며, 개별적으로 과제에 대한 피드백을 할 수도 있다. 피드백에 대해서는 '교육 팁'을 참조한다. 강의시간에 발표하는 경우 교육자는 다음과 같은 질문을 사용하도록 한다.

- 이 성찰에서 어려운 점은 무엇이었는가? 이유는? 이를 어떻게 극복했는가?

- 이 과제에서 가치 있는 것은 무엇이었는가?
- 기업가적 활동에 대한 경험을 성찰한 후 무엇을 배웠는가?
- 연습 중에 느낀 점과 배운 점은 무엇인가?
- 연습 중에 다른 사람과 상호작용하면서 무엇을 배웠는가?

요약 _ 0:45-0:50 (5분)

교육자는 토론 내용을 요약하고 핵심 요점을 정리한다.

▪ 핵심 요점

- 기업가정신은 불확실성, 모호성, 도전, 상호의존성을 특징으로 한다. 이러한 조건은 강렬한 감정, 중요한 자기평가, 타인과의 깊은 상호작용을 만들어 낸다.
- 기업가로서 성공하기 위해서는 위의 경험에 잘 대처하고 그로부터 학습할 수 있어야 한다.
- 경험 직후 자신의 생각, 감정, 행동에 대해 성찰해 보는 것은 교육생이 대처 기술을 개발하고 자기인식과 의사소통능력을 향상시키도록 해준다.

▪ 복습

기업가적 활동을 함께 한 교육생 간 그룹을 만들어 각자의 행동에 대한 피드백을 나눌 수 있다. 이 경우 교육자는 솔직하고 건설적인 피드백이 효과적이라는 점을 상기시켜 주어야 한다. 일기를 써 보는 것 역시 추천한다.

▪ 교육 팁

교육생은 학점 때문에 이런 성찰 보고서를 작성하고 싶지 않으며, 그 과정에서 상처를 받을 수 있다고 느끼기 때문이다. 그런 경우 점수나 등급이 아니라 제출 여부만으로 평가한다고 하면 도움이 될 수 있다. 대개는 일단 시작하기만 하면 많은 교육생이 매우 만족스러워한다. 교육자에게 서면으로 받든 동료에게 구두로 받든 아니면 일반적인 토론을 하든 이 실습에서 가장 중요한 부분은 대화이다. 보고서에 어떤 내용이 담겨 있는지에 관계없이, 성찰 과제는 교육생이 수행한 그 자체로도 큰 도움을 준다. 교육생은 본인을 위해 지속적으로 성찰을 수행하는 습관을 만들 수도 있다.

피드백에는 옳고 그름이 없기 때문에 어려운 점이 있다. 피드백을 제공하지 않는 교육자도 있지만, 피드백은 교육생에게 매우 큰 가치가 있기 때문에 제공해야 한다. 보다 깊게 탐구해 볼 수 있는 질문 형태의 피드백이 가장 유용하다고 한다. 무엇을 느끼고 생각하고 있었는지, 왜 자신의 행동이 그런 효과가 있었다고 생각하는지, 이 모든 경험이 미래의 기업가인 자신에게 어떤 의미가 있는지 등을 질문해 볼 수 있다.

▪ 기업가적 경험 성찰 유인물

당신은 방금 기업가정신의 한 측면을 경험하였다. 이러한 경험은 기업가로서의 자신에 관한 것을 포함하여 수많은 생각과 감정을 불러일으킨다. 다음 질문을 통해 이 경험 도중 그리고 이후에 자신이 어떻게 행동하고 느꼈으며 생각했는지 성찰을 해본다. 어떤 형식이든 원하는 대로 작성할 수 있으며, 주어진 질문 외에도 자유롭게 통찰력을 더하여 해볼 수 있다. 다음 주제에 관해 1장 분량으로 작성해야 한다.

1. 기업가적 활동 중 나의 행동을 어떻게 설명하겠는가?
2. 활동 중 다른 사람과 어떤 종류의 상호작용을 했는가? 나의 의도는 무엇이었는가? 그 활동에 대한 의사소통 또는 다른 사람과의 의사소통이 어떤 영향을 미쳤는가?
3. 활동 중이나 후에 다른 사람에게 어떤 피드백을 받았는가?
4. 이 활동을 얼마나 잘 수행했는가? 어떤 분야에서 특히 뛰어났는가? 필요하거나 하고 싶었던 것보다 잘하지 못한 분야는 무엇이었나?
5. 이 경험을 하는 동안 또는 이후에 어떤 감정을 느꼈는가?
6. 활동에 참여하여 기업가 역할을 수행하면서나 자신에 대해 어떤 생각이 들었는가?
7. 이 경험에서 무엇을 배웠는가?
8. 이 성찰에서 무엇을 배웠는가?
9. 현재 나 자신이나 기업가정신에 대해 떠오르는 질문은 무엇인가?

문화적 상징 (Cultural Artifacts)

저자_ ELAINE EISENMAN AND ANNE DONNELLON

▪ 개요

이번 시간에는 조직문화에 대한 성찰의 개념을 소개하고 바람직한 조직문화를 구축하고 유지하는 것이 얼마나 중요한지를 알아본다. 각 교육생은 자신이 소속되어 있거나, 만들고 싶은 조직의 문화를 대표하는 문화적 상징물을 강의에 가져오는 것이 과제이다. 이 연습에는 예습, 파트너와의 연습, 그룹 활동, 그룹 토론 등이 포함된다.

▪ 적용대상

이 연습은 초기 단계 및 성장하는 회사의 창업자 또는 CEO를 위한 프로그램으로 유용하다. 지속적인 성장의 기초로서 핵심 가치와 문화를 조기에 식별하는 것이 중요함을 보여주기 때문이다. 또한 학부생 또는 대학원생이 문화와 관련된 의도성에 대한 아이디어를 계획하는 데에도 도움이 된다.

▪ 학습목표

- 기존 조직문화를 인식하고 평가한다.
- 조직문화와 조직의 비전 및 가치가 일치하는지 평가한다.
- 문화를 자원으로 활용하여 성과를 높이고 성장을 촉진시키는 방법과 인재를 끌어들여 동기를 부여하고 유지하는 방법을 평가한다.

▪ 준비물

자포스(Zappos) 문화에 대한 유튜브 영상을 검색하여 준비

▪ 선수학습

첫째, 참가자는 자신의 회사를 가장 잘 정의하는 가치와 활동을 나타내는 글을 작성한다. 그리고 다음 질문에 답한다. “지금부터 20년 후에 당신의 회사가 세계적으로 성공을 거두었다고 가정한다. 그때, 문화인류학자가 초창기 직원을 인터뷰하고 있다. ‘그 당시’에 이 회사에서 일하는 것이 어땠으며 무엇을 중요시했는지 문화에 대해 설명해 줄 수 있는가?” 이 질문에 답하려면 다음 사항을 고려해야 한다.

- 그 회사가 어떤 회사인지 회사의 무엇을 통해 드러나는가?(포스터, 사진, 상장, 기념품, 색상, 작업 공간 유형, 음식 등)
- 직원들이 규칙적으로 하는 활동에는 어떤 것이 있는가? (금요일의 브런치, 생일축하, 자원봉사, 파티 등)
- 새로운 직원에게 창업자 및 창업과정에 대해 어떤 이야기를 해 주는가?
- 직원은 어떤 종류의 옷을 입는가? (캐주얼, 정장, 특별한 날의 복장 등)

둘째, 참가자는 기업문화가 무엇인지에 대한 문화인류학자의 질문에 적합한, 문화를 보여주고 상징하는 무엇인가를 가져와야 한다.

▪ 이론적 근거

- Barney, J. B. (1986). Organizational culture: Can it be a source of sustainable competitive advantage? *Academy of Management Review,*

11, 656-65.

- Brush, C. G., Greene, P. G., and Hart, M. M. (2001). From initial idea to unique advantage: The entrepreneurial challenge of constructing a resource base. *Academy of Management Executive,* 15(1), 64-78.
- Schein, E. H. (1983). The role of the founder in creating organizational culture. *Organizational Dynamics,* Summer, 13-28.

■ 시간 계획 (2시간)

이 연습은 수업시간에 따라 90분에서 120분 동안 실시할 수 있다. 이 강의 노트는 2시간을 기준으로 설명하고 있다. 전체 교육을 두 강좌로 나누어서 연습을 진행해도 무방하다.

파트 1 (문화 소개) _ 0:00-0:15 (15분)

교육자는 어디서 어떻게 문화를 인식하고 인식하지 못하는지와 문화의 정의에 대한 토론을 진행할 것이다. 이 연습에 사용되는 문화의 기본 정의는 구성원이 서로 주기적으로 상호작용하는 그룹의 공유된 가치관, 신념 및 관행이다. 다른 조직의 문화에 대한 사례를 공유해 볼 수도 있다. 자포스(Zappos) 영상은 조직문화를 잘 보여주는 자료이다.

파트 2 (가족문화) _ 0:15-0:30 (15분)

"문화적 상징에 관해 그룹 활동을 진행하기 전에, 문화에 대한 두 가지 중요한 이야기를 하고자 합니다. 하나는 자신이 성장해 온 가족문화이며 다른 하나는 현재 각자가 속해 있는 기업문화(당신이 가져온 상징물이 나타내 주고 있는)입니다.

문화는 해당 조직의 사람들이 생각하고 행동하는 방식에 큰 영향을 미치므로 이 연습은 매우 중요합니다. 그리고 전체 혹은 부분적으로 사업의 성과 향상에도 도움을 줍니다. 한 예로, 자포스에서는 직원이 고객을 직접 맞이하는 사무실을 제공하는 문화가 있습니다. 반면에 문화가 성장을 가로막는 장애물이 될 수도 있습니다. 상사가 없을 때는 딴짓을 하다가 상사가 주변에 있으면 초과근무에 대해 심하게 불평하곤 하는 직원에 대한 이야기는 많이 들어봤을 겁니다."

파트너와 함께 각자의 가족문화에 대해 생각해 보고 토론하는 시간을 15분 제공한다. 문화적 가치 또는 관행의 긍정적 영향과 부정적 영향을 생각해 보도록 한다. 부모님이 지나치게 엄격하여 다른 형제가 반발하거나 자기비하에 빠진 적이 있는지, 가족이 모여 식사를 하며 그 전에 있었던 갈등을 풀고 친근한 관계를 유지했는지 등이 예가 될 수 있다.

파트 3 (기업문화) _ 0:30-0:45 (15분)

이제 15분 동안 동일한 방식으로 각자의 기업(또는 수업의 특성을 고려해 특정 조직 선택)문화에 대해 논의한다. 미래의 기업문화에 대해 작성한 과제를 사용하도록 한다. 문화의 긍정적인 측면과 부정적인 측면을 모두 다루도록 한다. 토론을 통해 알 수 있듯 일부 기업에서는 회사 내 조직 간 갈등에 대한 규범이 마련되어 있는데, 영업부와 생산부같이 갈등이 잦은 부서가 있기 때문이다. 직원 간에 유대감을 강하게 유지시키고 서로를 돕는 것에 큰 가치를 두는 문화도 있다. 다음 질문을 해보자. 자신의 회사에 어떤 행동규범이 있는가? 어떤 관행이 긍정적인 유대를 형성하고, 창의성과 고객서비스 등을 향상시키는가? 회사의 가치를 저해하고 고객에 대한 가치 제안을 떨어뜨리는 문화가 있는가?

5분간 생각할 시간을 주고 10분간 다른 사람과 생각을 나누도록 지도

한다.

파트 4 (문화 발표) _ 0:45-1:00 (15분)

15분 동안 공통 주제와 개별 반응을 수집한다.

다음과 같은 질문을 한다.

- 가족문화의 긍정적인 면과 부정적인 면을 파악하는 것이 상대적으로 쉬웠는가?
- 기업문화의 긍정적인 면과 부정적인 면에 대답하는 것이 어려웠는가?
- 파트너가 느낀 점과 본인의 상황에 유사한 점이 있었는가?
- 자신이 속한 문화의 긍정적인 면을 발표해 볼 지원자가 있는가?
- 자신이 알게 된 문화의 부정적인 면을 발표해 볼 지원자가 있는가?
- 사업의 유형에 따라 차이점이 있는가? (산업군, 규모, 사업경력, 가족소유기업 여부 등에 따라)

파트 5 (문화적 상징 발표) _ 1:00-1:45 (45분)

교육생을 5명 이하의 작은 그룹으로 나눈다. 각 참가자는 그룹의 문화적 상징을 발표하고, 그것을 선택한 이유와 그것이 왜 조직문화를 상징하고 대표하는지 이야기한다.

다음 질문을 참고한다.

- 보고 들은 것을 바탕으로 조직문화를 어떻게 설명하겠는가?
- 규칙적으로 하는 활동에는 어떤 것이 있는가?
- 직원들에게 동기를 부여하는가?
- 고객은 이 회사에서 무엇을 경험하고 있다고 생각하는가?

- 조직의 가치는 무엇인가?
- 사람들이 그 조직에서 일하고 싶어 한다고 생각하는가? 그렇다면 혹은 그렇지 않다면 그 이유는 무엇인가?
- 그 조직에서 일하고 싶은가? 그렇다면 혹은 그렇지 않다면 그 이유는 무엇인가?

마지막에는 각 그룹에서 한 명씩 선정하여 전체 발표를 하고 다른 교육생은 질문을 한다.

마무리 _ 1:45-2:00 (15분)

- **그룹보고**: 기업문화는 어떤 중요한 역할을 하는가?

조직문화는 직원을 관리하고, 지도하고, 격려하고, 심지어 보상을 제공하는 중요한 자원이다. 어떤 문화가 조직의 소속감 혹은 문제해결 가치를 만드는지 생각해 보게 될 것이다. 또한 새로 구축한 가치가 어떻게 새로운 직원에게까지 잘 알려지고 공유되고 적용되는지도 고려해 보아야 한다. 마지막으로 여러 직원들이 반복적인 지각이나 불성실한 태도와 같이 문제가 있는 규범이나 관행을 보인다면, 그 문화적 관행을 변화시키기 위해 무엇이 필요할지 생각해 본다.

■ 핵심 요점

- 회사 창립과정에서 어떻게든 조직문화를 만드는 것이 중요하다.
- 조직문화는 긍정적인 자원이 될 수도 있고 부정적인 자원이 될 수도 있다.
- 조직문화는 창업자, 회사 및 환경에 적합해야 한다.

▪ 교육 팁

참가자들은 찾을 수 있는 문화적 상징물이 없다고 생각하면서 준비를 미루곤 한다. 이때 조그만 가능성이라도 이끌어 낼 수 있도록 브레인스토밍을 도와준다. 회사는 모두 환경에 잘 적응하여 융통성을 발휘하기를 바란다는 설명과 함께 몇 가지 사례를 들면 이해하는 데 도움이 될 것이다. 문화적 상징은 사소하고 보잘것없을 수도 있다. 예를 들면 힘든 시기를 겪거나 고된 환경에서 살아남은 회사의 오랜 역사를 보여주는 창업자 조상의 액자처럼 말이다.

열정 큐브 (Passion Cube)

저자_ BRADLEY GEORGE

■ 개요

열정은 오랫동안 기업가적 행동에서 중요한 역할을 해왔다. 최근 연구에서 열정의 역할과 다양한 결과에서 역할의 중요성을 더 잘 이해할 수 있는 이론적 토대를 개발하기 위해 정체성 이론을 구축하였다. 열정은 창조성을 키우고 기업가적 기회를 발견할 수 있는 새로운 정보 패턴을 식별하는 데 도움을 준다(Sundarajan and Peters, 2007; Baron, 2008). 실증 연구에서 열정은 투자자로부터 자금을 모으고(Sudek, 2006; Cardon et al., 2009; Mitteness et al., 2012), 핵심 직원을 고용하고 동기를 부여하는(Cardon, 2008) 기업가의 능력과 관련이 있다. 카든(Cardon)은 기업가적 열정을 '기업가적 정체성과 중요성을 지닌 활동에 참여할 때 생성되는 의식적으로 접근 가능한 강렬하고도 긍정적인 감정'(Cardon et al., 2009, p. 515)으로 개념화하였다.

기업가정신에서 열정은 매우 중요하지만, 교육생들이 잠재적 기회에 열정을 쏟거나 동일한 열정을 불러일으킬 아이디어를 다른 영역에 적용하기는 쉽지 않다. 자신의 정체성과 고유한 기술을 인식하는 것은 서로 밀접한 관련이 있기 때문에, 이 연습은 교육생이 자신의 열정을 더 잘 이해할 수 있는 영역과 새로운 열정을 발견할 가능성이 있는 영역을 구분하여 이를 결합시키는 과정을 포함하고 있다. 교육생이 스스로의 열정, 그 열정의 동인, 개인의 기술과 강점을 구별하도록 하여 이러한 문제를 해결한다. 이를 위해 이 요소들이 기재된 카드를 무작위로 섞어서 정육면체 큐브로 만들 것이다. 이 과정을 통해 교육생은 열정과 기술의 교차점에 어떤 기회나 아이디어가 존재하는지 생각해 볼 수 있다.

▪ 적용대상

이 연습은 일반인, 학부생, 대학원, 실무자 등 모두에게 적용 가능하다. 창업 교육과정, 기업가정신 캠프, 워크숍 등에서도 유용하다. 특히 아이디어 창출 프로그램 초기에 적용하는 것을 가장 추천한다.

▪ 학습목표

- 개인적인 열정을 평가하고 성찰한다.
- 개인적인 열정과 관련한 잠재적 기회에 대한 생각을 확장한다.
- 기회 창출의 일환으로 기술과 열정을 결부시킨다.

▪ 준비물 (유인물 포함)

- 한 명당 정사각형 모양의 흰색 종이 6개(각각 약 5cm × 5cm 또는 7.5cm × 7.5cm): 판지 또는 카드 용지와 같은 두꺼운 종이
- 공동으로 사용할 투명 테이프 여러 개

▪ 선수학습

이 연습에는 사전 작업이 필요하지 않지만, 기업가를 위한 열정의 중요성에 대한 책 《*The Monk and The Riddle*》(Komisar and Lineback, 2000)를 함께 사용할 수 있다.

▪ 이론적 근거

- Baron, R. A. (2008). The role of affect in the entrepreneurial process.

Academy of Management Review, 33, 328-40.

- Cardon, M. S. (2008). Is passion contagious? The transference of entrepreneurial emotion to employees. ***Human Resource Management Review,*** 18, 77-86.
- Cardon, M. S., Wincent, J., Singh, J., and Drnovsek, M. (2009). The nature and experience of entrepreneurial passion. ***Academy of Management Review,*** 34(3), 511-32.
- Komisar, R., and Lineback, K. (2000). ***The Monk and the Riddle: The Art of Creating a Life While Making a Living.*** Boston, MA: Harvard Business School Press.
- Mitteness, C., Sudek, R., and Cardon, M. S. (2012). Angel investor characteristics that determine whether perceived passion leads to higher evaluations of funding potential. Journal of Business Venturing, 27(5), 592-606.
- Sudek, R. (2006). Angel investment criteria. ***Journal of Small Business Strategy,*** 17, 89-103.
- Sundarajan, M., and Peters, L. (2007). Role of emotions in the entrepreneur's opportunity recognition process. Paper presented at the annual meeting of the Academy of Management, Philadelphia.

▪ 시간 계획 (25분)

단계 1_ 0:00-0:03 (3분)

정사각형 카드를 각 교육생에게 6장씩 나눠 준다. 또한 테이프를 건네

8개의 작은 테이프 조각을 준비하도록 한다.

단계 2 _ 0:03-0:05 (2분)

교육생에게 카드 중 하나에 자신이 열정을 갖고 있는 것을 적도록 한다. 교육생이 흥미를 느끼고, 실제로 즐기는 것을 생각해 내도록 교육자가 잘 이끌어 줄 필요가 있다.

단계 3 _ 0:05-0:10 (5분)

교육생이 그 카드를 옆에 두고 두 장의 카드를 더 쓰도록 한다. 첫 번째 카드에 쓴 내용에 대해 열정을 갖고 있는 이유를 한 장에 하나씩 적도록 한다. 잠깐의 시간을 주되, 열정을 이끌어 내는 것이 무엇인지에 대한 질문은 하지 않는다. 다음 같은 예시를 통해 도와줄 수 있다. 학부생은 스포츠에 열광하는 경우가 많으므로 왜 그런지 생각해 보도록 한다. 대중 앞에서 역량을 보여주기 때문인가? 경쟁심 때문인가? 팀원 간의 동지애 때문인가?

단계 4 _ 0:10-0:12 (2분)

두 장의 카드를 완성하면, 옆에 놓고 마지막 세 장을 준비하게 한다. 각 카드에 자신의 기술과 자신이 갖고 있다고 느끼는 강점을 적게 한다.

단계 5 _ 0:12-0:14 (2분)

다음으로, 교육생에게 여섯 장의 카드를 모두 가져다 내용이 보이지 않게 뒤집어 두도록 하고, 카드를 전부 섞는다. 그리고 그림 10-1 과 같이 'T' 또는 십자형으로 펼치고(모서리를 아래로 향하게 하고) 각 모서리에 테이프를 붙인다.

그림 10-1

카드 배치도

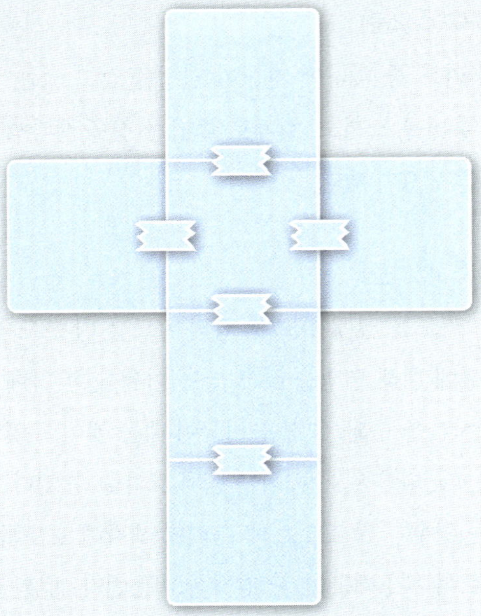

단계 6 _ 0:14-0:15 (1분)

카드의 내용이 보이도록 'T'를 접고 모서리에 테이프를 붙여 큐브를 만든다.

단계 7 _ 0:15-0:20 (5분)

교육생에게 기술, 열정 및 열정의 동인이 적힌 큐브의 각 면을 살펴보도록 한다. 무작위로 하나의 교차지점을 선택해 한 가지 이상의 사업을 생각해 내도록 한다. 큐브의 다른 교차지점에 대해서도 이 과정을 반복할 수 있다.

발표 _ 0:20-0:25 (5분)

한 교육생에게 자신의 큐브를 들어 보라고 한다. 교육생이 식별하는 두 가지 측면의 장점을 활용해 다른 사업 아이디어를 추가하는 것이 좋다. 아이디어가 떠오르지 않아 힘든 교육생은 없는지 물어본다(대개는 몇 가지 아이디어가 있다). 그중 한 교육생에게 2개의 임의의 인접한 면을 선택하도록 한다(이 단계에서 조심하도록 한다. 어떤 교육생은 남들 앞에서 공개하기를 꺼릴 수 있기 때문이다). 교육생에게 그 두 가지 측면을 활용하는 아이디어가 무엇인지 물어본다.

여기에 너무 많은 시간을 소비하지 않는다. 교육생이 이를 반영하고 열정과 강점과 관련된 좋은 아이디어를 실제로 개발할 때까지 시간이 걸릴 수 있으며, 특히 젊은 교육생의 경우 더욱 그렇다. 큐브를 가져 와서 더 많은 아이디어를 내야 한다고 강조한다. 열정에 대해 더 생각을 진전시키면 큐브를 수정할 수 있다. 열정의 동인을 생각해 볼 때, 생각이나 감동을 줄 수 있다고 생각하지 않았던 곳에서 수많은 아이디어가 떠올랐다는 것을 지적한다.

▪ 복습

자신의 큐브를 통해 알게 된 것을 토대로 사업 아이디어를 개발하도록 한다.

▪ 핵심 요점

- 열정의 동인에 대해 마음을 열면, 매력적인 아이디어를 얻을 수 있다는 것을 이해한다.
- 열정과 강점을 결합하는 다양한 방법이 있다.
- 열정에 따라 다양한 방향이 있다.

▪ 교육 팁

이 연습을 실행하는 데 있어 가장 염두에 두어야 할 점은 교육생이 다른 사람과 공유하지 않는 한 자신만이 열정 큐브를 보게 된다는 점이다. 다른 사람에게 잘 보이려는 것이 아니라 자신이 잘한 느낌을 적도록 격려하는 것이 중요하다. 이것은 자신을 위한 개인적인 연습이며 자신의 열정과 기회를 더 잘 이해하도록 해주는 방법이다.

또 다른 공통 문제는 교육생이 종종 자신의 열정이 불러일으킨 아이디어를 너무 문자 그대로 받아들이는 것이다(기술과 열정의 조합은 토론에 도움이 된다). 예를 들어 항해에 열정적이었던 재무를 전공한 교육생이 있는데, 그 열정을 따라 요트 선장이 되어야 한다고 생각하면 곤란하다. 대신 이를 토론으로 이끌어 그의 재무능력과 열정을 결합시킬 수 있는 방법으로 생각해 보면 요트 파이낸싱이나 요트 고객을 위한 투자 및 재무 관리 분야일 수 있고, 정처 없이 보트를 타고 생활하는 사람에 대한 재무 상담일 수도 있다. 이 사례를 큐브의 사용 사례로 제시하면 좋다.

▪ 출처

이 연습은 뱁슨 대학의 메리 피너드(Mary Pinard)가 최초로 만든 연습을 수정하였다.

기회 찾기 (Opportunity Walk)

저자_ BRADLEY GEORGE

▪ 개요

교육생들은 기회를 찾으려면 어디서부터 시작해야 하는지 고민하곤 한다. 이 연습을 통해 잠재적인 기회라는 측면에서 주변 세계에 대해 생각해 볼 수 있다. 교육생은 밖으로 나가 주변을 둘러본다(내부에서도 수행할 수 있지만, 건물 밖으로 나가면 반복적인 일상에서 벗어나는 좋은 휴식이 되기도 한다). 그런 다음 보이는 것을 사업적인 측면에서 보라고 지시한다. 그리고 누가 가장 많은 수의 사업을 생각해 내는지 경쟁시킨다. 그다음 인간의 삶을 향상시키는 방식으로 더 나은 사업을 만들어 가는 방법을 생각해야 한다. 교육생은 언제나 주변에 잠재적인 기회가 많이 있다는 것을 깨닫게 되면서, 잠재적인 사업 개념을 개발하기 위해 이러한 초기 아이디어를 어떻게 구축할 수 있는지 고민할 것이다.

이 연습은 기회와 관련하여 오스트리아 학파(Austrian Economic School)의 기업가적 기민성에 대한 개념을 기반으로 한다. 한 예로 커즈너(Kirzner, 1973)는 기회는 늘 그 자리에 있으며 누군가 인식하여 선택하기만을 기다리고 있다고 이야기한다. 이 주장은 정보가 균등하게 분배되지 않아 각자 서로 다른 기회를 인식하게 된다는 사실을 기초로 한다. 이 이론의 지지자는 개인이 일부러 찾아볼(Eckhardt and Shane, 2003) 필요 없이 기회를 인식할 거라고 주장하지만, 프로세스상으로는 개인이 이러한 잠재적 기회를 알아차리기 위해서는 자신을 둘러싼 환경을 인식해야 한다. 몇몇 학자는 여러 능력 중에서도 행동을 분석하는 능력이 뛰어난 사람이 기회를 발견할 가능성이 더 많다고 제안했다(Shaver and Scott, 1991; Baron, 2006).

이 연습은 또한 새로운 수단-목적 관계 또는 새로운 목적-수단 관계를 통해 새로운 상품, 서비스, 시장 등이 도입될 수 있는 기업가적 기회에 대한 아이디어를 기초로 한다(Shane and Venkataraman, 2000). 교육생은 처음에는 외부 환경에 대해 더 잘 알게 됨으로써 잠재적인 기업가적 기회를 찾기 위해 기존의 수단-목적 관계를 바꿀 수 있는 방법을 검토하게 될 것이다.

▪ 적용대상

이 연습은 학부생, 대학원생, 실무자 등 모두를 대상으로 한다. 새로운 창업 교육과정, 기업가정신 캠프, 워크숍 등에 적합하다. 또한 교육생이 사업 개념, 프로젝트, 추구하는 사업계획 등을 식별하기 전에 실시하는 것이 가장 효과적이다.

▪ 학습목표

- 잠재적인 기회를 관찰하는 연습을 한다.
- 세상을 보고 인식하는 데 개인 간의 차이를 반영한다.
- 새로운 아이디어를 만드는 능력을 향상시킨다.
- 아이디어와 개념의 관계를 잘 이해한다.

▪ 준비물

없음

■ 선수학습

없음

■ 이론적 근거

- Baron, R. A. (2006). Opportunity recognition as pattern recognition: How entrepreneurs "connect the dots" to identify new business opportunities. *Academy of Management Perspectives,* February, 104-19.
- Eckhardt, J. T., and Shane, S. A. (2003). Opportunities and entrepreneurship. *Journal of Management,* 29(3), 333-49.
- Kirzner, Israel M. (1973). *Competition and Entrepreneurship.* Chicago: University of Chicago Press.
- Shane, S., and Venkataraman, S. (2000). The promise of entrepreneurship as a field of study. *Academy of Management Review,* 25(1), 217-26.
- Shaver, K. G., and Scott, L. R. (1991). Person, process, choice: The psychology of new venture creation. *Entrepreneurship Theory and Practice,* 16(2), 23-45.

■ 시간 계획 (40분)

가치 제안, 창의적 아이디어 생성 등과 같이 교육자가 다른 주제에 대해 좀 더 학습하고자 한다면 다양하게 시간을 조정할 수 있다. 본 강의 노트에서는 연습에 40분이 소요된다.

1단계 _ 0:00-0:05 (5분)

교육생에게 종이와 필기구만 들고 나가도록 지시한다. 일단 모두 준비가 되면 교육자를 따라 밖으로 나오라고 말한다(만약 날씨가 좋지 않다면 넓게 트인 실내 공간에서도 할 수 있다). 이동하는 시간을 줄이기 위해 근처 적당한 장소에 자리를 잡는다.

모두 함께 모이면 교육생에게 보이는 것을 이야기하라고 한다. 일반적으로 '잔디', '나무', '건물', '하늘' 등이라고 대답할 것이다.

2단계 _ 0:05-0:15 (10분)

이제 주위를 둘러보고서 가능한 많은 사업에 대해 생각해 보도록 한다. 때로는 처음 본 것과 관련된 예시를 몇 가지 이야기해 주는 것이 도움이 된다. 예를 들면, 나무와 잔디에 대해 이야기한 경우 종묘 회사나 조경 회사 등에 대한 이야기를 해줄 수 있다.

5분간 사업에 대해 생각하도록 한다. 최소 20개에서 50개 정도는 생각해 낼 수 있어야 한다고 이야기하며 적극적으로 참여하도록 지도한다. 보통 40~50개 정도가 가장 많은 수치이다. 어려워하는 교육생을 잘 살펴보고 격려한다. 마지막 1분을 더 주며 가능한 조금이라도 더 생각할 수 있도록 적극 유도한다.

강의실로 돌아와 몇 개의 사업을 생각해 냈는지 세어 본다. 가장 많이 생각해 낸 교육생에게 작은 상품을 줄 수도 있다.

3단계 _ 0:15-0:20 (5분)

몇몇 교육생을 선정하여 자신이 생각한 사업을 발표하도록 하고 게시판에 기록해 둔다. 다른 어떤 사업이 관련이 있고 또 그 사업을 지원하기 위해 필요한지 물어볼 수도 있다. 예를 들어 야외 가로등을 설치하는 회사를 이야기한다면, 전선을 만드는 회사나 철광석 등을 생산하는 광산 회사에 대해 물어볼 수 있다.

4단계 _ 0:20-0:25 (5분)

교육생을 두 명씩 짝을 지어 주고 한 가지 사업을 골라 더 나은 방법 또는 다른 방법을 생각해 보도록 지시한다. 생각에 제한을 두지 않는 것이 중요하다. 알지 못하는 기술이 있을 수도 있으므로 이상적인 방법을 생각하도록 노력해야 함을 강조한다. 이를 통해 보다 창의적으로 동일한 가치를 제공하는 방법을 생각할 수 있다. 5분이 지나면 한두 그룹에게 아이디어를 발표하도록 한다.

5단계 _ 0:25-0:35 (10분)

새로운 개념이 잠재적 고객에게 제공하는 가치에 대해 논의하도록 하고 이를 실제로 구현하는 방법을 생각해 보도록 한다. 이를 통해 교육생은 가치 제안에 대해 생각해 보고 이를 실제로 적용하여 동일한 가치를 전달하는 방법을 만들어 낼 수 있다(아이디어가 터무니없었더라도). 비현실적으로 보이는 사례 하나를 먼저 보여준다. 몇몇은 주차 공간을 찾는 수고를 덜기 위해 차를 사라지게 했다가 다시 나타나게 할 수 있는 열쇠고리를 제안했다고 하자. 이 아이디어에는 어떤 가치가 있는지 물어본다(주차 공간을 찾는 시간을 줄이는 것). 그러고서 어떻게 이와 동일한 가치를 여러 방법으로 전달할 수 있는지를 설명한다(예를 들어 수백 대의 차를 주차할 수 있는 일본의 자동화 주차장 사진을 보여주면서 열쇠고리로 신호를 주어 차를 꺼낼 수 있으며 차량 위치정보를 저장할 수도 있다고 설명해 준다). 여기에서 중요한 점은 실제 기술적으로 실현 가능한 방법으로 가치를 제공하는 창의적 사고이며, 이 시점에서 재무적 타당성을 고려할 필요는 없다.

6단계 _ 0:35-0:40 (5분)

마지막으로 교육생에게 자신의 아이디어로 인간의 삶을 향상시키는 방법에 대해 생각해 보도록 한다. 이를 통해 사회에서 사업이 지니는 역할을 생각해 보며 실제로 고객이 원하는 가치를 제공할지 여부를 이해하는 데 도움을 줄 수 있다. 예를 들어 월마트는 사람들에게 저렴한 제품을 제공하여 삶의 질을 향상시켰고, 스타벅스는 함께 모여 사회적 상호작용을 할 수 있는 공간을 제공한 사례를 논의해 볼 수 있다. 여기서 중요한 점은 교육생이 자신의 사업이 고객과 사회에 어떤 가치를 주는지에 대해 생각해 보게 하는 것이다. 이에 대해 토론해 보자.

잠재적인 아이디어와 기회는 항상 우리 주위에 있으며 아이디어를 생각해 내는 것은 절대로 어려운 일이 아니라고 강조하며 마무리한다. 그러나 아이디어가 기업가적 기회를 구성하는지 여부를 판단하기 위한 첫 걸음으로 자신의 아이디어가 진정으로 고객과 사회에 가치를 부여하는지를 고려해야 한다.

▪ 핵심 요점

- 잠재적 사업 아이디어는 우리 주위 어디에나 항상 존재한다.
- 가치 전달을 이해하는 것은 아이디어를 정제하는 데 도움이 된다.
- 자신의 사업이 고객과 사회에 긍정적인 이익을 제공하며 그것이 아이디어를 실현하는 데 어떻게 영향을 미치는지에 대해 고민해 보는 것이 중요하다.

▪ 교육 팁

첫 시간에 브레인스토밍을 하는 동안 사업에 대해 생각하도록 유도할 필요가 있다. 5분간 적어도 30개 이상의 사업을 생각할 수 있어야 한다고 말해 준다(최고 수치는 주로 이 이상이다). 이런 것이 집중에 더 도움이 되는 듯하다. 또한 5분 동안 계속해서 더 많은 아이디어를 생각하도록 유도할 수 있다.

때로는 말도 안 되는 아이디어(앞서 언급한 자동차 열쇠고리와 같은)를 생각하는 교육생이 있을 수 있다. 이는 매우 훌륭한 것으로 강의시간에 이러한 아이디어를 가져와 그 가치를 논의해 볼 수도 있다. 주로 현실적으로 불가능해 보이는 아이디어로 어떻게 시작하며, 현실적인 방법으로 아이디어가 가진 이점을 어떻게 얻는지를 보여준다.

사업 성장 그리기 (Plotting the Growth of Your Business)

저자_ DENNIS CERU

▪ 개요

이 연습은 사업이 성장하고 발전하는 방법에 대한 유사점과 차이점을 살펴보기 위해 고안되었다. 모든 사업이 순조롭게 동일한 방법으로 성장하지는 않으며, 때로는 내외부적 환경과 요인에 의해 시간이 지남에 따라 다른 성장 방식이 나타나기도 한다. 시간이 흐름에 따라 사업(교육생이 운영하는 사업이나 알고 있는 사업)이 성장했던 방법이 다른데도 불구하고, 교육생은 많은 사업이 성장에 도움이 되거나 방해가 되는 외부 요인에 대처해야 했음을 알게 될 것이다.

대부분의 기업에서 성장은 가치 있는 목표이다. 이는 각종 언론 매체에서도 널리 보도되고 있으며(예: 가장 빠르게 성장하는 100개 기업), 기업 성공의 척도로 여겨진다(Davidsson, 1991). 모든 기업이 성장을 선택하는 것은 아니지만(Ginn and Sexton, 1990; Rosa et al., 1996; Wiklund et al., 2003), 전문가에 따르면 시간이 지남에 따라 어느 정도의 성장은 지속적인 생존을 위해 필요하다(Delmar et al., 2003). 그렇지만 성장을 결정하는 것은 주로 기업가의 선택이라고 오랫동안 알려져 왔다. 또한 기업가가 사업 초기에 가진 사업의 크기나 범위에 대해 궁극적으로 기대하는 바에 따라 이후 잠재적인 성장에도 영향을 미친다고 여겨진다.

이러한 주장을 뒷받침하는 것은 시간이 지남에 따라 사업이 확장되면서 매출곡선이 상승하여 기업의 매출은 점차 증가한다는 가정이다. 즉 일반적인 매출곡선을 따라가면 성장도 일반적으로 따라간다고 가정하는 것이다. 보다 공격적인 성장 전략의 경우 이러한 매출곡선은 '하키스틱' 처럼 더 빨리 정점에 도달하지만, 느린 성장 전략은 더 늦게 정점에 도달한다. 성장 단계의 개수에 대해 합의된 바는 없지만, 대부분은 프로세스 특히 연령, 규모, 산업성장률 등에 영향을 미치는 맥락적 관점이 있다고 가정한다(Hanks et al., 1993).

반면에, 대부분의 실무자는 성장 패턴이 '일반적'인 것이 아니며 학술적으로 다양한 경로를 상세히 연구하지 못했다는 데 동의한다.

▪ 적용대상

이 연습은 사업을 경영하는 오너 경영자에게 적합하다. 일반 교육생을 위해 강의를 수정할 수는 있지만, 그러면 보다 이론적인 연습이 될 것이다. 또한 창업 및 기업가정신 교육과정, 중소기업 성장 교육과정, 그 외 여러 교육 워크숍 및 프로그램에 적합하다.

▪ 학습목표

- 기업 성장의 모델을 이해한다.
- 사업 성장의 다양한 형태를 인지한다.
- 사업 성장에 영향을 주는 경영 결정과 외부 요인을 학습한다.

▪ 준비물

- 21.5cm × 28cm 크기의 백지 종이
- 테이프
- 화이트보드 또는 칠판, (이상적으로는) 빔프로젝터와 스크린

▪ 선수학습

교육생에 따라 그리고 연습이 보다 넓은 범위의 강의 또는 프로그램의 일부로 쓰일 때 배경지식을 위해 '이론적 근거'의 참고문헌을 읽어 보도록 할 수 있다. 하지만 꼭 필요한 것은 아니다. 실무 경험과 사업 성장에 대한 적극적인 관심만 있으면 충분하다.

▪ 이론적 근거

- Brush, Candida G., Ceru, Dennis J., and Blackburn, Robert. (2009). Pathways to growth: The role of marketing, management and money. *Business Horizons,* 52(5) (September-October).
- Cassar, G. (2007). Money, money, money? A longitudinal investigation of entrepreneur career reasons, growth preferences and achieved growth. *Entrepreneurship and Regional Development,* 19(1), 89-107.
- Churchill, Neil C., and Lewis, Virginia L. (1983). The five stages of small business growth. *Harvard Business Review,* May-June.
- Davidsson, P. (1991). Continued entrepreneurship: Ability, need, and opportunity as determinants of small firm growth. *Journal of Business Venturing,* 6(6), 405-29.
- Delmar, F., Davidsson, P., and Gartner, W. (2003). Arriving at the high-growth firm. *Journal of Business Venturing,* 18(2), 189-216.
- Ginn, C., and Sexton, D. (1990). A comparison of personality type dimensions of the Inc. 500 company founders with those of slower growth firms. *Journal of Business Venturing,* 5(5), 313-26.
- Hanks, S., Watson, C., Jansen, E.,Chandler, G. (1993). Tightening

the life-cycle construct: A taxonomic study of growth stage configurations in high-technology organizations. *Entrepreneurship Theory and Practice,* 18(2), 5-29.

- Rosa, P., Carter, S., and Hamilton, D. (1996). Gender as a determinant of small business performance: Insights from a British study. *Small Business Economics,* 8, 463-78.
- Stanworth, M. K. J., and Curran, J. (1976). Growth and the small firm: An alternative view. *Journal of Management Studies,* 13(2), 95-110.
- Wiklund, J., Davidsson, P., and Delmar, F. (2003). What do they think and feel about growth? An expectancy-value approach to small business managers' attitudes toward growth. *Entrepreneurship Theory and Practice,* 27(3), 247-70.

▪ 시간 계획 (60분)

소개 _ 0:00-0:10 (10분)

교육자는 다음과 같은 질문과 함께 강의를 시작한다. "모든 사업은 성장해야 하나요, 아니면 성장 여부를 선택할 수 있나요?" 이 주제에 대해 활발한 토론이 진행될 것으로 예상된다. 그리고 경쟁, 고객, 대표의 선택, 가족 요인, 경제 상황 등의 주제가 함께 논의될 것이다. 약 10분 후 다음 단계로 넘어간다.

파트 1 (개별 성장곡선 그리기) _ 0:10-0:20 (10분)

교육자는 x축을 '시간', y축을 '수익'으로 하는 간단한 그래프를 칠판에 그리고 교육생에게 다음에 대해 생각해 보도록 한다. "지난 5년간 사업이 어떻게 성장했는지 떠올려 보면, 사업 성장곡선을 어떻게 그릴 수 있을까요?" 만약 사업을 운영하지 않는 일반 교육생을 대상으로 하는 수업이라면 다음과 같이 이야기한다. "지난 5년간 당신이 속해 있는 사업 분야가 어떻게 성장했는지 생각해 보면, 사업 성장곡선을 어떻게 그릴 수 있을까요?" 교육생에게 종이 한 장을 주면서 간단한 그래프를 그리도록 한다.

파트 2 (성장 그룹 토론) _ 0:20-0:30 (10분)

4~5명으로 구성된 작은 그룹을 나누어 그 안에서 각자 그린 그래프를 비교해 보도록 지시한다. 그리고 유사점과 차이점을 작성한다.

파트 3 (성장곡선 공유 및 전체 토론) _ 0:30-0:60 (30분)

- [옵션 1]: 각 교육생에게 자신의 성장곡선 그래프를 강의실 벽면에 붙이도록 한 뒤, 모든 교육생은 이를 천천히 둘러보면서 다른 그래프에 어떤 유사점과 차이점이 있는지 살펴본다.
- [옵션 2]: 교육자는 각 그룹에게 5분간 통합된 성장곡선 그래프를 그리고 이를 다시 공유하도록 지시한다. 그리고 이를 강의실 앞쪽에 붙여 두고서 곡선이 어떻게 생겨났으며 자신의 사업이 어떻게 성장할 수 있었는지에 대해 간단히 설명하도록 한다.

▪ 복습

후행 학습은 강의 대상에 따라 다르다. 사업 성장에 대한 강의 또는 프로그램 내에서 이 연습은 이후에 교육생이 자신의 사업을 개발하고 사업 성장과 개발계획을 수립할 때 참조할 수 있다. 실무자기반 프로그램이나 워크숍에서 이 연습은 사장, 관리자, 창업가 등이 기업 성장에 영향을 주는 요인과 결정을 이해하는 데 도움을 줄 수 있으며 새로운 사업 성장을 위한 전술적 활동계획을 개발하는 기초 역할을 할 수도 있다.

■ 핵심 요점

- 사업 성장은 각 특정 사업마다 고유한 특성이 있으며 일반적으로 예상되는 것처럼 평범한 일반 성장곡선을 거의 따르지 않는다.
- 사업 성장은 내부적 요인과 외부적 요인(사업 생태계, 거시환경 등)에 따라 다양한 시점에서 다양하게 나타난다.
- 사업 성장에 영향을 미치는 주요 내부 요인은 경영, 마케팅, 자금(사용과 보유) 등이 있다.

■ 교육 팁

- 시간표에 시간 계획을 명시하고 성장곡선을 가로축 왼쪽(가장 오래된)에서 오른쪽(현재)으로 그리도록 알려준다.
- 이 연습에서 가장 중요한 성장 지표는 세로축에 표시되는 총수익(매출)임을 알려준다.
- [옵션 1]은 그룹에서 가장 관련성이 높고 실용적인 의견을 구하는 데 적합하다. 만약 [옵션 2]를 선택한 경우 더 많은 개별 사례와 실용적인 의견이 필요할 수 있다.

백만장자 브루스터 (Brewster's Millions)

저자_ PATRICIA GREENE

▪ 개요

이 연습은 교육생이 성장의 의미에 대해 생각하도록 해준다. 교육생은 선택지를 이해하고 자신과 사업에 맞는 '올바른' 선택을 할 수 있도록 가능한 한 넓은 범위에서 사업에 대해 생각하게 된다. 이 연습은 조지 바 맥커천(George Barr McCutcheon)이 저술한 《백만장자 브루스터(*Brewster's Millions*)》라는 책과 리처드 프라이어(Richard Pryor)가 출연한 동명의 영화를 바탕으로 한다. 교육생은 한 장의 판지에 5년 후에 자기 회사의 원하는 모습을 간략하게 그려 본다. 각 교육생은 5만 달러 '수표'를 받는데, 다음 6개월 이내에 사업 목적으로 이 돈을 '반드시' 지출해야 하며 그 돈으로 우선 할 일 5가지를 작성한다. 그다음에는 50만 달러 '수표'를 받고 또 다른 상위 5가지 리스트를 작성한다. 마지막으로 교육생은 500만 달러 '수표'를 받아 다른 상위 5가지 리스트를 작성한다. 500만 달러를 투자받고 난 후의 미래 사업을 5분간 다시 그려 보도록 한다. 성장목표의 크기와 범위에 맞춰 기회, 자원 및 리더십에 대한 질문 위주로 보고하면서 연습을 마무리한다.

▪ 적용대상

이 연습은 매우 탄력적이며 경험이 풍부한 실무자부터 고등학생까지 모두를 대상으로 한다.

▪ 학습목표

- 다양한 성장목표가 미치는 영향을 이해한다.
- '다른 사람의 돈'을 바탕으로 이용할 수 있는 다양한 자원을 살펴본다.
- 대규모 사업 성장을 지원하기 위한 프레임워크를 개발한다.

▪ 준비물

- 다양한 색상의 판지(교육생당 한 장씩)
- 색깔 펜, 연필, 색연필(모든 교육생이 쉽게 선택할 수 있도록 넉넉히 준비)
- 모조 수표 세트(재사용을 위해 두꺼운 종이가 가장 좋으며, 교육생당 하나씩 지급. 금액: $50,000, $500,000, $5,000,000)
- 비디오 영상: 〈백만장자 브루스터(*Brewster's Millions*)〉

▪ 선수학습

없음

▪ 이론적 근거

- Brush, C. G., Greene, P. G., and Hart, M. M. (2001). From initial idea to unique advantage: The entrepreneurial challenge of constructing a resource base. *Academy of Management Executive,* 15(1), 64-78.
- Brush, C. G., Ceru, D. J., and Blackburn, R. (2009). Pathways to entrepreneurial growth: The influence of management, marketing, and money. *Business Horizons,* 52(5), 481-91.

▪ 시간 계획 (45분)

5분간 소개, 25분간 활동 안내, 15분간 결과 보고로 이루어진다.

1단계(소개) _ 0:00-0:05 (5분)

교육생에게 다음 질문을 생각해 보도록 하면서 연습을 시작한다.

- 성장은 무엇을 의미하는가?
- 얼마나 크게 성장할 수 있는가?
- 얼마나 크게 성장하길 원하는가?

몇 분간 생각한 후 정말로 큰 사업을 만들려고 했는지 그리고 그것이 무엇을 얻을 수 있는지에 대해 논의한다.

2단계(현재 사업의 5년 후를 그려 본다) _ 0:05-0:10 (5분)

색연필, 색깔 펜, 마커, 색 판지 등을 교육생의 테이블 위에 놓아둔다. 각 교육생은 10분 동안 5년 후 자신의 사업이 어떻게 변해 있을지를 그려 본다. 여기에는 매출 규모, 직원 수, 시장의 범위와 규모(현지, 지역, 주, 국가, 글로벌) 등이 포함될 수 있다.

참고 '비전'의 정의를 '최고', '최상' 등의 모호한 목표가 아닌 사업이 어떻게 되기를 원하는지 '구체적으로' 강조하도록 한다.

3단계(첫 번째 수표 배부: $50,000) _ 0:10-0:15 (5분)

교육생은 각각 5만 달러 '수표'를 받고 6개월 이내에 사업 성장을 위해 전액을 사용해야 한다. 5만 달러로 할 가장 중요한 5가지 리스트를 작성하도록 한다.

4단계(두 번째 수표 배부: $500,000) _ 0:15-0:20 (5분)

새로운 금액 50만 달러를 받고서 3단계의 프로세스를 반복한다.

5단계(세 번째 수표 배부: $5,000,000) _ 0:20-0:25 (5분)

새로운 금액 500만 달러를 받고서 3단계의 프로세스를 반복한다.

6단계($5,000,000를 가지고 자신의 비즈니스 그려 보기) _ 0:25-0:30 (5분)

500만 달러를 투자받은 후의 사업에 대한 비전을 다시 그리게 한다.

7단계(보고) _ 0:30-0:45 (15분)

교육생이 비전을 축소시키는 선택을 하기 전에 성장할 수 있는 최대 규모의 사업을 구상하도록 도와주는 것이 목표이다(예: 자산 투자자가 더 이상 관심을 가지지 않을 만큼 부채를 쌓는다). 이 단계의 요점은 연습과정에서 일어나는 변화를 살펴보는 것이다. 단계별로 보고를 하기보다는 전체적으로 넓게 보도록 한다. 원래의 그림을 어떻게 생각하였는가? 첫 번째 리스트는 무엇이었는가? 두 번째는? 세 번째는? 마지막 그림에서 다른 점은 무엇인가? 지금은 무슨 생각을 하고 있는가? 몇 번의 발표 후 교육자나 교육생은 질의응답과정에서 주제를 찾게 될 것이다.

한 가지 예로 교육생이 보고과정에서 그림을 설명할 때 최종적으로 '돈', '시장', '경영'을 나타내는 그래프(처음에는 분류하지 않음)를 사용하는 것이다. 이 보고의 마지막에 교육자는 주제를 설명하며 이 세 가지를 분류할 수 있다. 돈, 시장, 경영의 범주는 '이론적 근거'에 있는 브러시 교수 외 공저(Brush et al., 2009) 자료를 참고한다.

끝으로 교육자와 교육생이 함께 사업 성장에 대한 요점을 공유하면서 연습을 마무리한다.

▪ 핵심 요점

- 모든 기업가 그룹에게 열망에 대한 개념을 전달하는 것이 중요하다. 열망은 어디에서 비롯됐으며 그 이유는 무엇인가?
- 비전은 기업가, 회사, 환경 등에 적합해야 한다. 하나라도 맞지 않으면 효과가 없다.
- 교육생은 일반적으로 고성장을 달성하는 데 필요한 부채와 자산 등의 외부 자원을 얻으면서 만족도를 해결한다.

▪ 교육 팁

일부 교육생은 아이디어를 그리는 데 큰 의욕이 없을 것이다. 교육자는 강요하기 전에 내키지 않더라도 해 보라고 권하는 것이 도움이 된다.

▪ 출처

이 연습은 골드만 삭스 1만 개 중소기업 창업 프로그램(Goldman Sachs 10,000 Small Businesses)을 위해 만들어졌으며, 1만 개 중소기업 창업 프로그램의 영국 팀이 개발한 초기 연습을 기반으로 한다.

기업가정신의 이면 (the Dark Side of Entrepreneurship)

저자_ ROSA SLEGERS

▪ 개요

이 연습은 언뜻 보기에는 사회적 책임에 관한 사업 실습과 동일해 보이는데, 교육생이 기업가적 프로젝트에서 도덕적으로 관련된 결과에 대해 생각하게 하는 것이 목표이다. 먼저 생명을 구하는 약을 만든 새로운 생명공학 회사에 대한 가상의 사례를 생각해 보도록 한 다음 장기적인 결과를 예측하고 이에 따르는 어려움을 보여주는 유사한 사례를 제시한다.

▪ 적용대상

이번 연습은 기업가적 사고를 소개하는 과정의 일부로 가장 적합하다. 그 이유는 훌륭한 기업가적 아이디어처럼 보이는 것이 잠재적으로 매우 심각한 의미가 있음을 알 수 있도록 해주기 때문이다. 다른 교육생과 친해지고 주제를 알게 된 후에는 이러한 문제를 토론하는 데 더 자신감을 갖게 될 것이다. 따라서 연습은 교육과정 중간에 실시하는 것이 좋다. 이 연습은 청년, 가족기업가, 성인, 학부생, 대학원생 등 모두를 대상으로 한다.

▪ 학습목표

- 훌륭한 기업가적 아이디어조차도 단기적으로든 장기적으로든 안 좋은 결과로 이어지는 과정을 탐색한다.

- 행동의 결과를 관리하기 위한 시나리오를 구축한다.
- 예상치 못한 결과로 인한 어려움에 대처하는 방법과 현재나 미래의 이해관계자에 대한 행동이 미칠 수 있는 효과를 논의한다.

▪ 준비물

필요한 준비물은 없으나, 생명공학 회사에 대한 안내 서류가 필요하다고 생각하면 이를 준비한다. '시간 계획'에서 '1단계'를 참조한다.

▪ 선수학습

없음

▪ 이론적 근거

- Mill, J. S. (2001). *Utilitarianism.* Indianapolis, IN: Hackett Publishing.
- Singer, P. (2001). Famine, affluence, and morality. *Writings on an Ethical Life* (pp. 105-18). New York: Harper Perennial.

▪ 시간 계획 (60분)

연습은 60분 이내에 완료할 수 있지만 좀 더 자세히 살펴보기 위해 더 많은 토론 시간이 필요하다고 판단되면 각 세션을 늘릴 수 있다.

1단계 _ 0:00-0:05 (5분)

다음과 같은 시나리오를 제시한다. 생명을 구하기 위해 개발도상국에서 생산원가 이하로 약(HIV 감염을 막는 항레트로바이러스)을 판매하기로 결정한 새로운 제약 회사를 상상해 본다. 회사는 사회적 책임을 실천하기 위해 손실을 감수하면서도 판매 결정을 내린 것이다. 이로 인해 많은 찬사를 받게 되고 명성이 높아지면서, 기업 시민의식에 관심 있는 새로운 투자자를 끌어들이고 있다. 특허법에는 아무 문제가 없고 약은 효과적이며 많은 생명을 구하고 있지만, 만약 그렇지 않았더라면 너무 비싼 가격 때문에 조기에 판매가 금지되었을 것이라고 가정해 보자. 선진국에서는 동일한 약을 더 비싼 가격에 판매하고 있으며, 연구 개발에 여전히 많은 투자를 할 수 있고, 경쟁력 있는 임금을 제공할 수 있다. 이에 더해 사회적 책임을 다하는 모습에 매력을 느낀 새로운 인재가 회사에 지원하고자 한다. 회사는 위험을 감수하고 이윤 극대화에 연연하지 않으면서 많은 존경을 받는다. "21세기에 우리는 주주뿐만 아니라 모든 이해관계자를 고려해야 한다. 사회적 책임을 다하는 것은 사업을 하는 데 있어 새로운 방식으로서 필수적인 부분이다"라고 회사CEO가 선언했다.

2단계 _ 0:05-0:20 (15분)

- 교육생에게 이런 태도가 일반적으로 어떤 장점이 있는지를 열거하고, 특히 약의 가격을 인하한 결정이 회사의 주장을 강조하는 데 도움이 되었는지 논의하도록 한다.
- 단점에 대해서도 같은 방식으로 논의한다.
- 일단 두 가지가 완료되면, 이러한 접근방식의 장점이 단점보다 더 많은지 여부를 설명하게 한다. 가능한 한 가지 결론은 회사가 더 큰 이익을 위해 행동하고 있다는 것이다.

이에 대한 교육생의 대답은 다음 사안의 일부 또는 전부를 언급할 것이다. 그렇지 않은 경우, 후속 질문을 통해 대답을 이끌어 낸다.

- **기업의 사회적 책임**: 일부 교육생은 좋은 시민의식을 보여주는 이 사

례에 흥분하겠지만 다른 교육생은 보다 냉소적으로 이 사례가 솔직하지 못하다고 폄하할 것이다.

- **주주 가치**: 일부는 기업의 궁극적인 목표는 이윤 극대화이기 때문에 개발도상국에서 가격을 인하한 결정은 비현실적이거나 너무 순진하다고 우려를 표할 수도 있다. 한편으로는 여론과 명성이 더 중요하다고 반론하며 주주의 관점에서 보더라도 가격 인하가 가치 있는 결정이라고 주장할 것이다.
- **유통**: 약이 올바른 사람에게 전달되고, 이를 유통하는 인프라가 있으며, 선진국 암거래상이 몰래 약을 싸게 구입하지는 않는지 등을 회사는 어떻게 확신하는가?
- **정부의 역할**: 회사가 발전하기 위해 어떤 규제가 필요한가?

3단계 _ 0:20-0:25 (5분)

일단 교육생이 자신의 사례를 만들고 의견을 공유하고 나면, 인구과잉과 같이 밀접한 관련은 있지만 불확실한 문제에 관심을 가진다. 잠깐의 시간을 주고서 왜 이 문제가 토론과 관련이 있는지 생각하게 한다. 스스로 이를 이해할 시간을 잠깐 주고 종이에 생각을 적도록 하면 도움이 될 것이다. 그러면 항레트로바이러스의 의미를 먼저 파악한 사람이 토론을 좌우하는 상황은 생기지 않을 것이다.

4단계 _ 0:25-0:35 (10분)

교육생이 작성한 것을 공유하도록 하고 자신만의 (임시적인) 결론을 도출하도록 한다. 그다음 아래 사안을 요약한다.

- 실제로 약이 효과적이라면(약물이 효과적이라고 믿을 만한 많은 근거가 있다), 많은 사람이 약이 없는 것보다 더 오랜 기간 동안 살 수 있을 것이다.

- 더 많은 사람이 더 오랜 기간 살 수 있다는 것은 인구가 증가한다는 의미이다. 특히 태어나면서 또는 어린 나이에 사망하는 아이들의 수가 줄어든다면 이렇게 예상하는 것이 타당하다.
- 한정된 자원을 가진 나라에서 인구가 성장하면(개발도상국에 대해 얘기하고 있음을 기억한다) 자원 부족을 겪게 된다.
- 이를 극단적으로 결론지어 보면, 결국에는 저렴한 약물 때문에 죽게 되는 사람의 수가 기아, 다른 질병 및 내란(지구상 가장 가난한 국가들과 동일한 환경에서 인구가 증가할 때의 결과)으로 인해 약물이 없던 때보다 더 많을 수도 있다. 이는 (걱정스럽지만) 그저 단순한 계산임을 명심한다. 만약 더 많은 사람이 살아남는다면, 처음에 그렇게 많은 사람이 없었을 때 아프거나 죽어서 생기는 고통의 총합보다도 더 커진다.

5단계 _ 0:35-0:45 (10분)

이런 논쟁에 적절한 대답은 무엇인가? 교육생에게 이런 혹독한 상황에 대한 해결책을 생각해 보게 한다. 어쩌면 가장 확실한 제안은 피임이다. 약 외에 콘돔도 함께 배포하면서 적절한 사용 방법과 지침을 알려준다. 그러나 피임에 대한 문화적인 반대와 종교적인 반대는 어떻게 하는가? 지역적 관습과 종교를 걱정하거나 다루는 것이 기업가의 역할인가 아니면 의무인가? 장기적으로 벌어질 수 있는 결과 때문에 일을 그르치는 상황을 어떻게 피할 수 있는가? 이 논쟁을 무시하여 정당화할 수 있는가? 그렇다면 이유는 무엇인가?

6단계 _ 0:45-1:00 (15분)

이와 같은 질문을 한 후에 교육생에게 유사한 사례와 해결책에 대해 생각해 보도록 하면 도움이 된다. 자기 사업의 이면은 무엇인가? (예상치 못한)

장기적인 결과에 시달리는 다른 스타트업이나 프로젝트를 본 적이 있는가? 또다른 질문은 다음과 같다. 실제로 일어나기 어렵거나, 예방 조치를 취했거나, 아니면 너무 어려워서 생각하기도 싫다는 이유로 결과를 무시하기로 했는가?

▪ 핵심 요점

- 기업가적 활동의 단기적인 결과와 장기적인 결과를 고려하는 것의 중요성을 인지한다.
- 영향을 받은 모든 이해관계자의 현재와 미래를 고려해야 한다.
- 불확실성에도 불구하고 행동하는 실질적이고 도덕적인 어려움을 체감한다.
- 생산적인 기업가적 사업과 비생산적인 기업가적 사업이 있다.

▪ 교육 팁

여기서 논의한 주제(생명을 위협하는 질병, 인구과잉, 개발도상국 특유의 문제 등)는 매우 복잡하여 교육생이 많이 걱정할 수도 있다. 자신을 자유롭게 표현할 수 있는 '안전지대'에 있다고 느끼게 하면 큰 도움이 된다. 모든 사람이 세련된 방식으로 자신의 의견을 만들어 낼 수는 없으며 의도치 않게 불쾌감을 줄 수 있다는 점을 이해한다. 서로 존중하면서도 열려 있는 대화를 하는 것이 목표이며, 다른 교육생에게 후속 질문을 하도록 지도해야 한다. 이를 통해 각자의 다양한 관점을 확실히 이해하게 될 것이다. 연습을 시작하며 이러한 방침을 명확히 하면 교육생은 보다 생산적인 토론을 할 수 있다.

기업가적 리더십 전망하기 (Envisioning Entrepreneurial Leadership)

저자_ ELAINE EISENMAN

▪ 개요

이 연습은 성장하는 회사의 리더가 회사가 가지고 있는 가치를 이해하고, 이를 바탕으로 가치기반의 사업을 창출할 수 있게 해준다. 또한 개인적인 리더십 요인과 회사의 가치에 대한 열망이 결합된 가치를 이해하는 데 활용될 수 있다. 이러한 활동을 통해 기업가는 핵심 가치와 개인의 추진 요인을 분명히 말할 수 있게 된다.

▪ 적용대상

이 연습은 개인의 리더십 방식과 추진 요인에 대한 생각을 기초로 개별적인 자기성찰을 중요시하는 모든 환경에서 사용할 수 있다. 특히 리더로서의 가치와 목표를 이해하도록 하고 개인적인 리더십 비전을 설명할 수 있는 기회를 제공하는 프로그램의 일부일 때 가장 효과적이다. 그리고 대학, 대학원, 경영자 프로그램 등 다양한 수준에서 사용될 수 있다.

▪ 학습목표

- 자신의 핵심 가치를 안다.
- 이러한 가치를 기업 리더십의 설득력 있는 비전으로 통합시킨다.
- 다른 사람과 비전을 소통하고 들리는 것과 이해관계자에게 끼치는 영향에 대한 피드백을 주고받는다.

■ 준비물

- 가치 체크리스트(연습 마지막 부분에 포함)
- 인터넷 접속 환경을 준비하여 구글 이미지(https://www.google.com/imghp?hl=en&tab=wi) 또는 게티 이미지(http://www.gettyimages.com/)에서 자신의 주요 가치와 밀접한 관련이 있는 이미지를 찾을 수 있도록 한다.
- 인터넷에 접속할 수 없는 경우에는, 사진이 많은 잡지를 준비하여 잡지에서 이미지를 고를 수 있게 한다.
- 교육생이 가치를 직접 그리는 것도 가능하다.

■ 선수학습

Goleman (2004), Collins (2005), and George et al. (2007) 읽기('이론적 근거' 참고)

■ 이론적 근거

- Collins, Jim. (2005). Level 5 leadership. *Harvard Business Review,* July-August.
- George, Bill, Sims, P., McLean, A. N., and Mayer, D. (2007). Discovering your authentic leadership. *Harvard Business Review,* February.
- Goleman, Daniel. (2004). What makes a leader? *Harvard Business Review,* January.
- Halpern, Belle Linda, and Lubar, Kathy. (2004). *Leadership Presence.* New York: Gotham.
- Senge, Peter M., Smith, Bryan J., Ross, Richard B., Roberts, Charlotte, and Kleiner, Art (1994). *The Fifth Discipline Fieldbook: Strategies*

and Tools for Building a Learning Organization, 1st ed. New York: Crown Publishing.

▪ 시간 계획 (90분)

가치 체크리스트 검토 _ 0:00-0:20 (20분)

- '가치 체크리스트'를 검토하고 두 개의 상위 가치를 골라 두 질문에 답한다.
  - "어려운 상황에서 내 행동 방식에 대한 추진 요인을 가장 잘 나타내는 가치는 무엇인가?"
  - "다른 사람이 리더로서의 내 행동의 핵심을 묘사하는 방식을 가장 잘 나타내는 가치는 무엇인가?"

이미지 식별하기 _ 0:20-0:40 (20분)

- 구글 이미지, 게티 이미지 또는 잡지를 보고 자신의 가치를 가장 잘 보여주는 이미지를 선택한다. 그 이미지를 인쇄한다.
- 각 이미지를 선택한 이유와 자신의 가치를 어떻게 정의하고 상징하는지를 바로 적도록 한다. 각각의 가치에 대한 간단한 이야기와 사례를 만들고 자신의 삶에 어떻게 영향을 주는지 알아본다.

리더십 비전 안내서 작성 _ 0:40-1:20 (40분)

교육생을 두 명씩 그룹으로 나눈다. 그룹은 다음과 같은 지시를 받는다. "이 이야기를 기업 리더십 비전 안내서에 써서 직원에게 전달하세요. 안내서에는 당신의 이야기에 나오는 행동을 포함시켜 가치에 대해 설명할 때 다른 사람이 이해할 수 있도록 합니다. 단순히 단어를 나열하기보다는 행동 속의 가치를 설명하고, 단어는 모두 알고 있는 동일한 의미라고 가정하세요. 파트너는 지금 현재 당신이 세우고 있거나 이끌어 가는 사업의 팀 구성원으로서 역할을 할 겁니다. 이 안내서는 팀이 당신에게 새로운 지도자로서 무엇을 기대할 수 있는 있는지에 대한 통찰력을 제공할 거예요."

- 자신의 대본

"팀에 온 것을 환영합니다. 시작하기에 앞서 저는 창업자로서의 비전을 공유하여 핵심 가치와 원칙을 이해시켜 드리고자 합니다."

- 파트너의 역할
  - 명확성을 높이기 위해 한 발 물러나 질문한다.
  - 그런 다음 비전이 공감, 신뢰성, 영향 및 의미가 있는지, 그리고 향후 영향력을 어떻게 높이는지에 대한 피드백을 준다.
- 역할을 바꾼다.

결과 보고 _ 1:20-1:30 (10분)

- 한두 명의 지원자에게 비전 안내서를 공유하도록 요청한다.
- 안내서가 명확한지 교육생에게 물어본다.
- 연습 그 자체에 관해 다음과 같은 질문을 한다.
  - 회사의 기본 가치를 명확하게 표현한 것은 이번이 처음인가?
  - 이야기를 통해 가치를 더 잘 설명할 수 있는가?
  - 가치를 예로 삼은 이야기를 찾기가 어려웠는가?
  - 어떻게 느꼈는가?
  - 놀란 부분이 있는가?
  - 고객이 가치에 관심을 가지겠는가?

– 고객과 어떻게 소통할 수 있는가?
– 가치를 채용 도구로 사용할 수 있는가? 어떻게 사용하는가?
– 직원이 가치를 공유할 거라고 기대하는 것은 공정한가?

▪ 핵심 요점

- 사장이나 창업자는 자신의 가치가 회사의 기초가 되어야 함을 알아야 한다.
- 가치를 명확하게 표현할 수 있어야 하고 명확해야 한다.
- 가치가 어떻게 보여지는지에 대한 이야기와 이미지는 단순히 가지고 있는 가치를 진술하는 것보다 더 강력한 힘을 가진다.
- 모든 사람은 각기 다른 가치를 가지고 있다. 같은 단어가 다양한 사람에게서 다양한 의미를 가진다.
- 직원은 회사의 가치(Value)를 이해해야 한다.
- 고용주와 직원의 가치 차이는 예상하지 못한 행동이나 결과를 가져올 수 있다.

▪ 교육 팁

- 단어가 아닌 이미지를 사용하면 참가자가 자신의 가치를 포괄적이고 창의적으로 개인화할 수 있다. 같은 단어가 모든 사람에게서 동일한 의미를 갖지는 않는다. 이미지를 사용하여 미묘한 부분까지 구별하여 강조할 수 있다.
- 참가자는 자신의 가치를 시각화하기 위해 역동적이고 풍부한 이미지를 선택하도록 한다. 충분히 시간을 가져 몇 가지 이야기를 만들어 내면서 이러한 행동을 가치 있는 행동에 대한 개인적인 서술로 옮

길 수 있다.

- 프로세스를 서두르거나 결과가 피상적이면 안 된다.
- 개인 안내서를 듣는 피드백 제공자는 안내서와 사례가 적절하고 영향력이 있는지 아니면 진부하거나 피상적으로 들리는지에 대해 솔직하고 비판적인 피드백을 제공해야 한다.

▪ 출처

이 연습은 센게 외 공저(Senge et al., 1994) 논문과 할펀과 루바(Halpern and Lubar, 2004)의 논문 및 창의적 리더십 센터(Center for Creative Leadership)의 연구 내용을 수정하였다.

▪ 가치 체크리스트

▢ 책임	▢ 자율성
▢ 성취	▢ 균형
▢ 진보	▢ 공동체
▢ 모험	▢ 경쟁
▢ 권위	▢ 도전
▢ 변화와 다양성	▢ 참여
▢ 동정심	▢ 지식
▢ 능력	▢ 리더십
▢ 준수	▢ 충성
▢ 연결성	▢ 의미 있는 일
▢ 일관성	▢ 능력주의
▢ 건설적인 반대	▢ 개방성

- ▢ 협력
- ▢ 복종
- ▢ 다양성
- ▢ 공감
- ▢ 윤리성
- ▢ 우수성
- ▢ 흥분
- ▢ 공평
- ▢ 명성
- ▢ 신속성
- ▢ 융통성
- ▢ 자유
- ▢ 우정
- ▢ 성장
- ▢ 조화
- ▢ 타인 돕기
- ▢ 동질성
- ▢ 정직
- ▢ 겸손
- ▢ 포용
- ▢ 개성
- ▢ 영향력
- ▢ 혁신
- ▢ 진실성
- ▢ 기회
- ▢ 명령
- ▢ 열정
- ▢ 완벽성
- ▢ 자기 계발
- ▢ 물리적 도전
- ▢ 정치
- ▢ 힘
- ▢ 사생활
- ▢ 공공서비스
- ▢ 목적
- ▢ 품질
- ▢ 인정
- ▢ 관계
- ▢ 평판
- ▢ 존중
- ▢ 책임감
- ▢ 결과
- ▢ 보안
- ▢ 자기수양
- ▢ 자기존중
- ▢ 평온
- ▢ 안정
- ▢ 스타덤

- ☐ 지적 능력
- ☐ 팀워크
- ☐ 진실
- ☐ 부
- ☐ 지위
- ☐ 지혜

목록에 없는 기타 – 아래에 추가

- ☐
- ☐
- ☐

부록

실습과 내용으로 정리한 전체 연습 리스트

실습	연습	기업가정신 내용 분야
놀이	퍼즐과 퀼트	계획, 구현, 팀, 리더십, 문제해결, 이해관계자, 기업가적 사고방식
	〈심즈(SIMS)〉를 이용한 기업문화 구축	문화, 팀 조직, 리더십, 자원기반, 창업자 각인, 가족사업, 성찰
	인공 강우 만들기	문제해결, 혁신, 기회 창출
	창의성을 위한 즉흥 연습	기회 창출, 의사소통, 실패에 대한 두려움, 위험, 시장과의 소통, 문제해결, 창의적 사고
	마시멜로 타워	팀 역학, 시장 테스트, 타당성, 기술 기업가정신, 운영과 시스템, 반복
	비행기 대회	문제해결, 혁신, 기술 기업가정신, 개념 시험, 타당성, 부트스트랩, 운영, 판매
	비즈니스 모델 캔버스 게임	사업 모델, 가치 창조, 기회 형성
공감	관찰의 힘	디자인 씽킹, 기회 창출
	자원 획득 협상	자원 획득, 자금 조달, 가치 평가, 계약 협상
	원숭이 비즈니스	윤리, 기회, 사회적 책임, 인적 자원
	순차적·단계적 동료 지도 연습	의사소통, 조언자 상대하기, 이해관계자 관리, 기회 형성, 개념 개발
	기업가 인터뷰와 자기평가	기업가적 전략, 스타트업, 시장조사, 실패, 네트워킹, 의사소통
	완벽한 발표	자금 조성, 자원 획득, 직접 판매, 의사소통, 마케팅, 성장, 이해관계자 관리

실습	연습	기업가정신 내용 분야
공감	일루수는 누구인가?	팀 조직, 신사업 전략 및 성장, 가족사업, 리더십, 구조, 정책
	가족기업 이해하기	가족사업, 기회 형성, 신사업 전략, 국제 기업가정신
	정부의 기업가적 측면 이해하기	공공정책, 고객서비스, 기업가적 사고
	고객 페르소나 창조	시장조사, 디자인 씽킹, 국제 기업가정신, 사업 모델, 영업과 마케팅
창의	아이디어 창출을 위한 마인드 덤핑	기회 창출 및 식별, 문제해결, 혁신, 창의적 사고
	아이디어 스페이스	기회 형성, 시장 테스트, 타당성 분석, 신사업 성장 및 확장
	미래 트렌드와 기업가적 기회	기업가적 전략, 경쟁자 평가, 사업 모델 형성, 시장조사, 개념 개발, 신사업 성장
	자기이해를 통한 기회 창출	기회 탐색, 개념 형성, 팀 개발, 공동 기업가정신, 신사업 성장
	자원 획득 게임	자원기반 만들기, 신사업 전략, 신사업 성장, 기회 탐색, 자원 획득, 사업 모델
	전략적 네트워크 구축하기	자원 획득, 자금 조성, 의사소통, 고객 획득, 전략적 파트너
	예술가로서 창조하기	기회 창출, 의사소통, 실패에 대한 두려움, 위험, 시장과의 소통, 문제해결, 창의적 사고
	제한된 자원으로 도전	기회 식별, 자원 획득, 부트스트랩, 계획 대 실행
	전략적 제휴	신사업 전략, 목표 설정, 팀 조직, 기회 형성, 확장과 성장, 협상
실험	타당성 계획	타당성 시험, 사업 모델 개발, 사업 모델, 경쟁자 평가
	컵 쌓기 시합	운영, 시스템, 성장과 확장, 신사업 전략, 기술 기업가정신, 사업 모델
	시장 테스트 확대	사업 모델 형성, 개념 시험, 운영, 타당성, 반복
	기회 평가	기회 평가, 개념 시험, 반복
	실패에 대한 두려움	신사업 전략, 개인적 평가, 팀 조직, 기회 형성, 위험 평가, 국제 기업가정신

실습	연습	기업가정신 내용 분야
실험	다리 그리기	기업가적 사고, 문제해결
	5달러, 50달러, 500달러 실험	시장 테스트, 타당성, 사업 모델, 위험, 실패
성찰	성찰 실습 개발	자기이해
	기업가적 경험 성찰	개인적 발전, 비전, 기업가적 전략
	문화적 상징	신사업 창출, 문화, 팀 조직, 성장
	열정 큐브	자기이해, 팀 조직
	기회 찾기	디자인 씽킹, 기회 창출 및 발견, 자기이해, 기회 형성
	사업 성장 그리기	성장, 성장 단계, 자원
	백만장자 브루스터	비전 제시, 열망, 기업가적 전략, 디자인 씽킹, 자기이해
	기업가정신의 이면	윤리, 기회, 사회적 책임, 전략
	기업가적 리더십 전망하기	신사업 전략, 목표 설정, 팀 조직, 기회 형성

결론

경영학인증과 기업가정신 교육

A Final Note: The Practices Support Accreditation

개요 부분에서 이야기한 것처럼 이 책에서 전하고자 하는 바는 간단하다. 다양한 실습을 통한 실습기반 교수법을 활용하여 모든 유형의 교육생을 위한 기업가정신 교육법을 발전시키는 것이다. 이를 위해서는 다양한 변화가 필요하다. 그리고 교육자로서 이러한 변화를 만들어야 한다. 우리는 본 책 저술을 계획하면서 평가와 인증 문제에 대해 서로 터놓고 대화를 나누었다.

지난 몇 년간 전 세계 학회 및 회의에 참석하여 교과과정 개혁과 변화에 대해 많은 이야기를 전한 바 있다. 종종 평가의 역할에 대한 질문을 받기도 하고, 학습 평가에 대한 인증 요건이 새로운 교육접근법을 실험하고 전통적 교육 방식에서 벗어나려는 노력에 방해가 된다는 의견을 듣기도 한다. 이는 우리가 지금까지 해온 것과는 차이가 있는데, 우리는 사실 교육생에게 무엇이 적합하고 무엇이 비효율적인지를 평가하면서 학습수준을 보증하고자 노력하고 있다. 이 책을 쓰는 동안 AACSB(국제경영대학발전협의회) 인증표준 2013년 개정판에 대한 소식을 들었고, 수정된 표준을 알아보기로 하였다. AACSB는 세계 최대 경영대학협회로 45개국 682개 대학(2018년 8월 기준 53개국 816개 대학)을 승인하고 있는 만큼, 충분히 알아볼 만한 가치가 있다고 생각하였다.

이번 개정을 통해 학습수준의 품질 보증은 여전히 강조하면서도 표준지표의 수는 21개에서 15개로 줄었으며 혁신성(innovation), 영향력(impact), 참여도(engagement) 세 가지 영역을 새롭게 강조하였다. 우리의 교육적 관심사를 고려하면 이는 확실히 흥미로운 부분이었다. 그리고 다음 세 가지 표준이 특히 흥미롭다.

- 표준 9: 교육과정 내용: 유연한 지침과 확실한 목표를 갖고 혁신 장려
- 표준 12: 교육 효과성: 변화하는 환경에 적합한 교수법 개발

• 표준 15: 교수 자격 및 참여: 학문을 발전시키고 이론과 실습의 교차점 개발(AACSB, http://www.aacsb.edu/accreditation/business/standards/2013/)

이 표준의 근거와 실행목표를 보다 심도 깊게 이해하고(우리가 이 책에서 주장하는) 실습기반 접근법이 미래 기업가정신 교육과 동일선상에 있는지를 확인하기 위하여 AACSB 회장이자 최고경영자인 존 페르난데스(John Fernandes–뱁슨 대학 동문이기도 하다)에게 이 새로운 표준과 본서의 접근법을 주제로 한 인터뷰를 요청하였다. 다음은 2013 미국경영학회(Academy of Management)에서의 인터뷰를 정리한 것이다. 참여해 준 존 페르난데스에게 감사의 말을 전한다.

질문1

2013 개정 표준에서 핵심 내용은 무엇이라고 생각하는가?

답변

위원회에서는 다음 사항에 중점을 두고 열심히 노력하였다.

① 경영대학 혁신성: 교육생, 고용주, 지역 사회를 위해 가치를 창출하고 이를 유지시킨다.

② 영향력: 경영대학이 학문 교육과 지식 양성을 통해 영향력을 키우고 이를 측정하도록 보장하여 품질 이상의 가치를 지닌다.

③ 참여도: 교수, 학생, 산업계의 참여수준을 향상시켜 의미 있는 교류와 지식 공유의 기회를 늘린다.

질문2

AACSB에서는 평가에 대해 강조하는 부분이 왜 이렇게 많은가?

답변

2003년 AACSB는 고등교육 학습표준에 대한 전반적인 보증을 처음 제시하였다. 이제 이번 2013 표준에서는 학습수준 보증과 교과과정의 균형을 유지하면서 표준을 보다 간결하게 만들기 위해 노력하였고 동시에 적용 범위를 넓혔다. 여전히 평가기준은 엄격하지만 평가를 위한 평가를 한다는 시각에서 벗어나고 싶다. 여러 계층에 걸쳐(경영대학 안팎으로) 프로그램을 개선하려는 목적과 관계없이 많은 데이터가 수집된 것 같다. 아마도 이는 대중의 관점에서나 법적인 관점에서나 자료 보고가 일반적인 것으로 여겨지기 때문일 수도 있다. AACSB는 학습수준 보증의 핵심에는 단순한 자료 보고 이상의 의미가 있다고 생각한다. 무엇보다도 이는 인증의 기초가 되는 지속적인 개선 시스템을 유지하도록 고안되었다. 이는 누군가를 붙잡거나 감사하려는 것이 아니라, 대학이 고유 임무를 활력 있게 수행하기 위해 지속적으로 개선하는 것을 보증하기 위한 것이다.

질문3

새로운 표준의 기준이 조금 완화되었다고 생각하는가?

답변

그렇다. 좋은 방향으로 개선되었다. 품질에 대한 기준을 완화한 것은 아니며, 관점이 바뀌었다. 2013 표준에서는 경영 교육의 유연성을 강조한다. 접근법, 시장, 초점, 학생에 대한 포용력, 국제적 감각, 다방면을 종합하는 감각 등 많은 부분에 영향을 미칠 것이다. 혁신, 기업가정신, 창의적인 디자인 씽킹 등에 관심을 갖고 기존의 평가를 이끌어 온 사람들에게 이러한 유연성이 도움이 될 것이다. 이론적 학문에 좀 더 익숙하다면 새로운 표준에 맞춰 '현재의 상황'을 다시 평가해야 할 것이다.

질문4

이에 대한 의견을 듣고 있는가?

답변

사실 여기에는 약간 의도적인 부분이 있다고 생각한다. 예를 들면, 미국경영학회는 다양한 규율로 구성되어 있으며 좀 더 유연한 관점을 지니고 있기 때문에 그 학회 회원들이 심하게 반발할 것 같지는 않다. 하지만 유연성이 떨어지는 (아마도 재정이) 전통적인 규율이 있는 곳에서는 언제 새 표준의 요약을 활용하여 재인증 실사를 할 것인지 의문스럽다. 표준 개정안이 나올 때마다 항상 갈등이 발생하며 여러 학문이 다양한 방식으로 반응한다. 역사적으로 보면 2003 표준을 정할 때 대부분의 대학은 세계화와 학습수준 보증이라는 두 가지 핵심 사안을 인지하고 있었다. 변화가 필요하다는 데는 누구나 동의하겠지만, 돌이켜 보면 학습수준을 보증하기 위해 어떤 변화가 필요할지, 특히 규율수준을 알았을 때 회원들이 2003 표준에 투표를 했을지는 잘 모르겠다. 당시 미국경영학회의 많은 이들이 이러한 변화에 실망했고 학습수준 보증과 관련된 문제에 강경하게 목소리를 높였다. 많은 이들은 이러한 변화가 개인의 역량에 대한 교수 평가의 자율성을 침해한다고 생각했다. 물론 당시 비판했던 사람들도 지금은 그 가치와 필요성을 알고 있지만 그 변화는 큰 파문을 일으켰다. 이번 개정판은 2013년 4월에 발표되었기 때문에 이제 3년간 유지 관리 및 초기 검토를 이행할 것이다. 이 기간 동안 변화가 일어날 때 필연적으로 발생하는 부정적 의견과 긍정적 의견을 모두 수용할 것이다.

질문5

이번 개정이 10년 만에 처음 나왔는데 그 반응은 어떠한가?

답변

나쁘지 않다. 이제 각 대학에서 2013 표준을 적용하는 만큼 이 변화의 강점과 가치를 알아 가기를 희망한다. 학문적 자격(AQ)과 전문적 자격(PQ)에 생길 변화에 대해서는 어느 정도 논쟁이 있을 것이다. 2013 표준 기준에서는 더 이상 단순히 'AQ' 교수 또는 'PQ' 교수가 아니라 학문적 범주 2가지(연구 또는 학술)와 적용/실행 범주 2가지로 구성된 매트릭스를 기준으로 분류한다. 예전 'AQ' 범주는 전통적으로 많은 대학에서 연구 중심의 학문이었는데 이제 폭넓은 연구 플랫폼으로서 기본적이고 응용 가능하며 교육적인 특징이 있다. 이제 이것은 학술학문(SA)으로 불린다. AQ 교수의 두 번째 범주는 실습학문(PA)으로 이는 매우 규율 중심적인 학술학문으로 시작되었겠지만, 실습 비중이 커지면서 다른 결과를 가져왔다. 모두가 이러한 변화를 환영하지는 않겠지만 이제 보다 글로벌한 관점에서 다르게 생각해 보아야 한다.

몇 년 전 한 대학의 학과장이 말하기를, 자신의 대학에 있는 모든 교수가 학문적 자격과 전문적 자격을 모두 갖추기를 기대한다고 하였다. 풍부한 자원을 보유한 대학은 특히 교수의 연구와 사례 교육 등 필요한 모든 것을 지원할 능력이 있었다. 많은 대학이 연구 중심 모델을 실시하고자 하지만, 대개 재정적으로 현실성이 떨어진다. 대신에 대부분의 대학은 고유의 미션과 연구 모델을 선택하고 시장에서 그 특징을 강조한다. 이 독특한 브랜드를 시장과 구성원에게 잘 알리고, 이것이 교수진 모델의 새로운 관점과 일치한다면 많은 이점이 있을 것이다. 주로 일류 학술지 출간에 중점을 두는 교육기관은 이러한 유연성을 환영하지 않을 수도 있는데, 광범위한 연구 모델이 분리되기 때문이다.

아마 몇몇 광범위한 연구기관은 언젠가 "이 표준은 우리가 가장 주목했던 것이었다"고 말할 텐데, 왜냐하면 실제로 그렇기 때문이다. 이제 교육기관은 2013 표준을 통해 교육과 연구에 동등한 가치를 두게 되고, 이는 경영 교육 전반에 걸친 교육 모델을 향상시킬 것이다. AACSB의 박사교육대책위원회 보고(2013년 9월 발간)에 따르면 박사 교육생이 강의와 연구를 모두 효과적으로 준비할 수 있는 프로그램이 중요하다고 말했다.

질문6

흥미로운 이야기다. 왜냐하면 지금까지 우리는 주로 우리가 교육받은 방식대로 가르쳐 왔기 때문이다. 받은 대로 돌려주는 것이다. 이 표준과 관련해 어떤 다른 변화가 있겠는가?

답변

외관상으로 82쪽이던 전체 분량을 50쪽으로 줄였고 21가지 표준을 15가지로 줄였다. 과감한 결단 같지만, 대부분 장황했던 표현을 제거했을 뿐 오히려 더 폭넓은 범위를 제공하였다. 경영진 교육에 대해서는 훨씬 더 강하게 변화를 주었는데, 교수, 교원 모델, 전달 모델에 대한 더 많은 유연성을 제공한다. 이 새로운 표준은 기존의 학습표준 보증과 비교하여 대학에 훨씬 큰 영향을 줄 것이라 생각한다. 하지만 그러기까지 10년은 걸릴 것이다. 왜냐하면 일반적으로 어떤 변화가 문화 속에서 자리 잡는 데까지 10년이 걸리기 때문이다.

질문7

교육생이 다양한 실습 개발을 통해 기업가정신 방법론을 익히며 이론과 실습을 융합하는 이 책을 고려할 때, 실제 교육과 학습수준에서 2013 표준을 기반으로 평가는 어떻게 바뀌게 될 것인가?

답변

2003년에 우리가 원했던 학습수준을 평가하는 방법은 너무 권위적이었던 것 같다. 우리는 직접 평가하고 싶었다. 교수진 또는 관찰 포맷을 통한 직접적인 평가는 당연히 학습표준을 보증해 주었다. 하지만 실습을 통한 실무자의 평가는 간접적이기 때문에 받아들여지지 않았다. 이제 2013 표준에서는 고용주의 평가와 같은 간접적인 평가 형태도 학습수준을 보증해 준다. 이것은 큰 기회이다. 기억해야 할 점은 이것이 학위 프로그램 자체의 지속적인 개선을 위한 하나의 요소에 불과하다는 것이다. 아직 훨씬 더 많은 부분에서 유연성이 필요하다. 본질적으로는 대학과 유사한 AACSB와 같은 단체에 실제로 영향을 미치는 것은 지속적이고 공격적이며 빠른 변화에 대한 요구사항이다. 이것이 유연성이 무엇보다 중요하며 대학의 미션에 맞게 확실히 조정하는 이유이다. 대학은 각각의 사명에 맞게 조정해야 하고 그 사명을 따라야 한다. 결국 이런 과정을 거쳐 각자 개성을 갖추고 가치를 키워 나가게 되지 않겠는가?

질문8

그렇다면 간접 평가는 지금의 보충 교육이 훨씬 더 강조될 수 있음을 의미하는가?

답변

평가 프로세스를 보완해 준다는 의미이다. 내 생각에는 대학이 모든 직접평가 방법을 적용했다면, 설령 실사단이 "학교에 피해를 주지는 않을 겁니다. 훌륭한 학교라는 것을 알고 있어요. 그냥 넘어갈 거예요"라고 말한다 해도 어려움을 겪을 수 있다. 인증과정에서 이런 일을 방지하기 위해 대학과 연관된 졸업자, 전임교수, 관리자로 실사단을 구성하지 못하게 하려고 한다. 그러나 여전히 실사단은 대학의 재량껏 선택할 수 있다. 개인적으로 일부 실사단은 좀 더 느슨하고 편하게 생각한다는 것을 다들 알고 있다고 본다. 우리가 점점 규모가 커져감에 따라 이런 점은 바뀌어야 한다. 실사단을 선정하는 데 있어 좀 더 독립적인 과정이 필요하다. 이것 역시 보다 균일하게 표준을 응용하도록 해줄 것이다.

대학이 재인증 실사를 받고 있을 때, 지속개선심사위원회(Continuous Improvement Review Committee, CIRC)가 실사팀의 보고서를 검토하고 평가한 후 이사회에서 최종 검토하여 투표를 한다. 위원회는 동등한 기준으로 심사를 하여 공정하고 일관되게 인증과정을 진행하고자 노력한다. 이렇게 이야기하지만, 여전히 모든 과정이 완전히 같지는 않을 거라고 생각한다. 과거 몇몇 대학은 그 대학의 이름, 브랜드, 연구 역량 덕분에 쉽게 통과했을 것 같다. 그러나 새로운 표준이 적용되면서 그렇게 하기는 훨씬 어려워질 것이며, 실제 참여하고 있음을 보여주어야 한다.

질문9

2013 표준이 누구에게 가장 큰 혜택을 줄 것이라 생각하는가?

답변

음, '혜택'이 어떤 대학이 잘 하고 누가 빛날 것인지를 의미한다면 뱁슨(Babson) 대학과 같은 곳일 것이다. 하지만 최고의 학술지 발간에만 가치를 두고서 교수가 이러한 논문을 쓰지 않으면 엄격한 시스템을 가진 규모가 큰 대학의 경우 더 어려워질 거라고 생각한다. 지금 그러한 대학은 규정과 학술 연구로 교수진을 고립시키고 있기 때문에 더 어려워질 거라고 본다. 어떻게 교수에게 창의적인 환경을 만들어 줄 수 있을까? 혁신은 학제적 연구, 협력, 경영대학원 외부와의 협력 등에서 비롯된다. 혁신은 하나의 특정 학문 분야를 파고 들어가는 것보다는 함께 연구하고 배우는 과정에서 생겨난다. 그러므로 이런 대학은 점점 더 힘들어질 것이다.

바로 이런 것이다. 혁신은 스트레스가 될 것이고, 그다음에는 참여가 될 것이다. 교육기관은 새로운 회계 교수진이 일류 학술지를 발행하는 데 최우선적으로 집중하기만을 원하고 그렇게 해야 교수가 종신재직권을 받을 수 있다면 그곳은 앞으로 어려워질 것이다. 생각해 보라. 그것은 연구 관점을 압박하는 것이다. 많은 대학에서 현재 이처럼 교수에게 압박을 가하고 있다. 만약 이런 상황이 계속된다면 학생, 교수진 참여표준을 만족시키기 어려울 것이며 앞으로 경영 교육기관으로서 기대하는 가치를 제공할 수 없을 것이다. 하지만 이러한 대학 대다수는 주립 대학교이며 문화적으로 변하는 속도가 훨씬 느리다. 이런 대학의 학과장은 연구 문화, 기본 연구, 집중적인 학문 분야를 확실히 만족시키도록 철저히 관리해야 한다. 이제 이 질문에 답해 보자. 혁신을 만들어 내고 참여를 이끌어 내기 위해 무엇을 하고 있으며 그 영향을 확인할 수 있는가? 자신의 접근법이 미션에 어떻게 영향을 주는지 보여줄 수 있어야 한다.

질문10

AACSB가 실습에 미치는 영향은 큰가?

답변

그렇다. 실습에 미치는 영향은 중요하다. 하지만 그것이 영향력을 측정하는 유일한 방법은 아니며, 유연성이 작용하는 부분 역시 있다. AACSB가 반드시 실습에 영향이 있어야 한다는 의미는 아니다. 응용 연구는 반드시 실시되어야 한다. 교육학적 연구도 반드시 실시되어야 한다. 하지만 기초 연구가 반드시 실습에 즉각적인 영향을 미쳐야 할 필요는 없다. 그러나 우리는 대학에서 적어도 과거를 돌아보며 몇 년 전 했던 작업을 이야기하고 기억할 수 있기를 바란다. 그러면서 이런 것이 실습에 영향을 미치기 시작한다. 대학은 명성을 쌓아야 할 것이다. 그리고 일부는 '과거에 한 일을 보여주고자 되돌아보면서' 영향력이 있었다는 것을 보여줄 것이다.

질문11

AACSB의 영향력은 단지 물리적 강의실만이 아닌가?

답변

그렇다. 개인적인 관점(AACSB 접근법일 필요는 없다)에서 '강의실'의 정의에 대해 장기적으로 넓게 생각해 보고 있다. 훌륭한 대학이 되기 위하여 교육기관은 전 세계 교육생을 확보하고 교육을 할 수 있어야 하는데, 그러기 위한 강의실 환경을 갖추지 못할 수도 있다. 대학은 온라인을 통한 전달 방법을 적극적으로 도입해야 한다. 이를 통해 많은 혁신이 일어날 거라고 생각한다.

2013년 8월 AACSB는 무크(MOOC)■를 통해 한 프로그램을 진행 중이며, 이에 대한 많은 부분을 알아볼 것이다. 무크와 같은 플랫폼이 가장 중요하다고 생각하지는 않지만 학계와 공급자가 온라인에서 얻은 성과를 검증할 수 있는 방법을

■ 무크(Massive Open Online Course, MOOC): 온라인 공개수업, 웹 서비스를 기반으로 이루어지는 상호참여적, 거대 규모의 교육

찾을 수 있을 거라고 생각한다. 그러면 대학은 세계로 뻗어 나갈 더 많은 기회와 능력을 갖게 될 것이다.

질문12

이론기반 교육을 1이라 하고 실습기반 교육을 10이라 할 때 만약 교수에게 자신을 1에서 10 사이로 평가해 달라고 요청한다면, 평균 수치는 어느 정도 될 것 같은가? 오늘날 경영대학원은 일반적으로 어디에 위치할 것 같은가? 그리고 어디에 위치해야 한다고 생각하는가?

답변

음, 어떤 교수는 1이나 2라고 할 것이고 어떤 교수는 9나 10이라고 할 것 같다. 안타깝지만 사실이 그렇다. 모두 다 6이나 7이라고 답한다면 좋겠지만 답변의 범위는 아주 넓다.

질문13

흥미로운 대답이다. 그 말은 아직 아무도 균형을 잡지 못했다는 건가?

답변

정확하다. 그 방법은…… 이렇게 보자. 실습을 전혀 하지 않은 교수가 있고 거의 실습 위주인 교수가 있다. 여기서 평균이 무엇일지를 이야기하기는 어렵다. 다만 솔직히 말해 3에 가까운 1이 많고 7에 가까운 9가 많다.

질문14

화제를 바꿔 보자. 평가에 대한 다른 관점에 대해 물어보고 싶다. 몇몇 비평가들이 말하기를 평가가 창의성을 저해한다고 한다. 어떻게 생각하는가?

답변

그 의견은 어느 정도 사실이라고 생각한다. 다만 '저해한다'는 표현은 약간 지나친 것 같다. 하지만 우리가 학습수준을 보증하는 방법이 매우 권위적이었기 때문에 창의성을 제한했다고 생각한다. 그리고 프로그램을 개선하기 위해 어떤 식으로 되어야 한다는 사고방식에 변화를 주고자 하였다. 그 결과 학습목표와 평가 방법을 설정하고 무엇이 효과적인지 아닌지 파악하는 데 있어 다양한 분야에 걸친 교수진의 참여가 필요함을 알게 되었다. 그래서 간접적인 방법을 완전히 줄였는데, 이를 두고 제한하고 있었다고 말할 수 있겠다. 2003 표준 이전에는 간접적인 방법이 허용되었으나 이후에는 허용되지 않았다. 이제 간접적인 방법이 다시 가능해졌다. 허용되었다가 허용되지 않았다가 다시 허용되는 일련의 과정으로 보아 학습 기법 또는 측정 기법을 보증하는 방법이 발전하기 위해서는 유연성이 필수적 요소이다. 2003년에는 학습수준을 보증하는 운영 모델이 많지 않았음을 기억해야 한다. 2003년부터 2013년까지 대학의 많은 부분이 변했고, 그 결과 학습수준 보증은 대학 시스템 속에 자연스레 내재되었다.

중요한 것은 표준을 통해 대학이 달성해야 할 목표를 설정한다는 것이다. 그런 다음 대학은 자체 계획 및 설계를 통해 이러한 목표를 추구하고 실제로 혁신적인 기법이나 전략을 제안한다. 심사과정이나 심지어 대화 중에도 대학은 AACSB 실사팀 또는 직원들과 함께 이러한 전략이나 결과를 공유 또는 자랑할 수 있어 기뻐한다. 이러한 새로운 아이디어나 프로세스가 발견되면 이를 회의에서 모범 사례로 공유하고 모범 사례 데이터베이스에 포함시키며 연구 보고서에 이를 강조한다. 진정한 혁신과 성장은 대학 내에서 이루어지며, AACSB는 모든 사람이 배울 수 있는 방식으로 한데 모으는 전달자 역할을 하고, 그 결과 산업이 발전한다. 최고의 사례와 혁신적인 아이디어도 공유되고 함께 만들어질 때 발전할 수 있다.

질문15

이 모든 것을 통해 어떤 결과를 기대하는가?

답변

음, 평가가 대학에서 일상의 한 부분일 뿐이라는 것은 알고 있다. 아마도 몇 년

전보다 더 그런 상태일 것이다. 내가 예상하는 그리고 원하는 결과는 계속해서 프로그램을 향상시키는 것이다. 걱정스러운 부분은 현재 산업계에서 매우 빠르게 분열이 진행된다는 점이다.

질문16

분열이라면 기술을 의미하는가?

답변

맞다. 기술도 그중 하나이며 세계화, 재정적 제약뿐만 아니라 심지어 학생들의 출신이 변하는 것도 그중 하나이다. 아주 훌륭한 교수진은 한두 군데 지역(주로 북미나 서유럽)에만 있으며 학생은 다른 지역(주로 중동, 아프리카, 남미, 아시아)에 있다. 그럼 이제 어떻게 하겠는가? 우리에게 훌륭한 교수진이 있어도 모두와 접촉할 수는 없다. 여기에는 기술의 도움도 어느 정도 필요한데, 우리는 새로운 방법을 만들어야 한다. 이를 통해 이 교수진의 역량을 활용하여 세계적 수준의 학생들의 요구사항을 충족시킬 수 있다. 이러한 과정의 많은 부분은 중남미 · 카리브 자문위원회의 주도하에 진행되고 있다. 결과적으로 주로 신흥 지역에 초점을 맞추고 있는데 사실 이는 정말로 힘들다. 개발도상국의 경우 전통적인 'AQ' 교수의 비중은 8% 정도이다. 이처럼 낮은 AQ 교수 비율로는 AACSB 인증을 받는 것이 사실상 불가능하다. 중남미 · 카리브 지역에 15~16개 대학이 인증을 받았으며 이런 곳은 충분한 교수진을 유지할 재정적 능력을 갖추었다. 하지만 이러한 '주요' 교육기관 외 나머지는 교수를 채용하고 지원하는 데 어려움을 겪고 있다.

질문17

이 문제에 대해 어떻게 할 것인가?

답변

음, 우리는 중남미 · 카리브 지역뿐만 아니라 전 세계 '개발도상국'의 경영 교육 상태와 복지를 조사하고 있다. 지난 10년간 투자한 것 중 하나는 지식 서비스 데이터베이스와 내부 데이터에서 발견되는 지식의 깊이와 넓이를 향상시키는 것이다. 전 세계 모든 지역에 대해 가능한 많이 배울 수 있도록 최선의 노력을 다하고 있다. 우리가 가진 데이터베이스에 필요한 정보가 없다면 다른 자료를 찾아 나선다. 산업이 어떻게 변화하는지 국가 차원까지 이해할 수 있도록 더 많은 정보를 찾고 열심히 연구하고 있다.

질문18

만약 국가별로 아니면 적어도 지역별로 볼 때, 북미 지역은 앞으로 어떻게 될지 간략히 설명해 줄 수 있는가? 남미, 아프리카, 유럽 연합에 대해서도 함께 이야기해 줄 수 있겠는가?

답변

물론이다. 먼저 발틱에 대해 이야기하겠다.

발틱 현재 발틱은 유감스럽게도 심각하게 낮은 출산율을 기록하고 있으며, 그 결과 본질적으로 거의 성장이 멈춰 있다고 볼 수 있다. 앞으로 어떻게 될지 확신할 수는 없지만, 나아지기를 희망하며 기다려 보는 수밖에 없다.

유럽 좀 더 넓게 유럽 전체로 살펴보면, 우선 동유럽의 경제가 성장할 것이다. 서유럽은 더 이상 성장하기 힘들며, 이는 인구와 관련이 있다. 지금은 젊은 층과 고등교육 인구가 감소하고 있다. 하지만 한편으로는 유럽의 고등교육 인구가 줄어들면서 발전할 수 있는 요인이 더 많다. 오래 전(2005~2006년 정도) 스페인의 한 회의에서 연설을 했었는데, 그곳에서 많은 주제를 논의하였지만 한 핵심 주제가 글로벌 소싱과 글로벌 배치였다. 당시 몇몇 대학이 적극적으로 참여하였는데, 그래서인지 현재 가장 훌륭한 프로그램 몇 개가 스페인에 있다. 그 대학은 시장이 쇠퇴하는 것을 가장 먼저 발견하고서 지역적으로 그리고 전 세계적으로 기회를 찾고자 노력하였다.

중남미, 아시아, 중동 긍정적인 부분은 세 지역 모두 경제가 성장하고 있다는 점이다. 중남미, 아시아, 중동 모두 성장하고 있다. 그 결과 이 지역은 모두 고등교육에 대한 수요가 아주 높아졌다. 운 좋게도 가장 인기 있는 고등교육 분야가 경영이며, 특히 이 지역의 5명 중 1명은 유학을 간다.

북미 신흥 지역 출신의 교육생이 북미 지역 대학(뱁슨과 같은)을 선호하는 경향이 높다는 점은 북미 지역 대학에 좋은 소식이다. 스왐스컷(Swampscott, 미국 지명) 출신 학생이 중국에 위치한 중국유럽국제비즈니스스쿨(CEIBS)에 가는 것보다 훨씬 가능성이 높다. 그 결과 북미 대학에 진학하기를 원하는 입학 지원자가 훨씬 더 많아질 것이며, 당연히 이는 좋은 부분이다. 게다가 미국 고등교육 인구는 2025년까지 성장하고 그 이후에 감소할 것이라고 한다. 그래서 앞으로 10년에서 12년 정도는 미국이 좋은 모습을 보여줄 것 같다. 그러나 그때까지 미국 대학은 국제 모집과 관련된 부분에 있어서 유럽을 본받아야 한다. 이 기회를 놓쳐서는 안 된다. "우린 이렇게 많은 지원자가 있고 많은 학생이 입학하고 있어요. 그러니 그냥 지금 상황에 집중하면 돼요"라고 말해서는 안 된다. 미국 대학이 계속해서 경영학 고등교육을 선도해 나가려면 세계에서 가장 우수한 학생을 찾아내야 하며 이들을 수용할 수 있어야 한다. 또한 더욱 공격적으로 국내 학생을 모집한 다음 세계로 진출시켜야 한다.

질문19

마지막으로 한 가지만 더 질문하겠다. 순수하게 조언해 주기를 바란다. 이 책은 다양한 실습을 이용하여 방법론으로서의 기업가정신 교수법을 다룬다. 이론과 실습을 견고하게 통합하고 이를 기반으로 경험을 통해 학습하는 것이 핵심이다. 이러한 접근법을 고려할 때, 평가에 대해 어떤 이야기를 해줄 수 있겠는가?

답변

글쎄, 성공적인 기업가가 되기 위해서는 위험을 적절히 잘 관리해야 한다고 생각한다. 즉, 수많은 결정을 내리는 데 있어 위험을 피해서도 안 되지만 너무 위험을 감수해서도 안 된다. 기업가는 기회를 포착하고 위험을 감지할 수 있어야 하며, 부정적인 면을 관리하면서 긍정적인 가능성은 최적화할 수 있어야 한다고 생각한다. 창의적인 노력을 기울이면서 위험을 식별하고 이를 성공적으로 관리한다면 성공 가능성은 높아질 것이다.

대학에서는 할 수 있는 모든 것을 동원하여 교육생의 창의성에 영감을 주고 호기심을 자극하여야 한다. 모든 것을 해줄 수는 없다 하더라도 노력해야 한다. 진정한 성공을 위해서는 교육생에게서 본능적으로 나오는 타고난 창의성과 호기심이 있어야 한다. 한 대학의 학과장이자 기업가 프로그램의 책임자로서 나는 프로그램에 참여하는 교육생의 창의력을 활용할 수 있는 방법을 알아내기 위해 노력하고자 한다. 이러한 것을 안다면 성공적인 교육과정을 개발하는 데 큰 도움이 될 것이며, 교육생이 배우고 싶어 하는 것을 실제로 가르칠 수 있을 것이다.

고등교육 분야는 더욱 흥미로워지겠지만 동시에 종신재직제도와 규율 분권화와 같은 중요한 변화도 있을 것이다. 물론 후자는 대학의 학과를 합치는 것이 아니라 한 학과 교수진과 같은 대학의 다른 학과 교수진이 교류할 수 있는 방법을 제공함으로써 신중하게 평가되어야 한다. 다양한 '학과'가 함께 교류하고 협력해야 한다. 결국 고등교육은 전반적으로 재정의 문제, 필요의 문제에 맞부딪힐 것이고 최후에는 생존 싸움을 하게 되리라 본다. 전체 재정 파이를 고려하고 필요한 것을 나누기 시작할 것이다. 고등교육이 최우선적으로 고려되어야 함에도 불구하고, 이는 전반적인 경제 발전과 가족의 개별적인 발전의 한 요소가 된다. 나는 사람들이 고등교육을 우선순위 어디쯤에 둘지, 보다 경제적인 관점에서 생각할지, 지출을 대폭 축소할지 궁금하다. 만약 그런다면 대학은 재정적인 압박이 더 커질 것이고, 자금조달 모델을 보다 효율적으로 관리해야 한다.

질문20

끝으로 만약 2013 표준을 한 단어로 설명한다면, 그 대답은 유연성인가?

답변

그렇다. 그것 역시 하나라 할 수 있다. AACSB 2013 표준을 통한 변화, 새로운 박사교육 보고서의 제안, 회계 관련자를 위한 미국공인회계사협회(AICPA) 진로위원회(Pathways Commission)의 제안 등을 고려할 때 두 단어를 사용하는 것이 적절하다고 생각한다. 다양한 계층의 경영대학원에서는 지금 혁신을 만들고 참여를 높이는 데 초점을 맞추고 있으며, 이를 위해서는 응용과 유연성이 필요하다.

오랜 시간 인터뷰에 응해 주어 감사하다. 미래에 교육은 전 세계 다양한 분야의 교육자들로 하여금 과거 그 어느 때보다 기업가정신을 가지고 생각하며 행동하도록 할 것이다.

미주

개요

1 Kuratko, D. F. (2005). The emergence of entrepreneurship education: Development, trends, and challenges. *Entrepreneurship Theory and Practice*, 29(5), 577-97.

2 Trank, C. Q., and Rynes, S. L. (2003). Who moved our cheese? Reclaiming professionalism in business education. *Academy of Management Learning and Education*, 2(2), 189-205; Mintzberg, H. (2004). *Managers, Not MBAs: A Hard Look at the Soft Practices of Managing and Management Development*. San Francisco: Berrett-Koehler; Bennis, W., and O'Toole, J. (2005). How business schools lost their way. *Harvard Business Review*, 98(5), 96-104; Datar, S. M., Garvin, D. A., and Cullen, P. (2005). *Rethinking the MBA: Business Education at the Crossroads*. Boston, MA: Harvard Business Press.

3 Kuratko, D. F. (2005). The emergence of entrepreneurship education: Development, trends, and challenges. *Entrepreneurship Theory and Practice*, 29(5), 577-97.

4 Brush, C. B., Duhaime, I. M., Gartner, W. B., Stewart, A., Katz, J. A., Hitt, M. A, Alvarez, S. A., Meyer, G. D. and Venkataraman, S. (2003). Doctoral education in the field of entrepreneurship. *Journal of Management*, 29(3), 309-31; Kuratko, D. F. (2005). The emergence of entrepreneurship education: Development, trends, and challenges. *Entrepreneurship Theory and Practice*, 29(5), 577-97.

5 Drucker, P. (1985). *Innovation and Entrepreneurship*. New York: Harper&Row.

6 Katz, J. (2003). The chronology and intellectual trajectory of American entrepreneurship education 1876-1999. *Journal of Business Venturing*, 18(2), 283-300.

7 Myrah, K., and Currie, R. (2006). Examining undergraduate entrepreneurship education. *Journal of Small Business and Entrepreneurship*, 19(3), 233-53.

8 Vesper, K. H., and Gartner, W. B. (1997). Measuring progress in entrepreneurship education. *Journal of Business Venturing*, 12(5), 403-21.

9 Greene, P. G. (1993). *A theoretical and empirical study of self employed women*. Dissertation, University of Texas at Austin.

10 Vesper, K. H., and Gartner, W. B. (1997). Measuring progress in entrepreneurship education. *Journal of Business Venturing*, 12(5), 406.

11 Vesper, K. H., and Gartner, W. B. (1997). Measuring progress in entrepreneurship

education. *Journal of Business Venturing*, 12(5), 403-21.

12 Xavier, S. R., Kelley, D., Kew, J., Herrington, M., and Vorderwülbecke, A. (2012). *Global Entrepreneurship Monitor*: 2012 Global Report. Global Entrepreneurship Research Association, www.gemconsortium.org.

13 Brockhaus, R., and Horwitz, P. (1986). The psychology of the entrepreneur. In D. Sexton and R. Smilor (eds.), *The Art and Science of Entrepreneurship* (pp. 25-48). Cambridge, MA: Ballinger.

14 Low, M. B., and MacMillan, I. C. (1988). Entrepreneurship: Past research and future challenges. *Journal of Management*, 14(2), 139-61.

15 Miner, J. B. (1996). *The 4 Routes to Entrepreneurial Success*. San Francisco: Berrett-Koehler.

16 Mount, I. (2010). Nature vs. nurture: Are great entrepreneurs born ... or made? *Fortune Small Business*, December 09/January 10, 25-6.

17 Fisher, J. L., and Koch, J. V. (2008). *Born Not Made: The Entrepreneurial Personality*. Westport. CT: Praeger.

18 Gartner, W. B. (1988). Who is an entrepreneur? is the wrong question. *American Journal of Small Business*, 12(4), 11-32.

19 Edelman, L. F., Manolova, T. S., and Brush, C. B. (2008). Entrepreneurship education: Correspondence between practices of nascent entrepreneurs and textbook prescriptions for success. *Academy of Management Learning and Education*, 7(1), 56-70.

20 Bygrave, W. D., and Hofer, C. W. (1991). Theorizing about entrepreneurship. *Entrepreneurship Theory and Practice*, 16(2), 13-22.

21 Morris, M. H. (1998). *Entrepreneurial Intensity: Sustainable Advantages for Individuals, Organizations, and Societies*. Westport, CT: Quorum.

22 Shane, S., and Venkataraman, S. (2000). The promise of entrepreneurship as a field of research. *Academy of Management Review*, 25(1), 217-26; Hitt, M. A., Ireland, R. D., Camp, M., and Sexton, D. L. (2001a). Integrating entrepreneurship and strategic management actions to create firm wealth. *Academy of Management Perspectives*, 15(1), 49-63; Hitt, M. A., Ireland, R. D., Camp, M., and Sexton, D. L. (2001b). *Strategic Management Journal,* 22(6-7), 479-91; Zahra, S., and Dess, G. C. (2001). Entrepreneurship as a field of research: Encouraging dialogue and debate. *Academy of Management Review*, 26(1), 8-10; Meyer, G. D., Neck, H. M., and Meeks, M. (2002). The entrepreneurship strategic management interface. In M. A. Hitt and D. Ireland

(eds.), *Strategic Entrepreneurship* (pp. 19-44). Oxford, UK: Blackwell.

23 Venkataraman, S. (1997). The distinctive domain of entrepreneurship research. *Advances in Entrepreneurship, Firm Emergence and Growth*, 3, 119.

24 Venkataraman, S. (1997). The distinctive domain of entrepreneurship research. *Advances in Entrepreneurship, Firm Emergence and Growth,* 3, 119.

25 Shane, S., and Venkataraman, S. (2000). The promise of entrepreneurship as a field of research. *Academy of Management Review*, 25(1), 217-26.

26 Shane, S. (2012). Reflections on the 2010 AMR decade award: Delivering on the promise of entrepreneurship as a field of research. *Academy of Management Review*, 37(1), 12

27 Aldrich, H. E., and Cliff, J. E. (2003). The pervasive effects of family on entrepreneurship: Toward a family embeddedness perspective. *Journal of Business Venturing*, 18, 573-96.

28 Mitchell, R. K., Smith, J. B., Seawright, K. W., and Morse, E. A. (2000). Crosscultural cognitions and the venture creation decision. *Academy of Management Journal*, 53(5), 974-93; Mitchell, R. K., Busenitz, L., Lant, T., McDougall, P., Morse, E. A. and Smith, B. (2002). Toward a theory of entrepreneurial cognition: Rethinking the people side of entrepreneurship research. *Entrepreneurship Theory and Practice*, 27(2), 93-104.

29 Mitchell, R. K., Busenitz, L, Lant, T., McDougall, P., Morse, E. A. and Smith, B. (2002). Toward a theory of entrepreneurial cognition: Rethinking the people side of entrepreneurship research. *Entrepreneurship Theory and Practice*, 27(2), 97.

30 Krueger, N. R. (2007). What lies beneath? The experiential essence of entrepreneurial thinking. *Entrepreneurship Theory and Practice*, 31(1), 123-38.

31 Brush, C. G., Greene, P. G., and Hart, M. M. (2001). From initial idea to unique competitive advantage: The entrepreneurial challenge of constructing a resource base. *Academy of Management Executive*, 15(1), 64-78.

32 Sarasvathy, S. D. (2001). Causation and effectuation: Toward a theoretical shift from economic inevitability to entrepreneurial contingency. *Academy of Management Review*, 26(2), 243-63; Sarasvathy, S. D. (2003). Entrepreneurship as a science of the artificial. *Journal of Economic Psychology*, 24, 203-20; Sarasvathy, S. D. (2008). *Effectuation: Elements of Entrepreneurial Expertise* (p. 23). Cheltenham, UK and Northampton, MA, USA: Edward Elgar Publishing.

33 Sarasvathy, S. D. (2008). *Effectuation: Elements of Entrepreneurial Expertise* (p. 16).

Cheltenham, UK and Northampton, MA, USA: Edward Elgar Publishing.

34 Sarasvathy, S. D. (2008). *Effectuation: Elements of Entrepreneurial Expertise* (p. 16). Cheltenham, UK and Northampton, MA, USA: Edward Elgar Publishing.

35 Sarasvathy, S. D. (2008). *Effectuation: Elements of Entrepreneurial Expertise* (p. 16). Cheltenham, UK and Northampton, MA, USA: Edward Elgar Publishing.

36 Schlesinger, L., Kiefer, C., and Brown, P. (2012). *Just Start: Take Action, Embrace Uncertainty, Create the Future.* Cambridge, MA: Harvard Business School Press.

37 Sarasvathy, S. D. (2008). *Effectuation: Elements of Entrepreneurial Expertise*. Cheltenham, UK and Northampton, MA, USA: Edward Elgar Publishing.

38 Costello, C., Neck, H., and Williams, R. (2011). *Elements of the Entrepreneur Experience*. Babson Park, MA: Babson Entrepreneur Experience Lab; Greenberg, D., McKone-Sweet, K., and Wilson, H. J. (eds.)(2011). *The New Entrepreneurial Leader: Developing Leaders Who Will Shape Social and Economic Opportunities*. San Francisco, Berrett-Koehler; Neck, H. M., and Greene, P. G. (2011). Entrepreneurship education: Known worlds and new frontiers. *Journal of Small Business Management*, 49(1), 55-70; Noyes, E., and Brush, C. (2012). Teaching entrepreneurial action: Application of creative logic. In A. C. Corbett and J. A. Katz (eds.), *Entrepreneurial Action: Advances in Entrepreneurship and Firm Emergence and Growth* (pp. 253-80). Bingley, UK: Emerald Group Publishing; Schlesinger, L., Kiefer, C., and Brown, P. (2012). *Just Start: Take Action, Embrace Uncertainty, Create the Future.* Cambridge, MA: Harvard Business School Press.

39 Sarasvathy, S. D. (2008). *Effectuation: Elements of Entrepreneurial Expertise.* Cheltenham, UK and Northampton, MA, USA: Edward Elgar Publishing.

40 Venkataraman, S., Sarasvathy, S. D., Dew, N., and Forster, W. R. (2012). Reflection on the 2010 AMR decade award: Whither the promise? Moving forward with entrepreneurship as a science of the artificial. *Academy of Management Review*, 37(1), 21-33.

41 Brockbank, A., and McGill, I. (2007). *Facilitating Reflective Learning in Higher Education* (p. 19). 2nd edn. New York: Open University Press.

42 Brockbank, A., and McGill, I. (2007). *Facilitating Reflective Learning in Higher Education* (p. 19). 2nd edn. New York: Open University Press.

43 Ryle, G. (1983). *The Concept of Mind.* Harmondsworth: Penguin; Brockbank, A., and McGill, I. (2007). *Facilitating Reflective Learning in Higher Education* (p. 19). 2nd edn. New York: Open University Press.

44 Ryle, G. (1967). Teaching and training in education. In R. S. Peters (ed.), *The Concept of Education*. London: Routledge & Kegan Paul; Brockbank, A., and McGill, I. (2007). *Facilitating Reflective Learning in Higher Education* (p. 20). 2nd edn. New York: Open University Press.

45 Bourdieu, P. (1980; 1990). *The Logic of Practice* (p. 28). Stanford, CA: Stanford University Press.

46 Wren, D. A., Halbesleben, J. R. B., and Buckley, M. R. (2007). The theory application balance in management pedagogy: A longitudinal update. *Academy of Management Learning and Education*, 6(4), 484-92.

47 Wren, D. A., Atherton, R. M., and Michaelsen, L. K. (1980). Theory and applications in management pedagogy: An empirical study. *Journal of Management*, 6(1), 21-31.

48 Wren, D. A., Buckley, M. R., and Michaelsen, L. K. (1994). The theory/applications balance in management pedagogy: Where do we stand? *Journal of Management*, 20(1), 141-57.

49 Wren, D. A., Halbesleben, J. R. B., and Buckley, M. R. (2007). The theory/applications balance in management pedagogy: A longitudinal update. *Academy of Management Learning and Education,* 6(4), 484-92.

50 Neck, H. M., and Greene, P. G. (2011). Entrepreneurship education: Known worlds and new frontiers. *Journal of Small Business Management*, 49(1), 55-70; Corbett, A. C. and Katz, J. A. (eds.)(2012). *Advances in Entrepreneurship, Firm Emergence and Growth, Vol. 14: Entrepreneurial Action.* Bingley, UK: Emerald Group Publishing.

51 Neck, H. M., and Greene, P. G. (2011). Entrepreneurship education: Known worlds and new frontiers. *Journal of Small Business Management*, 49(1), 55-70.

52 Morris, M. H. (1998). *Entrepreneurial Intensity: Sustainable Advantages for Individuals, Organizations, and Societies*. Westport, CT: Quorum.

53 Neck, H. M., and Greene, P. G. (2011). Entrepreneurship education: Known worlds and new frontiers. *Journal of Small Business Management*, 49(1), 62.

54 Neck, H. M., and Greene, P. G. (2011). Entrepreneurship education: Known worlds and new frontiers. *Journal of Small Business Management*, 49(1), 62.

55 Billett, S. (ed.). (2010). *Learning through Practice: Models, Traditions, Orientations and Approaches*. London: Springer.

56 Rogoff, B., and Gauvain, M. (1984). The cognitive consequences of specific experiences: Weaving versus schooling among the Navajo. *Journal of Cross-Cultural Psychology*, 15(4), 453-75.

57 Billett, S. (ed.)(2010). *Learning through Practice: Models, Traditions, Orientations and Approaches* (p. 29). London: Springer.

58 Dall'Alba, G., and Sandberg, J. (2010). Learning through and about practice: A life-world perspective. In S. Billett (ed.), *Learning through Practice: Models, Traditions, Orientations and Approaches* (pp. 143-62). London: Springer.

59 Dall'Alba, G., and Sandberg, J. (2010). Learning through and about practice: A life-world perspective. In S. Billett (ed.), *Learning through Practice: Models, Traditions, Orientations and Approaches* (pp. 143-62). London: Springer.

60 Rouse, J. (2006). Practice theory. *In Handbook of the Philosophy of Science, Vol. 15: Philosophy of Anthropology and Sociology* (p. 515), ed. Stephen Turner and Mark Risjord. Amsterdam: North-Holland.

61 Ericsson, K. A., Krampe, R. T., and Tesch-Römer, C. (1993). The role of deliberate practice in the acquisition of expert performance. *Psychological Review*, 100, 363-406.

62 Chase, W. G., and Simon, H. A. (1973). Perceptions in chess. *Cognitive Psychology*, 4, 55-81.

63 Campitelli, G., and Gobet, F. (2011). Deliberate practice: Necessary but not sufficient. *Current Directions in Psychological Science*, 20(5), 280-85.

64 Baron, R. A., and Henry, R. A. (2010). How entrepreneurs acquire the capacity to excel: Insights from research on expert performance. *Strategic Entrepreneurship Journal*, 4, 57.

65 Kolb, A. Y., and Kolb, D. A. (2005). Learning styles and learning spaces: Enhancing experiential learning in higher education. *Academy of Management Learning and Development*, 4(2), 193-212.

66 Baron, R. A., and Henry, R. A. (2010). How entrepreneurs acquire the capacity to excel: Insights from research on expert performance. *Strategic Entrepreneurship Journal*, 4, 57.

67 Higgins, D. and Elliott, C. (2011). Learning to make sense: What works 1n entrepreneurial education? *Journal of European Industrial Training*, 35(4), 345-67.

68 Kolb, D. A. (1984). *Experiential Learning. Experience as the Source of Learning and Development*. Englewood Cliffs, NJ: Prentice Hall; Jennings, C., and Wargnier, J. (2010). Experiential learning: A way to develop agile minds in the knowledge economy? *Development and Learning in Organizations*, 24(3), 14-16.

69 Higgins, D. and Elliott, C. (2011). Learning to make sense: What works in entrepre-

neurial education? *Journal of European Industrial Training*, 35(4), 345-67.

70 McLaren, K. (2013). *The Art of Empathy: A Complete Guide to Life's Most Essential Skill* (p. 11). Boulder, CO: Sounds True.

71 Schön, D. (1983). *The Reflective Practitioner: How Professionals Think in Action.* New York: Basic Books.

제1장

1 Greene, P. G. (2009). Personal interviews, June-September.

2 Pink, D. H. (2005). *A Whole New Mind.* New York: Penguin Group.

3 Schell, J. (2010). *The Art of Game Design: A Book of Lenses.* Burlington, MA: Elsevier.

4 Huizinga, J. (1944). *Homo Ludens: A Study of the Play-Element in Culture.* Boston, MA: Beacon Press.

5 Huizinga, J. (1944). *Homo Ludens: A Study of the Play-Element in Culture* (p. 13/ Kindle). Boston, MA: Beacon Press.

6 Greene, P. G. (2011). Serious games: To play or not to play. In C. Henry and A. de Bruin (eds.), *Entrepreneurship and the Creative Economy: Process, Practice and Policy.* Cheltenham, UK and Northampton, MA, USA: Edward Elgar Publishing.

7 Huizinga, J. (1944). *Homo Ludens: A Study of the Play-Element in Culture* (p. 175/ Kindle). Boston, MA: Beacon Press.

8 Piaget, J. (1962). *Play, Dreams, and Imitation in Childhood.* New York: Norton.

9 Piaget, J., and Inhelder, B. (1969). *The Psychology of the Child.* New York: Basic Books.

10 Kraus, R. (1971). *Recreation and Leisure in Modern Society.* New York: Appleton-Century-Crofts, Meredith Corporation.

11 Rieber, Lloyd P. (1996). Seriously considering play: Designing interactive learning environments based on the blending of microworlds, simulations, and games. *Educational Technology Research and Development,* 44(2), 43-58; Brougere, Gilles. (1999). Some elements relating to children's play and adult simulation/gaming. *Simulation and Gaming,* 30(2), 134-46.

12 Kraus, R. (1971). *Recreation and Leisure in Modern Society.* New York: Appleton-Century-Crofts, Meredith Corporation.

13 Schiller, F. von. (1875). *Essays, Aesthetical and Philosophical.* London: George Bell; Lehman, H. C, and Witty, P. A. (1927). *The Psychology of Play Activities.* New York:

A. S. Barnes.

14 Groos, K. (1901). *The Play of Man.* New York: Appleton-Century.

15 Groos, K. (1901). *The Play of Man.* New York: Appleton-Century; Lehman, H. C, and Witty, P. A. (1927). *The Psychology of Play Activities* (p. 19). New York: A. S. Barnes.

16 Hall, G. S. (1920). *Youth.* New York: Appleton-Century.

17 Patrick, G. T. W. (1916). *The Psychology of Relaxation.* Boston, MA: Houghton Mifflin.

18 Kraus, R. (1971). *Recreation and Leisure in Modern Society* (p. 266). New York: Appleton Century-Crofts, Meredith Corporation.

19 Bateson, G. (2006). A theory of play and fantasy. In K. Salen and E. Zimmerman (eds.), *The Game Design Reader: A Rules of Play Anthology* (p. 317). Cambridge, MA: MIT Press.

20 Neck, H. M. (2010). Idea generation. In B. Bygrave and A. Zacharakis (eds.), *Portable MBA in Entrepreneurship* (pp. 27-52). Hoboken, NJ: Wiley.

21 Koster, R. (2005). *A Theory of Fun for Game Design* (p. 12). Paraglyph Press. Scotsdale, AZ.

22 Suits, B. (1978). *The Grasshopper.* Toronto: University of Toronto Press; Salen, K. and Zimmerman, E. (2003). *Rules of Play: Game Design Fundamentals.* Cambridge, MA: MIT Press; Freitas, Sara de. (2006). *Learning in immersive worlds: A review of game-based learning.* Prepared for the JISC e-Learning Programme, JISC, UK.

23 Koster, R. (2005). *A Theory of Fun for Game Design* (p. 76, 116). Paraglyph Press. Scotsdale, AZ.

24 Schell, J. (2010). *The Art of Game Design: A Book of Lenses.* Burlington, MA: Elsevier.

25 Huizinga, J. (1944). *Homo Ludens: A Study of the Play-Element in Culture* (p. 238). Boston, MA: Beacon Press.

26 Huizinga, J. (1944). *Homo Ludens: A Study of the Play-Element in Culture* (p. 175). Boston, MA: Beacon Press.

27 Csikszentmihalyi, M. (1990). *Flow. The Psychology of Optimal Experience.* New York: Harper&Row.

28 Csikszentmihalyi, M. (1990). *Flow. The Psychology of Optimal Experience* (p. 41). New York: Harper&Row.

29 Burak, A. (2013). *Games for Impact Workshop, School of Visual Arts.* New York.

30 Koster, R. (2005). *A Theory of Fun for Game Design.* Paraglyph Press. Scotsdale, AZ.

31 Hromek, R., and Roffey, S. (2009). Games as a pedagogy to promote social and emotional learning: "It's fun and we learn things." *Simulation and Gaming,* 40(5), 626-44.

32 Pink, D. H. (2005). *A Whole New Mind.* New York: Penguin Group.

33 Shubik, M. (2009). It is not Just a game! *Simulation and Gaming,* 40(5), 587-601.

34 Freitas, Sara de. (2006). *Learning in immersive worlds: A review of game-based learning.* Prepared for the JISC e-Learning Programme, JISC, UK.

35 Cohen, K., and Rhenman, E. (1961). The role of management games in education and research. *Management Science,* 7(2), 131-66; Shubik, M. (2009). It is not Just a game! *Simulation and Gaming,* 40(5), 587-601; Verzat, C., Byrne, J., and Fayolle, A. (2009). Tangling with spaghetti: Pedagogical lessons from games. *Academy of Management Learning and Education,* 8(3), 356-69.

36 Annetta, L. A. (2008). Video games in education: Why they should be used and how they are being used. *Theory into Practice,* 47, 229-39.

37 Annetta, L. A. (2008). Video games in education: Why they should be used and how they are being used. *Theory into Practice,* 47, ix.

38 Lastowka, Greg. (2009). Rules of play. *Games and Culture: A Journal of Interactive Media,* 4(4), 379-95; Greene, P. G. (2011). Serious games: To play or not to play. In C. Henry and A. de Bruin (eds.), *Entrepreneurship and the Creative Economy: Process, Practice and Policy.* Cheltenham, UK and Northampton, MA, USA: Edward Elgar Publishing.

39 Heppell, S. (2006). Foreword. In S. de Freitas, *Learning in immersive worlds: A review of game-based learning* (p. 4). Prepared for the JISC e-Learning Programme JISC, UK.

40 Greene, P. G. (2011). Serious games: To play or not to play. In C. Henry and A. de Bruin (eds.), *Entrepreneurship and the Creative Economy: Process, Practice and Policy.* Cheltenham, UK and Northampton, MA, USA: Edward Elgar Publishing.

41 Sawyer, B., and Smith, P. (2008). Serious game taxonomy. Presentation. February 19.

42 Schooley, C., Moore, C., Schadler, T., and Catino, S. (2008). *For Stickier Learning, Try a Dose of Serious Gaming.* September 19. Cambridge, MA: Forrester Research.

43 Keitt, T. J., and Jackson, P. (2008). *It's Time to Take Games Seriously* (p. 3). August 19. Cambridge, MA: Forrester Research.

44 http://www.gamesforchange.org/

45 http://www.ecsorl.com/solutions/spiritual-triage-army-chaplain-school

46 Tapscott, D. (1998). *Growing Up Digital.* New York: McGraw-Hill; Tapscott, D. (2009). *Grown Up Digital.* New York: McGraw-Hill; Beck, J .C., and Wade, M. (2004). *Got Game.* Boston, MA: Harvard Business School Press; Pink, D. H. (2005). *A Whole New Mind.* New York: Penguin Group; Gee, J. P. (2007). *What Video Games Have to Teach Us about Learning and Literacy.* New York: Palgrave Macmillan; Palfrey, J., and Gasser, Urs. (2008). *Born Digital: Understanding the First Generation of Digital Natives.* New York: Basic Books; Edery, D., and Mollick, E. (2009). *Changing the Game: How Video Games Are Transforming the Future of Business.* Upper Saddle River, NJ: FT Press; Reeves, B., and Read, J. L. (2009). *Total Engagement: Using Games and Virtual Worlds to Change the Way People Work and Businesses Compete.* Boston, MA: Harvard Business Press; Greene, P. G. (2011). Serious games: To play or not to play. In C. Henry and A. de Bruin (eds.), *Entrepreneurship and the Creative Economy: Process, Practice and Policy.* Cheltenham, UK and Northampton, MA, USA: Edward Elgar Publishing.

47 Gee, J. P. (2007). *What Video Games Have to Teach Us about Learning and Literacy.* New York: Palgrave Macmillan.

48 Gee, J. P. (2007). *What Video Games Have to Teach Us about Learning and Literacy* (p. 203). New York: Palgrave Macmillan.

49 Gee, J. P. (2007). *What Video Games Have to Teach Us about Learning and Literacy* (p. 203). New York: Palgrave Macmillan.

50 Greene, P. G. (2011). Serious games: To play or not to play. In C. Henry and A. de Bruin (eds.), *Entrepreneurship and the Creative Economy: Process, Practice and Policy* (p. 268). Cheltenham, UK and Northampton, MA, USA: Edward Elgar Publishing.

51 Foster, A., and Mishra, P. (2009). Games, claims, genres and learning. In R. D. Ferdig (ed.), *Handbook of Research an Effective Electronic Gaming in Education* (pp. 33-50). Hershey, PA: Information Science Reference.

52 Castell, S. de and Jenson, J. (2003). Op-ed: Serious play. *Journal of Curriculum Studies,* 35(6), 649-65.

53 Winnicott, D. W. (1971). *Playing and Reality.* London: Tavistock; Brougere, Gilles. (1999). Some elements relating to children's play and adult simulation/gaming. *Simulation and Gaming,* 30(2), 134-46; Corbeil, P. (1999). Learning from the children: Practical and theoretical reflections on playing and learning. *Simulation and Gaming,*

30(2), 163-80.

54 Greene, P. G. (2011). Serious games: To play or not to play. In C. Henry and A. de Bruin (eds.), *Entrepreneurship and the Creative Economy: Process, Practice and Policy.* Cheltenham, UK and Northampton, MA, USA: Edward Elgar Publishing.

55 Greene, P. G. (2011). Serious games: To play or not to play. In C. Henry and A. de Bruin (eds.), *Entrepreneurship and the Creative Economy: Process, Practice and Policy* (p. 261). Cheltenham, UK and Northampton, MA, USA: Edward Elgar Publishing.

56 Greene, P. G. (2011). Serious games: To play or not to play. In C. Henry and A. de Bruin (eds.), *Entrepreneurship and the Creative Economy: Process, Practice and Policy* (p. 270). Cheltenham, UK and Northampton, MA, USA: Edward Elgar Publishing.

57 Greene, P. G, and Brush, C. G. (2009). The creation of culture in emerging organizations. *USE Conference,* October, Helsingor, Denmark.

58 Van Eck, R. (2006). Digital game-based learning: It's not just the digital natives who are restless ... *EDUCAUSE Review,* 41(2) (March/April).

59 Damon, N. (2009). Let the games begin. *Training Magazine* (Reed Business Information UK).

60 Schooley, C., Moore, C., Schadler, T., and Catino, S. (2008). *For Stickier Learning, Try a Dose of Serious Gaming,* September 19. Cambridge, MA: Forrester Research.

61 Lederman, L. C. (1984). Debriefing: A critical re-examination of the postexperience analytic process with implications for its effective use. *Simulations and Games*, 15, 415-31.

62 Ruben, R. D, and Lederman, L. C. (1982). Instructional simulation gaming: Validity, reliability, and utility. *Simulations and Games*, 13(2), 233-44.

63 Enspire Learning. (2007). *This Is Not a Game: Using Alternate Reality Games in Corporate Training.* Austin, TX: Enspire Learning.

64 Enspire Learning. (2007). *This Is Not a Game: Using Alternate Reality Games in Corporate Training.* Austin, TX: Enspire Learning.

65 http://www.argn.com/

66 http://www.indiegogo.com/projects/sundrum-youth-social-entrepreneurship

67 Souza e Silva, A. de, and Hjorth, L. (2009). Playful urban spaces: A historical approach. *Simulation and Gaming,* 40(5), 604-05.

68 Koster, R. (2005). *A Theory of Fun for Game Design* (p. 19). Paraglyph Press. Scots-

dale, AZ.

제2장

1 Noddings, N. (1984). *Caring: A Feminine Approach to Ethics and Moral Education* (p. 14). Berkeley: University of California Press.

2 Decety, J., and Jackson, P. L. (2004). The functional architecture of human empathy, *Behavioral and Cognitive Neuroscience Reviews*, 3, 71-100.

3 McLaren, K. (2013). *The Art of Empathy* (p. 11). Boulder, CO: Sounds True.

4 Decety, J., and Jackson, P. L. (2004). The functional architecture of human empathy, *Behavioral and Cognitive Neuroscience Reviews,* 3, 71-100.

5 Kouprie, M., and Visser, F. S. (2009). A framework for empathy in design: Stepping into and out of the user's life. *Journal of Engineering Design*, 29(4), 437-48.

6 Preston, S. D, and Waal, F. B. M. de. (2002). Empathy: Its ultimate and proximate bases. *Behavioral and Brain Sciences,* 25, 1-72.

7 Ickes, W. (1997). *Empathic Accuracy.* New York: Guilford; Decety, J., and Jackson, P. L. (2004). The functional architecture of human empathy, *Behavioral and Cognitive Neuroscience Reviews,* 3, 71-100.

8 Kouprie, M., and Visser, F. S. (2009). A framework for empathy in design: Stepping into and out of the user's life. *Journal of Engineering Design*, 29(4), 437-48.

9 Preston, S. D, and Waal, F. B. M. de. (2002). Empathy: Its ultimate and proximate bases. *Behavioral and Brain Sciences*, 25, 1-72.

10 Wispe', L. (1987). History of the concept of empathy. In N. Eisenberg and J. Strayers (eds.), *Empathy and Its Development* (pp. 17-37). Cambridge, UK: Cambridge University Press.

11 Titchener, E. (1909). *Lectures on the Experimental Psychology of the Thought Processes.* New York: Macmillan.

12 Carter, C. S., Harris, J., and Porges, S. W. (2009). Neural and evolutionary perspectives on empathy. In Jean Decety and William Ickes (eds.), *The Social Neuroscience of Empathy* (pp. 278-300). Cambridge, MA: MIT Press.

13 Titchener, E. (1909). *Lectures on the Experimental Psychology of the Thought Processes.* New York: Macmillan.

14 Lipps, T. (1903). Einfühlung, innere Nachahmung, und Organempfindungen. *Archiv für die gesammte Psychologie*, 1, 185-204.

15 Reik, T. (1949). *Character Analysis*. New York: Farrar, Straus and Giroux.

16 Decety, J., and Jackson, P. L. (2004). The functional architecture of human empathy. *Behavioral and Cognitive Neuroscience Reviews,* 3, 74.

17 Preston, S. D, and Waal, F. B. M. de. (2002). Empathy: Its ultimate and proximate bases. *Behavioral and Brain Sciences,* 25, 1-72.

18 Church, R. M. (1959). Emotional reactions of rats to the pain of others. *Journal of Comparative and Physiological Psychology*, 52, 132-4; Rice, G. E. J. (1964). Aiding behavior vs. fear in the albino rat. *Psychological Review*, 14, 165-70.

19 Masserman, J. H., Wechkin, S., and Terris, W. (1964). Altruistic behavior in rhesus monkeys. *American Journal of Psychiatry*, 121, 584-5; Waal, F. B. M. de. (1996). *Good: The Origin of Right and Wrong in Humans and Other Animals.* Cambridge, MA: Harvard University Press.

20 O'Connell, S. M. (1995). Empathy in chimpanzees: Evidence for theory of mind? *Primates*, 36, 397-410.

21 Zahn-Waxler, C., Friedman, S. L., and Cummings, E. M. (1983). Children's emotions and behaviors in response to infants' cries. *Child Development*, 54, 1522-8.

22 Krebs, D. (1970). Altruism: An examination of the concept and a review of the literature. *Psychological Bulletin*, 73, 258-302; Lamb, S., and Zakhireh, B. (1997). Toddlers' attention to the distress of peers in a day care setting. *Early Education and Development*, 8(2), 105-18.

23 Sawyer, J. (1966). The altruism scale: A measure of co-operative, individualistic, and competitive interpersonal orientation. *American Journal of Sociology*, 71, 407-16; Stinson, I., and Ickes, W. (1992). Empathic accuracy in the interactions of male friends versus male strangers. *Journal of Personality and Social Psychology*, 62, 787-97.

24 Preston, S. D, and Waal, F. B. M. de. (2002). Empathy: Its ultimate and proximate bases. *Behavioral and Brain Sciences*, 25, 3.

25 Decety, J., and Ickes, W. (2009). *The Social Neuroscience of Empathy* (pp. 15-21). Cambridge, MA: MIT Press.

26 Decety, J., and Ickes, W. (2009). *The Social Neuroscience of Empathy.* Cambridge, MA: MIT Press.

27 Simon, H. A. (1996). *The Sciences of the Artificial*, 3rd edn. Cambridge, MA: MIT Press.

28 Simon, H. A. (1996). *The Sciences of the Artificial* (p. 111), 3rd edn. Cambridge, MA:

MIT Press.

29 Dunne, D., and Martin, R. (2006). Design thinking and how it will change management education: An interview and discussion. *Academy of Management Learning and Education*, 5(4), 512-23.

30 Brown, T., and Katz, B. (2009). *Change by Design: How Design Thinking Transforms Organization and Inspires Innovation.* New York: HarperCollins E-books.

31 Dunne, D., and Martin, R. (2006). Design thinking and how it will change management education: An interview and discussion. *Academy of Management Learning and Education*, 5(4), 512-23.

32 Kline, S. J, and Rosenberg, N. (1986). An overview of innovation. In R. Landau and N. Rosenberg (eds.), *The Positive Sum Strategy: Harnessing Technology for Economic Growth* (pp. 275-306). Washington, DC: National Academies Press; Bhatta, S., Goel, A., and Prabhakar, S. (1994). Innovation in analogical design: A model-based approach. In J. S. Gero and F. Sudweeks (eds.), *Artificial Intelligence in Design '94* (pp. 57-44). January. Dordrecht: Springer; Sarasvathy, S. D. (2003). Entrepreneurship as a science of the artificial. *Journal of Economic Psychology*, 24, 203-20.

33 Bhatta, S., Goel, A., and Prabhakar, S. (1994). Innovation in analogical design: A model-based approach. In J. S. Gero and F. Sudweeks (eds.), *Artificial Intelligence in Design '94* (p. 2). January. Dordrecht: Springer.

34 Norman, D. A. (1988). *The Design of Everyday Things.* New York: Basic Books.

35 Norman, D. A. (2002). *The Design of Everyday Things* (p. 213), 3rd edn. New York: Basic Books.

36 Leonard, D., and Rayport, J. (1997). Spark innovation through empathic design. *Harvard Business Review*, 75(6), 102-13; Kouprie, M., and Visser, F. S. (2009). A framework for empathy in design: Stepping into and out of the user's life. *Journal of Engineering Design,* 29(4), 437-48.

37 Brown, T. (2008). Design thinking. *Harvard Business Review*, June, 84-92.

38 Patnaik, D. (2009). *Wired to Care: How Companies Prosper When They Create Widespread Empathy* (p. 13). Upper Saddle River, NJ: FT Press.

39 Kouprie, M., and Visser, F. S. (2009). A framework for empathy in design: Stepping into and out of the user's life. *Journal of Engineering Design*, 29(4), 437-48.

40 Burgess, R. G. (1982). *Field Research: A Sourcebook and Field Manual.* London: Allen & Unwin; Johnstone, B. A. (2007). Ethnographic methods in entrepreneurship research. In H. Neergaard and J. P. Ulhoi (eds.), *Handbook of Qualitative Research*

Methods in Entrepreneurship (pp. 97-121). Cheltenham, UK and Northampton, MA, USA: Edward Elgar Publishing.

41 Johnstone, B. A. (2007). Ethnographic methods in entrepreneurship research. In H. Neergaard and J. P. Ulhoi (eds.), *Handbook of Qualitative Research Methods in Entrepreneurship* (pp. 97-121). Cheltenham, UK and Northampton, MA, USA: Edward Elgar Publishing.

42 Hammersley, M. (1990). *Reading Ethnographic Research*. London: Longman.

43 Johnstone, B. A. (2007). Ethnographic methods in entrepreneurship research. In H. Neergaard and J. P. Ulhoi (eds.), *Handbook of Qualitative Research Methods in Entrepreneurship* (p. 98). Cheltenham, UK and Northampton, MA, USA: Edward Elgar Publishing.

44 http://help.ethnohub.com/guide/aeiou-framework

45 Kouprie, M., and Visser, F. S. (2009). A framework for empathy in design: Stepping into and out of the user's life. *Journal of Engineering Design*, 29(4), 437-48.

46 Cooper, A. (1999). *The Inmates Are Running the Asylum*. Indianapolis, IN: Macmillan.

47 Kouprie, M., and Visser, F. S. (2009). A framework for empathy in design: Stepping into and out of the user's life. *Journal of Engineering Design*, 29(4), 439.

48 Bucheneau, M., and Fulton Suri, J. (2000). Experience prototyping. In D. Boyarski and W. A. Kellogg (eds.), *Proceedings of the Conference on Designing Interactive Systems* (pp. 237-45). New York: ACM Press.

제3장

1 Schumpeter, J. (1934). *The Theory of Economic Development.* New York: Oxford University Press; Gartner, W. B. (1985). A conceptual framework for describing the phenomenon of new venture creation. *Academy of Management Review*, 10(4), 696-706.

2 http://www.bizplancompetitions.com/competitions/

3 Neck, H., and Greene, P. G. (2011). Entrepreneurship education: Known worlds and new frontiers. *Journal of Small Business Management*, 49(1), 55-70.

4 Morris, M. H. (1998). *Entrepreneurial Intensity: Sustainable Advantages for Individuals, Organizations and Societies.* Westport, CT: Quorum.

5 Neck, H., and Greene, P. G. (2011). Entrepreneurship education: Known worlds and

new frontiers. *Journal of Small Business Management,* 49(1), 55-70.

6 Stevenson, H., and Jarillo, J. (1990). A paradigm of entrepreneurship: Entrepreneurial management. *Strategic Management Journal,* 11, 17-27; Shane, S., and Venkataraman, S. (2000). The promise of entrepreneurship as a field of research. *Academy of Management Review*, 25, 217-26; McMullen, J. F., and Shepherd, D. A. (2006). Entrepreneurial action and the role of uncertainty in the theory of the entrepreneur. *Academy of Management Review*, 31(1), 132-52.

7 Drucker, P. (1998). The discipline of innovation. *Harvard Business Review*, November-December. HBR reprint 98604; Sarasvathy, S. (2001). Causation and effectuation: Toward a theoretical shift from economic inevitability to entrepreneurial contingency. *Academy of Management Review*, 26(2), 243-63.

8 DeTienne. D., and Chandler, G. (2010). The impact of motivation and causation and effectuation approaches on exit strategies. *Frontiers of Entrepreneurship Research*, 30(1), 1-113.

9 Alvarez, S., and Barney, S. (2007). Discovery and creation: Alternative theories of entrepreneurial action. *Strategic Entrepreneurship Journal,* 1(1-2), 11.

10 Sarasvathy, S. (2001). Causation and effectuation: Toward a theoretical shift from economic inevitability to entrepreneurial contingency. *Academy of Management Review*, 26(2), 245.

11 Dew. N., Read, S., Sarasvathy, S. D, and Wiltbank, R. (2009). Effectual versus predictive logics in entrepreneurial decision-making: Differences between experts and novices. *Journal of Business Venturing*, 24(4), 287-309.

12 Baker, t., and Nelson, R. (2005). Creating something from nothing: Resource construction through entrepreneurial bricolage. *Administrative Sciences Quarterly*, 50(3), 329-66.

13 Hmieleski, K. M., and Corbett, A. C. (2006). Proclivity for improvisation as a predictor of entrepreneurial intentions. *Journal of Small Business Management*, 44(1), 45-63.

14 Burt. R. S. (1992). *Structural Holes*. Cambridge, MA: Harvard University Press; Granovetter, M. (1992). Economic institutions as social constructions: A framework for analysis. *Acta Sociologica*, 35, 3-11; Jack, S. L., and Anderson, A. R. (2002). The effects of embeddedness on the entrepreneurial process. *Journal of Business Venturing*, 17, 467-87.

15 Alvarez, S., and Barney, S. (2007). Discovery and creation: Alternative theories of entrepreneurial action. *Strategic Entrepreneurship Journal*, 1(1-2), 11.

16 "Creativity: the ability to make new things or think of new ideas. The quality of being creative. The ability to create" (*Merriam-Webster's Dictionary*)

17 Sternberg, R. J., and Lubart, T. (1999). Concept of creativity: Prospects and paradigms. In R. J. Sternberg (ed.), *Handbook of Creativity*. New York: Cambridge University Press.

18 Adobe Corporation, State of create study: A global benchmark study on attitudes and beliefs about creativity at work, school and home(2012). This study surveyed 5000 adults, 1000 per country in the U. S., the U. K., Germany, France, and Japan.

19 Adams, J. (1986). *Conceptual Blockbusting: A Guide to Better Ideas,* 3rd edn. Reading, MA: Perseus Books; Neck, H. M. (2010). Idea generation. In B. Bygrave and A. Zacharakis (eds.), *Portable MBA in Entrepreneurship* (pp. 27-52). Hoboken, NJ: Wiley.

20 Neck, H. M. (2010). Idea generation. In B. Bygrave and A. Zacharakis (eds.), *Portable MBA in Entrepreneurship* (pp. 27-52). Hoboken, NJ: Wiley.

21 Xavier, S. R., Kelley, D., Kew, J., Herrington, M., and Vorderwiilbecke, A. (2013). The Global Entrepreneurship Monitor: *2012 Global Report.* Wellesley, MA: Babson College.

22 Schumpeter, J. (1934). *The Theory of Economic Development.* New York: Oxford University Press.

23 Timmons, J. (1989). *The Entrepreneurial Mind.* Andover, MA: Brick House Publishing; Gundry, L. K., and Kickul, J. R. (1996). Flights of imagination: Fostering creativity through experiential learning. *Simulation and Gaming,* 33, 94-108; Sarasvathy, S. (2001). Causation and effectuation: Toward a theoretical shift from economic inevitability to entrepreneurial contingency. *Academy of Management Review,* 26(2), 243-63; DeTienne. D.. and Chandler. G. (2004). Opportunity identification and its role in the entrepreneurial classroom: A pedagogical approach and empirical test. *Academy of Management Learning and Education,* 3(3), 242-57.

24 http://www.fastcompany.com/1651696/most-creative-entrepreneurs-business

25 http://www.ted.com/talks/ken_robinson_says_schools_kill_creativity.html

26 Alpaugh, P., Renner, J., and Birren, J. (1976). Age and creativity: Implications for education and teachers. *Educational Gerontology*, 1(1), 17-40.

27 Amabile, T., and Kramer, S. (2011). *The Progress Principle: Using Small Wins to Ignite Joy, Engagement and Creativity at Work*. Boston, MA: Harvard School Press.

28 Csikszentmihalyi. M. (1996). *Creativity Flow and the Psychology of Discovery and*

Invention. New York: HarperCollins.

29 *Managing Creativity and Innovation*. (2003). Boston, MA: Harvard Business School Publishing.

30 Amabile, T. M. (1985). Motivation and creativity: Effects of motivational orientation on creative writers. *Journal of Personality and Social Psychology*, 48(2), 393-9.

31 History-concept of creativity, Wikipedia.org.

32 Sternberg, R. J., and Lubart, T. (1999). Concept of creativity: Prospects and paradigms. In R. J. Sternberg (ed.), *Handbook of Creativity*. New York: Cambridge University Press.

33 Sternberg, R. J., and Lubart, T. (1999). Concept of creativity: Prospects and paradigms. In R. J. Sternberg (ed.), *Handbook of Creativity*. New York: Cambridge University Press.

34 Bono, E. de. (1985). *Six Thinking Hats*. New York: Little, Brown & Company.

35 Adams, J. (1986). *Conceptual Blockbusting: A Guide to Better Ideas,* 3rd edn. Reading, MA: Perseus Books.

36 Freud, S. ([1910] 1964). *Leonardo da Vinci and a Memory of His Childhood.* New York: Norton.

37 Weisberg, R. (1993). *Creativity: Beyond the Myth of Genius.* New York: Freeman.

38 Amabile, T. (1983). *The Social Psychology of Creativity.* New York: Springer-Verlag.

39 Kozbelt, A., Beghetto, R., and Runco, M. (2010). Theories of creativity. In J. Kaufman and R. Sternberg (eds.), *Cambridge Handbook of Creativity.* New York: Cambridge University Press.

40 Kozbelt, A., Beghetto, R., and Runco, M. (2010). Theories of creativity. In J. Kaufman and R. Sternberg (eds.), *Cambridge Handbook of Creativity.* New York: Cambridge University Press.

41 Guilford, J. P. (1989). *Creativity, Intelligence and Their Educational Implications.* San Diego, CA: Knapp Publishing.

42 Kozbelt, A., Beghetto, R., and Runco, M. (2010). Theories of creativity. In J. Kaufman and R. Sternberg (eds.), *Cambridge Handbook of Creativity.* New York: Cambridge University Press.

43 Adams, J. (1986). *Conceptual Blockbusting: A Guide to Better Ideas,* 3rd edn. Reading, MA: Perseus Books.

44 Amabile, T. (1983). *The Social Psychology of Creativity.* New York: Springer-Verlag.

45 Fiet, J. O. (2002). *The Systematic Search for Entrepreneurial Discoveries.* Westport,

CT: Quorum.

46 Kozbelt, A., Beghetto, R., and Runco, M. (2010). Theories of creativity. In J. Kaufman and R. Sternberg (eds.), *Cambridge Handbook of Creativity.* New York: Cambridge University Press.

47 Kozbelt, A., Beghetto, R., and Runco, M. (2010). Theories of creativity. In J. Kaufman and R. Sternberg (eds.), *Cambridge Handbook of Creativity.* New York: Cambridge University Press.

48 Csikszentmihalyi. M. (1996). *Creativity Flow and the Psychology of Discovery and Invention.* New York: HarperCollins.

49 Csikszentmihalyi. M.. and Getzels, J. W. (1989). Creativity and problem finding. In F. H. Farley and R. W. Neperud (eds.), *The Foundations of Aesthetics* (pp. 91-116). New York: Praeger.

50 Cross. N. (1982). Designerly ways of knowing. *Design Studies,* 3(4), 221-7.

51 Nash, L., and Stevenson, H. (2004). Success that lasts. *Harvard Business Review,* February.

52 Lin, Y. S. (2011). Fostering creativity through education: A conceptual framework for creative pedagogy. *Creative Education,* 2(3), 149-55.

53 Bloom B.. and Krathwohl, D. R. (1956). *Taxonomy of Educational Objectives: The Classification of Educational Goals by a Committee of College and University Examiners,* Handbook 1: Cognitive Domain. New York: Longman.

54 Souza Fleith, D. de. (2000). Teacher and student perceptions of creativity in the classroom environment. *Roeper Review,* 22(3), 148-53.

55 McCoy, J. M., and Evans, G. W. (2002). The potential role of the physical environment in fostering creativity. *Creative Research Journal,* 14(3-4), 409-26.

56 Lin, Y. S. (2011). Fostering creativity through education: A conceptual framework for creative pedagogy. *Creative Education,* 2(3), 149-55.

57 Torrance, E. P. (1963). *Education and Creative Potential.* Minneapolis: University of Minnesota Press.

58 Kangas, M. (2010). Creative and playful learning: Learning through game cocreation and games in a playful learning environment. *Thinking Skills and Creativity,* 5(1), 1-15; Lin, Y. S. (2011). Fostering creativity through education: A conceptual framework for creative pedagogy. *Creative Education,* 2(3), 149-55.

제4장

1 http://www.merriam-webster.com/dictionary/experiment

2 Campbell, D. T., and Stanley, J. C. (1963). *Experimental and Quasi-Experimental Designs for Research.* Boston, MA: Houghton, Mifflin Company.

3 Richardson, V. (2003). Constructivist pedagogy. *Teachers College Record,* 105(9), 1623-40.

4 Curran, J., and Stanworth, J. (1989). Education and training for enterprise: Some problems of classification, evaluation, policy and research. *International Small Business Journal,* 7(2), 11-22; Block, Z., and Stumpf, S. A. (1992). Entrepreneurship education research: Experience and challenge. In D. L. Sexton and J. D. Kasarda (eds.), *The State of the Art of Entrepreneurship.* Boston, MA: PWS-Kent Publishing; Garavan, T. N., and O'Cinneide, B. (1994). Entrepreneurship education and training programmes: A review and evaluation - part 1. *Journal of European Industrial Training,* 18(8), 3-12; Alberti, F., Sciascia, S., and Poli, A. (2004). Entrepreneurial education: Notes on an ongoing debate. Proceedings of the 14th Annual International Entrepreneurship Conference, University of Napoli Federico II, Italy.

5 Aldrich, H. E. (1999). *Organizations Evolving.* Thousand Oaks, CA: Sage Publications; Sarasvathy, S. (2001). Causation and effectuation: Toward a theoretical shift from economic inevitability to entrepreneurial contingency. *Academy of Management Review,* 26(2), 243-63; Alvarez, S. A., and Barney, J. B. (2005). How do entrepreneurs organize firms under conditions of uncertainty? *Journal of Management,* 31(5), 776-93; McMullen, J. S., and Shepherd, D. S. (2006). Entrepreneurial action and the role of uncertainty in the theory of the entrepreneur. *Academy of Management Review,* 31(1), 132-52; Neck, H. M., and Greene, P. G. (2011). Entrepreneurship education: Known worlds and new frontiers. *Journal of Small Business Management,* 49(1), 55-70.

6 Mitchell, J. R., Mitchell, R. K., Mitchell, B. T., and Alvarez, S. A. (2012). Opportunity creation, underlying conditions and economic exchange. In A. C. Corbett and J. A. Katz (eds.), *Advances in Entrepreneurship, Firm Emergence and Growth,* Vol. 14: Entrepreneurial Action (pp. 89-123). Bingley, UK: Emerald Group Publishing.

7 Frese, M. (2009). Toward a psychology of entrepreneurship: An action theory perspective. *Foundations and Trends in Entrepreneurship* (Now Publishers), 5(6), 435-94.

8 Gibb, A. A. (1993). Enterprise culture and education understanding enterprise education and its links with small business, entrepreneurship and wider educational goals.

International small business journal, 11(3), 11-34.

9 McMullen, W. E., and Long, W. A. (1987). Entrepreneurship education in the nineties. *Journal of Business Venturing,* 2, 261-75; Hills, G. E. (1988). Variations in university entrepreneurship education: An empirical study of an evolving field. *Journal of Business Venturing*, 3, 109-22; Stumpf, S. S., Dunbar, R. L., and Mullen, T. P. (1991). Simulations in entrepreneurial education: Oxymoron or untapped opportunity? *Frontiers of Entrepreneurship Research* (pp. 681-94). Wellesley, MA: Babson College.

10 Frese, M. (2009). Toward a psychology of entrepreneurship: An action theory perspective. *Foundations and Trends in Entrepreneurship* (Now Publishers), 5(6), 435-94.

11 Unger, J. M., Keith, N., Hilling, C., Gielnik, M. M., & Frese, M. (2009). Deliberate practice among South African small business owners with education, cognitive ability, knowledge, and success. *Journal of Occupational and Organizational Psychology,* 82(1), 21-44.

12 Ericsson, K. A., Krampe, R. T., & Tesch-Römer, C. (1993). The role of deliberate practice in the acquisition of expert performance. *Psychological review*, 100, 363-406.

13 Zahorik, J. A. (1995). *Constructivist Teaching*. Bloomington, IN: ERIC Clearinghouse.

14 Richardson, V. (1997). Constructivist teaching and teacher education: Theory and practice. In V. Richardson (ed.), *Constructivist Teacher Education: Building a World of New Understandings* (pp. 3-15). London: Routledge.

15 Fletcher, J. D. (2009). From behaviorism to constructivism. In S. Tobias and T. M. Duffy (eds.), *Constructivist Theory Applied to Instructions: Success or Failure?* (pp. 242-63). New York: Taylor & Francis.

16 Richardson, V. (1997). Constructivist teaching and teacher education: Theory and practice. In V. Richardson (ed.), *Constructivist Teacher Education: Building a World of New Understandings* (pp. 3-15). London: Routedge.

17 Barrows, H. (1985). A taxonomy of problem based learning methods. *Medical Education*, 20, 481-6.

18 Gassner, K. W. (2011). Five ideas for 21st century math classrooms. *American Secondary Education*, 39(3), 108-16.

19 Rorty, R. (1991). *Objectivity, Relativism and Truth*. Cambridge, UK: Cambridge University Press.

20 Glaserfeld, E. von. (1989). Cognition, construction of knowledge and teaching. *Synthese*, 80, 121-40.

21 Dewey, J. (1939; 1991). Logic: The theory of inquiry. In *John Dewey: The Later Works, 1925-1953*, Vol. 14: 1939-1941, ed. J. A. Boydston (pp. 3-90). Carbondale: Southern Illinois University Press.

22 Glaserfeld, E. von. (1989). Cognition, construction of knowledge and teaching. *Synthese*, 80, 121-40.

23 Howard, M. O., McMillen, C. J., and Pollio, D. E. (2003). Teaching evidence-based practice: Toward a new paradigm for social work education. *Research on Social Work Practice*, 1(2), 234-259.

24 Bilsker, D., and Goldner, E. (2004). Teaching evidence based practice: Overcoming barriers. *Brief Treatment and Crisis Intervention*, 4(3), 271-5.

25 Weick, K. E. (1995). *Sensemaking in Organizations*. Thousand Oaks, CA: Sage Publications.

26 Weick, K. E. (1995). *Sensemaking in Organizations* (p. 4). Thousand Oaks, CA: Sage Publications.

27 Duffy, M. (1995). Sensemaking: A collaborative inquiry approach to" doing" learning. *The Qualitative Report,* 2(2), 1-6.

28 Fletcher, J. D. (2009). From behaviorism to constructivism. In S. Tobias and T. M. Duffy (eds.), *Constructivist Theory Applied to Instructions: Success or Failure?* (pp. 242-63). New York: Taylor & Francis.

29 Holliway, D. (2009). Towards a sense-making pedagogy: Writing activities in an undergraduate learning theories course. *International Journal of Teaching and Learning in Higher Education*, 20(3), 447-61.

30 Dehler, G. E., Welsh, M. A., and Lewis, M. W. (2001). Critical pedagogy in the "new paradigm." *Management Learning*, 32(4), 493-511.

31 Abma, T. A. (2001). Reflexive dialogues: A story about the development of injury prevention in two performing-arts schools. *Evaluation*, 7, 238-52.

32 Moore, W. L. (1982). Concept testing. *Journal of Business Research*, 10(3), 279-94.

33 Wheelwright, S. C., and Clark, K. B. (1992). *Revolutionizing Product Development.* New York: Free Press.

34 Dahan, E., and Mendelson, H. (2001). An extreme-value model of concept testing. *Management Science,* 47(1), 102-16.

35 Osterwalder, A., and Pigneur, Y. (2010). *Business Model Generation.* Hoboken, NJ: Wiley; Reis, E. (2011). *The Lean Start-Up.* London: Penguin; Blank, S., and Dorf, B. (2012). *The Startup Owner's Manual: The Step-by-Step Guide for Building a Great*

Company. K&S Ranch; Blank, S. (2013). *The Four Steps to Epiphany: Successful Strategies for Products That Win,* 2nd edn. K&S Ranch.

36 Osterwalder, A., and Pigneur, Y. (2010). *Business Model Generation.* Hoboken, NJ: Wiley.

37 Reis, E. (2011). *The Lean Start-Up* (pp. 195-7). London: Penguin.

38 Weick, K. E. (1995). *Sensemaking in Organizations.* Thousand Oaks, CA: Sage Publications.

제5장

1 Procee, H. (2006). Reflection in education: AKantain epistemology. *Educational Theory*, 56(3), 237-53.

2 Koole, S., Dornan, T., Aper, L., Scherpbier, A., Valcke, M., Cohen-Schotanus, J ., and Derese, A. (2011). Factors confounding the assessment of reflection: A critical review. *BMC Medical Education*, 11(1), 104.

3 Dewey, J. (1916). *Democracy and Education: An Introduction to the Philosophy of Education* (p. 9). A public domain book. Kindle.

4 Dewey, J. (1916). *Democracy and Education: An Introduction to the Philosophy of Education* (p. 152). A public domain book. Kindle.

5 Dewey, J. (1916). *Democracy and Education: An Introduction to the Philosophy of Education* (p. 27). A public domain book. Kindle.

6 Dewey, J. (1916). *Democracy and Education: An Introduction to the Philosophy of Education* (p. 152). A public domain book. Kindle.

7 Whitehead, Alfred North. (1938; 1966). *Modes of thought* (p. 26). New York: Free Press.

8 Marton, F. (1975). What does it take to learn? In N. J Entwistle (ed.), *Strategies for Research and Development in Higher Education.* Amsterdam: Swets & Zeitlinger.

9 Keevers, L., and Treleaven, L. (2011), Organizing practices of reflection: A practice-based study. *Management Learning,* 42(5), 505-20.

10 Cunliffe & Jun in Keevers, L., and Treleaven, L. (2011). Organizing practices of reflection: A practice-based study. *Management Learning,* 42(5), 505-20.

11 Cunliffe & Jun in Keevers, L., and Treleaven, L. (2011). Organizing practices of reflection: A practice-based study. *Management Learning,* 42(5), 505-20.

12 Boud, D., Keogh, R., and Walker, D. (1985). *Reflection: Turning Experience into*

Learning. London: Kogan Page.

13 Schraw, G., and Dennison, R. S. (1994). Assessing metacognitive awareness. *Contemporary Educational Psychology,* 19(4), 460-75.

14 Vince, R. (2002). Organizing reflection. *Management Learning,* 33(1), 63-78; Cope J. (2003). Entrepreneurial learning and critical reflection: Discontinuous events as triggers for "higher-level" learning. *Management Learning,* 34(4), 429-50; Korthagen, F. A. J. (2005). The organization in balance: Reflection and intuition as complementary processes. *Management Learning,* 36(3), 371-87; Yanow, D. & Tsoukas, H. (2009). What is reflection-in-action? A phenomeno-logical account. *Journal of Management Studies,* 46(8), 1339-64; Jordan, S. (2010). Learning to be surprised: How to foster reflection practice in a high reliability context. *Management Learning,* 41(4), 391-413.

15 Brockbank, A., and McGill, I. (2007). *Facilitating Reflective Learning in Higher Education* (p. 36), 2nd edn. New York: McGraw-Hill and Open University Press.

16 Boud, D., Keogh, R., and Walker, D. (1985). *Reflection: Turning Experience into Learning.* London: Kogan Page.

17 Brookfield, S. D. (1987). *Developing Critical Thinkers: Challenging Adults to Explore Alternative Ways of Thinking and Acting.* San Francisco: Jossey-Bass.

18 Brockbank, A., and McGill, I. (2007). *Facilitating Reflective Learning in Higher Education,* 2nd edn. New York: McGraw-Hill and Open University Press.

19 Boud, D., Keogh, R., and Walker, D. (1985). *Reflection: Turning Experience into Learning.* London: Kogan Page.

20 Brookfield, S. D. (1987). *Developing Critical Thinkers: Challenging Adults to Explore Alternative Ways of Thinking and Acting.* San Francisco: Jossey-Bass.

21 Schön, D. (1983). *The Reflective Practitioner.* New York: Basic Books; Schön, D. (1987). *Educating the Reflective Practitioner.* London: Jossey- Bass.

22 Brockbank, A., and McGill, I. (2007). *Facilitating Reflective Learning in Higher Education*, 2nd edn. New York: McGraw-Hill and Open University Press.

23 Brockbank, A., and McGill, I. (2007). *Facilitating Reflective Learning in Higher Education* (p. 87), 2nd edn. New York: McGraw-Hill and Open University Press.

24 Koole, S., Dornan, T., Aper, L., Scherpbier, A., Valcke, M., Cohen-Schotanus, J ., and Derese, A. (2011). Factors confounding the assessment of reflection: A critical review. *BMC Medical Education,* 11(1), 104.

25 Brockbank, A., and McGill, I. (2007). *Facilitating Reflective Learning in Higher Education*, 2nd edn. New York: McGraw-Hill and Open University Press.

26 Bourdieu, P. (1980; 1990). *The Logic of Practice* (p. 25). Stanford, CA: Stanford University Press. (Original work published in French.)

27 Neck, H. M., and Greene, P. G. (2011). Entrepreneurship education: Known worlds and new frontiers. *Journal of small Business Management,* 49(1), 55-70.

28 Ramsey, V. J., and Fitzgibbons, D. E. (2005). Being in the classroom. *Journal of Management Education*, 29(2), 333-56.

29 Palmer, P. (1998). *The Courage to Teach: Exploring the Inner Landscape of a Teacher's Life* (p. 4). San Francisco: Jossey-Bass.

30 Neck, H. M., and Greene, P. G. (2011). Entrepreneurship education: Known worlds and new frontiers. *Journal of small Business Management*, 49(1), 55-70.

31 Sarasvathy, S. (2008). *Effectuation: Elements of Entrepreneurial Expertise.* Cheltenham, UK and Northampton, MA, USA: Edward Elgar Publishing.

32 Bird, B. J. (1992). The operations in time: The emergence of the new venture. *Entrepreneurship: Theory and Practice*, 17(1), 11-20.

33 Krueger, N. (1993). The impact of prior entrepreneurial Exposure on perception of new venture feasibility and desirability. *Entrepreneurship: Theory and Practice*, 18(1), 5-21.

34 Mitchell, R. K. (1994). The composition, classification, and creation of new venture formation expertise. Dissertation, University of Utah, Salt lake City; Corbett, A. C. (2007). Learning asymmetries and the discovery of entrepreneurial opportunities. *Journal of Business Venturing*, 22(1), 97-118.

35 Palich, L. E. and Bagby, D. R. (1995). Using cognitive theory to explain entrepreneurial risk-taking: Challenging conventional wisdom. *Journal of Business Venturing,* 10(6), 425-38.

36 Mitchell, R. K., and chesteen, S. A. (1995). Enhancing entrepreneurial expertise: Experiential pedagogy and the entrepreneurial expert script. *Simulation and Gaming*, 26(3), 288-306.

37 Busenitz, L., and Lau, C. (1996). A cross-cultural cognitive model of new venture creation. *Entrepreneurship Theory and Practice*, 20(4), 25-39.

38 Baron, R. A. (1998). Cognitive mechanisms in entrepreneurship: Why and when entrepreneurs think differently than other people. *Journal of Business Venturing*, 13(4), 275-94.

39 McGrath, R. G., and MacMillan, I. (2000). *The Entrepreneurial Mindset.* Boston, MA: Harvard Business School Press; Simon, M., Houghton, S. M., and Aquino, K. (2000).

Cognitive biases, risk perception, and venture formation: How individuals decide to start companies. *Journal of Business Venturing*, 15(2), 113-34.

40 Alvarez, S., and Busenitz, L. (2001). The entrepreneurship of resource-based theory. *Journal of Management*, 27, 755-75.

41 Mitchell, R. K., Busenitz, L., and Lant, T. (2002). Toward a theory of entrepreneurial cognition: Rethinking the people side of entrepreneurship research. *Entrepreneurship Theory and Practice*, 27(2), 93-104; Mitchell, R. K., Smith, J. B., Morse, E. A., Seawright, K. W., Peredo, A. M., and McKenzie, B. (2002). Are entrepreneurial cognitions universal? Assessing entrepreneurial cognitions across cultures. *Entrepreneurship Theory and Practice*, 26(4), 9-32.

42 Brockbank, A., and McGill, I. (2007). *Facilitating Reflective Learning in Higher Education*, 2nd edn. New York: McGraw-Hill and Open University Press.

43 Ramsey, V. J., and Fitzgibbons, D. E. (2005). Being in the classroom. *Journal of Management Education*, 29(2), 338.

44 Dewey, J. (1916). *Democracy and Education: An Introduction to the Philosophy of Education* (p. 160). A public domain book. Kindle.

찾아보기

[국문]

ㄱ

ㄴ

ㅇ

ㅈ

[영문]

A

B

C

D

E

U

V

[인명]

지은이

Heidi M. Neck
Ph.D., Jeffry A. Timmons Professor of Entrepreneurial Studies, Babson College, USA

Patricia G. Greene
Ph.D., Paul T. Babson Chair in Entrepreneurial Studies, Babson College, USA

Candida G. Brush
DBA, F.W. Olin Distinguished Chair in Entrepreneurship, Babson College, USA

옮긴이

이우진 교수는
현재 국민대학교 경영학부 교수로 재직 중이며, 글로벌 창업벤처 대학원의 부원장을 맡고 있다.
흔하지 않은 창업학 박사학위를 취득하고 앙트러프러너십 분야 연구를 해왔으며, 학부와 대학원에서 창업론, 창업교육방법론, 기업가정신과 창업, 카우프만-PEV(Planning Entrepreneurial Venture) 등의 과목을 가르치고 있다.
대학원장님의 소개로 만난 치과의사와 엔젤클럽을 만들어서 10개 이상의 스타트업에 직접 투자를 하며 전문엔젤투자자로 현장에서 활발히 활동 중이다.
미국 캘리포니아에 위치한 로욜라매리마운트 대학(Loyola Marymount Univ.)의 앙트러프러너십 센터에 Visiting Scholar를 다녀왔으며, 플로리다대학(Univ. of Florida)의 앙트러프러너십 교수자 양성과정인 Experiential Classroom도 참여했다.

이채원 교수는
현재 서울과학기술대학교 경영학과 교수로 재직 중이며, 경영전략, 기업가정신, 사내기업가정신 등의 과목을 가르치고 있다.
특히 기업가정신 교육 분야에서 많은 연구를 해왔으며, 저서인 《새로운 모색과 창조》, 《벤처 디스커버리-창조적 아이디어 사업화 과정》 및 《사내혁신》을 통해 기업가정신 교육자를 양성해 오고 있다.
미국 뱁슨대학(Babson College)과 노스이스턴 대학(Northeastern University)에서 방문교수로 있었으며, 노스이스턴 대학에서는 사회적 기업가정신 및 글로벌 기업가정신 교과를 가르친 바 있다.

기업가정신 교수법

2018년 10월 8일 초판 인쇄
2018년 10월 12일 초판 1쇄 발행

저　자 : Heidi M. Neck, Patricia G. Greene, Candida G. Brush
역　자 : 이우진 · 이채원

발행인 : 정　광　식
발행처 : **비앤엠북스**
서울시 금천구 가산디지털1로 70 B1-103(호서대벤처타워)
등　록 2004. 12. 29. / 제313-2004-00298호
전　화 2627-5710~13, 팩스 2627-5720
홈페이지 www.대학교재.net
이 메 일 bnmbook@daum.net

정가 26,000원　ISBN 978-89-6821-079-2